法合码

LAW
BIG DATA
法律大数据

案由法条关联丛书

LAW
BIG DATA
法律大数据

案由法条关联丛书

丛书主编 王竹

数据分析：四川大学法学院法律大数据实验室
数据支持：法合实验室

DISPUTES OVER TORT LIABILITIES AND PERSONALITY RIGHTS

侵权责任纠纷与人格权纠纷

主编 王竹

北京大学出版社
PEKING UNIVERSITY PRESS

图书在版编目(CIP)数据

侵权责任纠纷与人格权纠纷/王竹主编. —北京：北京大学出版社，2017.4

(法律大数据·案由法条关联丛书)

ISBN 978-7-301-27739-3

Ⅰ. ①侵… Ⅱ. ①王… Ⅲ. ①侵权行为—民事纠纷—案例—中国 ②人格—权利—民事纠纷—案例—中国 Ⅳ. ①D923.05

中国版本图书馆CIP数据核字(2016)第272444号

书　　名 侵权责任纠纷与人格权纠纷
QINQUAN ZEREN JIUFEN YU RENGEQUAN JIUFEN

著作责任者 王　竹　主编

丛书策划 陆建华

责任编辑 陆建华　方尔琦

标准书号 ISBN 978-7-301-27739-3

出版发行 北京大学出版社

地　　址 北京市海淀区成府路205号　100871

网　　址 http://www.pup.cn　http://www.yandayuanzhao.com

电子信箱 yandayuanzhao@163.com

新浪微博 @北京大学出版社　@北大出版社燕大元照法律图书

电　　话 邮购部62752015　发行部62750672　编辑部62117788

印 刷 者 北京大学印刷厂

经 销 者 新华书店

880毫米×1230毫米　A5　16.375印张　549千字

2017年4月第1版　2017年4月第1次印刷

定　　价 59.00元

法律大数据·案由法条关联丛书

总目录

快速入门指南

本丛书基于“法合实验室”提供的“千万级”的裁判文书库和“百万级”法律规范性文件库，由“星云律例”（Galawxy）法律大数据引擎和法律专业团队联袂提供如下快速检索功能：

1. 通过本书第一编“案由关联法条索引”快速检索在该案由下**最常见**适用的**全部**法律规范性文件**条文**，并按照法条相关度★星级进行排序。

2. 通过本书第二编“核心法律条文主要适用案由及关联法条索引”快速检索核心法律每个条文主要适用的**案由**和该**同时适用**的法律规范性文件**条文**，并按照法条相关度★星级进行排序。

3. 通过本书第三编“本书关联法条全文”，可以查阅本书涉及的**全部**法律规范性文件的**条文**全文。

4. 本书涉及的每个**案由**和每部**法律**规范性文件首页，以及《法律规范性文件**简全称对照索引**》均配有“法合二维码”，手机扫码可以直接进入“法合案由”和“法合法规”大数据平台，检索与最高人民法院“中国裁判文书网”同步更新的司法实务动态和法律规范性文件更新，更多的法律大数据逐步更新上线！

5. 读者也可以直接访问：www. LawSum. com，获取“法合实验室”的全部法律大数据资源！

更多检索功能和详细使用说明，参见本书《丛书编写说明》和各分册编写说明。

丛书编写说明

1　丛书内容编排方式

本丛书根据人民法院立案时采用的民事、刑事、行政立案案由编写各分册,并根据案由相关度作适当合并。

每分册分为“案由关联法条索引”“核心法律条文主要适用案由及关联法条索引”和“本书关联法条全文”三编。其中,每分册第一编“案由关联法条索引”和第二编“核心法律条文主要适用案由及关联法条索引”只列出法律规范性文件名称简称和条文号及其条文主旨,第三编“本书关联法条全文”列出相关法律条文的正文供可按需查阅。三编既可以进行交叉检索查阅,又避免了篇幅的重复。

1.1　“案由关联法条索引”

每分册第一编“案由关联法条索引”按照案由顺序展开,每个案由一般再分为“主要适用的法条及其相关度”和“常见适用的其他法条”两部分。

“主要适用的法条及其相关度”部分,参考最高人民法院《关于裁判文书引用法律、法规等规范性法律文件的规定》(法释[2009]14 号)第 3—5 条的规定,分析依法可以在裁判文书中作为裁判依据引用的全国性、实体性的法律、法规和司法解释等法律规范性文件及其相关度。在排列顺序上,按照法律、法律解释、行政法规及行政法规解释、司法解释和部门规章的顺序排列;相同顺位法律规范性文件按照各自权重最高法条的权重排列。

“常见适用的其他法条”(不区分星级)部分则列出在裁判文书数量较大的案由中,尽管实际引用率相对不高,但法律专业人士根据经验认为仍然具有重要性的法律条文。① 如果“常见适用的其他法条”的显著度不高,则不予罗列。

对于案件数量极少的案由,由于不具备进行法律大数据分析的前提,则

① 之所以出现这种情况,是由于最高人民法院发布的部分案由细化程度不够,导致部分条文适用的相关度被淡化。未来“法律大数据实验室”将在法律大数据分析的基础上提出案由的细化建议,方便司法适用。

仅列出全部的“常见适用的法条”(不区分星级),供读者参考。极少数案由尚无足够数量判决书可供法律大数据分析,本丛书也在相应位置予以了说明。

1.2　“核心法律条文主要适用案由及关联法条索引”

每分册第二编“核心法律条文主要适用案由及关联法条索引”选择每分册案由对应的核心法律①、法规(一般是实体性法律②)和重要行政法规,按照法律条文顺序展开,每个条文之下,除了由“法律大数据实验室”拟定的条文主旨和条文正文之外,分为“主要适用的案由及其相关度”和“同时适用的法条及其相关度”两个部分。

“主要适用的案由及其相关度”是指本条文在超过 2 300 万份裁判文书中,主要适用于哪些案由以及相关度。

“同时适用的法条及其相关度”是指本法条在被判决书作为裁判依据时,同时被引用的其他法律条文及其相关度。

1.3　“本书关联法条全文”

每分册第三编“本书关联法条全文”列出了第一编和第二编涉及的全部法律条文的条文主旨和条文内容,但不重复列出每分册第二编的核心法律③,也不列出在每分册没有涉及的法律条文。在每部法律规范性文件名称和每个条文的条文主旨之后,根据在每分册涵盖案由中的整体被引用情况和法律专业人士的经验判断,根据权重标记为★★★★★到★。

2　法合码 = 法合索引码 + 法合二维码

为方便查阅,“法律大数据实验室”与“法合实验室”共同设计了“法合码”,包括“法合索引码”与“法合二维码”两部分。在“法合码”网站(Key.LawSum.com)输入“法合索引码”或者通过手机扫描“法合二维码”后,均可进入对应的“法合码”页面。

---

① 考虑到《民法通则》的特殊法律地位,本编按照其各章最相关的主题纳入各分册。

② 除了实体法,对程序法上包含的少数实体性法律规范,本丛书也作为实体性规范纳入第二编。

③ 考虑到《民法通则》的特殊法律地位,本分册第二编列出了《民法通则》部分条文的,在第三编如有涉及,仍然按照前两编列出的条文序号列出相应的《民法通则》条文全文。

2.1 “法合索引码”

其以不同字母开头索引不同类别的法律大数据资源，现阶段包括“法规索引码”和“案由索引码”两类。

2.1.1 “法规索引码”以字母 L 开头，对每部法律规范性文件进行编码，例如“L1.1.1《中华人民共和国宪法》”。

2.1.2 “案由索引码”以案件类型区分。

民事案由以字母 M 开头，按照《民事案件案由规定》(法[2011]42 号)的四级案由序号编号，例如“M9.30.347.1 公共场所管理人责任纠纷”。

刑事案由以字母 X 开头，按照罪名所在刑法分则主要条文的章、节、条、款命名；历次“修正案”增加的“之一”“之二”“之三”等条款以条序号加“-1”“-2”“-3”等表示；同一款有多个罪名的，按照顺序命名，例如“X3.4.177-1.2 窃取、收买、非法提供信用卡信息罪”。①

行政案由以字母 Z 开头，按照《最高人民法院关于规范行政案件案由的通知》(法发[2004]2 号)的规定，由“行政管理范围”“行政行为种类”和“是否涉及行政赔偿”三段序号进行组合；“行政管理范围”有二级分类的，标记为 1、2、3……；不涉及行政赔偿的，标记为 0，涉及行政赔偿的标记为 1，例如“Z13.1.0 道路交通行政处罚”和“Z13.0.1 道路交通行政赔偿”。②

2.2 “法合二维码”

本丛书在全部案由和每部法律规范性文件标题旁边均附有由“法合二维码”及其对应的“法合索引码”组成的完整“法合码”。用户可以根据需要直接扫描“法合二维码”查看详细内容和更新信息，并享受“法合码”的部分免费服务。

3 丛书检索功能

本丛书经过专业法律团队的精心编排，实现多种快速检索法律规范性文件条文(现阶段仅限于法律、行政法规和司法解释)和案由(部分案由需要跨分册检索)的核心功能，并通过“法合码”提供扩展检索功能和更新服务。

---

① 唯一的例外是“骗购外汇罪”。该罪名的法律依据是《全国人民代表大会常务委员会关于惩治骗购外汇、逃汇和非法买卖外汇犯罪的决定》第 1 条，序号列为“X0.1.1”，以指称“刑法之外”的“第 1 部”立法机关决定的“第 1 条”规定的罪名。

② 这样编号的好处是能够涵盖所有可能的行政案由种类，但实务中并非所有的行政部门都可以作出全部 27 种行政行为，所以部分编号可能为空。

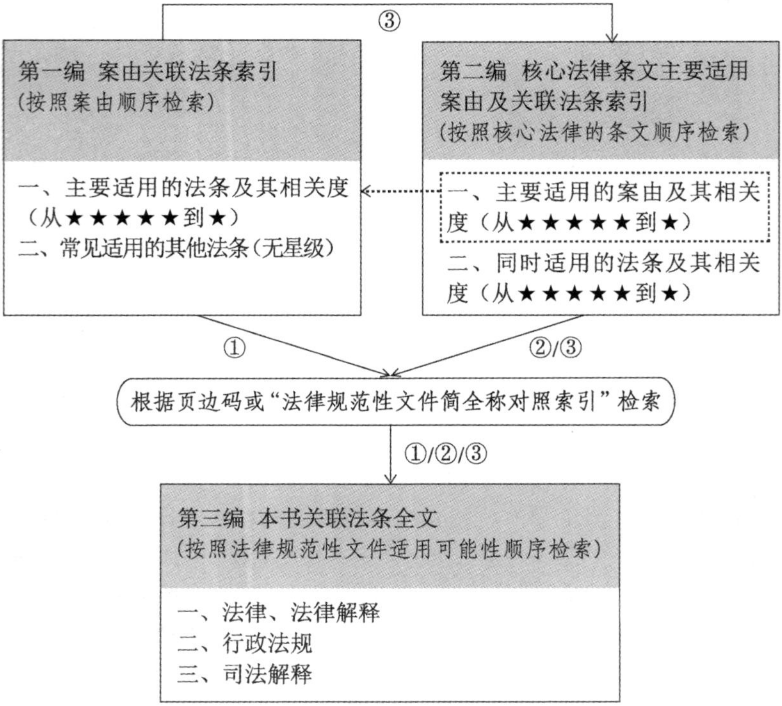

说明：

1. 上图为“使用说明”所述本书核心检索功能①②③检索方式的演示图；虚线为根据第二编的“案由”为第一编切换的路径。

2. 除“核心检索功能”外，本书还具有“扩展检索功能”：不仅可通过“法合码”（手机扫“法合二维码”或电脑检索“法合索引码”）替代“核心检索功能”，还能提供内容更新服务。

核心检索功能①：通过“案由”快速检索可能适用的全部法条

适用情形：读者已经确定要适用的案由，希望查找可能适用的全部法条。

第一步：利用第一编“案由关联法条索引”提供的每个案由的“主要适用的法条及其相关度”和“常见适用的其他法条”，协助读者根据案由索引，按照从★★★★★到★的顺序，通过浏览【条文主旨】快速地检索到可能适用的全部法条条文序号。

第二步：按照条文序号，在本书第三编“本书关联法条全文”找到条文的全文。读者可以通过法律规范性文件简称对应的页边码，或者通过本书《法律规范性文件简称全称对照索引表》找到其所在的页码。

核心检索功能②：通过“核心法律条文”快速检索可能适用的案由和其他关联法条

适用情形：读者已经确定要适用的“核心法律的条文”，希望确定可能适用的案由和查找其他关联法条。

第一步：利用第二编“核心法律条文主要适用案由及关联法条索引”提供的每个核心法律条文的“主要适用的案由及其相关度”，协助读者根据核心法律条文索引，按照从★★★★★到★的顺序，通过浏览案由名称快速地检索到可能适用的案由。（如果可能适用多个案由，如存在违约和侵权的请求权竞合，可以转而使用“核心检索功能①”尝试通过不同案由进行检索，以比较以哪种案由提起诉讼更为有利。）

第二步：利用第二编“核心法律条文主要适用案由及关联法条索引”提供的每个核心法律条文的“同时适用的法条及其相关度”，协助读者根据核心法律法条索引，按照从★★★★★到★的顺序，通过浏览【条文主旨】快速地检索到可能同时适用的全部法律条文法条序号。

第三步：按照条文序号，在本书第三编“本书关联法条全文”找到条文的全文。读者可以通过法律规范性文件简称对应的页边码，或者通过本书《法律规范性文件简称全称对照索引表》找到其所在的页码。

核心检索功能③：通过“案由＋核心法律条文”快速检索可能适用的全部法条

适用情形：读者已经确定要适用的案由，且有能力识别可能适用的“核心法律条文”，希望快速查找可能适用的全部其他法条。

第一步：利用第一编“案由相关法条索引”提供的每个案由的“主要适用的法条及其相关度”和“常见适用的其他法条”，协助读者根据案由索引，按照从★★★★★到★的顺序，通过浏览【条文主旨】快速地检索到可能适用的“核心法律条文”的条文序号。

第二步：对于每个可能适用的“核心法律的条文”，再利用第二编“核心法律条文主要适用案由及关联法条索引”提供的每个核心法律条文的“同时适用的法条及其相关度”，协助读者根据核心法律法条索引，按照从★★★★★到★的顺序，通过浏览【条文主旨】快速地检索到全部可能同时适用法律条文的法条序号。（如果可能适用多个案由，如存在违约和侵权的请求权竞合，可以转而使用“核心检索功能①”尝试通过不同案由进行检索或者再利用

“核心检索功能③”第一步尝试通过不同案由进行检索,以比较以哪种案由提起诉讼更为有利。)

第三步:按照条文序号,在本书第三编“本书关联法条全文”找到条文的全文。读者可以通过法律规范性文件简称对应的页边码,或者通过本书《法律规范性文件简称全称对照索引表》找到其所在的页码。

扩展检索功能:通过“法合码”实现上述功能和更新服务

方法一:手机扫描“法合二维码”。

每个案由和每部法律规范性文件标题旁边均附有“法合二维码”,或利用本书《法律规范性文件简称全称对照索引表》按照法律规范性文件简称的拼音顺序检索到每部法律规范性文件的“法合二维码”。通过手机扫描“法合二维码”进入“法合码”系统后,按照提示即可更加方便地辅助实现上述检索功能。

方法二:输入“法合索引码”。

每个“法合二维码”下均有对应的“法合索引码”,访问“法合码”网站(Key. LawSum. com),按照提示输入“法合索引码”,就可以获得和手机扫描“法合二维码”相同的服务。

4　其他

4.1　相关度

本丛书所称“相关度”,是对超过2300万分裁判文书案由和裁判依据进行大数据分析,在裁判依据实际引用情况的基础上,参考法律专业人士的经验判断进行调整后,根据权重标记为★★★★★到★。极少数法条尚无足够数量判决书可供法律大数据分析,本丛书也在相应位置予以了说明。

4.2　本丛书所称“法条”,为“法律规范性文件条文”的简称;所称“法律条文”为“法律及法律解释文件条文”的简称。

4.3　页边码

本丛书第一、二编的页边码,为所对应法律规范性文件在本书第三编的页码。

4.4 法律规范性文件简称全称对照索引表

为了最大限度地方便查阅和节约篇幅,本丛书每分册第一编和第二编中涉及的法律规范性文件名称采用简称,并制作《法律规范性文件简全称对照索引》,对全书中涉及的所有法律条文均标记条文主旨。

该表的设计有利于法律规范性文件简全称的对照,并可用于在本书检索或扫码获取法律规范性文件内容。

本丛书涉及的每部法律规范性文件简称,均由"法律大数据实验室"根据裁判文书中法院在说理部分引用时常见的缩略方式,参考法律专业人士的缩略习惯确定,希望通过进一步的规范来建立法律规范性文件简称的使用标准。

本丛书涉及的条文主旨均由"法律大数据实验室"根据法律专业人士通行的使用习惯,并尽量照顾到每个条文中的每款内容进行编写,希望通过进一步的规范来建立条文主旨的编写标准。

王 竹

2017 年 2 月 24 日

《侵权责任纠纷与人格权纠纷》分册编写说明

《侵权责任纠纷与人格权纠纷》一书是“法律大数据 · 案由法条关联丛书”的第一本。就本书的编写情况，在此作简要说明。

1. 数据分析单位

本书的法律大数据分析由“法合实验室”提供数据支持，“法律大数据实验室”负责数据分析。

2. 数据分析范围

本书的法律大数据分析全样本为“中国裁判文书网”自 2014 年 1 月 1 日到 2016 年 12 月 1 日公布的超过 2 300 万份裁判文书。

3. 案由涵盖范围

3.1　案由涵盖范围。《民事案件案由规定》(法[2011]42 号)的第一部分“人格权纠纷”(M1.1—M1.1.9，共计 10 个案由)和第九部分“侵权责任纠纷”(M9.30—M9.30.370，共计 65 个案由)，合计 75 个案由。

3.2　合并原因。绝大多数“人格权纠纷”均为侵权纠纷。

4. 案由编排顺序

考虑到侵害人格权的侵权行为大多为一般侵权行为，并且《民事案件案由规定》也将“人格权纠纷”列在第一部分，所以在编排上，先列出“人格权纠纷”，再列出“侵权责任纠纷”。

5. 核心法律选取

5.1　选取范围

本书选取的核心法律包括《侵权责任法》全文(92 个条文)、《民法通则》的部分条文和《民事诉讼法》第 105—107 条。合计 120 个条文。

《民法通则》的部分条文包括第五章“民事权利”第四节“人身权”(第 98—105 条，共计 8 个条文)和第六章“民事责任”第三节“侵权的民事责任”(第 117—133 条，共计 17 个条文)。

《民事诉讼法》第105—107条是M9.30.366“因申请诉前财产保全损害责任纠纷”、M9.30.367“因申请诉前证据保全损害责任纠纷”、M9.30.368“因申请诉中财产保全损害责任纠纷”、M9.30.369“因申请诉中证据保全损害责任纠纷”和M9.30.370“因申请先予执行损害责任纠纷”等5个案由的直接依据。

5.2 选取理由

之所以在列出《侵权责任法》全文的同时,还列出《民法通则》上的有关侵权责任条文,是考虑到根据“法合实验室”提供的数据显示,《民法通则》上的侵权责任条文在实务中仍然有较高频率的适用。而根据“法律大数据实验室”的分析,这可能和实务中部分法官仍然高度依赖《民法通则》,以及《民法通则》上的部分侵权责任条文在实务中有着不同于《侵权责任法》相应条文适用范围的原因。

6. 人工干预措施

本书编写过程中,在各案由和各核心法律法条大数据分析结果上,经过征求法学研究和司法实务人员的意见,对部分数据进行了人工干预。主要干预措施如下:

第一,根据对法律条文本身和所适用的裁判文书内容进行的大数据分析提示,部分法条可能被错误引用,经过人工确定后进行了相应的干预。

第二,部分法律的新修改条文和新颁布的司法解释本身尚未被适用或者仅被少量适用,但根据对裁判文书历史数据的大数据分析,进行了一定的预测性干预,其效果仅具有提示性。

第三,部分司法解释尽管在近年来公布的案例中仍然存在少数适用的情形,但已经被废止,从本书的实用性角度出发,为避免混淆,予以了删除。

本书编写过程受到裁判文书数据数量、质量和分布的客观限制,可能与实务存在一定的偏差,敬请读者谅解。也欢迎读者提出宝贵意见和建议。

王 竹

2016年12日1日

目　录

第一编
案由关联法条索引

第二编
核心法律条文主要适用案由及关联法条索引

第三编
本书关联法条全文*

* 本书第三编是所列法律规范性文件在第一、二编中被引用过的法条的节选。

第一编

案由关联法条索引

M1　人格权纠纷

M1.1　人格权纠纷 …………………………………… ★★

M1.1

主要适用的法条及其相关度

	主要适用的法条	相关度	
侵权责任法	第6条【侵权责任归责原则:过错责任原则;过错推定原则】	★★★★★	109
	第16条【人身损害赔偿项目:一般人身损害赔偿项目、伤残赔偿项目、死亡赔偿项目】	★★★★	
	第2条【侵权责任一般条款;民事权益的范围】	★★★	
	第15条【侵权责任的主要承担方式】	★★★	
	第22条【侵害人身权益的精神损害赔偿】	★★★	
	第26条【过失相抵:被侵权人过错】	★★★	
	第3条【侵权责任的当事人主义】	★	
	第8条【共同实施侵权行为人的连带责任】	★	
	第36条【网络侵权责任:网络用户、网络服务提供者的侵权责任】	★	
民法通则	第100条【公民的肖像权受法律保护】	★★	350
	第101条【名誉权的保护】	★★	
	第106条【民事责任归责原则:违约责任,无过错责任原则;侵权责任,过错责任,无过错责任】	★★	
	第119条【人身损害赔偿项目:一般人身损害赔偿项目、伤残赔偿项目、死亡赔偿项目】	★★	
	第120条【侵害人格权的民事责任:姓名权、肖像权、名誉权、荣誉权】	★★	

		主要适用的法条	相关度
350		第 5 条【公民的合法权益受到保护】	★
		第 98 条【生命权、健康权请求权基础】	★
		第 134 条【侵权责任的主要承担方式】	★
437	人身损害赔偿司法解释	第 17 条【人身损害赔偿项目:一般人身损害赔偿项目、伤残赔偿项目、死亡赔偿项目】	★★★
		第 19 条【医疗费计算标准】	★★★
		第 20 条【误工费计算标准】	★★★
		第 21 条【人身损害赔偿:护理费计算】	★★★
		第 22 条【交通费计算标准】	★★★
		第 23 条【伙食费、住宿费计算标准】	★★★
		第 24 条【营养费计算标准】	★★
		第 25 条【人身损害赔偿项目:残疾赔偿金计算标准】	★
449	精神损害赔偿司法解释	第 8 条【致人精神损害的责任承担方式:非财产形式责任、精神损害抚慰金】	★★★
		第 1 条【侵害人身权益的精神损害赔偿】	★★
		第 10 条【精神损害赔偿数额的确定标准】	★★
		第 3 条【死者近亲属可以主张精神损害赔偿请求权的侵害死者人格利益的情形】	★

M1.1.1

M1.1.1 生命权、健康权、身体权纠纷 ★★★★★

主要适用的法条及其相关度

		主要适用的法条	相关度
109	侵权责任法	第 16 条【人身损害赔偿项目:一般人身损害赔偿项目、伤残赔偿项目、死亡赔偿项目】	★★★★★
		第 6 条【侵权责任归责原则:过错责任原则;过错推定原则】	★★★★

	主要适用的法条	相关度	
	第 15 条【侵权责任的主要承担方式】	★★★	109
	第 26 条【过失相抵：被侵权人过错】	★★★	
	第 2 条【侵权责任一般条款；民事权益的范围】	★★	
	第 3 条【侵权责任的当事人主义】	★★	
	第 8 条【共同实施侵权行为人的连带责任】	★★	
	第 22 条【侵害人身权益的精神损害赔偿】	★★	
	第 32 条【监护人责任：无民事行为能力人、限制民事行为能力人致害的侵权责任】	★	
民法通则	第 119 条【人身损害赔偿项目：一般人身损害赔偿项目、伤残赔偿项目、死亡赔偿项目】	★★★	350
	第 98 条【生命权、健康权请求权基础】	★★	
	第 106 条【民事责任归责原则：违约责任，无过错责任原则；侵权责任，过错责任，无过错责任】	★★	
	第 131 条【过失相抵：被侵权人过错】	★★	
人身损害赔偿司法解释	第 17 条【人身损害赔偿项目：一般人身损害赔偿项目、伤残赔偿项目、死亡赔偿项目】	★★★★	437
	第 19 条【医疗费计算标准】	★★★★	
	第 20 条【误工费计算标准】	★★★	
	第 21 条【人身损害赔偿：护理费计算】	★★★	
	第 22 条【交通费计算标准】	★★★	
	第 23 条【伙食费、住宿费计算标准】	★★★	
	第 24 条【营养费计算标准】	★★★	
	第 18 条【精神损害抚慰金的请求权】	★★	
	第 25 条【人身损害赔偿项目：残疾赔偿金计算标准】	★★	
	第 27 条【人身损害赔偿：丧葬费计算标准】	★	
	第 28 条【被扶养人生活费数额的确定：被扶养人生活费计算标准；被扶养人的界定】	★	
	第 29 条【人身损害赔偿项目：死亡赔偿金计算标准】	★	

		主要适用的法条	相关度
449	精神损害赔偿司法解释	第 8 条【致人精神损害的责任承担方式：非财产形式责任、精神损害抚慰金】	★★
		第 10 条【精神损害赔偿数额的确定标准】	★

常见适用的其他法条

		常见适用的其他法条
350	民法通则	第 5 条【公民的合法权益受到保护】
		第 130 条【共同实施侵权行为人的连带责任】
		第 134 条【侵权责任的主要承担方式】
109	侵权责任法	第 10 条【共同危险行为人的侵权责任】
		第 12 条【分别实施非充足原因侵权行为的按份责任】
		第 18 条【被侵权人死亡、单位分立合并的请求权继受；支付被侵权人医疗费、丧葬费等合理费用的人】
		第 35 条【个人劳务责任：提供劳务者致害责任、提供劳务者受害责任】
		第 37 条【管理人或者组织者违反安全保障义务的侵权责任；补充责任】
		第 39 条【教育机构对限制民事行为能力人违反教育、管理职责的过错责任】
449	精神损害赔偿司法解释	第 11 条【精神损害赔偿的减免责事由：受害人过错】
437	人身损害赔偿司法解释	第 1 条【人身损害赔偿的范围；赔偿权利人的界定；赔偿义务人的界定】
		第 2 条【受害人故意】
		第 10 条【承揽人致害或自身损害：定作人定作过失、指示过失、选任过失】

	常见适用的其他法条	
	第 11 条【雇员在雇佣活动中遭受损害的责任承担：雇主责任、第三人原因致害；发包人、分包人与雇主承担连带责任】	437
	第 35 条【人身损害赔偿相关概念的界定】	

M1.1.2 姓名权纠纷 ………………………………………… ★★

M1.1.2

主要适用的法条及其相关度

	主要适用的法条	相关度	
民法通则	第 99 条【姓名权、名称权的保护】	★★★★★	350
民法通则	第 120 条【侵害人格权的民事责任：姓名权、肖像权、名誉权、荣誉权】	★★★★	
民法通则	第 134 条【侵权责任的主要承担方式】	★	
侵权责任法	第 2 条【侵权责任一般条款；民事权益的范围】	★★★	109
侵权责任法	第 15 条【侵权责任的主要承担方式】	★★★	
侵权责任法	第 6 条【侵权责任归责原则：过错责任原则；过错推定原则】	★★	
侵权责任法	第 22 条【侵害人身权益的精神损害赔偿】	★★	
精神损害赔偿司法解释	第 8 条【致人精神损害的责任承担方式：非财产形式责任、精神损害抚慰金】	★	449
精神损害赔偿司法解释	第 10 条【精神损害赔偿数额的确定标准】	★	
姓氏选取法律解释			421

M1.1.3

M1.1.3 肖像权纠纷 ………………………………………… ★★★

主要适用的法条及其相关度

		主要适用的法条	相关度
350	民法通则	第 100 条【公民的肖像权受法律保护】	★★★★★
		第 120 条【侵害人格权的民事责任:姓名权、肖像权、名誉权、荣誉权】	★★★★★
		第 101 条【名誉权的保护】	★★★
		第 134 条【侵权责任的主要承担方式】	★★
		第 5 条【公民的合法权益受到保护】	★
109	侵权责任法	第 2 条【侵权责任一般条款;民事权益的范围】	★★★★
		第 6 条【侵权责任归责原则:过错责任原则;过错推定原则】	★★★★
		第 15 条【侵权责任的主要承担方式】	★★★★
		第 20 条【侵害人身造成财产损失的计算方式】	★★★
		第 22 条【侵害人身权益的精神损害赔偿】	★★★
		第 3 条【侵权责任的当事人主义】	★★
		第 36 条【网络侵权责任:网络用户、网络服务提供者的侵权责任】	★★
		第 8 条【共同实施侵权行为人的连带责任】	★
389	广告法	第 33 条【广告中使用他人名义、形象应取得书面同意】	★
		第 69 条【广告主、广告经营者、广告发布者的侵权行为:损害未成年人或残疾人的身心健康、假冒他人专利、贬低他人商品或服务、擅自使用他人名义、形象】	★

	主要适用的法条	相关度	
精神损害赔偿司法解释	第 1 条【侵害人身权益的精神损害赔偿】	★★★	449
	第 8 条【致人精神损害的责任承担方式：非财产形式责任、精神损害抚慰金】	★★★	
	第 10 条【精神损害赔偿数额的确定标准】	★★★	
	第 9 条【精神损害抚慰金的范围：残疾赔偿金、其他精神损害】	★	
民通意见	第 139 条【侵犯公民肖像权的行为：以营利为目的擅自利用肖像做广告、商标、装饰橱窗等】	★	457
	第 140 条【侵害公民、法人名誉权行为的认定】	★	
	第 150 条【侵犯人格权损害赔偿责任范围的确定因素：侵权人的过错程度、侵权行为的具体情节、后果和影响】	★	
	第 158 条【夫妻离婚后未成年子女致人损害的责任承担规则】	★	

M1.1.4　名誉权纠纷 ………………………………………… ★★★★

M1.1.4

主要适用的法条及其相关度

	主要适用的法条	相关度	
民法通则	第 101 条【名誉权的保护】	★★★★★	350
	第 120 条【侵害人格权的民事责任：姓名权、肖像权、名誉权、荣誉权】	★★★★	
	第 134 条【侵权责任的主要承担方式】	★★	
	第 5 条【公民的合法权益受到保护】	★	
	第 100 条【公民的肖像权受法律保护】	★	
侵权责任法	第 2 条【侵权责任一般条款；民事权益的范围】	★★★	109
	第 6 条【侵权责任归责原则：过错责任原则；过错推定原则】	★★★	

		主要适用的法条	相关度
109		第 15 条【侵权责任的主要承担方式】	★★★
		第 22 条【侵害人身权益的精神损害赔偿】	★★
		第 36 条【网络侵权责任:网络用户、网络服务提供者的侵权责任】	★★
		第 3 条【侵权责任的当事人主义】	★
449	精神损害赔偿司法解释	第 8 条【致人精神损害的责任承担方式:非财产形式责任、精神损害抚慰金】	★★★
		第 1 条【侵害人身权益的精神损害赔偿】	★★
		第 10 条【精神损害赔偿数额的确定标准】	★★
454	名誉权纠纷问题解答	第 7 条【侵害名誉权责任的认定规则】	★★★
457	民通意见	第 140 条【侵害公民、法人名誉权行为的认定】	★★

常见适用的其他法条

		常见适用的其他法条
350	民法通则	第 106 条【民事责任归责原则:违约责任,无过错责任原则;侵权责任,过错责任,无过错责任】
109	侵权责任法	第 20 条【侵害人身造成财产损失的计算方式】
454	名誉权纠纷问题解答	第 8 条【因撰写、发表批评文章引起的名誉权纠纷侵权责任的认定】
		第 10 条【侵害名誉权的责任承担形式】

M1.1.5　荣誉权纠纷 ………………………………………… ★

M1.1.5

常见适用的法条

	常见适用的法条	
民法通则	第 102 条【公民、法人的荣誉权】	350
	第 120 条【侵害人格权的民事责任:姓名权、肖像权、名誉权、荣誉权】	

M1.1.6　隐私权纠纷 ……………………………………… ★★

M1.1.6

主要适用的法条及其相关度

	主要适用的法条	相关度	
侵权责任法	第 2 条【侵权责任一般条款;民事权益的范围】	★★★★★	109
	第 6 条【侵权责任归责原则:过错责任原则;过错推定原则】	★★★	
	第 15 条【侵权责任的主要承担方式】	★★★	
	第 3 条【侵权责任的当事人主义】	★	
	第 22 条【侵害人身权益的精神损害赔偿】	★	
民法通则	第 5 条【公民的合法权益受到保护】	★★★★	350
	第 101 条【名誉权的保护】	★★	
	第 106 条【民事责任归责原则:违约责任,无过错责任原则;侵权责任,过错责任,无过错责任】	★	
环境噪声污染防治法	第 2 条【环境噪声;环境噪声污染】	★★★	398
	第 63 条【环境噪声污染防治法相关用语的含义:噪声排放、噪声敏感建筑物、噪声敏感建筑物集中区域、夜间、机动车辆】	★★★	
物权法	第 89 条【建造建筑物不得妨碍相邻建筑物通风、采光和日照规则】	★★★	370

		主要适用的法条	相关度
449	精神损害赔偿司法解释	第 1 条【侵害人身权益的精神损害赔偿】	★★★★
		第 8 条【致人精神损害的责任承担方式：非财产形式责任、精神损害抚慰金】	★★★
		第 10 条【精神损害赔偿数额的确定标准】	★

M1.1.7

M1.1.7　婚姻自主权纠纷 ……………………………… ★

常见适用的法条

		常见适用的法条
390	婚姻法	第 3 条【禁止包办、买卖婚姻；禁止重婚、禁止有配偶者与他人同居；禁止虐待和遗弃家庭成员】
		第 32 条【离婚程序和准予离婚的情形】
109	侵权责任法	第 6 条【侵权责任归责原则：过错责任原则；过错推定原则】

M1.1.8

M1.1.8　人身自由权纠纷 ……………………………… ★

常见适用的法条

		常见适用的法条
350	民法通则	第 4 条【民事活动的基本原则：自愿、公平、等价有偿、诚实信用】
		第 98 条【生命权、健康权请求权基础】
		第 119 条【人身损害赔偿项目：一般人身损害赔偿项目、伤残赔偿项目、死亡赔偿项目】
		第 131 条【过失相抵：被侵权人过错】
109	侵权责任法	第 2 条【侵权责任一般条款；民事权益的范围】
		第 3 条【侵权责任的当事人主义】
		第 4 条【法律责任的并存规则；民事财产责任的优先性】

	常见适用的法条	
	第 6 条【侵权责任归责原则:过错责任原则;过错推定原则】	109
	第 8 条【共同实施侵权行为人的连带责任】	
	第 12 条【分别实施非充足原因侵权行为的按份责任】	
	第 15 条【侵权责任的主要承担方式】	
	第 16 条【人身损害赔偿项目:一般人身损害赔偿项目、伤残赔偿项目、死亡赔偿项目】	
	第 21 条【民事权益保全请求权:停止侵害、排除妨碍、消除危险】	
精神损害赔偿司法解释	第 1 条【侵害人身权益的精神损害赔偿】	449
	第 8 条【致人精神损害的责任承担方式:非财产形式责任、精神损害抚慰金】	
	第 10 条【精神损害赔偿数额的确定标准】	

M1.1.9　一般人格权纠纷 ………………………… ★★★

M1.1.9

主要适用的法条及其相关度

	主要适用的法条	相关度	
侵权责任法	第 6 条【侵权责任归责原则:过错责任原则;过错推定原则】	★★★★★	109
	第 16 条【人身损害赔偿项目:一般人身损害赔偿项目、伤残赔偿项目、死亡赔偿项目】	★★★★★	
	第 26 条【过失相抵:被侵权人过错】	★★★★	
	第 2 条【侵权责任一般条款;民事权益的范围】	★★	
	第 3 条【侵权责任的当事人主义】	★	
	第 8 条【共同实施侵权行为人的连带责任】	★	
	第 15 条【侵权责任的主要承担方式】	★	
	第 22 条【侵害人身权益的精神损害赔偿】	★	

		主要适用的法条	相关度
350	民法通则	第 119 条【人身损害赔偿项目:一般人身损害赔偿项目、伤残赔偿项目、死亡赔偿项目】	★★
		第 98 条【生命权、健康权请求权基础】	★
		第 106 条【民事责任归责原则:违约责任,无过错责任原则;侵权责任,过错责任,无过错责任】	★
437	人身损害赔偿司法解释	第 17 条【人身损害赔偿项目:一般人身损害赔偿项目、伤残赔偿项目、死亡赔偿项目】	★★★★
		第 19 条【医疗费计算标准】	★★★★
		第 20 条【误工费计算标准】	★★★
		第 21 条【人身损害赔偿:护理费计算】	★★★
		第 22 条【交通费计算标准】	★★★
		第 23 条【伙食费、住宿费计算标准】	★★★
		第 24 条【营养费计算标准】	★★★
		第 18 条【精神损害抚慰金的请求权】	★
		第 25 条【人身损害赔偿项目:残疾赔偿金计算标准】	★
449	精神损害赔偿司法解释	第 8 条【致人精神损害的责任承担方式:非财产形式责任、精神损害抚慰金】	★
		第 10 条【精神损害赔偿数额的确定标准】	★

M9　侵权责任纠纷[①]

M9.30　侵权责任纠纷 …………………………… ★★★★

M9.30

主要适用的法条及其相关度

	主要适用的法条	相关度	
侵权责任法	第 6 条【侵权责任归责原则:过错责任原则;过错推定原则】	★★★★★	109
	第 15 条【侵权责任的主要承担方式】	★★★★	
	第 16 条【人身损害赔偿项目:一般人身损害赔偿项目、伤残赔偿项目、死亡赔偿项目】	★★★★	
	第 2 条【侵权责任一般条款;民事权益的范围】	★★	
	第 3 条【侵权责任的当事人主义】	★★	
	第 22 条【侵害人身权益的精神损害赔偿】	★★	
	第 26 条【过失相抵:被侵权人过错】	★★	
	第 8 条【共同实施侵权行为人的连带责任】	★	
	第 12 条【分别实施非充足原因侵权行为的按份责任】	★	
	第 19 条【侵害财产造成财产损失的计算方式】	★	
著作权法	第 48 条【侵犯著作权侵权行为的主要类型及其法律责任】	★★★★	376
	第 49 条【侵犯著作权的赔偿责任认定:实际损失、违法所得、法院视情节判定】	★★★★	
	第 10 条【著作权的内容;著作权的行使和转让规则】	★★★	

① 说明:本案由与"M9.30　侵权责任纠纷"同名,请参见该案由。

		主要适用的法条	相关度
376		第 3 条【作品的定义】	★★
		第 8 条【著作权集体管理组织的职能和性质】	★
		第 11 条【著作权的归属:作者的认定】	★
		第 15 条【电影作品和以类似摄制电影的方法创作的作品的著作权归属】	★
350	民法通则	第 106 条【民事责任归责原则:违约责任,无过错责任原则;侵权责任,过错责任,无过错责任】	★★
		第 117 条【侵害财产权的责任承担方式:返还财产、折价赔偿;恢复原状、折价赔偿;赔偿损失】	★★
		第 134 条【侵权责任的主要承担方式】	★★
		第 5 条【公民的合法权益受到保护】	★
		第 75 条【个人财产:合法财产受法律保护】	★
		第 119 条【人身损害赔偿项目:一般人身损害赔偿项目、伤残赔偿项目、死亡赔偿项目】	★
370	物权法	第 39 条【所有权的内容】	★
347	道路交通安全法	第 76 条【交通事故责任一般条款】	★
426	著作权法实施条例	第 4 条【作品的定义】	★
451	著作权纠纷司法解释	第 7 条【著作权权利人的认定规则】	★★★
		第 25 条【侵犯著作权的赔偿责任认定:实际损失、违法所得、法院视情节判定】	★★★
		第 26 条【侵犯著作权的赔偿责任认定:实际损失、违法所得、法院视情节判定】	★★

	主要适用的法条	相关度	
人身损害赔偿司法解释	第 17 条【人身损害赔偿项目：一般人身损害赔偿项目、伤残赔偿项目、死亡赔偿项目】	★★★	437
	第 19 条【医疗费计算标准】	★★★	
	第 21 条【人身损害赔偿：护理费计算】	★★★	
	第 18 条【精神损害抚慰金的请求权】	★★	
	第 20 条【误工费计算标准】	★★	
	第 22 条【交通费计算标准】	★★	
	第 23 条【伙食费、住宿费计算标准】	★★	
	第 24 条【营养费计算标准】	★★	
	第 25 条【人身损害赔偿项目：残疾赔偿金计算标准】	★★	
	第 11 条【雇员在雇佣活动中遭受损害的责任承担：雇主责任、第三人原因致害；发包人、分包人与雇主承担连带责任】	★	
	第 28 条【被扶养人生活费数额的确定：被扶养人生活费计算标准；被扶养人的界定】	★	
精神损害赔偿司法解释	第 10 条【精神损害赔偿数额的确定标准】	★	449

常见适用的其他法条

	常见适用的其他法条	
民法通则	第 131 条【过失相抵：被侵权人过错】	350
侵权责任法	第 35 条【个人劳务责任：提供劳务者致害责任、提供劳务者受害责任】	109

		常见适用的其他法条
370	物权法	第 4 条【国家、集体和私人物权的平等保护原则】
		第 34 条【权利人对无权占有人的返还原物请求权】
376	著作权法	第 47 条【侵犯著作权的侵权行为类型及应当承担的侵权责任形式】
449	精神损害赔偿司法解释	第 8 条【致人精神损害的责任承担方式:非财产形式责任、精神损害抚慰金】
437	人身损害赔偿司法解释	第 27 条【人身损害赔偿:丧葬费计算标准】
		第 29 条【人身损害赔偿项目:死亡赔偿金计算标准】

M9.30.341

M9.30.341 监护人责任纠纷 …………………………… ★★

主要适用的法条及其相关度

		主要适用的法条	相关度
109	侵权责任法	第 16 条【人身损害赔偿项目:一般人身损害赔偿项目、伤残赔偿项目、死亡赔偿项目】	★★★★★
		第 32 条【监护人责任:无民事行为能力人、限制民事行为能力人致害的侵权责任】	★★★★★
		第 6 条【侵权责任归责原则:过错责任原则;过错推定原则】	★★★★
		第 26 条【过失相抵:被侵权人过错】	★★★
		第 15 条【侵权责任的主要承担方式】	★★
		第 22 条【侵害人身权益的精神损害赔偿】	★★
		第 3 条【侵权责任的当事人主义】	★

	主要适用的法条	相关度	
民法通则	第16条【监护人制度:无民事行为能力人、限制民事行为能力人】	★	350
	第98条【生命权、健康权请求权基础】	★	
	第119条【人身损害赔偿项目:一般人身损害赔偿项目、伤残赔偿项目、死亡赔偿项目】	★	
	第133条【监护人责任:无民事行为能力人、限制民事行为能力人致害的侵权责任】	★	
人身损害赔偿司法解释	第17条【人身损害赔偿项目:一般人身损害赔偿项目、伤残赔偿项目、死亡赔偿项目】	★★★	437
	第19条【医疗费计算标准】	★★★	
	第21条【人身损害赔偿:护理费计算】	★★★	
	第22条【交通费计算标准】	★★★	
	第23条【伙食费、住宿费计算标准】	★★★	
	第18条【精神损害抚慰金的请求权】	★★	
	第25条【人身损害赔偿项目:残疾赔偿金计算标准】	★★	
	第20条【误工费计算标准】	★	
	第24条【营养费计算标准】	★	
	第29条【人身损害赔偿项目:死亡赔偿金计算标准】	★	
	第35条【人身损害赔偿相关概念的界定】	★	
精神损害赔偿司法解释	第10条【精神损害赔偿数额的确定标准】	★	449

M9.30.342

M9.30.342 用人单位责任纠纷 ………………………………… ★★

主要适用的法条及其相关度

		主要适用的法条	相关度
109	侵权责任法	第16条【人身损害赔偿项目:一般人身损害赔偿项目、伤残赔偿项目、死亡赔偿项目】	★★★★★
		第34条【用人单位替代责任;劳务派遣侵权责任:替代责任、补充责任】	★★★★★
		第6条【侵权责任归责原则:过错责任原则;过错推定原则】	★★★
		第22条【侵害人身权益的精神损害赔偿】	★★★
		第26条【过失相抵:被侵权人过错】	★★★
		第2条【侵权责任一般条款;民事权益的范围】	★
		第3条【侵权责任的当事人主义】	★
		第15条【侵权责任的主要承担方式】	★
350	民法通则	第119条【人身损害赔偿项目:一般人身损害赔偿项目、伤残赔偿项目、死亡赔偿项目】	★★
		第106条【民事责任归责原则:违约责任,无过错责任原则;侵权责任,过错责任,无过错责任】	★
		第131条【过失相抵:被侵权人过错】	★
428	工伤保险条例	第30条【职工因工负伤或患职业病享受工伤医疗待遇】	★
		第33条【工伤治疗期间的待遇、停工留薪期】	★
		第37条【职工伤残待遇:一次性伤残补助金的发放与劳动关系终止时一次性工伤医疗补助金与一次性伤残就业补助金的支付】	★

	主要适用的法条	相关度	
人身损害赔偿司法解释	第 17 条【人身损害赔偿项目：一般人身损害赔偿项目、伤残赔偿项目、死亡赔偿项目】	★★★★	437
	第 19 条【医疗费计算标准】	★★★	
	第 20 条【误工费计算标准】	★★★	
	第 21 条【人身损害赔偿：护理费计算】	★★★	
	第 22 条【交通费计算标准】	★★★	
	第 23 条【伙食费、住宿费计算标准】	★★★	
	第 24 条【营养费计算标准】	★★★	
	第 25 条【人身损害赔偿项目：残疾赔偿金计算标准】	★★★	
	第 18 条【精神损害抚慰金的请求权】	★★	
	第 8 条【用人单位替代责任；劳务派遣侵权责任：替代责任、补充责任】	★	
	第 9 条【用人单位替代责任；劳务派遣侵权责任：替代责任、补充责任】	★	
	第 11 条【雇员在雇佣活动中遭受损害的责任承担：雇主责任、第三人原因致害；发包人、分包人与雇主承担连带责任】	★	
	第 28 条【被扶养人生活费数额的确定：被扶养人生活费计算标准；被扶养人的界定】	★	
精神损害赔偿司法解释	第 8 条【致人精神损害的责任承担方式：非财产形式责任、精神损害抚慰金】	★	449
	第 10 条【精神损害赔偿数额的确定标准】	★	

M9.30.343

M9.30.343　劳务派遣工作人员侵权责任纠纷 …………… ★

常见适用的法条

		常见适用的法条
347	道路交通安全法	第 57 条【驾驶非机动车在道路上行驶应当遵守的一般规定】
404	劳动合同法	第 92 条【擅自经营劳务派遣业务的法律责任；劳务派遣单位、用工单位违反劳务派遣规定的法律责任】
350	民法通则	第 106 条【民事责任归责原则：违约责任，无过错责任原则；侵权责任，过错责任，无过错责任】
		第 119 条【人身损害赔偿项目：一般人身损害赔偿项目、伤残赔偿项目、死亡赔偿项目】
		第 134 条【侵权责任的主要承担方式】
109	侵权责任法	第 3 条【侵权责任的当事人主义】
		第 6 条【侵权责任归责原则：过错责任原则；过错推定原则】
		第 15 条【侵权责任的主要承担方式】
		第 16 条【人身损害赔偿项目：一般人身损害赔偿项目、伤残赔偿项目、死亡赔偿项目】
		第 22 条【侵害人身权益的精神损害赔偿】
		第 26 条【过失相抵：被侵权人过错】
		第 34 条【用人单位替代责任；劳务派遣侵权责任：替代责任、补充责任】
		第 76 条【未经许可进入高度危险活动区域或者高度危险物存放区的抗辩事由】
428	工伤保险条例	第 30 条【职工因工负伤或患职业病享受工伤医疗待遇】

	常见适用的法条	
精神损害赔偿司法解释	第 8 条【致人精神损害的责任承担方式：非财产形式责任、精神损害抚慰金】	449
	第 10 条【精神损害赔偿数额的确定标准】	
人身损害赔偿司法解释	第 9 条【用人单位替代责任；劳务派遣侵权责任：替代责任、补充责任】	437
	第 17 条【人身损害赔偿项目：一般人身损害赔偿项目、伤残赔偿项目、死亡赔偿项目】	
	第 18 条【精神损害抚慰金的请求权】	
	第 19 条【医疗费计算标准】	
	第 20 条【误工费计算标准】	
	第 21 条【人身损害赔偿：护理费计算】	
	第 22 条【交通费计算标准】	
	第 23 条【伙食费、住宿费计算标准】	
	第 24 条【营养费计算标准】	
	第 25 条【人身损害赔偿项目：残疾赔偿金计算标准】	
	第 26 条【人身损害赔偿：残疾辅助器具费的计算标准；辅助器具的更换周期、赔偿期限】	
	第 28 条【被扶养人生活费数额的确定：被扶养人生活费计算标准；被扶养人的界定】	
	第 30 条【残疾赔偿金计算标准、死亡赔偿金计算标准调整：住所地或经常居住地收入高于受诉法院所在地标准】	
	第 35 条【人身损害赔偿相关概念的界定】	

M9.30.344

M9.30.344 提供劳务者致害责任纠纷 …………………… ★★★

主要适用的法条及其相关度

		主要适用的法条	相关度
109	侵权责任法	第 16 条【人身损害赔偿项目:一般人身损害赔偿项目、伤残赔偿项目、死亡赔偿项目】	★★★★★
		第 35 条【个人劳务责任:提供劳务者致害责任、提供劳务者受害责任】	★★★★★
		第 6 条【侵权责任归责原则:过错责任原则;过错推定原则】	★★★
		第 22 条【侵害人身权益的精神损害赔偿】	★★★
		第 26 条【过失相抵:被侵权人过错】	★★★
		第 15 条【侵权责任的主要承担方式】	★★
		第 34 条【用人单位替代责任;劳务派遣侵权责任:替代责任、补充责任】	★
350	民法通则	第 119 条【人身损害赔偿项目:一般人身损害赔偿项目、伤残赔偿项目、死亡赔偿项目】	★★
		第 106 条【民事责任归责原则:违约责任,无过错责任原则;侵权责任,过错责任,无过错责任】	★
		第 131 条【过失相抵:被侵权人过错】	★
437	人身损害赔偿司法解释	第 17 条【人身损害赔偿项目:一般人身损害赔偿项目、伤残赔偿项目、死亡赔偿项目】	★★★★★
		第 11 条【雇员在雇佣活动中遭受损害的责任承担:雇主责任、第三人原因致害;发包人、分包人与雇主承担连带责任】	★★★★
		第 19 条【医疗费计算标准】	★★★★
		第 20 条【误工费计算标准】	★★★★
		第 21 条【人身损害赔偿:护理费计算】	★★★★
		第 22 条【交通费计算标准】	★★★★

	主要适用的法条	相关度	
	第23条【伙食费、住宿费计算标准】	★★★★	437
	第25条【人身损害赔偿项目：残疾赔偿金计算标准】	★★★★	
	第9条【用人单位替代责任；劳务派遣侵权责任：替代责任、补充责任】	★★★	
	第18条【精神损害抚慰金的请求权】	★★★	
	第24条【营养费计算标准】	★★★	
	第28条【被扶养人生活费数额的确定：被扶养人生活费计算标准；被扶养人的界定】	★★	
	第10条【承揽人致害或自身损害：定作人定作过失、指示过失、选任过失】	★	
	第26条【人身损害赔偿：残疾辅助器具费的计算标准；辅助器具的更换周期、赔偿期限】	★	
精神损害赔偿司法解释	第8条【致人精神损害的责任承担方式：非财产形式责任、精神损害抚慰金】	★	449
	第10条【精神损害赔偿数额的确定标准】	★	

M9.30.345　提供劳务者受害责任纠纷 …………… ★★★★★

M9.30.345

主要适用的法条及其相关度

	主要适用的法条	相关度	
侵权责任法	第16条【人身损害赔偿项目：一般人身损害赔偿项目、伤残赔偿项目、死亡赔偿项目】	★★★★★	109
	第35条【个人劳务责任：提供劳务者致害责任、提供劳务者受害责任】	★★★★★	
	第6条【侵权责任归责原则：过错责任原则；过错推定原则】	★★★	
	第22条【侵害人身权益的精神损害赔偿】	★★★	

		主要适用的法条	相关度
109		第 26 条【过失相抵:被侵权人过错】	★★★
		第 15 条【侵权责任的主要承担方式】	★★
		第 2 条【侵权责任一般条款;民事权益的范围】	★
		第 3 条【侵权责任的当事人主义】	★
350	民法通则	第 119 条【人身损害赔偿项目:一般人身损害赔偿项目、伤残赔偿项目、死亡赔偿项目】	★★★
	民法通则	第 98 条【生命权、健康权请求权基础】	★★
	民法通则	第 106 条【民事责任归责原则:违约责任,无过错责任原则;侵权责任,过错责任,无过错责任】	★★
	民法通则	第 131 条【过失相抵:被侵权人过错】	★★
437	人身损害赔偿司法解释	第 11 条【雇员在雇佣活动中遭受损害的责任承担:雇主责任、第三人原因致害;发包人、分包人与雇主承担连带责任】	★★★★★
	人身损害赔偿司法解释	第 17 条【人身损害赔偿项目:一般人身损害赔偿项目、伤残赔偿项目、死亡赔偿项目】	★★★★★
	人身损害赔偿司法解释	第 19 条【医疗费计算标准】	★★★★
	人身损害赔偿司法解释	第 20 条【误工费计算标准】	★★★★
	人身损害赔偿司法解释	第 21 条【人身损害赔偿:护理费计算】	★★★★
	人身损害赔偿司法解释	第 22 条【交通费计算标准】	★★★★
	人身损害赔偿司法解释	第 23 条【伙食费、住宿费计算标准】	★★★★
	人身损害赔偿司法解释	第 25 条【人身损害赔偿项目:残疾赔偿金计算标准】	★★★★
	人身损害赔偿司法解释	第 18 条【精神损害抚慰金的请求权】	★★★
	人身损害赔偿司法解释	第 24 条【营养费计算标准】	★★★
	人身损害赔偿司法解释	第 28 条【被扶养人生活费数额的确定:被扶养人生活费计算标准;被扶养人的界定】	★★★
	人身损害赔偿司法解释	第 10 条【承揽人致害或自身损害:定作人定作过失、指示过失、选任过失】	★★
	人身损害赔偿司法解释	第 35 条【人身损害赔偿相关概念的界定】	★★

	主要适用的法条	相关度	
	第 2 条【受害人故意】	★	437
	第 9 条【用人单位替代责任;劳务派遣侵权责任:替代责任、补充责任】	★	
	第 26 条【人身损害赔偿:残疾辅助器具费的计算标准;辅助器具的更换周期、赔偿期限】	★	
	第 27 条【人身损害赔偿:丧葬费计算标准】	★	
	第 29 条【人身损害赔偿项目:死亡赔偿金计算标准】	★	
精神损害赔偿司法解释	第 10 条【精神损害赔偿数额的确定标准】	★★★	449
	第 8 条【致人精神损害的责任承担方式:非财产形式责任、精神损害抚慰金】	★★	
	第 11 条【精神损害赔偿的减免责事由:受害人过错】	★	

常见适用的其他法条

	常见适用的其他法条	
合同法	第 251 条【承揽合同的定义及内涵】	362
民法通则	第 5 条【公民的合法权益受到保护】	350
	第 134 条【侵权责任的主要承担方式】	
侵权责任法	第 7 条【无过错责任原则】	109
	第 8 条【共同实施侵权行为人的连带责任】	
	第 12 条【分别实施非充足原因侵权行为的按份责任】	
	第 13 条【连带责任的对外承担规则】	
	第 14 条【连带责任的对内最终责任分担规则;连带责任人的追偿权】	
	第 18 条【被侵权人死亡、单位分立合并的请求权继受;支付被侵权人医疗费、丧葬费等合理费用的人】	

		常见适用的其他法条
449	司法解释 精神损害赔偿	第 1 条【侵害人身权益的精神损害赔偿】
		第 9 条【精神损害抚慰金的范围:残疾赔偿金、其他精神损害】
437	司法解释 人身损害赔偿	第 1 条【人身损害赔偿的范围;赔偿权利人的界定;赔偿义务人的界定】

M9.30.346

M9.30.346 网络侵权责任纠纷 …………………………… ★★

主要适用的法条及其相关度

		主要适用的法条	相关度
109	侵权责任法	第 36 条【网络侵权责任:网络用户、网络服务提供者的侵权责任】	★★★★★
		第 15 条【侵权责任的主要承担方式】	★★★★
		第 2 条【侵权责任一般条款;民事权益的范围】	★★
		第 6 条【侵权责任归责原则:过错责任原则;过错推定原则】	★★
		第 22 条【侵害人身权益的精神损害赔偿】	★★
		第 13 条【连带责任的对外承担规则】	★
		第 20 条【侵害人身造成财产损失的计算方式】	★
350	民法通则	第 101 条【名誉权的保护】	★★★
		第 120 条【侵害人格权的民事责任:姓名权、肖像权、名誉权、荣誉权】	★★★
		第 106 条【民事责任归责原则:违约责任,无过错责任原则;侵权责任,过错责任,无过错责任】	★
		第 134 条【侵权责任的主要承担方式】	★

	主要适用的法条	相关度	
精神损害赔偿司法解释	第 10 条【精神损害赔偿数额的确定标准】	★★★	449
	第 8 条【致人精神损害的责任承担方式：非财产形式责任、精神损害抚慰金】	★	
利用网络侵害人身权益纠纷司法解释	第 18 条【被侵权人制止侵权行为的合理开支的认定及范围；因人身权受损造成的财产损失无法确定时的赔偿数额的确定；精神损害赔偿数额确定的法律依据】	★★	461
	第 4 条【网络服务提供者有提供涉嫌侵权的网络用户信息的义务】	★	
	第 5 条【被侵权人向网络服务提供者发出被侵权通知的内容：通知人姓名和联系方式、采取必要措施的网络地址或足以准确定位侵权内容的信息、要求删除的理由】	★	
	第 9 条【认定网络服务提供者是否“知道”时应当考虑的因素】	★	
	第 11 条【经营主体遭受来自网络的诽谤、诋毁时的侵权损害赔偿救济】	★	
	第 16 条【侵权人承担赔礼道歉、消除影响或恢复名誉等责任形式应当与侵权的具体方式和所造成的影响范围相当】	★	
	第 17 条【网络用户或网络服务提供者的侵权责任】	★	
名誉权纠纷问题解答	第 7 条【侵害名誉权责任的认定规则】	★	454

M9.30.347

M9.30.347 违反安全保障义务责任纠纷 …………………… ★★★

主要适用的法条及其相关度

		主要适用的法条	相关度
109	侵权责任法	第37条【管理人或者组织者违反安全保障义务的侵权责任;补充责任】	★★★★★
		第16条【人身损害赔偿项目:一般人身损害赔偿项目、伤残赔偿项目、死亡赔偿项目】	★★★★
		第6条【侵权责任归责原则:过错责任原则;过错推定原则】	★★★
		第26条【过失相抵:被侵权人过错】	★★★
		第22条【侵害人身权益的精神损害赔偿】	★★
		第15条【侵权责任的主要承担方式】	★
350	民法通则	第106条【民事责任归责原则:违约责任,无过错责任原则;侵权责任,过错责任,无过错责任】	★
		第119条【人身损害赔偿项目:一般人身损害赔偿项目、伤残赔偿项目、死亡赔偿项目】	★
437	人身损害赔偿司法解释	第17条【人身损害赔偿项目:一般人身损害赔偿项目、伤残赔偿项目、死亡赔偿项目】	★★★
		第19条【医疗费计算标准】	★★★
		第21条【人身损害赔偿:护理费计算】	★★★
		第22条【交通费计算标准】	★★★
		第23条【伙食费、住宿费计算标准】	★★★
		第6条【管理人或者组织者违反安全保障义务的侵权责任;补充责任】	★★
		第18条【精神损害抚慰金的请求权】	★★
		第20条【误工费计算标准】	★★
		第24条【营养费计算标准】	★★

	主要适用的法条	相关度	
	第 25 条【人身损害赔偿项目:残疾赔偿金计算标准】	★★	437
	第 27 条【人身损害赔偿:丧葬费计算标准】	★	
	第 28 条【被扶养人生活费数额的确定:被扶养人生活费计算标准;被扶养人的界定】	★	
	第 29 条【人身损害赔偿项目:死亡赔偿金计算标准】	★	
精神损害赔偿司法解释	第 8 条【致人精神损害的责任承担方式:非财产形式责任、精神损害抚慰金】	★	449
	第 10 条【精神损害赔偿数额的确定标准】	★	

M9.30.347.1　公共场所管理人责任纠纷 ……………… ★★★

M9.30.347.1

主要适用的法条及其相关度

	主要适用的法条	相关度	
侵权责任法	第 37 条【管理人或者组织者违反安全保障义务的侵权责任;补充责任】	★★★★★	109
	第 16 条【人身损害赔偿项目:一般人身损害赔偿项目、伤残赔偿项目、死亡赔偿项目】	★★★★	
	第 6 条【侵权责任归责原则:过错责任原则;过错推定原则】	★★★	
	第 26 条【过失相抵:被侵权人过错】	★★★	
	第 22 条【侵害人身权益的精神损害赔偿】	★★	
	第 15 条【侵权责任的主要承担方式】	★	
民法通则	第 119 条【人身损害赔偿项目:一般人身损害赔偿项目、伤残赔偿项目、死亡赔偿项目】	★	350

		主要适用的法条	相关度
437	人身损害赔偿司法解释	第 17 条【人身损害赔偿项目:一般人身损害赔偿项目、伤残赔偿项目、死亡赔偿项目】	★★★
		第 19 条【医疗费计算标准】	★★★
		第 20 条【误工费计算标准】	★★★
		第 21 条【人身损害赔偿:护理费计算】	★★★
		第 22 条【交通费计算标准】	★★★
		第 23 条【伙食费、住宿费计算标准】	★★★
		第 24 条【营养费计算标准】	★★★
		第 18 条【精神损害抚慰金的请求权】	★★
		第 25 条【人身损害赔偿项目:残疾赔偿金计算标准】	★★
		第 6 条【管理人或者组织者违反安全保障义务的侵权责任;补充责任】	★
		第 28 条【被扶养人生活费数额的确定:被扶养人生活费计算标准;被扶养人的界定】	★
		第 29 条【人身损害赔偿项目:死亡赔偿金计算标准】	★
449	精神损害赔偿司法解释	第 8 条【致人精神损害的责任承担方式:非财产形式责任、精神损害抚慰金】	★
		第 10 条【精神损害赔偿数额的确定标准】	★

M9.30.347.2

M9.30.347.2 群众性活动组织者责任纠纷 ……………… ★★

主要适用的法条及其相关度

		主要适用的法条	相关度
109	侵权责任法	第 37 条【管理人或者组织者违反安全保障义务的侵权责任;补充责任】	★★★★★
		第 16 条【人身损害赔偿项目:一般人身损害赔偿项目、伤残赔偿项目、死亡赔偿项目】	★★★★

	主要适用的法条	相关度	
	第 26 条【过失相抵:被侵权人过错】	★★★★	109
	第 6 条【侵权责任归责原则:过错责任原则;过错推定原则】	★★★	
	第 22 条【侵害人身权益的精神损害赔偿】	★★★	
	第 15 条【侵权责任的主要承担方式】	★★	
	第 18 条【被侵权人死亡、单位分立合并的请求权继受;支付被侵权人医疗费、丧葬费等合理费用的人】	★	
民法通则	第 119 条【人身损害赔偿项目:一般人身损害赔偿项目、伤残赔偿项目、死亡赔偿项目】	★	350
人身损害赔偿司法解释	第 17 条【人身损害赔偿项目:一般人身损害赔偿项目、伤残赔偿项目、死亡赔偿项目】	★★★	437
	第 19 条【医疗费计算标准】	★★★	
	第 21 条【人身损害赔偿:护理费计算】	★★★	
	第 23 条【伙食费、住宿费计算标准】	★★★	
	第 24 条【营养费计算标准】	★★★	
	第 25 条【人身损害赔偿项目:残疾赔偿金计算标准】	★★★	
	第 18 条【精神损害抚慰金的请求权】	★★	
	第 22 条【交通费计算标准】	★★	
	第 27 条【人身损害赔偿:丧葬费计算标准】	★★	
	第 28 条【被扶养人生活费数额的确定:被扶养人生活费计算标准;被扶养人的界定】	★★	
	第 29 条【人身损害赔偿项目:死亡赔偿金计算标准】	★★	
	第 6 条【管理人或者组织者违反安全保障义务的侵权责任;补充责任】	★	
	第 20 条【误工费计算标准】	★	
	第 35 条【人身损害赔偿相关概念的界定】	★	
精神损害赔偿司法解释	第 10 条【精神损害赔偿数额的确定标准】	★	449

M9.30.348

M9.30.348　教育机构责任纠纷 ·························· ★★★★

主要适用的法条及其相关度

		主要适用的法条	相关度
109	侵权责任法	第16条【人身损害赔偿项目:一般人身损害赔偿项目、伤残赔偿项目、死亡赔偿项目】	★★★★★
		第6条【侵权责任归责原则:过错责任原则;过错推定原则】	★★★★
		第38条【教育机构对无民事行为能力人违反教育、管理职责的过错推定责任】	★★★★
		第39条【教育机构对限制民事行为能力人违反教育、管理职责的过错责任】	★★★★
		第22条【侵害人身权益的精神损害赔偿】	★★★
		第26条【过失相抵:被侵权人过错】	★★★
		第32条【监护人责任:无民事行为能力人、限制民事行为能力人致害的侵权责任】	★★★
		第15条【侵权责任的主要承担方式】	★★
		第2条【侵权责任一般条款;民事权益的范围】	★
357	保险法	第65条【第三者责任保险定义及保险金赔付规则】	★★
350	民法通则	第119条【人身损害赔偿项目:一般人身损害赔偿项目、伤残赔偿项目、死亡赔偿项目】	★★
		第106条【民事责任归责原则:违约责任,无过错责任原则;侵权责任,过错责任,无过错责任】	★
437	人身损害赔偿司法解释	第17条【人身损害赔偿项目:一般人身损害赔偿项目、伤残赔偿项目、死亡赔偿项目】	★★★★
		第19条【医疗费计算标准】	★★★★
		第21条【人身损害赔偿:护理费计算】	★★★★
		第22条【交通费计算标准】	★★★★

	主要适用的法条	相关度	
	第 23 条【伙食费、住宿费计算标准】	★★★★	437
	第 7 条【教育机构对限制民事行为能力人违反教育、管理职责的过错责任】	★★★	
	第 18 条【精神损害抚慰金的请求权】	★★★	
	第 24 条【营养费计算标准】	★★★	
	第 25 条【人身损害赔偿项目:残疾赔偿金计算标准】	★★★	
	第 35 条【人身损害赔偿相关概念的界定】	★	
精神损害赔偿司法解释	第 8 条【致人精神损害的责任承担方式:非财产形式责任、精神损害抚慰金】	★★	449
	第 10 条【精神损害赔偿数额的确定标准】	★★	

常见适用的其他法条

	常见适用的其他法条	
保险法	第 14 条【投保人和保险人的义务】	357
	第 66 条【第三者责任险中保险人承担保险责任的范围包括诉讼或仲裁费用】	
民法通则	第 12 条【无民事行为能力人、限制民事行为能力人:十周岁以上、法定代理人同意、不满十周岁】	350
	第 16 条【监护人制度:无民事行为能力人、限制民事行为能力人】	
	第 98 条【生命权、健康权请求权基础】	
	第 131 条【过失相抵:被侵权人过错】	
	第 133 条【监护人责任:无民事行为能力人、限制民事行为能力人致害的侵权责任】	

		常见适用的其他法条
109	侵权责任法	第 3 条【侵权责任的当事人主义】
		第 12 条【分别实施非充足原因侵权行为的按份责任】
		第 24 条【公平责任:公平补偿责任的一般规定】
		第 40 条【无民事行为能力人、限制民事行为能力人在教育机构受到人身损害的侵权责任和补充责任】
449	精神损害赔偿司法解释	第 11 条【精神损害赔偿的减免责事由:受害人过错】
437	人身损害赔偿司法解释	第 20 条【误工费计算标准】
		第 26 条【人身损害赔偿:残疾辅助器具费的计算标准;辅助器具的更换周期、赔偿期限】
		第 27 条【人身损害赔偿:丧葬费计算标准】
		第 29 条【人身损害赔偿项目:死亡赔偿金计算标准】

M9.30.349

M9.30.349 产品责任纠纷 ………………………………… ★★★★

主要适用的法条及其相关度

		主要适用的法条	相关度
380	消保法	第 55 条【经营者的惩罚性赔偿责任】	★★★★★
		第 2 条【消费者的界定:为生活需要购买、使用商品或接受服务】	★★★★
		第 20 条【经营者不得做虚假或引人误解的宣传的义务;经营者真实明确答复消费者询问的义务;经营者提供商品或服务应当明码标价的义务】	★★★★
		第 8 条【消费者享有知情权】	★★
		第 40 条【消费者因购买、使用商品遭受损害的赔偿主体:生产者、销售者】	★★

	主要适用的法条	相关度	
	第 48 条【经营者应当对消费者承担责任的情形】	★	380
	第 52 条【经营者提供的商品或服务造成消费者财产损害的民事责任】	★	
侵权责任法	第 41 条【生产者的缺陷产品无过错最终责任】	★★★★	109
	第 43 条【生产者、销售者的缺陷产品不真正连带责任;销售者的追偿权;生产者的追偿权】	★★★★	
	第 42 条【销售者的缺陷产品过错最终责任;来源不明产品的销售者责任】	★★★	
	第 2 条【侵权责任一般条款;民事权益的范围】	★★	
	第 6 条【侵权责任归责原则:过错责任原则;过错推定原则】	★★	
	第 15 条【侵权责任的主要承担方式】	★★	
	第 16 条【人身损害赔偿项目:一般人身损害赔偿项目、伤残赔偿项目、死亡赔偿项目】	★★	
	第 19 条【侵害财产造成财产损失的计算方式】	★★	
	第 26 条【过失相抵:被侵权人过错】	★★	
	第 22 条【侵害人身权益的精神损害赔偿】	★	
广告法	第 4 条【广告基本原则:不得含有虚假内容、不得欺骗和误导消费者】	★★★★	389
	第 12 条【广告中专利产品、专利方法应标明专利号和专利种类;禁止在广告中谎称取得专利权;广告中禁止使用未授予专利权的专利申请和终止、撤销、无效的专利】	★★★	
产品质量法	第 26 条【生产者的产品质量责任;产品质量应当符合的要求】	★★★	373
	第 27 条【产品或者其包装上的标识应符合的要求】	★★★	
	第 33 条【销售者的产品质量义务:建立执行进货检查验收制度】	★★★	

		主要适用的法条	相关度
373		第 40 条【销售者的修理、更换、退货义务;损害赔偿责任;向生产者、供货者的追偿权;产品质量监督部门、工商行政管理部门的监督责任;合同特别约定的适用】	★★★
		第 41 条【生产者的缺陷产品无过错最终责任】	★★★
		第 43 条【生产者、销售者的缺陷产品不真正连带责任;销售者的追偿权;生产者的追偿权】	★★★
		第 44 条【产品缺陷致人人身伤害、财产损失的赔偿范围:一般伤害、造成残疾、造成死亡】	★★★
		第 4 条【产品质量责任的承担主体】	★★
		第 42 条【销售者的缺陷产品过错最终责任;来源不明产品的销售者责任】	★★
		第 46 条【产品缺陷含义】	★★
		第 2 条【产品质量法的适用范围;产品的含义】	★
		第 36 条【产品的标识应当符合的要求】	★
387	食品安全法	第 96 条【境外出口商、代理商、进口商的备案制度和境外食品生产企业向出入境检验检疫部门注册的制度】	★★★
		第 28 条【食品安全国家标准的制定及审查】	★
		第 42 条【食品安全全程追溯制度:食品安全追溯体系和食品安全全程追溯协作机制的建立】	★
350	民法通则	第 122 条【生产者的缺陷产品无过错最终责任】	★★★
		第 106 条【民事责任归责原则:违约责任,无过错责任原则;侵权责任,过错责任,无过错责任】	★
383	商标法	第 2 条【管理商标事宜的行政机构】	★
396	种子法	第 41 条【种子销售的标注和使用说明】	★

	主要适用的法条	相关度	
合同法	第 107 条【合同约束力:违约责任的承担】	★	362
商标法实施条例	第 10 条【商标局或商标评审委员会的文件送达规定:文件送达方式、文件送达时间】	★	427
人身损害赔偿司法解释	第 17 条【人身损害赔偿项目:一般人身损害赔偿项目、伤残赔偿项目、死亡赔偿项目】	★★	437
	第 19 条【医疗费计算标准】	★★	
	第 20 条【误工费计算标准】	★★	
	第 21 条【人身损害赔偿:护理费计算】	★★	
	第 22 条【交通费计算标准】	★★	
	第 23 条【伙食费、住宿费计算标准】	★★	
	第 25 条【人身损害赔偿项目:残疾赔偿金计算标准】	★★	
	第 18 条【精神损害抚慰金的请求权】	★	
	第 24 条【营养费计算标准】	★	
商标纠纷司法解释	第 22 条【驰名商标的认定标准】	★★	452

常见适用的其他法条

	常见适用的其他法条	
产品质量法	第 12 条【产品质量的基本要求:检验合格、不得以不合格产品冒充合格产品】	373
	第 32 条【生产者的产品质量义务:禁止掺杂、掺假、以假充真、以次充好】	
	第 45 条【因产品存在缺陷造成损害要求赔偿的诉讼时效期间和最长保护期限】	

		常见适用的其他法条
392	公司法	第 14 条【分公司的法律地位;子公司的法律地位】
362	合同法	第 60 条【合同当事人义务:全面履行义务、通知义务、协助义务、保密义务】
		第 111 条【合同约束力:违约责任的承担】
		第 113 条【合同约束力:违约责任的承担】
		第 153 条【出卖人的瑕疵担保义务:按约定质量交付、符合质量说明】
		第 154 条【标的物质量要求没有约定或约定不明时的认定规则】
350	民法通则	第 5 条【公民的合法权益受到保护】
		第 119 条【人身损害赔偿项目:一般人身损害赔偿项目、伤残赔偿项目、死亡赔偿项目】
		第 131 条【过失相抵:被侵权人过错】
		第 134 条【侵权责任的主要承担方式】
109	侵权责任法	第 3 条【侵权责任的当事人主义】
		第 8 条【共同实施侵权行为人的连带责任】
		第 13 条【连带责任的对外承担规则】
387	食品安全法	第 20 条【相关行政部门及时互相通报食品、食用农产品安全风险监测信息的规定】
		第 39 条【国家对食品添加剂生产实行许可制度】
		第 48 条【食品生产经营企业的良好生产规范、危害分析和关键控制点体系认证】
		第 50 条【食品生产者、食品生产企业原料采购、进货查验记录制度】
		第 62 条【网络食品交易第三方平台的食品安全管理义务】
380	消保法	第 11 条【消费者因消费活动遭受的损害有依法获得赔偿的权利】
		第 24 条【经营者在商品或服务存在质量瑕疵时的退货、更换、修理的义务】
		第 35 条【人民法院采取措施方便消费者诉讼的义务】

	常见适用的其他法条	
	第 49 条【经营者提供商品或服务造成消费者或他人人身伤害时的赔偿范围】	380
	第 62 条【农民购买直接用于农业生产的生产资料适用消费者权益保护法】	
精神损害赔偿司法解释	第 8 条【致人精神损害的责任承担方式:非财产形式责任、精神损害抚慰金】	449
	第 10 条【精神损害赔偿数额的确定标准】	
人身损害赔偿司法解释	第 27 条【人身损害赔偿:丧葬费计算标准】	437
	第 28 条【被扶养人生活费数额的确定:被扶养人生活费计算标准;被扶养人的界定】	
	第 29 条【人身损害赔偿项目:死亡赔偿金计算标准】	
食品药品纠纷司法解释	第 15 条【生产不符合安全标准的食品或者销售明知是不符合安全标准的食品消费者除要求赔偿损失外可主张十倍赔偿】	458

M9.30.349.1　产品生产者责任纠纷 ………………………… ★★

M9.30.349.1

主要适用的法条及其相关度

	主要适用的法条	相关度	
侵权责任法	第 41 条【生产者的缺陷产品无过错最终责任】	★★★★★	109
	第 16 条【人身损害赔偿项目:一般人身损害赔偿项目、伤残赔偿项目、死亡赔偿项目】	★★★	
	第 43 条【生产者、销售者的缺陷产品不真正连带责任;销售者的追偿权;生产者的追偿权】	★★★	
	第 22 条【侵害人身权益的精神损害赔偿】	★★	
	第 26 条【过失相抵:被侵权人过错】	★★	

		主要适用的法条	相关度
109		第 6 条【侵权责任归责原则:过错责任原则;过错推定原则】	★
		第 7 条【无过错责任原则】	★
		第 15 条【侵权责任的主要承担方式】	★
373	产品质量法	第 44 条【产品缺陷致人人身伤害、财产损失的赔偿范围:一般伤害、造成残疾、造成死亡】	★★★★
		第 26 条【生产者的产品质量责任;产品质量应当符合的要求】	★★★
		第 41 条【生产者的缺陷产品无过错最终责任】	★★★
		第 43 条【生产者、销售者的缺陷产品不真正连带责任;销售者的追偿权;生产者的追偿权】	★★★
		第 46 条【产品缺陷含义】	★★★
		第 40 条【销售者的修理、更换、退货义务;损害赔偿责任;向生产者、供货者的追偿权;产品质量监督部门、工商行政管理部门的监督责任;合同特别约定的适用】	★
350	民法通则	第 122 条【生产者的缺陷产品无过错最终责任】	★★
		第 5 条【公民的合法权益受到保护】	★
		第 134 条【侵权责任的主要承担方式】	★
362	合同法	第 60 条【合同当事人义务:全面履行义务、通知义务、协助义务、保密义务】	★
		第 107 条【合同约束力:违约责任的承担】	★
		第 122 条【侵权与违约的竞合】	★

	主要适用的法条	相关度	
人身损害赔偿司法解释	第17条【人身损害赔偿项目:一般人身损害赔偿项目、伤残赔偿项目、死亡赔偿项目】	★★	437
	第19条【医疗费计算标准】	★★	
	第21条【人身损害赔偿:护理费计算】	★★	
	第23条【伙食费、住宿费计算标准】	★★	
	第18条【精神损害抚慰金的请求权】	★	
	第20条【误工费计算标准】	★	
	第22条【交通费计算标准】	★	
	第24条【营养费计算标准】	★	
	第25条【人身损害赔偿项目:残疾赔偿金计算标准】	★	
	第28条【被扶养人生活费数额的确定:被扶养人生活费计算标准;被扶养人的界定】	★	
精神损害赔偿司法解释	第8条【致人精神损害的责任承担方式:非财产形式责任、精神损害抚慰金】	★	449
	第10条【精神损害赔偿数额的确定标准】	★	

M9.30.349.2　产品销售者责任纠纷…………………………★★★

M9.30.349.2

主要适用的法条及其相关度

	主要适用的法条	相关度	
食品安全法	第96条【境外出口商、代理商、进口商的备案制度和境外食品生产企业向出入境检验检疫部门注册的制度】	★★★★★	387
	第42条【食品安全全程追溯制度:食品安全追溯体系和食品安全全程追溯协作机制的建立】	★★★★	
	第20条【相关行政部门及时互相通报食品、食用农产品安全风险监测信息的规定】	★★	

		主要适用的法条	相关度
387		第 28 条【食品安全国家标准的制定及审查】	★★
		第 3 条【食品安全工作以预防为主的监督管理制度的建立】	★
380	消保法	第 55 条【经营者的惩罚性赔偿责任】	★★★★★
		第 8 条【消费者享有知情权】	★★★
		第 20 条【经营者不得做虚假或引人误解的宣传的义务;经营者真实明确答复消费者询问的义务;经营者提供商品或服务应当明码标价的义务】	★★★
		第 40 条【消费者因购买、使用商品遭受损害的赔偿主体:生产者、销售者】	★★
		第 2 条【消费者的界定:为生活需要购买、使用商品或接受服务】	★
		第 11 条【消费者因消费活动遭受的损害有依法获得赔偿的权利】	★
		第 48 条【经营者应当对消费者承担责任的情形】	★
		第 49 条【经营者提供商品或服务造成消费者或他人人身伤害时的赔偿范围】	★
		第 52 条【经营者提供的商品或服务造成消费者财产损害的民事责任】	★
109	侵权责任法	第 43 条【生产者、销售者的缺陷产品不真正连带责任;销售者的追偿权;生产者的追偿权】	★★★★
		第 42 条【销售者的缺陷产品过错最终责任;来源不明产品的销售者责任】	★★★
		第 6 条【侵权责任归责原则:过错责任原则;过错推定原则】	★★
		第 15 条【侵权责任的主要承担方式】	★★
		第 16 条【人身损害赔偿项目:一般人身损害赔偿项目、伤残赔偿项目、死亡赔偿项目】	★★

	主要适用的法条	相关度	
	第 26 条【过失相抵:被侵权人过错】	★★	109
	第 19 条【侵害财产造成财产损失的计算方式】	★	
	第 41 条【生产者的缺陷产品无过错最终责任】	★	
产品质量法	第 33 条【销售者的产品质量义务:建立执行进货检查验收制度】	★★★	373
	第 43 条【生产者、销售者的缺陷产品不真正连带责任;销售者的追偿权;生产者的追偿权】	★★★	
	第 27 条【产品或者其包装上的标识应符合的要求】	★★	
	第 40 条【销售者的修理、更换、退货义务;损害赔偿责任;向生产者、供货者的追偿权;产品质量监督部门、工商行政管理部门的监督责任;合同特别约定的适用】	★★	
	第 44 条【产品缺陷致人人身伤害、财产损失的赔偿范围:一般伤害、造成残疾、造成死亡】	★★	
	第 26 条【生产者的产品质量责任;产品质量应当符合的要求】	★	
	第 42 条【销售者的缺陷产品过错最终责任;来源不明产品的销售者责任】	★	
民法通则	第 122 条【生产者的缺陷产品无过错最终责任】	★★	350
	第 5 条【公民的合法权益受到保护】	★	
	第 106 条【民事责任归责原则:违约责任,无过错责任原则;侵权责任,过错责任,无过错责任】	★	
合同法	第 107 条【合同约束力:违约责任的承担】	★	362
种子法	第 41 条【种子销售的标注和使用说明】	★	396
标准化法实施条例	第 24 条【企业生产执行国家标准、行业标准、地方标准或企业标准时的义务:标注所执行标准的代号、编号、名称】	★	429

		主要适用的法条	相关度
458	食品药品纠纷司法解释	第 15 条【生产不符合安全标准的食品或者销售明知是不符合安全标准的食品消费者除要求赔偿损失外可主张十倍赔偿】	★★
		第 6 条【食品的生产者与销售者对食品符合质量标准承担举证责任】	★
437	人身损害赔偿司法解释	第 17 条【人身损害赔偿项目:一般人身损害赔偿项目、伤残赔偿项目、死亡赔偿项目】	★
		第 19 条【医疗费计算标准】	★
		第 20 条【误工费计算标准】	★
		第 21 条【人身损害赔偿:护理费计算】	★
		第 22 条【交通费计算标准】	★
		第 23 条【伙食费、住宿费计算标准】	★
		第 25 条【人身损害赔偿项目:残疾赔偿金计算标准】	★

M9.30.349.3

M9.30.349.3 产品运输者责任纠纷[①] ………………………… ★

M9.30.349.4

M9.30.349.4 产品仓储者责任纠纷…………………………… ★

常见适用的法条

		常见适用的法条
350	民法通则	第 106 条【民事责任归责原则:违约责任,无过错责任原则;侵权责任,过错责任,无过错责任】
		第 134 条【侵权责任的主要承担方式】
370	物权法	第 37 条【物权被侵害时权利人赔偿损害请求权和其他民事责任请求权的竞合】

① 说明:本案由尚无足够数量判决书可供法律大数据分析。

M9.30.350 机动车交通事故责任纠纷 …………… ★★★★★

主要适用的法条及其相关度

	主要适用的法条	相关度	
道路交通安全法	第 76 条【交通事故责任一般条款】	★★★★★	347
侵权责任法	第 16 条【人身损害赔偿项目:一般人身损害赔偿项目、伤残赔偿项目、死亡赔偿项目】	★★★★★	109
	第 6 条【侵权责任归责原则:过错责任原则;过错推定原则】	★★★	
	第 22 条【侵害人身权益的精神损害赔偿】	★★★	
	第 48 条【机动车交通事故责任的法律适用】	★★★	
	第 15 条【侵权责任的主要承担方式】	★★	
	第 19 条【侵害财产造成财产损失的计算方式】	★★	
	第 26 条【过失相抵:被侵权人过错】	★★	
	第 2 条【侵权责任一般条款;民事权益的范围】	★	
	第 3 条【侵权责任的当事人主义】	★	
	第 49 条【机动车所有人与使用人分离时发生交通事故的侵权责任:租赁、借用机动车发生交通事故的侵权责任】	★	
保险法	第 65 条【第三者责任保险定义及保险金赔付规则】	★★★	357
	第 64 条【确定和查明保险事故的费用由保险人承担】	★	
民法通则	第 106 条【民事责任归责原则:违约责任,无过错责任原则;侵权责任,过错责任,无过错责任】	★★	350
	第 119 条【人身损害赔偿项目:一般人身损害赔偿项目、伤残赔偿项目、死亡赔偿项目】	★★	
交强险条例	第 21 条【交强险赔偿对象:本车人员和被保险人以外的受害人、人身伤亡、财产损失;受害人故意】	★	423

		主要适用的法条	相关度
437	人身损害赔偿司法解释	第 17 条【人身损害赔偿项目:一般人身损害赔偿项目、伤残赔偿项目、死亡赔偿项目】	★★★
		第 18 条【精神损害抚慰金的请求权】	★★★
		第 19 条【医疗费计算标准】	★★★
		第 20 条【误工费计算标准】	★★★
		第 21 条【人身损害赔偿:护理费计算】	★★★
		第 22 条【交通费计算标准】	★★★
		第 23 条【伙食费、住宿费计算标准】	★★★
		第 24 条【营养费计算标准】	★★★
		第 25 条【人身损害赔偿项目:残疾赔偿金计算标准】	★★★
		第 28 条【被扶养人生活费数额的确定:被扶养人生活费计算标准;被扶养人的界定】	★★
		第 27 条【人身损害赔偿:丧葬费计算标准】	★
		第 29 条【人身损害赔偿项目:死亡赔偿金计算标准】	★
		第 35 条【人身损害赔偿相关概念的界定】	★
445	道路交通事故司法解释	第 16 条【交强险和商业三者险的赔付规则:交强险限额内赔付、商业三者险赔付、侵权人赔偿;优先赔偿精神损害】	★★★
		第 15 条【交通事故财产损失赔偿范围:车辆维修费用、车辆所载物品损失、车辆施救费用、车辆重置费用、合理停运损失、替代性交通工具的合理费用】	★
449	精神损害赔偿司法解释	第 8 条【致人精神损害的责任承担方式:非财产形式责任、精神损害抚慰金】	★★
		第 10 条【精神损害赔偿数额的确定标准】	★★

常见适用的其他法条

	常见适用的其他法条	
保险法	第 14 条【投保人和保险人的义务】	357
	第 66 条【第三者责任险中保险人承担保险责任的范围包括诉讼或仲裁费用】	
民法通则	第 98 条【生命权、健康权请求权基础】	350
	第 117 条【侵害财产权的责任承担方式:返还财产、折价赔偿;恢复原状、折价赔偿;赔偿损失】	
	第 134 条【侵权责任的主要承担方式】	
侵权责任法	第 18 条【被侵权人死亡、单位分立合并的请求权继受;支付被侵权人医疗费、丧葬费等合理费用的人】	109
	第 34 条【用人单位替代责任;劳务派遣侵权责任:替代责任、补充责任】	
	第 35 条【个人劳务责任:提供劳务者致害责任、提供劳务者受害责任】	
交强险条例	第 23 条【交强险责任限额:死亡伤残赔偿限额、医疗费用赔偿限额、财产损失赔偿限额、无责任的赔偿限额】	423
道路交通事故司法解释	第 3 条【挂靠机动车交通事故责任:挂靠人与被挂靠人承担连带责任】	445
	第 14 条【人身伤亡、财产损失的概念】	
	第 19 条【未投保交强险的机动车交通事故赔偿责任:投保义务人在交强险责任限额内赔偿;投保义务人与侵权人不是同一人:交强险责任限额内承担连带责任】	
	第 22 条【同一交通事故多个被侵权人起诉:按照损失比例确定交强险赔偿数额】	
	第 25 条【保险公司在交通事故损害赔偿案件中应作为共同被告的情形:承保交强险、承保商业三者险】	

		常见适用的其他法条
437	人身损害赔偿司法解释	第 1 条【人身损害赔偿的范围;赔偿权利人的界定;赔偿义务人的界定】
		第 9 条【用人单位替代责任;劳务派遣侵权责任:替代责任、补充责任】
		第 26 条【人身损害赔偿:残疾辅助器具费的计算标准;辅助器具的更换周期、赔偿期限】
474	保险法司法解释三	第 19 条【被保险人的医疗支出超出基本医疗保险范围的保险金给付】

M9.30.351

M9.30.351 医疗损害责任纠纷 ………………………… ★★★★

主要适用的法条及其相关度

		主要适用的法条	相关度
109	侵权责任法	第 54 条【医疗损害的过错责任与替代责任】	★★★★★
		第 16 条【人身损害赔偿项目:一般人身损害赔偿项目、伤残赔偿项目、死亡赔偿项目】	★★★★
		第 6 条【侵权责任归责原则:过错责任原则;过错推定原则】	★★★
		第 22 条【侵害人身权益的精神损害赔偿】	★★★
		第 55 条【患者的知情同意权:医务人员的说明义务;医务人员违反说明义务的医疗机构替代责任】	★★
		第 57 条【医务人员违反相当诊疗义务的医疗机构替代责任】	★★
		第 15 条【侵权责任的主要承担方式】	★
		第 26 条【过失相抵:被侵权人过错】	★
		第 58 条【医疗机构过错推定的情形】	★

	主要适用的法条	相关度	
民法通则	第106条【民事责任归责原则:违约责任,无过错责任原则;侵权责任,过错责任,无过错责任】	★★	350
	第119条【人身损害赔偿项目:一般人身损害赔偿项目、伤残赔偿项目、死亡赔偿项目】	★★	
人身损害赔偿司法解释	第17条【人身损害赔偿项目:一般人身损害赔偿项目、伤残赔偿项目、死亡赔偿项目】	★★★★	437
	第18条【精神损害抚慰金的请求权】	★★★	
	第19条【医疗费计算标准】	★★★	
	第20条【误工费计算标准】	★★★	
	第21条【人身损害赔偿:护理费计算】	★★★	
	第22条【交通费计算标准】	★★★	
	第23条【伙食费、住宿费计算标准】	★★★	
	第24条【营养费计算标准】	★★★	
	第25条【人身损害赔偿项目:残疾赔偿金计算标准】	★★	
	第27条【人身损害赔偿:丧葬费计算标准】	★★	
	第28条【被扶养人生活费数额的确定:被扶养人生活费计算标准;被扶养人的界定】	★★	
	第29条【人身损害赔偿项目:死亡赔偿金计算标准】	★★	
	第35条【人身损害赔偿相关概念的界定】	★	
精神损害赔偿司法解释	第8条【致人精神损害的责任承担方式:非财产形式责任、精神损害抚慰金】	★★	449
	第10条【精神损害赔偿数额的确定标准】	★★	

常见适用的其他法条

	常见适用的其他法条	
民法通则	第5条【公民的合法权益受到保护】	350
	第98条【生命权、健康权请求权基础】	

		常见适用的其他法条
109	侵权责任法	第 2 条【侵权责任一般条款;民事权益的范围】
		第 3 条【侵权责任的当事人主义】
		第 18 条【被侵权人死亡、单位分立合并的请求权继受;支付被侵权人医疗费、丧葬费等合理费用的人】
424	医疗事故处理条例	第 50 条【医疗事故赔偿的项目和计算标准】
449	精神损害赔偿司法解释	第 1 条【侵害人身权益的精神损害赔偿】
437	人身损害赔偿司法解释	第 1 条【人身损害赔偿的范围;赔偿权利人的界定;赔偿义务人的界定】
		第 26 条【人身损害赔偿:残疾辅助器具费的计算标准;辅助器具的更换周期、赔偿期限】

M9.30.351.1

M9. 30. 351. 1　侵害患者知情同意权责任纠纷 ………… ★★

主要适用的法条及其相关度

		主要适用的法条	相关度
109	侵权责任法	第 54 条【医疗损害的过错责任与替代责任】	★★★★★
		第 55 条【患者的知情同意权:医务人员的说明义务;医务人员违反说明义务的医疗机构替代责任】	★★★★★
		第 16 条【人身损害赔偿项目:一般人身损害赔偿项目、伤残赔偿项目、死亡赔偿项目】	★★★★
		第 6 条【侵权责任归责原则:过错责任原则;过错推定原则】	★★★
		第 22 条【侵害人身权益的精神损害赔偿】	★★
		第 61 条【客观病历资料的填写、保管和提供义务】	★

	主要适用的法条	相关度	
民法通则	第 119 条【人身损害赔偿项目:一般人身损害赔偿项目、伤残赔偿项目、死亡赔偿项目】	★	350
人身损害赔偿司法解释	第 17 条【人身损害赔偿项目:一般人身损害赔偿项目、伤残赔偿项目、死亡赔偿项目】	★★	437
	第 18 条【精神损害抚慰金的请求权】	★	
	第 19 条【医疗费计算标准】	★	
	第 20 条【误工费计算标准】	★	
	第 21 条【人身损害赔偿:护理费计算】	★	
	第 22 条【交通费计算标准】	★	
	第 23 条【伙食费、住宿费计算标准】	★	
	第 24 条【营养费计算标准】	★	
	第 25 条【人身损害赔偿项目:残疾赔偿金计算标准】	★	

M9.30.351.2　医疗产品责任纠纷 ……………………………… ★

M9.30.351.2

常见适用的法条

	常见适用的法条	
产品质量法	第 2 条【产品质量法的适用范围;产品的含义】	373
	第 33 条【销售者的产品质量义务:建立执行进货检查验收制度】	
	第 34 条【销售者应当保持销售产品质量的义务】	
	第 42 条【销售者的缺陷产品过错最终责任;来源不明产品的销售者责任】	
	第 43 条【生产者、销售者的缺陷产品不真正连带责任;销售者的追偿权;生产者的追偿权】	
	第 44 条【产品缺陷致人人身伤害、财产损失的赔偿范围:一般伤害、造成残疾、造成死亡】	
	第 45 条【因产品存在缺陷造成损害要求赔偿的诉讼时效期间和最长保护期限】	

		常见适用的法条
350	民法通则	第 98 条【生命权、健康权请求权基础】
		第 106 条【民事责任归责原则:违约责任,无过错责任原则;侵权责任,过错责任,无过错责任】
		第 119 条【人身损害赔偿项目:一般人身损害赔偿项目、伤残赔偿项目、死亡赔偿项目】
		第 135 条【诉讼时效期间:两年】
		第 137 条【诉讼时效期间的起算日和最长保护期限】
109	侵权责任法	第 2 条【侵权责任一般条款;民事权益的范围】
		第 3 条【侵权责任的当事人主义】
		第 6 条【侵权责任归责原则:过错责任原则;过错推定原则】
		第 7 条【无过错责任原则】
		第 15 条【侵权责任的主要承担方式】
		第 16 条【人身损害赔偿项目:一般人身损害赔偿项目、伤残赔偿项目、死亡赔偿项目】
		第 22 条【侵害人身权益的精神损害赔偿】
		第 24 条【公平责任:公平补偿责任的一般规定】
		第 25 条【损害赔偿金的支付方式:一次性支付、分期支付】
		第 26 条【过失相抵:被侵权人过错】
		第 41 条【生产者的缺陷产品无过错最终责任】
		第 43 条【生产者、销售者的缺陷产品不真正连带责任;销售者的追偿权;生产者的追偿权】
		第 54 条【医疗损害的过错责任与替代责任】
		第 55 条【患者的知情同意权:医务人员的说明义务;医务人员违反说明义务的医疗机构替代责任】
		第 57 条【医务人员违反相当诊疗义务的医疗机构替代责任】
		第 59 条【医疗产品损害责任:缺陷药品、消毒药剂、医疗器械和不合格血液致害的不真正连带责任】
		第 60 条【医疗机构损害赔偿责任的免责事由】

	常见适用的法条	
医疗器械监督管理条例	第 38 条【发现医疗器械存在安全隐患的使用单位的义务：立即停止使用、通知检修】	434
医疗事故处理条例	第 49 条【医疗事故赔偿数额的认定因素】	424
精神损害赔偿司法解释	第 1 条【侵害人身权益的精神损害赔偿】	449
	第 8 条【致人精神损害的责任承担方式：非财产形式责任、精神损害抚慰金】	
	第 10 条【精神损害赔偿数额的确定标准】	
人身损害赔偿司法解释	第 17 条【人身损害赔偿项目：一般人身损害赔偿项目、伤残赔偿项目、死亡赔偿项目】	437
	第 18 条【精神损害抚慰金的请求权】	
	第 19 条【医疗费计算标准】	
	第 20 条【误工费计算标准】	
	第 21 条【人身损害赔偿：护理费计算】	
	第 22 条【交通费计算标准】	
	第 23 条【伙食费、住宿费计算标准】	
	第 24 条【营养费计算标准】	
	第 25 条【人身损害赔偿项目：残疾赔偿金计算标准】	
	第 27 条【人身损害赔偿：丧葬费计算标准】	
	第 28 条【被扶养人生活费数额的确定：被扶养人生活费计算标准；被扶养人的界定】	
	第 29 条【人身损害赔偿项目：死亡赔偿金计算标准】	
	第 31 条【物质损害赔偿金、精神损害抚慰金的确定与给付：一次性给付】	
	第 34 条【在法律文书中明确定期金的给付时间、方式以及每期给付标准的规定及给付金额的调整；定期金按实际生存年限给付的规定】	
	第 35 条【人身损害赔偿相关概念的界定】	

M9.30.352

M9.30.352 环境污染责任纠纷 ………………………………… ★★

主要适用的法条及其相关度

		主要适用的法条	相关度
109	侵权责任法	第 65 条【污染环境无过错责任】	★★★★★
		第 66 条【污染者就抗辩事由的举证责任】	★★★★
		第 15 条【侵权责任的主要承担方式】	★★★
		第 4 条【法律责任的并存规则;民事财产责任的优先性】	★★
		第 8 条【共同实施侵权行为人的连带责任】	★★
		第 16 条【人身损害赔偿项目:一般人身损害赔偿项目、伤残赔偿项目、死亡赔偿项目】	★★
		第 19 条【侵害财产造成财产损失的计算方式】	★★
		第 2 条【侵权责任一般条款;民事权益的范围】	★
		第 3 条【侵权责任的当事人主义】	★
		第 6 条【侵权责任归责原则:过错责任原则;过错推定原则】	★
		第 20 条【侵害人身造成财产损失的计算方式】	★
350	民法通则	第 124 条【污染环境无过错责任】	★★★
		第 119 条【人身损害赔偿项目:一般人身损害赔偿项目、伤残赔偿项目、死亡赔偿项目】	★★
		第 117 条【侵害财产权的责任承担方式:返还财产、折价赔偿;恢复原状、折价赔偿;赔偿损失】	★
		第 131 条【过失相抵:被侵权人过错】	★
394	环境保护法	第 41 条【建设项目防治污染设施"三同时"制度:同时设计、同时施工、同时投产使用】	★★

	主要适用的法条	相关度	
保险法	第 14 条【投保人和保险人的义务】	★	357
环境侵权司法解释	第 1 条【环境污染者不承担责任或者减轻责任的法律依据】	★	464
	第 6 条【环境侵权纠纷被侵权人应当证明的事实】	★	

M9.30.352.1　大气污染责任纠纷 …………………………… ★★

M9.30.352.1

主要适用的法条及其相关度

	主要适用的法条	相关度	
侵权责任法	第 65 条【污染环境无过错责任】	★★★★★	109
	第 66 条【污染者就抗辩事由的举证责任】	★★★★	
	第 19 条【侵害财产造成财产损失的计算方式】	★★★	
	第 15 条【侵权责任的主要承担方式】	★★	
	第 3 条【侵权责任的当事人主义】	★	
	第 7 条【无过错责任原则】	★	
大气污染防治法	第 125 条【排放大气污染物造成损害的责任承担】	★★★	413
环境保护法	第 6 条【单位和个人的环境保护义务】	★★★	394
人身损害赔偿司法解释	第 17 条【人身损害赔偿项目:一般人身损害赔偿项目、伤残赔偿项目、死亡赔偿项目】	★	437
	第 20 条【误工费计算标准】	★	
	第 21 条【人身损害赔偿:护理费计算】	★	
	第 22 条【交通费计算标准】	★	
	第 23 条【伙食费、住宿费计算标准】	★	
	第 24 条【营养费计算标准】	★	
	第 25 条【人身损害赔偿项目:残疾赔偿金计算标准】	★	

M9.30.352.2

M9.30.352.2 水污染责任纠纷 ………………………………… ★★

主要适用的法条及其相关度

		主要适用的法条	相关度
109	侵权责任法	第 65 条【污染环境无过错责任】	★★★★★
		第 66 条【污染者就抗辩事由的举证责任】	★★★★★
		第 15 条【侵权责任的主要承担方式】	★★★
		第 2 条【侵权责任一般条款;民事权益的范围】	★★
		第 7 条【无过错责任原则】	★★
		第 19 条【侵害财产造成财产损失的计算方式】	★★
		第 67 条【环境污染数人侵权行为的最终责任分担规则】	★★
		第 6 条【侵权责任归责原则:过错责任原则;过错推定原则】	★
		第 12 条【分别实施非充足原因侵权行为的按份责任】	★
		第 26 条【过失相抵:被侵权人过错】	★
397	水污染防治法	第 85 条【水污染损害的民事责任:排除危害、赔偿损失;水污染侵害方不承担责任或减轻责任情形:不可抗力、受害人过错;第三人造成水污染损害排污方有追偿权】	★★★★
		第 87 条【排污方在水污染损害赔偿诉讼中的举证责任】	★★★
350	民法通则	第 124 条【污染环境无过错责任】	★★★
		第 106 条【民事责任归责原则:违约责任,无过错责任原则;侵权责任,过错责任,无过错责任】	★
		第 131 条【过失相抵:被侵权人过错】	★
394	环境保护法	第 41 条【建设项目防治污染设施“三同时”制度:同时设计、同时施工、同时投产使用】	★

M9.30.352.3　噪声污染责任纠纷 ………………………………… ★★

M9.30.352.3

主要适用的法条及其相关度

	主要适用的法条	相关度	
侵权责任法	第 65 条【污染环境无过错责任】	★★★★★	109
	第 66 条【污染者就抗辩事由的举证责任】	★★★★	
	第 6 条【侵权责任归责原则:过错责任原则;过错推定原则】	★	
	第 7 条【无过错责任原则】	★	
	第 15 条【侵权责任的主要承担方式】	★	
	第 16 条【人身损害赔偿项目:一般人身损害赔偿项目、伤残赔偿项目、死亡赔偿项目】	★	
	第 20 条【侵害人身造成财产损失的计算方式】	★	
	第 22 条【侵害人身权益的精神损害赔偿】	★	
环境噪声污染防治法	第 61 条【环境噪声污染致害的民事责任】	★★★★	398
	第 2 条【环境噪声;环境噪声污染】	★★★	
	第 25 条【产生环境噪声污染的工业企业减轻噪声影响的义务】	★★	
	第 6 条【环境噪声污染防治的主管部门】	★	
	第 10 条【国家声环境质量标准的制定与适用区域的划定】	★	
	第 36 条【噪声敏感建筑物集中区域建设高速公路和城市高架、轻轨道路应当采取控制环境噪声污染的措施】	★	
	第 37 条【城市交通干线两侧建设噪声敏感建筑物时应采取的措施】	★	

		主要适用的法条	相关度
350	民法通则	第 124 条【污染环境无过错责任】	★★★
		第 5 条【公民的合法权益受到保护】	★
		第 134 条【侵权责任的主要承担方式】	★
394	环境保护法	第 64 条【污染环境和破坏生态致害的侵权责任】	★★
		第 6 条【单位和个人的环境保护义务】	★
		第 15 条【国家环境质量标准的制定;地方环境质量标准的制定与备案;国家鼓励开展环境基准研究】	★
370	物权法	第 84 条【处理相邻关系的基本原则】	★
449	精神损害赔偿司法解释	第 10 条【精神损害赔偿数额的确定标准】	★★★
		第 8 条【致人精神损害的责任承担方式:非财产形式责任、精神损害抚慰金】	★★
437	人身损害赔偿司法解释	第 17 条【人身损害赔偿项目:一般人身损害赔偿项目、伤残赔偿项目、死亡赔偿项目】	★
		第 18 条【精神损害抚慰金的请求权】	★
		第 19 条【医疗费计算标准】	★
		第 20 条【误工费计算标准】	★
		第 21 条【人身损害赔偿:护理费计算】	★
		第 22 条【交通费计算标准】	★
		第 23 条【伙食费、住宿费计算标准】	★
		第 24 条【营养费计算标准】	★
		第25 条【人身损害赔偿项目:残疾赔偿金计算标准】	★
		第 28 条【被扶养人生活费数额的确定:被扶养人生活费计算标准;被扶养人的界定】	★

M9.30.352.4　放射性污染责任纠纷[①] …………………………… ★

M9.30.352.5　土壤污染责任纠纷 …………………………………… ★

常见适用的法条

	常见适用的法条	
道路交通安全法	第48条【机动车装载货物应当遵守的一般规定;机动车运载超限不可解体的物品应当遵守的特殊规定;机动车装载爆炸物品、易燃易爆化学物品以及剧毒、放射性等危险物品应当遵守的特殊规定】	347
固体废物污染环境防治法	第86条【固体废物污染者对于抗辩事由的举证责任】	420
环境保护法	第41条【建设项目防治污染设施“三同时”制度:同时设计、同时施工、同时投产使用】	394
民法通则	第124条【污染环境无过错责任】	350
侵权责任法	第3条【侵权责任的当事人主义】	109
	第6条【侵权责任归责原则:过错责任原则;过错推定原则】	
	第8条【共同实施侵权行为人的连带责任】	
	第15条【侵权责任的主要承担方式】	
	第19条【侵害财产造成财产损失的计算方式】	
	第26条【过失相抵:被侵权人过错】	
	第29条【侵权责任的免责事由:不可抗力】	
	第65条【污染环境无过错责任】	
	第66条【污染者就抗辩事由的举证责任】	

① 说明:本案由尚无足够数量判决书可供法律大数据分析。

		常见适用的法条
454	保险法司法解释二	第 13 条【保险人对其明确说明义务的举证责任】
445	道路交通事故司法解释	第 21 条【多辆机动车发生交通事故:各自责任限额、各自责任限额与责任之和的比例、未投保交强险;牵引车和挂车连接使用】

M9.30.352.6

M9.30.352.6 电子废物污染责任纠纷[①] …………………… ★

M9.30.352.7

M9.30.352.7 固体废物污染责任纠纷 ……………………… ★

常见适用的法条

		常见适用的法条
350	民法通则	第 5 条【公民的合法权益受到保护】
		第 117 条【侵害财产权的责任承担方式:返还财产、折价赔偿;恢复原状、折价赔偿;赔偿损失】

M9.30.353

M9.30.353 高度危险责任纠纷 ………………………………… ★★

主要适用的法条及其相关度

		主要适用的法条	相关度
109	侵权责任法	第 73 条【高度危险行为致害无过错责任及抗辩事由】	★★★★★
		第 16 条【人身损害赔偿项目:一般人身损害赔偿项目、伤残赔偿项目、死亡赔偿项目】	★★★★

① 说明:本案由尚无足够数量判决书可供法律大数据分析。

	主要适用的法条	相关度	
	第 6 条【侵权责任归责原则:过错责任原则;过错推定原则】	★★★	109
	第 69 条【高度危险作业致害无过错责任一般条款】	★★★	
	第 22 条【侵害人身权益的精神损害赔偿】	★★	
	第 72 条【高度危险物致害无过错责任及抗辩事由】	★★	
	第 26 条【过失相抵:被侵权人过错】	★	
民法通则	第 117 条【侵害财产权的责任承担方式:返还财产、折价赔偿;恢复原状、折价赔偿;赔偿损失】	★	350
	第 119 条【人身损害赔偿项目:一般人身损害赔偿项目、伤残赔偿项目、死亡赔偿项目】	★	
	第 123 条【高度危险行为致害无过错责任及抗辩事由】	★	
人身损害赔偿司法解释	第 17 条【人身损害赔偿项目:一般人身损害赔偿项目、伤残赔偿项目、死亡赔偿项目】	★★★★	437
	第 20 条【误工费计算标准】	★★★★	
	第 19 条【医疗费计算标准】	★★★	
	第 21 条【人身损害赔偿:护理费计算】	★★★	
	第 22 条【交通费计算标准】	★★★	
	第 25 条【人身损害赔偿项目:残疾赔偿金计算标准】	★★★	
	第 18 条【精神损害抚慰金的请求权】	★★	
	第 23 条【伙食费、住宿费计算标准】	★★	
	第 24 条【营养费计算标准】	★★	
	第 27 条【人身损害赔偿:丧葬费计算标准】	★★	
	第 29 条【人身损害赔偿项目:死亡赔偿金计算标准】	★★	
	第 28 条【被扶养人生活费数额的确定:被扶养人生活费计算标准;被扶养人的界定】	★	

M9.30.353.1

M9.30.353.1 民用核设施损害责任纠纷[①] …………………… ★

M9.30.353.2

M9.30.353.2 民用航空器损害责任纠纷 …………………… ★

常见适用的法条

		常见适用的法条
413	民用航空法	第 124 条【航空运输承运人对上下航空器及在航空器上旅客人身伤亡的责任承担和免责事由】
		第 127 条【民用航空承运人损害赔偿责任的减轻、免除事由】
109	侵权责任法	第 71 条【民用航空器致害无过错责任及抗辩事由】

M9.30.353.3

M9.30.353.3 占有、使用高度危险物损害责任纠纷 …… ★

常见适用的法条

		常见适用的法条
357	保险法	第 65 条【第三者责任保险定义及保险金赔付规则】
350	民法通则	第 106 条【民事责任归责原则:违约责任,无过错责任原则;侵权责任,过错责任,无过错责任】
		第 109 条【见义勇为的侵权责任和补偿责任】
		第 123 条【高度危险行为致害无过错责任及抗辩事由】
		第 153 条【不可抗力的界定】
109	侵权责任法	第 7 条【无过错责任原则】
		第 15 条【侵权责任的主要承担方式】

① 说明:本案由尚无足够数量判决书可供法律大数据分析。

	常见适用的法条	
	第 16 条【人身损害赔偿项目:一般人身损害赔偿项目、伤残赔偿项目、死亡赔偿项目】	109
	第 19 条【侵害财产造成财产损失的计算方式】	
	第 22 条【侵害人身权益的精神损害赔偿】	
	第 26 条【过失相抵:被侵权人过错】	
	第 37 条【管理人或者组织者违反安全保障义务的侵权责任;补充责任】	
	第 69 条【高度危险作业致害无过错责任一般条款】	
	第 72 条【高度危险物致害无过错责任及抗辩事由】	
精神损害赔偿司法解释	第 8 条【致人精神损害的责任承担方式:非财产形式责任、精神损害抚慰金】	449
	第 9 条【精神损害抚慰金的范围:残疾赔偿金、其他精神损害】	
人身损害赔偿司法解释	第 2 条【受害人故意】	437
	第 3 条【共同实施侵权行为人的连带责任】	
	第 6 条【管理人或者组织者违反安全保障义务的侵权责任;补充责任】	
	第 17 条【人身损害赔偿项目:一般人身损害赔偿项目、伤残赔偿项目、死亡赔偿项目】	
	第 18 条【精神损害抚慰金的请求权】	
	第 19 条【医疗费计算标准】	
	第 20 条【误工费计算标准】	
	第 21 条【人身损害赔偿:护理费计算】	
	第 22 条【交通费计算标准】	
	第 23 条【伙食费、住宿费计算标准】	
	第 24 条【营养费计算标准】	
	第 25 条【人身损害赔偿项目:残疾赔偿金计算标准】	

		常见适用的法条
437		第 26 条【人身损害赔偿:残疾辅助器具费的计算标准;辅助器具的更换周期、赔偿期限】
		第 28 条【被扶养人生活费数额的确定:被扶养人生活费计算标准;被扶养人的界定】

M9.30.353.4

M9.30.353.4 高度危险活动损害责任纠纷 ………………… ★★

主要适用的法条及其相关度

		主要适用的法条	相关度
109	侵权责任法	第 16 条【人身损害赔偿项目:一般人身损害赔偿项目、伤残赔偿项目、死亡赔偿项目】	★★★★★
		第 73 条【高度危险行为致害无过错责任及抗辩事由】	★★★★★
		第 22 条【侵害人身权益的精神损害赔偿】	★★★★
		第 69 条【高度危险作业致害无过错责任一般条款】	★★★★
		第 26 条【过失相抵:被侵权人过错】	★★★
		第 7 条【无过错责任原则】	★★
		第 15 条【侵权责任的主要承担方式】	★★
		第 2 条【侵权责任一般条款;民事权益的范围】	★
		第 6 条【侵权责任归责原则:过错责任原则;过错推定原则】	★
		第 13 条【连带责任的对外承担规则】	★
		第 25 条【损害赔偿金的支付方式:一次性支付、分期支付】	★
		第 35 条【个人劳务责任:提供劳务者致害责任、提供劳务者受害责任】	★
		第 76 条【未经许可进入高度危险活动区域或者高度危险物存放区的抗辩事由】	★

	主要适用的法条	相关度	
民法通则	第 123 条【高度危险行为致害无过错责任及抗辩事由】	★★★	350
	第 98 条【生命权、健康权请求权基础】	★	
	第 106 条【民事责任归责原则:违约责任,无过错责任原则;侵权责任,过错责任,无过错责任】	★	
	第 119 条【人身损害赔偿项目:一般人身损害赔偿项目、伤残赔偿项目、死亡赔偿项目】	★	
保险法	第 65 条【第三者责任保险定义及保险金赔付规则】	★	357
人身损害赔偿司法解释	第 17 条【人身损害赔偿项目:一般人身损害赔偿项目、伤残赔偿项目、死亡赔偿项目】	★★★	437
	第 18 条【精神损害抚慰金的请求权】	★★★	
	第 19 条【医疗费计算标准】	★★★	
	第 20 条【误工费计算标准】	★★★	
	第 21 条【人身损害赔偿:护理费计算】	★★★	
	第 22 条【交通费计算标准】	★★★	
	第 23 条【伙食费、住宿费计算标准】	★★★	
	第 25 条【人身损害赔偿项目:残疾赔偿金计算标准】	★★★	
	第 28 条【被扶养人生活费数额的确定:被扶养人生活费计算标准;被扶养人的界定】	★★★	
	第 24 条【营养费计算标准】	★★	
	第 27 条【人身损害赔偿:丧葬费计算标准】	★★	
	第 29 条【人身损害赔偿项目:死亡赔偿金计算标准】	★★	
	第 35 条【人身损害赔偿相关概念的界定】	★	

		主要适用的法条	相关度
449	精神损害赔偿司法解释	第 10 条【精神损害赔偿数额的确定标准】	★★
		第 8 条【致人精神损害的责任承担方式:非财产形式责任、精神损害抚慰金】	★
		第 11 条【精神损害赔偿的减免责事由:受害人过错】	★

M9.30.353.5

M9.30.353.5 遗失、抛弃高度危险物损害责任纠纷 …… ★

常见适用的法条

		常见适用的法条
109	侵权责任法	第 7 条【无过错责任原则】
		第 8 条【共同实施侵权行为人的连带责任】
		第 16 条【人身损害赔偿项目:一般人身损害赔偿项目、伤残赔偿项目、死亡赔偿项目】
		第 22 条【侵害人身权益的精神损害赔偿】
		第 74 条【遗失、抛弃高度危险物致害的侵权责任】
449	精神损害赔偿司法解释	第 8 条【致人精神损害的责任承担方式:非财产形式责任、精神损害抚慰金】
		第 10 条【精神损害赔偿数额的确定标准】
437	人身损害赔偿司法解释	第 17 条【人身损害赔偿项目:一般人身损害赔偿项目、伤残赔偿项目、死亡赔偿项目】
		第 19 条【医疗费计算标准】
		第 20 条【误工费计算标准】
		第 21 条【人身损害赔偿:护理费计算】
		第 22 条【交通费计算标准】
		第 23 条【伙食费、住宿费计算标准】
		第 24 条【营养费计算标准】

	常见适用的法条	
	第 25 条【人身损害赔偿项目:残疾赔偿金计算标准】	437
	第 28 条【被扶养人生活费数额的确定:被扶养人生活费计算标准;被扶养人的界定】	

M9.30.353.6 非法占有高度危险物损害责任纠纷 ……… ★

M9.30.353.6

常见适用的法条

	常见适用的法条	
侵权责任法	第 16 条【人身损害赔偿项目:一般人身损害赔偿项目、伤残赔偿项目、死亡赔偿项目】	109
	第 75 条【非法占有高度危险物致害的侵权责任】	
人身损害赔偿司法解释	第 5 条【共同侵权诉讼中法院追加共同被告;赔偿权利人放弃部分诉讼请求的后果】	437
	第 17 条【人身损害赔偿项目:一般人身损害赔偿项目、伤残赔偿项目、死亡赔偿项目】	
	第 18 条【精神损害抚慰金的请求权】	

M9.30.354 饲养动物损害责任纠纷…………………… ★★★★

M9.30.354

主要适用的法条及其相关度

	主要适用的法条	相关度	
侵权责任法	第 78 条【饲养动物致害的无过错责任及被侵权人过错的适用规则】	★★★★★	109
	第 16 条【人身损害赔偿项目:一般人身损害赔偿项目、伤残赔偿项目、死亡赔偿项目】	★★★★	
	第 6 条【侵权责任归责原则:过错责任原则;过错推定原则】	★★	

		主要适用的法条	相关度
109		第 15 条【侵权责任的主要承担方式】	★★
		第 22 条【侵害人身权益的精神损害赔偿】	★★
		第 79 条【违反管理规定饲养动物致害的无过错责任】	★★
		第 26 条【过失相抵:被侵权人过错】	★
		第 80 条【禁止饲养的危险动物致害的无过错责任】	★
350	民法通则	第 127 条【饲养动物致害的无过错责任及被侵权人过错的适用规则】	★★
		第 119 条【人身损害赔偿项目:一般人身损害赔偿项目、伤残赔偿项目、死亡赔偿项目】	★
437	人身损害赔偿司法解释	第 17 条【人身损害赔偿项目:一般人身损害赔偿项目、伤残赔偿项目、死亡赔偿项目】	★★★
		第 19 条【医疗费计算标准】	★★★
		第 20 条【误工费计算标准】	★★★
		第 21 条【人身损害赔偿:护理费计算】	★★★
		第 22 条【交通费计算标准】	★★★
		第 23 条【伙食费、住宿费计算标准】	★★★
		第 18 条【精神损害抚慰金的请求权】	★★
		第 24 条【营养费计算标准】	★★
		第 25 条【人身损害赔偿项目:残疾赔偿金计算标准】	★
449	精神损害赔偿司法解释	第 8 条【致人精神损害的责任承担方式:非财产形式责任、精神损害抚慰金】	★

常见适用的其他法条

	常见适用的其他法条	
民法通则	第 98 条【生命权、健康权请求权基础】	350
	第 106 条【民事责任归责原则:违约责任,无过错责任原则;侵权责任,过错责任,无过错责任】	
侵权责任法	第 2 条【侵权责任一般条款;民事权益的范围】	109
	第 3 条【侵权责任的当事人主义】	
	第 7 条【无过错责任原则】	
精神损害赔偿司法解释	第 10 条【精神损害赔偿数额的确定标准】	449

M9.30.355　物件损害责任纠纷 ………………………… ★★★

M9.30.355

主要适用的法条及其相关度

	主要适用的法条	相关度	
侵权责任法	第 6 条【侵权责任归责原则:过错责任原则;过错推定原则】	★★★★★	109
	第 16 条【人身损害赔偿项目:一般人身损害赔偿项目、伤残赔偿项目、死亡赔偿项目】	★★★★★	
	第 85 条【建筑物、构筑物或者其他设施及其附属物脱落、坠落致害过错推定责任】	★★★★★	
	第 26 条【过失相抵:被侵权人过错】	★★★★	
	第 22 条【侵害人身权益的精神损害赔偿】	★★★	
	第 91 条【在公共场所或者道路上挖坑、修缮安装地下设施致害的过错推定责任;窨井等地下设施致害的过错推定责任】	★★★	

		主要适用的法条	相关度
109		第 15 条【侵权责任的主要承担方式】	★★
		第 2 条【侵权责任一般条款;民事权益的范围】	★
		第 3 条【侵权责任的当事人主义】	★
		第 19 条【侵害财产造成财产损失的计算方式】	★
		第 89 条【在公共道路上堆放、倾倒、遗撒妨碍通行物品致害的侵权责任】	★
350	民法通则	第 119 条【人身损害赔偿项目:一般人身损害赔偿项目、伤残赔偿项目、死亡赔偿项目】	★★
	民法通则	第 106 条【民事责任归责原则:违约责任,无过错责任原则;侵权责任,过错责任,无过错责任】	★
	民法通则	第 126 条【建筑物、构筑物或者其他设施及其附属物脱落、坠落致害过错推定责任】	★
	民法通则	第 131 条【过失相抵:被侵权人过错】	★
437	人身损害赔偿司法解释	第 17 条【人身损害赔偿项目:一般人身损害赔偿项目、伤残赔偿项目、死亡赔偿项目】	★★★★
	人身损害赔偿司法解释	第 19 条【医疗费计算标准】	★★★★
	人身损害赔偿司法解释	第 20 条【误工费计算标准】	★★★★
	人身损害赔偿司法解释	第 21 条【人身损害赔偿:护理费计算】	★★★★
	人身损害赔偿司法解释	第 22 条【交通费计算标准】	★★★★
	人身损害赔偿司法解释	第 18 条【精神损害抚慰金的请求权】	★★★
	人身损害赔偿司法解释	第 23 条【伙食费、住宿费计算标准】	★★★
	人身损害赔偿司法解释	第 24 条【营养费计算标准】	★★★
	人身损害赔偿司法解释	第 25 条【人身损害赔偿项目:残疾赔偿金计算标准】	★★★
	人身损害赔偿司法解释	第 28 条【被扶养人生活费数额的确定:被扶养人生活费计算标准;被扶养人的界定】	★★
	人身损害赔偿司法解释	第 16 条【所有人或管理人对于物件致害的过错推定责任:构筑物、堆放物、林木、果实坠落致害;设计、施工者的连带责任】	★

	主要适用的法条	相关度	
	第 27 条【人身损害赔偿:丧葬费计算标准】	★	437
	第 29 条【人身损害赔偿项目:死亡赔偿金计算标准】	★	
	第 35 条【人身损害赔偿相关概念的界定】	★	
精神损害赔偿司法解释	第 10 条【精神损害赔偿数额的确定标准】	★★	449
	第 8 条【致人精神损害的责任承担方式:非财产形式责任、精神损害抚慰金】	★	
	第 11 条【精神损害赔偿的减免责事由:受害人过错】	★	

M9.30.355.1

M9.30.355.1　物件脱落、坠落损害责任纠纷 ………… ★★★

主要适用的法条及其相关度

	主要适用的法条	相关度	
侵权责任法	第 85 条【建筑物、构筑物或者其他设施及其附属物脱落、坠落致害过错推定责任】	★★★★★	109
	第 16 条【人身损害赔偿项目:一般人身损害赔偿项目、伤残赔偿项目、死亡赔偿项目】	★★★★	
	第 6 条【侵权责任归责原则:过错责任原则;过错推定原则】	★★★	
	第 22 条【侵害人身权益的精神损害赔偿】	★★	
	第 26 条【过失相抵:被侵权人过错】	★★	
	第 15 条【侵权责任的主要承担方式】	★	
民法通则	第 119 条【人身损害赔偿项目:一般人身损害赔偿项目、伤残赔偿项目、死亡赔偿项目】	★	350
	第 126 条【建筑物、构筑物或者其他设施及其附属物脱落、坠落致害过错推定责任】	★	

		主要适用的法条	相关度
437	人身损害赔偿司法解释	第 17 条【人身损害赔偿项目:一般人身损害赔偿项目、伤残赔偿项目、死亡赔偿项目】	★★★
		第 19 条【医疗费计算标准】	★★★
		第 20 条【误工费计算标准】	★★★
		第 21 条【人身损害赔偿:护理费计算】	★★★
		第 22 条【交通费计算标准】	★★★
		第 23 条【伙食费、住宿费计算标准】	★★★
		第 24 条【营养费计算标准】	★★★
		第 25 条【人身损害赔偿项目:残疾赔偿金计算标准】	★★★
		第 18 条【精神损害抚慰金的请求权】	★★
		第 28 条【被扶养人生活费数额的确定:被扶养人生活费计算标准;被扶养人的界定】	★
449	精神损害赔偿司法解释	第 8 条【致人精神损害的责任承担方式:非财产形式责任、精神损害抚慰金】	★
		第 10 条【精神损害赔偿数额的确定标准】	★

M9.30.355.2

M9.30.355.2 建筑物、构筑物倒塌损害责任纠纷 …… ★★

主要适用的法条及其相关度

		主要适用的法条	相关度
109	侵权责任法	第 6 条【侵权责任归责原则:过错责任原则;过错推定原则】	★★★★★
		第 16 条【人身损害赔偿项目:一般人身损害赔偿项目、伤残赔偿项目、死亡赔偿项目】	★★★★★
		第 86 条【建筑物、构筑物或者其他设施倒塌致害的侵权责任】	★★★★★
		第 22 条【侵害人身权益的精神损害赔偿】	★★★

	主要适用的法条	相关度	
	第 26 条【过失相抵:被侵权人过错】	★★★	109
	第 85 条【建筑物、构筑物或者其他设施及其附属物脱落、坠落致害过错推定责任】	★★★	
	第 8 条【共同实施侵权行为人的连带责任】	★★	
	第 15 条【侵权责任的主要承担方式】	★★	
	第 2 条【侵权责任一般条款;民事权益的范围】	★	
	第 3 条【侵权责任的当事人主义】	★	
	第 7 条【无过错责任原则】	★	
	第 12 条【分别实施非充足原因侵权行为的按份责任】	★	
	第 13 条【连带责任的对外承担规则】	★	
	第 19 条【侵害财产造成财产损失的计算方式】	★	
民法通则	第 126 条【建筑物、构筑物或者其他设施及其附属物脱落、坠落致害过错推定责任】	★★★	350
	第 119 条【人身损害赔偿项目:一般人身损害赔偿项目、伤残赔偿项目、死亡赔偿项目】	★★	
	第 106 条【民事责任归责原则:违约责任,无过错责任原则;侵权责任,过错责任,无过错责任】	★	
	第 131 条【过失相抵:被侵权人过错】	★	
	第 134 条【侵权责任的主要承担方式】	★	
人身损害赔偿司法解释	第 17 条【人身损害赔偿项目:一般人身损害赔偿项目、伤残赔偿项目、死亡赔偿项目】	★★★★★	437
	第 19 条【医疗费计算标准】	★★★★	
	第 21 条【人身损害赔偿:护理费计算】	★★★★	
	第 23 条【伙食费、住宿费计算标准】	★★★★	
	第 18 条【精神损害抚慰金的请求权】	★★★	
	第 20 条【误工费计算标准】	★★★	
	第 22 条【交通费计算标准】	★★★	

		主要适用的法条	相关度
437		第 24 条【营养费计算标准】	★★★
		第 25 条【人身损害赔偿项目:残疾赔偿金计算标准】	★★★
		第 28 条【被扶养人生活费数额的确定:被扶养人生活费计算标准;被扶养人的界定】	★★
		第 1 条【人身损害赔偿的范围;赔偿权利人的界定;赔偿义务人的界定】	★
		第 27 条【人身损害赔偿:丧葬费计算标准】	★
		第 29 条【人身损害赔偿项目:死亡赔偿金计算标准】	★
449	精神损害赔偿司法解释	第 8 条【致人精神损害的责任承担方式:非财产形式责任、精神损害抚慰金】	★
		第 10 条【精神损害赔偿数额的确定标准】	★

M9.30.355.3

M9.30.355.3 不明抛掷物、坠落物损害责任纠纷 ········· ★

常见适用的法条

		常见适用的法条
350	民法通则	第 98 条【生命权、健康权请求权基础】
		第 106 条【民事责任归责原则:违约责任,无过错责任原则;侵权责任,过错责任,无过错责任】
		第 117 条【侵害财产权的责任承担方式:返还财产、折价赔偿;恢复原状、折价赔偿;赔偿损失】
		第 126 条【建筑物、构筑物或者其他设施及其附属物脱落、坠落致害过错推定责任】
		第 134 条【侵权责任的主要承担方式】
109	侵权责任法	第 2 条【侵权责任一般条款;民事权益的范围】
		第 6 条【侵权责任归责原则:过错责任原则;过错推定原则】
		第 12 条【分别实施非充足原因侵权行为的按份责任】

	常见适用的法条	
	第 15 条【侵权责任的主要承担方式】	109
	第 16 条【人身损害赔偿项目：一般人身损害赔偿项目、伤残赔偿项目、死亡赔偿项目】	
	第 19 条【侵害财产造成财产损失的计算方式】	
	第 22 条【侵害人身权益的精神损害赔偿】	
	第 26 条【过失相抵：被侵权人过错】	
	第 32 条【监护人责任：无民事行为能力人、限制民事行为能力人致害的侵权责任】	
	第 85 条【建筑物、构筑物或者其他设施及其附属物脱落、坠落致害过错推定责任】	
	第 87 条【高空抛物责任：从建筑物中抛掷的或者从建筑物上坠落的物品致害补偿责任】	
精神损害赔偿司法解释	第 1 条【侵害人身权益的精神损害赔偿】	449
	第 10 条【精神损害赔偿数额的确定标准】	
人身损害赔偿司法解释	第 12 条【因工伤受害的按照工伤保险赔偿；用人单位以外第三人致害劳动者的由第三人承担民事赔偿责任】	437
	第 17 条【人身损害赔偿项目：一般人身损害赔偿项目、伤残赔偿项目、死亡赔偿项目】	
	第 18 条【精神损害抚慰金的请求权】	
	第 19 条【医疗费计算标准】	
	第 20 条【误工费计算标准】	
	第 21 条【人身损害赔偿：护理费计算】	
	第 22 条【交通费计算标准】	
	第 23 条【伙食费、住宿费计算标准】	
	第 24 条【营养费计算标准】	
	第 25 条【人身损害赔偿项目：残疾赔偿金计算标准】	

M9.30.355.4

M9.30.355.4　堆放物倒塌致害责任纠纷 …………………… ★★

主要适用的法条及其相关度

		主要适用的法条	相关度
109	侵权责任法	第16条【人身损害赔偿项目:一般人身损害赔偿项目、伤残赔偿项目、死亡赔偿项目】	★★★★★
		第88条【堆放物倒塌致害的过错推定责任】	★★★★★
		第6条【侵权责任归责原则:过错责任原则;过错推定原则】	★★★★
		第22条【侵害人身权益的精神损害赔偿】	★★★
		第26条【过失相抵:被侵权人过错】	★★★
		第15条【侵权责任的主要承担方式】	★★
		第2条【侵权责任一般条款;民事权益的范围】	★
		第3条【侵权责任的当事人主义】	★
		第85条【建筑物、构筑物或者其他设施及其附属物脱落、坠落致害过错推定责任】	★
350	民法通则	第119条【人身损害赔偿项目:一般人身损害赔偿项目、伤残赔偿项目、死亡赔偿项目】	★
		第126条【建筑物、构筑物或者其他设施及其附属物脱落、坠落致害过错推定责任】	★
437	人身损害赔偿司法解释	第17条【人身损害赔偿项目:一般人身损害赔偿项目、伤残赔偿项目、死亡赔偿项目】	★★★★
		第21条【人身损害赔偿:护理费计算】	★★★★
		第19条【医疗费计算标准】	★★★
		第20条【误工费计算标准】	★★★
		第22条【交通费计算标准】	★★★
		第23条【伙食费、住宿费计算标准】	★★★
		第24条【营养费计算标准】	★★★

	主要适用的法条	相关度	
	第 25 条【人身损害赔偿项目:残疾赔偿金计算标准】	★★★	437
	第 18 条【精神损害抚慰金的请求权】	★★	
	第 2 条【受害人故意】	★	
	第 16 条【所有人或管理人对于物件致害的过错推定责任:构筑物、堆放物、林木、果实坠落致害;设计、施工者的连带责任】	★	
	第 26 条【人身损害赔偿:残疾辅助器具费的计算标准;辅助器具的更换周期、赔偿期限】	★	
	第 27 条【人身损害赔偿:丧葬费计算标准】	★	
	第 28 条【被扶养人生活费数额的确定:被扶养人生活费计算标准;被扶养人的界定】	★	
	第 29 条【人身损害赔偿项目:死亡赔偿金计算标准】	★	
精神损害赔偿司法解释	第 8 条【致人精神损害的责任承担方式:非财产形式责任、精神损害抚慰金】	★	449
	第 10 条【精神损害赔偿数额的确定标准】	★	

M9.30.355.5　公共道路妨碍通行损害责任纠纷 …… ★★★

M9.30.355.5

主要适用的法条及其相关度

	主要适用的法条	相关度	
侵权责任法	第 16 条【人身损害赔偿项目:一般人身损害赔偿项目、伤残赔偿项目、死亡赔偿项目】	★★★★★	109
	第 89 条【在公共道路上堆放、倾倒、遗撒妨碍通行物品致害的侵权责任】	★★★★★	
	第 6 条【侵权责任归责原则:过错责任原则;过错推定原则】	★★★★	
	第 26 条【过失相抵:被侵权人过错】	★★★★	

		主要适用的法条	相关度
109		第22条【侵害人身权益的精神损害赔偿】	★★★
		第2条【侵权责任一般条款;民事权益的范围】	★
		第3条【侵权责任的当事人主义】	★
		第12条【分别实施非充足原因侵权行为的按份责任】	★
		第15条【侵权责任的主要承担方式】	★
		第18条【被侵权人死亡、单位分立合并的请求权继受;支付被侵权人医疗费、丧葬费等合理费用的人】	★
		第91条【在公共场所或者道路上挖坑、修缮安装地下设施致害的过错推定责任;窨井等地下设施致害的过错推定责任】	★
350	民法通则	第119条【人身损害赔偿项目:一般人身损害赔偿项目、伤残赔偿项目、死亡赔偿项目】	★★
		第98条【生命权、健康权请求权基础】	★
		第106条【民事责任归责原则:违约责任,无过错责任原则;侵权责任,过错责任,无过错责任】	★
		第131条【过失相抵:被侵权人过错】	★
347	道路交通安全法	第31条【未经许可禁止占用道路从事非交通活动的规定】	★
437	人身损害赔偿司法解释	第17条【人身损害赔偿项目:一般人身损害赔偿项目、伤残赔偿项目、死亡赔偿项目】	★★★★
		第18条【精神损害抚慰金的请求权】	★★★
		第19条【医疗费计算标准】	★★★
		第20条【误工费计算标准】	★★★
		第21条【人身损害赔偿:护理费计算】	★★★
		第22条【交通费计算标准】	★★★
		第23条【伙食费、住宿费计算标准】	★★★
		第24条【营养费计算标准】	★★

	主要适用的法条	相关度	
	第 25 条【人身损害赔偿项目:残疾赔偿金计算标准】	★★	437
	第 27 条【人身损害赔偿:丧葬费计算标准】	★★	
	第 28 条【被扶养人生活费数额的确定:被扶养人生活费计算标准;被扶养人的界定】	★★	
	第 29 条【人身损害赔偿项目:死亡赔偿金计算标准】	★★	
道路交通事故司法解释	第 10 条【因在道路上堆放、倾倒、遗撒物品等妨碍通行的行为导致交通事故造成损害的责任认定及其抗辩事由】	★★	445
精神损害赔偿司法解释	第 10 条【精神损害赔偿数额的确定标准】	★★	449
	第 8 条【致人精神损害的责任承担方式:非财产形式责任、精神损害抚慰金】	★	
	第 11 条【精神损害赔偿的减免责事由:受害人过错】	★	

M9.30.355.6　林木折断损害责任纠纷 ……………………… ★★

M9.30.355.6

主要适用的法条及其相关度

	主要适用的法条	相关度	
侵权责任法	第 90 条【林木折断致害的过错推定责任】	★★★★★	109
	第 16 条【人身损害赔偿项目:一般人身损害赔偿项目、伤残赔偿项目、死亡赔偿项目】	★★★★	
	第 6 条【侵权责任归责原则:过错责任原则;过错推定原则】	★★★	
	第 22 条【侵害人身权益的精神损害赔偿】	★★★	
	第 15 条【侵权责任的主要承担方式】	★★	
	第 26 条【过失相抵:被侵权人过错】	★★	
	第 19 条【侵害财产造成财产损失的计算方式】	★	

		主要适用的法条	相关度
350	民法通则	第 119 条【人身损害赔偿项目:一般人身损害赔偿项目、伤残赔偿项目、死亡赔偿项目】	★
437	人身损害赔偿司法解释	第 17 条【人身损害赔偿项目:一般人身损害赔偿项目、伤残赔偿项目、死亡赔偿项目】	★★★
		第 19 条【医疗费计算标准】	★★★
		第 20 条【误工费计算标准】	★★★
		第 21 条【人身损害赔偿:护理费计算】	★★★
		第 23 条【伙食费、住宿费计算标准】	★★★
		第 18 条【精神损害抚慰金的请求权】	★★
		第 22 条【交通费计算标准】	★★
		第 24 条【营养费计算标准】	★★
		第 25 条【人身损害赔偿项目:残疾赔偿金计算标准】	★★
		第 16 条【所有人或管理人对于物件致害的过错推定责任:构筑物、堆放物、林木、果实坠落致害;设计、施工者的连带责任】	★
		第 27 条【人身损害赔偿:丧葬费计算标准】	★
		第 28 条【被扶养人生活费数额的确定:被扶养人生活费计算标准;被扶养人的界定】	★
		第 29 条【人身损害赔偿项目:死亡赔偿金计算标准】	★
449	精神损害赔偿司法解释	第 8 条【致人精神损害的责任承担方式:非财产形式责任、精神损害抚慰金】	★
		第 10 条【精神损害赔偿数额的确定标准】	★

M9.30.355.7 地面施工、地下设施损害责任纠纷 … ★★★

M9.30.355.7

主要适用的法条及其相关度

	主要适用的法条	相关度	
侵权责任法	第16条【人身损害赔偿项目:一般人身损害赔偿项目、伤残赔偿项目、死亡赔偿项目】	★★★★★	109
	第91条【在公共场所或者道路上挖坑、修缮安装地下设施致害的过错推定责任;窨井等地下设施致害的过错推定责任】	★★★★★	
	第6条【侵权责任归责原则:过错责任原则;过错推定原则】	★★★★	
	第26条【过失相抵:被侵权人过错】	★★★★	
	第22条【侵害人身权益的精神损害赔偿】	★★★	
	第2条【侵权责任一般条款;民事权益的范围】	★	
	第15条【侵权责任的主要承担方式】	★	
民法通则	第106条【民事责任归责原则:违约责任,无过错责任原则;侵权责任,过错责任,无过错责任】	★	350
	第119条【人身损害赔偿项目:一般人身损害赔偿项目、伤残赔偿项目、死亡赔偿项目】	★	
	第125条【在公共场所或者道路上挖坑、修缮安装地下设施致害的过错推定责任;窨井等地下设施致害的过错推定责任】	★	
人身损害赔偿司法解释	第17条【人身损害赔偿项目:一般人身损害赔偿项目、伤残赔偿项目、死亡赔偿项目】	★★★★	437
	第19条【医疗费计算标准】	★★★	
	第20条【误工费计算标准】	★★★	
	第21条【人身损害赔偿:护理费计算】	★★★	
	第22条【交通费计算标准】	★★★	
	第23条【伙食费、住宿费计算标准】	★★★	

		主要适用的法条	相关度
437		第25条【人身损害赔偿项目:残疾赔偿金计算标准】	★★★
		第18条【精神损害抚慰金的请求权】	★★
		第24条【营养费计算标准】	★★
		第28条【被扶养人生活费数额的确定:被扶养人生活费计算标准;被扶养人的界定】	★★
		第27条【人身损害赔偿:丧葬费计算标准】	★
		第29条【人身损害赔偿项目:死亡赔偿金计算标准】	★
449	精神损害赔偿司法解释	第10条【精神损害赔偿数额的确定标准】	★★
		第8条【致人精神损害的责任承担方式:非财产形式责任、精神损害抚慰金】	★

M9.30.356 触电人身损害责任纠纷…………………… ★★★

主要适用的法条及其相关度

		主要适用的法条	相关度
109	侵权责任法	第16条【人身损害赔偿项目:一般人身损害赔偿项目、伤残赔偿项目、死亡赔偿项目】	★★★★★
		第6条【侵权责任归责原则:过错责任原则;过错推定原则】	★★★★
		第73条【高度危险行为致害无过错责任及抗辩事由】	★★★★
		第22条【侵害人身权益的精神损害赔偿】	★★★
		第26条【过失相抵:被侵权人过错】	★★★
		第12条【分别实施非充足原因侵权行为的按份责任】	★
		第15条【侵权责任的主要承担方式】	★
		第18条【被侵权人死亡、单位分立合并的请求权继受;支付被侵权人医疗费、丧葬费等合理费用的人】	★

	主要适用的法条	相关度	
民法通则	第119条【人身损害赔偿项目:一般人身损害赔偿项目、伤残赔偿项目、死亡赔偿项目】	★★	350
	第123条【高度危险行为致害无过错责任及抗辩事由】	★★	
	第106条【民事责任归责原则:违约责任,无过错责任原则;侵权责任,过错责任,无过错责任】	★	
	第131条【过失相抵:被侵权人过错】	★	
人身损害赔偿司法解释	第17条【人身损害赔偿项目:一般人身损害赔偿项目、伤残赔偿项目、死亡赔偿项目】	★★★★	437
	第18条【精神损害抚慰金的请求权】	★★★	
	第27条【人身损害赔偿:丧葬费计算标准】	★★★	
	第28条【被扶养人生活费数额的确定:被扶养人生活费计算标准;被扶养人的界定】	★★★	
	第29条【人身损害赔偿项目:死亡赔偿金计算标准】	★★★	
	第19条【医疗费计算标准】	★★	
	第20条【误工费计算标准】	★★	
	第21条【人身损害赔偿:护理费计算】	★★	
	第22条【交通费计算标准】	★★	
	第23条【伙食费、住宿费计算标准】	★★	
	第24条【营养费计算标准】	★	
	第25条【人身损害赔偿项目:残疾赔偿金计算标准】	★	
精神损害赔偿司法解释	第8条【致人精神损害的责任承担方式:非财产形式责任、精神损害抚慰金】	★	449
	第10条【精神损害赔偿数额的确定标准】	★	

M9.30.357

M9.30.357 义务帮工人受害责任纠纷 ………………… ★★★★

主要适用的法条及其相关度

		主要适用的法条	相关度
109	侵权责任法	第16条【人身损害赔偿项目:一般人身损害赔偿项目、伤残赔偿项目、死亡赔偿项目】	★★★★
		第22条【侵害人身权益的精神损害赔偿】	★★★
		第26条【过失相抵:被侵权人过错】	★★★
		第6条【侵权责任归责原则:过错责任原则;过错推定原则】	★★
		第15条【侵权责任的主要承担方式】	★★
		第35条【个人劳务责任:提供劳务者致害责任、提供劳务者受害责任】	★★
		第7条【无过错责任原则】	★
350	民法通则	第106条【民事责任归责原则:违约责任,无过错责任原则;侵权责任,过错责任,无过错责任】	★★
		第119条【人身损害赔偿项目:一般人身损害赔偿项目、伤残赔偿项目、死亡赔偿项目】	★★
		第131条【过失相抵:被侵权人过错】	★★
437	人身损害赔偿司法解释	第14条【个人劳务责任:提供劳务者致害责任、提供劳务者受害责任】	★★★★★
		第17条【人身损害赔偿项目:一般人身损害赔偿项目、伤残赔偿项目、死亡赔偿项目】	★★★★
		第19条【医疗费计算标准】	★★★★
		第20条【误工费计算标准】	★★★★
		第21条【人身损害赔偿:护理费计算】	★★★★
		第23条【伙食费、住宿费计算标准】	★★★★
		第18条【精神损害抚慰金的请求权】	★★★

	主要适用的法条	相关度	
	第 22 条【交通费计算标准】	★★★	437
	第 24 条【营养费计算标准】	★★★	
	第 25 条【人身损害赔偿项目:残疾赔偿金计算标准】	★★★	
	第 2 条【受害人故意】	★★	
	第 28 条【被扶养人生活费数额的确定:被扶养人生活费计算标准;被扶养人的界定】	★★	
	第 13 条【个人劳务责任:提供劳务者致害责任、提供劳务者受害责任】	★	
	第 27 条【人身损害赔偿:丧葬费计算标准】	★	
	第 29 条【人身损害赔偿项目:死亡赔偿金计算标准】	★	
精神损害赔偿司法解释	第 8 条【致人精神损害的责任承担方式:非财产形式责任、精神损害抚慰金】	★★	449
	第 10 条【精神损害赔偿数额的确定标准】	★★	

常见适用的其他法条

	常见适用的其他法条	
民法通则	第 98 条【生命权、健康权请求权基础】	350
	第 134 条【侵权责任的主要承担方式】	
侵权责任法	第 2 条【侵权责任一般条款;民事权益的范围】	109
	第 3 条【侵权责任的当事人主义】	
精神损害赔偿司法解释	第 11 条【精神损害赔偿的减免责事由:受害人过错】	449

		常见适用的其他法条
437	人身损害赔偿司法解释	第 1 条【人身损害赔偿的范围;赔偿权利人的界定;赔偿义务人的界定】
		第 10 条【承揽人致害或自身损害:定作人定作过失、指示过失、选任过失】
		第 26 条【人身损害赔偿:残疾辅助器具费的计算标准;辅助器具的更换周期、赔偿期限】
		第 35 条【人身损害赔偿相关概念的界定】

M9.30.358

M9.30.358 见义勇为人受害责任纠纷 ………………………… ★

常见适用的法条

		常见适用的法条
350	民法通则	第 98 条【生命权、健康权请求权基础】
		第 109 条【见义勇为的侵权责任和补偿责任】
		第 132 条【公平责任:公平补偿责任的一般规定】
		第 133 条【监护人责任:无民事行为能力人、限制民事行为能力人致害的侵权责任】
109	侵权责任法	第 6 条【侵权责任归责原则:过错责任原则;过错推定原则】
		第 12 条【分别实施非充足原因侵权行为的按份责任】
		第 16 条【人身损害赔偿项目:一般人身损害赔偿项目、伤残赔偿项目、死亡赔偿项目】
		第 18 条【被侵权人死亡、单位分立合并的请求权继受;支付被侵权人医疗费、丧葬费等合理费用的人】
		第 19 条【侵害财产造成财产损失的计算方式】
		第 22 条【侵害人身权益的精神损害赔偿】
		第 23 条【见义勇为的侵权责任和补偿责任】
		第 26 条【过失相抵:被侵权人过错】

	常见适用的法条	
	第 32 条【监护人责任:无民事行为能力人、限制民事行为能力人致害的侵权责任】	109
	第 37 条【管理人或者组织者违反安全保障义务的侵权责任;补充责任】	
精神损害赔偿司法解释	第 7 条【被侵权人死亡后精神损害赔偿请求权的权利人认定】	449
	第 8 条【致人精神损害的责任承担方式:非财产形式责任、精神损害抚慰金】	
	第 10 条【精神损害赔偿数额的确定标准】	
民通意见	第 142 条【见义勇为的侵权责任和补偿责任】	457
	第 157 条【公平补偿责任:为对方利益或共同利益而受损害】	
人身损害赔偿司法解释	第 9 条【用人单位替代责任;劳务派遣侵权责任:替代责任、补充责任】	437
	第 15 条【见义勇为的侵权责任和补偿责任】	
	第 17 条【人身损害赔偿项目:一般人身损害赔偿项目、伤残赔偿项目、死亡赔偿项目】	
	第 18 条【精神损害抚慰金的请求权】	
	第 19 条【医疗费计算标准】	
	第 20 条【误工费计算标准】	
	第 21 条【人身损害赔偿:护理费计算】	
	第 22 条【交通费计算标准】	
	第 23 条【伙食费、住宿费计算标准】	
	第 24 条【营养费计算标准】	
	第 25 条【人身损害赔偿项目:残疾赔偿金计算标准】	
	第 27 条【人身损害赔偿:丧葬费计算标准】	
	第 29 条【人身损害赔偿项目:死亡赔偿金计算标准】	
	第 35 条【人身损害赔偿相关概念的界定】	

M9.30.359

M9.30.359 公证损害责任纠纷 …………………………… ★★

主要适用的法条及其相关度

		主要适用的法条	相关度
400	公证法	第 43 条【公证机构的赔偿责任、公证机构对公证员的追偿权】	★★★★★
		第 28 条【公证机构办理公证时的审查事项】	★★
		第 29 条【公证机构对公证事项及其证明材料的核实权利与义务】	★
		第 39 条【错误公证书的撤销与更正】	★
		第 40 条【对于公证书的内容有争议的相关利害关系人可提起民事诉讼】	★
109	侵权责任法	第 6 条【侵权责任归责原则:过错责任原则;过错推定原则】	★★★★
350	民法通则	第 106 条【民事责任归责原则:违约责任,无过错责任原则;侵权责任,过错责任,无过错责任】	★★
		第 5 条【公民的合法权益受到保护】	★
		第 135 条【诉讼时效期间:两年】	★
		第 137 条【诉讼时效期间的起算日和最长保护期限】	★
465	公证活动案件规定	第 4 条【人民法院应当认定公证机构有过错的法定情形】	★★★
		第 5 条【公证书错误造成他人损失时的责任承担规则】	★★★
		第 1 条【当事人、公证事项的利害关系人请求民事赔偿案件的被告认定和案由类型】	★

M9.30.360　防卫过当损害责任纠纷……………………………… ★

M9.30.360

常见适用的法条

	常见适用的法条	
民法通则	第 98 条【生命权、健康权请求权基础】	350
侵权责任法	第 2 条【侵权责任一般条款；民事权益的范围】	109
	第 4 条【法律责任的并存规则；民事财产责任的优先性】	
	第 16 条【人身损害赔偿项目：一般人身损害赔偿项目、伤残赔偿项目、死亡赔偿项目】	
	第 30 条【正当防卫、防卫过当的责任承担规则】	
人身损害赔偿司法解释	第 17 条【人身损害赔偿项目：一般人身损害赔偿项目、伤残赔偿项目、死亡赔偿项目】	437
	第 19 条【医疗费计算标准】	
	第 20 条【误工费计算标准】	
	第 21 条【人身损害赔偿：护理费计算】	
	第 22 条【交通费计算标准】	
	第 23 条【伙食费、住宿费计算标准】	
	第 24 条【营养费计算标准】	
	第 25 条【人身损害赔偿项目：残疾赔偿金计算标准】	

M9.30.361　紧急避险损害责任纠纷……………………………… ★

M9.30.361

常见适用的法条

	常见适用的法条	
道路交通安全法	第 76 条【交通事故责任一般条款】	347

		常见适用的法条
350	民法通则	第 5 条【公民的合法权益受到保护】
		第 98 条【生命权、健康权请求权基础】
		第 106 条【民事责任归责原则:违约责任,无过错责任原则;侵权责任,过错责任,无过错责任】
		第 119 条【人身损害赔偿项目:一般人身损害赔偿项目、伤残赔偿项目、死亡赔偿项目】
		第 129 条【紧急避险、避险不当、避险过当】
		第 131 条【过失相抵:被侵权人过错】
		第 134 条【侵权责任的主要承担方式】
109	侵权责任法	第 3 条【侵权责任的当事人主义】
		第 6 条【侵权责任归责原则:过错责任原则;过错推定原则】
		第 16 条【人身损害赔偿项目:一般人身损害赔偿项目、伤残赔偿项目、死亡赔偿项目】
		第 22 条【侵害人身权益的精神损害赔偿】
		第 26 条【过失相抵:被侵权人过错】
		第 31 条【紧急避险、避险不当、避险过当】
		第 32 条【监护人责任:无民事行为能力人、限制民事行为能力人致害的侵权责任】
		第 35 条【个人劳务责任:提供劳务者致害责任、提供劳务者受害责任】
449	精神损害赔偿司法解释	第 1 条【侵害人身权益的精神损害赔偿】
		第 8 条【致人精神损害的责任承担方式:非财产形式责任、精神损害抚慰金】
		第 10 条【精神损害赔偿数额的确定标准】
437	人身损害赔偿司法解释	第 2 条【受害人故意】
		第 17 条【人身损害赔偿项目:一般人身损害赔偿项目、伤残赔偿项目、死亡赔偿项目】
		第 18 条【精神损害抚慰金的请求权】

	常见适用的法条	
	第 19 条【医疗费计算标准】	437
	第 20 条【误工费计算标准】	
	第 21 条【人身损害赔偿:护理费计算】	
	第 22 条【交通费计算标准】	
	第 23 条【伙食费、住宿费计算标准】	
	第 24 条【营养费计算标准】	
	第 25 条【人身损害赔偿项目:残疾赔偿金计算标准】	
	第 35 条【人身损害赔偿相关概念的界定】	

M9.30.362　驻香港、澳门特别行政区军人执行职务侵权责任纠纷① ………………………… ★

M9.30.362

M9.30.363　铁路运输损害责任纠纷 ………………………… ★

M9.30.363

常见适用的法条

	常见适用的法条	
道路交通安全法	第 46 条【机动车通过铁路道口的通行规则】	347
侵权责任法	第 6 条【侵权责任归责原则:过错责任原则;过错推定原则】	109
	第 7 条【无过错责任原则】	
	第 16 条【人身损害赔偿项目:一般人身损害赔偿项目、伤残赔偿项目、死亡赔偿项目】	
	第 19 条【侵害财产造成财产损失的计算方式】	
	第 22 条【侵害人身权益的精神损害赔偿】	

① 说明:本案由尚无足够数量判决书可供法律大数据分析。

		常见适用的法条
109		第 26 条【过失相抵:被侵权人过错】
		第 73 条【高度危险行为致害无过错责任及抗辩事由】
435	铁路安全管理条例	第 77 条【危害铁路安全的禁止行为的类型】
449	精神损害赔偿司法解释	第 8 条【致人精神损害的责任承担方式:非财产形式责任、精神损害抚慰金】
		第 10 条【精神损害赔偿数额的确定标准】
437	人身损害赔偿司法解释	第 17 条【人身损害赔偿项目:一般人身损害赔偿项目、伤残赔偿项目、死亡赔偿项目】
459	铁路人身损害司法解释	第 4 条【铁路运输致人损害的责任】
		第 6 条【因受害人未经许可进入铁路线路、车站、货场等铁路作业区域的过错行为造成人身损害的处理规定及铁路运输企业赔偿责任的承担规则】
		第 7 条【铁路运输企业致人损害不承担责任和减轻责任的情形】

M9.30.363.1

M9.30.363.1 铁路运输人身损害责任纠纷 ………………… ★★

主要适用的法条及其相关度

		主要适用的法条	相关度
109	侵权责任法	第 16 条【人身损害赔偿项目:一般人身损害赔偿项目、伤残赔偿项目、死亡赔偿项目】	★★★★
		第 73 条【高度危险行为致害无过错责任及抗辩事由】	★★★★
		第 22 条【侵害人身权益的精神损害赔偿】	★★★
		第 26 条【过失相抵:被侵权人过错】	★★★

	主要适用的法条	相关度	
	第 6 条【侵权责任归责原则：过错责任原则；过错推定原则】	★	109
	第 7 条【无过错责任原则】	★	
	第 18 条【被侵权人死亡、单位分立合并的请求权继受；支付被侵权人医疗费、丧葬费等合理费用的人】	★	
民法通则	第 123 条【高度危险行为致害无过错责任及抗辩事由】	★★	350
铁路法	第 58 条【因铁路行车事故及其他铁路运营事故造成人身伤亡时铁路运输企业的责任承担规则】	★★	410
	第 51 条【铁路职工有权制止在铁路线路上行走、坐卧的行为】	★	
铁路人身损害司法解释	第 6 条【因受害人未经许可进入铁路线路、车站、货场等铁路作业区域的过错行为造成人身损害的处理规定及铁路运输企业赔偿责任的承担规则】	★★★★★	459
	第 4 条【铁路运输致人损害的责任】	★★	
	第 5 条【铁路运输企业致人损害的免责事由：不可抗力、受害人故意卧轨、碰撞】	★	
	第 7 条【铁路运输企业致人损害不承担责任和减轻责任的情形】	★	
	第 8 条【铁路运输造成不完全民事行为能力人人身损害时的责任承担】	★	
	第 9 条【铁路机车车辆与机动车发生碰撞造成人身损害时的责任承担方式】	★	
人身损害赔偿司法解释	第 17 条【人身损害赔偿项目：一般人身损害赔偿项目、伤残赔偿项目、死亡赔偿项目】	★★★★★	437
	第 18 条【精神损害抚慰金的请求权】	★★★★	
	第 27 条【人身损害赔偿：丧葬费计算标准】	★★★★	
	第 29 条【人身损害赔偿项目：死亡赔偿金计算标准】	★★★★	

		主要适用的法条	相关度
437		第 20 条【误工费计算标准】	★★★
		第 28 条【被扶养人生活费数额的确定:被扶养人生活费计算标准;被扶养人的界定】	★★★
		第 19 条【医疗费计算标准】	★★
		第 22 条【交通费计算标准】	★★
		第 25 条【人身损害赔偿项目:残疾赔偿金计算标准】	★★
		第 21 条【人身损害赔偿:护理费计算】	★
		第 23 条【伙食费、住宿费计算标准】	★
		第 24 条【营养费计算标准】	★
		第 30 条【残疾赔偿金计算标准、死亡赔偿金计算标准调整:住所地或经常居住地收入高于受诉法院所在地标准】	★
449	精神损害赔偿司法解释	第 10 条【精神损害赔偿数额的确定标准】	★★★★★
		第 8 条【致人精神损害的责任承担方式:非财产形式责任、精神损害抚慰金】	★★★
		第 11 条【精神损害赔偿的减免责事由:受害人过错】	★★★
445	道路交通事故司法解释	第 3 条【挂靠机动车交通事故责任:挂靠人与被挂靠人承担连带责任】	★

M9.30.363.2

M9.30.363.2 铁路运输财产损害责任纠纷 …………………… ★

常见适用的法条

		常见适用的法条
347	道路交通安全法	第 46 条【机动车通过铁路道口的通行规则】

	常见适用的法条	
侵权责任法	第 6 条【侵权责任归责原则:过错责任原则;过错推定原则】	109
	第 19 条【侵害财产造成财产损失的计算方式】	
	第 26 条【过失相抵:被侵权人过错】	
	第 35 条【个人劳务责任:提供劳务者致害责任、提供劳务者受害责任】	
道路交通事故司法解释	第 3 条【挂靠机动车交通事故责任:挂靠人与被挂靠人承担连带责任】	445
	第 9 条【因道路管理维护缺陷导致机动车发生交通事故造成损害的责任认定及其抗辩事由】	
	第 15 条【交通事故财产损失赔偿范围:车辆维修费用、车辆所载物品损失、车辆施救费用、车辆重置费用、合理停运损失、替代性交通工具的合理费用】	
	第 25 条【保险公司在交通事故损害赔偿案件中应作为共同被告的情形:承保交强险、承保商业三者险】	

M9.30.364　水上运输损害责任纠纷……………………………… ★

M9.30.364

常见适用的法条

	常见适用的法条	
民法通则	第 98 条【生命权、健康权请求权基础】	350
	第 106 条【民事责任归责原则:违约责任,无过错责任原则;侵权责任,过错责任,无过错责任】	
	第 108 条【债务清偿:分期偿还、强制偿还】	
	第 131 条【过失相抵:被侵权人过错】	
侵权责任法	第 3 条【侵权责任的当事人主义】	109
	第 6 条【侵权责任归责原则:过错责任原则;过错推定原则】	
	第 12 条【分别实施非充足原因侵权行为的按份责任】	
	第 13 条【连带责任的对外承担规则】	

		常见适用的法条
109		第 15 条【侵权责任的主要承担方式】
		第 16 条【人身损害赔偿项目：一般人身损害赔偿项目、伤残赔偿项目、死亡赔偿项目】
		第 18 条【被侵权人死亡、单位分立合并的请求权继受；支付被侵权人医疗费、丧葬费等合理费用的人】
		第 19 条【侵害财产造成财产损失的计算方式】
		第 22 条【侵害人身权益的精神损害赔偿】
		第 26 条【过失相抵：被侵权人过错】
370	物权法	第 56 条【国有财产的保护】
449	精神损害赔偿司法解释	第 1 条【侵害人身权益的精神损害赔偿】
		第 8 条【致人精神损害的责任承担方式：非财产形式责任、精神损害抚慰金】
		第 10 条【精神损害赔偿数额的确定标准】
437	人身损害赔偿司法解释	第 1 条【人身损害赔偿的范围；赔偿权利人的界定；赔偿义务人的界定】
		第 5 条【共同侵权诉讼中法院追加共同被告；赔偿权利人放弃部分诉讼请求的后果】
		第 17 条【人身损害赔偿项目：一般人身损害赔偿项目、伤残赔偿项目、死亡赔偿项目】
		第 18 条【精神损害抚慰金的请求权】
		第 27 条【人身损害赔偿：丧葬费计算标准】
		第 29 条【人身损害赔偿项目：死亡赔偿金计算标准】

M9.30.364.1

M9.30.364.1 水上运输人身损害责任纠纷 …………………… ★

常见适用的法条

		常见适用的法条
394	继承法	第 33 条【遗产继承时债务的清偿】

	常见适用的法条	
民法通则	第 98 条【生命权、健康权请求权基础】	350
	第 106 条【民事责任归责原则:违约责任,无过错责任原则;侵权责任,过错责任,无过错责任】	
	第 119 条【人身损害赔偿项目:一般人身损害赔偿项目、伤残赔偿项目、死亡赔偿项目】	
	第 130 条【共同实施侵权行为人的连带责任】	
	第 131 条【过失相抵:被侵权人过错】	
	第 134 条【侵权责任的主要承担方式】	
侵权责任法	第 3 条【侵权责任的当事人主义】	109
	第 4 条【法律责任的并存规则;民事财产责任的优先性】	
	第 6 条【侵权责任归责原则:过错责任原则;过错推定原则】	
	第 12 条【分别实施非充足原因侵权行为的按份责任】	
	第 15 条【侵权责任的主要承担方式】	
	第 16 条【人身损害赔偿项目:一般人身损害赔偿项目、伤残赔偿项目、死亡赔偿项目】	
	第 18 条【被侵权人死亡、单位分立合并的请求权继受;支付被侵权人医疗费、丧葬费等合理费用的人】	
	第 19 条【侵害财产造成财产损失的计算方式】	
	第 22 条【侵害人身权益的精神损害赔偿】	
	第 26 条【过失相抵:被侵权人过错】	
内河交通安全管理条例	第 21 条【货运、客运的船舶必须符合安全技术要求、载货或载客条件;禁止船舶超载货物或旅客】	432
	第 42 条【内河通航水域内可能影响航行安全的沉没物、漂流物、搁浅物的处理规定】	
	第 44 条【单位和个人发现妨碍通航安全情况的报告义务】	

		常见适用的法条
449	精神损害赔偿司法解释	第 1 条【侵害人身权益的精神损害赔偿】
		第 7 条【被侵权人死亡后精神损害赔偿请求权的权利人认定】
		第 8 条【致人精神损害的责任承担方式:非财产形式责任、精神损害抚慰金】
		第 10 条【精神损害赔偿数额的确定标准】
		第 11 条【精神损害赔偿的减免责事由:受害人过错】
437	人身损害赔偿司法解释	第 1 条【人身损害赔偿的范围;赔偿权利人的界定;赔偿义务人的界定】
		第 3 条【共同实施侵权行为人的连带责任】
		第 9 条【用人单位替代责任;劳务派遣侵权责任:替代责任、补充责任】
		第 17 条【人身损害赔偿项目:一般人身损害赔偿项目、伤残赔偿项目、死亡赔偿项目】
		第 18 条【精神损害抚慰金的请求权】
		第 19 条【医疗费计算标准】
		第 20 条【误工费计算标准】
		第 21 条【人身损害赔偿:护理费计算】
		第 22 条【交通费计算标准】
		第 23 条【伙食费、住宿费计算标准】
		第 24 条【营养费计算标准】
		第 25 条【人身损害赔偿项目:残疾赔偿金计算标准】
		第 27 条【人身损害赔偿:丧葬费计算标准】
		第 28 条【被扶养人生活费数额的确定:被扶养人生活费计算标准;被扶养人的界定】
		第 29 条【人身损害赔偿项目:死亡赔偿金计算标准】
		第 35 条【人身损害赔偿相关概念的界定】

M9.30.364.2　水上运输财产损害责任纠纷……………………★

M9.30.364.2

常见适用的法条

	常见适用的法条	
海商法	第 165 条【船舶碰撞的界定；船舶的界定】	416
	第 169 条【互有过失的船舶碰撞致损的责任分担】	
	第 170 条【无碰撞发生致损的责任：操作不当、不遵守航行规章】	
民法通则	第 106 条【民事责任归责原则：违约责任，无过错责任原则；侵权责任，过错责任，无过错责任】	350
	第 117 条【侵害财产权的责任承担方式：返还财产、折价赔偿；恢复原状、折价赔偿；赔偿损失】	
侵权责任法	第 2 条【侵权责任一般条款；民事权益的范围】	109
	第 3 条【侵权责任的当事人主义】	
	第 6 条【侵权责任归责原则：过错责任原则；过错推定原则】	
	第 8 条【共同实施侵权行为人的连带责任】	
	第 15 条【侵权责任的主要承担方式】	

M9.30.365　航空运输损害责任纠纷………………………………★

M9.30.365

常见适用的法条

	常见适用的法条	
合同法	第 291 条【承运人按照约定或者通常运输路线进行运输的义务】	362
	第 303 条【承运人对旅客自带物品损毁、灭失的赔偿责任】	
	第 311 条【承运人的责任承担以及抗辩事由】	
	第 312 条【运输货物损害赔偿计算方法】	

M9.30.365.1

M9.30.365.1 航空运输人身损害责任纠纷[①] ……………… ★

M9.30.365.2

M9.30.365.2 航空运输财产损害责任纠纷 ………………… ★

常见适用的法条

		常见适用的法条
413	民用航空法	第 125 条【航空运输期间发生的事件造成旅客财物损失的承运人的损害赔偿责任;旅客的行李的毁灭、遗失或损坏承运人的免责事由;行李的含义;航空运输期间货物毁灭、遗失或损坏承运人的免责事由;航空运输期间的定义和范围】

M9.30.366

M9.30.366 因申请诉前财产保全损害责任纠纷 ………… ★

常见适用的法条

		常见适用的法条
401	担保法	第 6 条【保证的定义】
		第 14 条【保证合同的订立:分别订立;合并订立】
		第 18 条【保证合同中连带责任的承担】
		第 19 条【保证方式不明时:连带责任担保】
		第 21 条【保证担保的范围;没有约定、约定不明时的担保范围】
		第 31 条【保证责任承担后的追偿权利】
		第 33 条【抵押、抵押权人、抵押人以及抵押物的概念】
		第 35 条【禁止超额抵押:担保的债权不得超出抵押物的价值、财产价值大于担保债权的以余额部分为限可再次抵押】
347	道路交通安全法	第 76 条【交通事故责任一般条款】

① 说明:本案由尚无足够数量判决书可供法律大数据分析。

	常见适用的法条	
合同法	第 44 条【合同成立条件与时间】	362
	第 60 条【合同当事人义务：全面履行义务、通知义务、协助义务、保密义务】	
	第 77 条【变更合同的条件与要求：协商一致；法律规定】	
	第 78 条【合同变更的内容约定不明确推定为未变更】	
	第 93 条【合同解除条件：协商一致；约定条件成就】	
	第 94 条【合同的法定解除权】	
	第 107 条【合同约束力：违约责任的承担】	
	第 113 条【合同约束力：违约责任的承担】	
	第 205 条【借款合同的利息支付义务】	
	第 206 条【借款期限的认定】	
	第 207 条【借款合同违约责任承担：支付利息】	
民法通则	第 5 条【公民的合法权益受到保护】	350
	第 75 条【个人财产：合法财产受法律保护】	
	第 84 条【债的界定；债权人债务人的认定；债权人的权利】	
	第 106 条【民事责任归责原则：违约责任，无过错责任原则；侵权责任，过错责任，无过错责任】	
	第 134 条【侵权责任的主要承担方式】	
侵权责任法	第 1 条【侵权责任法的立法目的】	109
	第 2 条【侵权责任一般条款；民事权益的范围】	
	第 3 条【侵权责任的当事人主义】	
	第 6 条【侵权责任归责原则：过错责任原则；过错推定原则】	
	第 7 条【无过错责任原则】	
	第 15 条【侵权责任的主要承担方式】	
	第 19 条【侵害财产造成财产损失的计算方式】	
	第 22 条【侵害人身权益的精神损害赔偿】	
	第 48 条【机动车交通事故责任的法律适用】	

		常见适用的法条
109		第 49 条【机动车所有人与使用人分离时发生交通事故的侵权责任：租赁、借用机动车发生交通事故的侵权责任】
370	物权法	第 37 条【物权被侵害时权利人赔偿损害请求权和其他民事责任请求权的竞合】
423	交强险条例	第 21 条【交强险赔偿对象：本车人员和被保险人以外的受害人、人身伤亡、财产损失；受害人故意】
473	担保法司法解释	第 21 条【按份共同保证人对于债务人的追偿权】
445	道路交通事故司法解释	第 16 条【交强险和商业三者险的赔付规则：交强险限额内赔付、商业三者险赔付、侵权人赔偿；优先赔偿精神损害】
449	精神损害赔偿司法解释	第 8 条【致人精神损害的责任承担方式：非财产形式责任、精神损害抚慰金】
		第 10 条【精神损害赔偿数额的确定标准】
471	买卖合同司法解释	第 24 条【买卖合同逾期付款违约金】
468	民事执行查封扣押冻结财产规定	第 12 条【查封、扣押的财产不宜由人民法院保管的处理规则；被执行人保管和第三人或申请执行人保管】
		第 20 条【查封、扣押、冻结被执行人的财产时笔录应当载明的内容】
		第 29 条【人民法院查封、扣押、冻结被执行人相关财产的法定期限及其延长规则】
		第 30 条【查封、扣押、冻结的效力消灭的原因】
472	票据纠纷规定	第 30 条【人民法院决定受理公示催告申请的应当同时通知付款人及代理付款人停止支付】
		第 72 条【因申请票据保全错误而给他人造成损失应当承担民事责任的一般规定】

	常见适用的法条	
人身损害赔偿司法解释	第 1 条【人身损害赔偿的范围;赔偿权利人的界定;赔偿义务人的界定】	437
	第 17 条【人身损害赔偿项目:一般人身损害赔偿项目、伤残赔偿项目、死亡赔偿项目】	
	第 18 条【精神损害抚慰金的请求权】	
	第 27 条【人身损害赔偿:丧葬费计算标准】	
	第 29 条【人身损害赔偿项目:死亡赔偿金计算标准】	

M9.30.367　因申请诉前证据保全损害责任纠纷 ………… ★

M9.30.367

常见适用的法条

	常见适用的法条	
民法通则	第 106 条【民事责任归责原则:违约责任,无过错责任原则;侵权责任,过错责任,无过错责任】	350
民事诉讼法	第 105 条【申请人应当赔偿申请错误导致的被申请人损失】	333

M9.30.368　因申请诉中财产保全损害责任纠纷 ……… ★★

M9.30.368

主要适用的法条及其相关度

	主要适用的法条	相关度	
侵权责任法	第 6 条【侵权责任归责原则:过错责任原则;过错推定原则】	★★★★★	109
	第 19 条【侵害财产造成财产损失的计算方式】	★★★	
	第 2 条【侵权责任一般条款;民事权益的范围】	★	
	第 15 条【侵权责任的主要承担方式】	★	

		主要适用的法条	相关度
350	民法通则	第106条【民事责任归责原则:违约责任,无过错责任原则;侵权责任,过错责任,无过错责任】	★★★★
		第5条【公民的合法权益受到保护】	★★

M9.30.369

M9.30.369 因申请诉中证据保全损害责任纠纷 ………… ★

常见适用的法条

		常见适用的法条
109	侵权责任法	第6条【侵权责任归责原则:过错责任原则;过错推定原则】
333	民事诉讼法	第105条【申请人应当赔偿申请错误导致的被申请人损失】

M9.30.370

M9.30.370 因申请先予执行损害责任纠纷 ………………… ★

常见适用的法条

		常见适用的法条
109	侵权责任法	第6条【侵权责任归责原则:过错责任原则;过错推定原则】
		第7条【无过错责任原则】
		第8条【共同实施侵权行为人的连带责任】
		第15条【侵权责任的主要承担方式】
		第19条【侵害财产造成财产损失的计算方式】

第二编

核心法律条文主要适用案由及关联法条索引

L1.1.73

中华人民共和国侵权责任法①

★★★★★

(2009年12月26日第十一届全国人民代表大会常务委员会第十二次会议通过,自2010年7月1日起施行)

第一章　一般规定

第1条【侵权责任法的立法目的】 ★★

为保护民事主体的合法权益,明确侵权责任,预防并制裁侵权行为,促进社会和谐稳定,制定本法。

■ 主要适用的案由及其相关度

案由编号	主要适用的案由	相关度
M1.1.1	生命权、健康权、身体权纠纷	★★★★★
M9.30.350	机动车交通事故责任纠纷	★★★★
M3.5.38	财产损害赔偿纠纷	★★★
M3.5.34	排除妨害纠纷	★★
M9.30.345	提供劳务者受害责任纠纷	★★
M9.30	侵权责任纠纷	★
M9.30.351	医疗损害责任纠纷	★
M9.30.366	因申请诉前财产保全损害责任纠纷	★

■ 同时适用的法条及其相关度

	同时适用的法条	相关度
侵权责任法	第2条【侵权责任一般条款;民事权益的范围】	★★★★★

① 简称《侵权责任法》。

		同时适用的法条	相关度
109		第6条【过错责任原则;过错推定责任原则】	★★★★★
		第16条【人身损害赔偿项目:一般人身损害赔偿项目、伤残赔偿项目、死亡赔偿项目】	★★★★★
		第15条【侵权责任的主要承担方式】	★★★★
		第3条【侵权责任的当事人主义】	★★★
		第22条【侵害人身权益的精神损害赔偿】	★★★
		第26条【过失相抵:被侵权人过错】	★★★
		第48条【机动车交通事故责任的法律适用】	★★★
		第19条【侵害财产造成财产损失的计算方式】	★★
		第24条【公平责任:公平补偿责任的一般规定】	★★
347	道路交通安全法	第76条【交通事故责任一般条款】	★
350	民法通则	第5条【公民的合法权益受到保护】	★
		第98条【生命权、健康权请求权基础】	★
		第119条【人身损害赔偿项目:一般人身损害赔偿项目、伤残赔偿项目、死亡赔偿项目】	★
437	人身损害赔偿司法解释	第17条【人身损害赔偿项目:一般人身损害赔偿项目、伤残赔偿项目、死亡赔偿项目】	★★
		第19条【医疗费计算标准】	★★
		第20条【误工费计算标准】	★★
		第21条【人身损害赔偿:护理费计算】	★★
		第22条【交通费计算标准】	★★
		第23条【伙食费、住宿费计算标准】	★★
		第1条【人身损害赔偿的范围;赔偿权利人的界定;赔偿义务人的界定】	★
		第18条【精神损害抚慰金的请求权】	★
		第24条【营养费计算标准】	★
		第25条【人身损害赔偿项目:残疾赔偿金计算标准】	★

第 2 条【侵权责任一般条款;民事权益的范围】 ★★★★★

侵害民事权益,应当依照本法承担侵权责任。

本法所称民事权益,包括生命权、健康权、姓名权、名誉权、荣誉权、肖像权、隐私权、婚姻自主权、监护权、所有权、用益物权、担保物权、著作权、专利权、商标专用权、发现权、股权、继承权等人身、财产权益。

主要适用的案由及其相关度

案由编号	主要适用的案由	相关度
M9.30.350	机动车交通事故责任纠纷	★★★★★
M1.1.1	生命权、健康权、身体权纠纷	★★★
M3.5.38	财产损害赔偿纠纷	★

同时适用的法条及其相关度

	同时适用的法条	相关度	
侵权责任法	第 6 条【过错责任原则;过错推定责任原则】	★★★★★	109
	第 16 条【人身损害赔偿项目:一般人身损害赔偿项目、伤残赔偿项目、死亡赔偿项目】	★★★★★	
	第 3 条【侵权责任的当事人主义】	★★★★	
	第 48 条【机动车交通事故责任的法律适用】	★★★★	
	第 15 条【侵权责任的主要承担方式】	★★★	
	第 22 条【侵害人身权益的精神损害赔偿】	★★★	
	第 26 条【过失相抵:被侵权人过错】	★★★	
	第 19 条【侵害财产造成财产损失的计算方式】	★★	
	第 35 条【个人劳务责任:提供劳务者致害责任、提供劳务者受害责任】	★	
	第 49 条【机动车所有人与使用人分离时发生交通事故的侵权责任:租赁、借用机动车发生交通事故的侵权责任】	★	
道路交通安全法	第 76 条【交通事故责任一般条款】	★★★	347

		同时适用的法条	相关度
357	保险法	第 65 条【第三者责任保险定义及保险金赔付规则】	★★
350	民法通则	第 119 条【人身损害赔偿项目:一般人身损害赔偿项目、伤残赔偿项目、死亡赔偿项目】	★★
		第 106 条【民事责任归责原则:违约责任,无过错责任原则;侵权责任,过错责任,无过错责任】	★
437	人身损害赔偿司法解释	第 17 条【人身损害赔偿项目:一般人身损害赔偿项目、伤残赔偿项目、死亡赔偿项目】	★★★
		第 18 条【精神损害抚慰金的请求权】	★★★
		第 19 条【医疗费计算标准】	★★★
		第 20 条【误工费计算标准】	★★★
		第 21 条【人身损害赔偿:护理费计算】	★★★
		第 22 条【交通费计算标准】	★★★
		第 23 条【伙食费、住宿费计算标准】	★★★
		第 24 条【营养费计算标准】	★★★
		第 25 条【人身损害赔偿项目:残疾赔偿金计算标准】	★★★
		第 28 条【被扶养人生活费数额的确定:被扶养人生活费计算标准;被扶养人的界定】	★★
		第 35 条【人身损害赔偿相关概念的界定】	★★
		第 1 条【人身损害赔偿的范围;赔偿权利人的界定;赔偿义务人的界定】	★
		第 27 条【人身损害赔偿:丧葬费计算标准】	★
		第 29 条【人身损害赔偿项目:死亡赔偿金计算标准】	★
445	道路交通事故司法解释	第 16 条【交强险和商业三者险的赔付规则:交强险限额内赔付、商业三者险赔付、侵权人赔偿;优先赔偿精神损害】	★★★

	同时适用的法条	相关度	
司法解释 精神损害赔偿	第 8 条【致人精神损害的责任承担方式：非财产形式责任、精神损害抚慰金】	★★	449
	第 10 条【精神损害赔偿数额的确定标准】	★★	

第 3 条【侵权责任的当事人主义】 ★★★★★

被侵权人有权请求侵权人承担侵权责任。

主要适用的案由及其相关度

案由编号	主要适用的案由	相关度
M9.30.350	机动车交通事故责任纠纷	★★★★★
M1.1.1	生命权、健康权、身体权纠纷	★★★
M3.5.38	财产损害赔偿纠纷	★

同时适用的法条及其相关度

	同时适用的法条	相关度	
侵权责任法	第 6 条【过错责任原则；过错推定责任原则】	★★★★★	109
	第 16 条【人身损害赔偿项目：一般人身损害赔偿项目、伤残赔偿项目、死亡赔偿项目】	★★★★★	
	第 2 条【侵权责任一般条款；民事权益的范围】	★★★★	
	第 48 条【机动车交通事故责任的法律适用】	★★★★	
	第 15 条【侵权责任的主要承担方式】	★★★	
	第 22 条【侵害人身权益的精神损害赔偿】	★★★	
	第 26 条【过失相抵：被侵权人过错】	★★★	
	第 19 条【侵害财产造成财产损失的计算方式】	★★	
	第 35 条【个人劳务责任：提供劳务者致害责任、提供劳务者受害责任】	★	
	第 49 条【机动车所有人与使用人分离时发生交通事故的侵权责任：租赁、借用机动车发生交通事故的侵权责任】	★	

		同时适用的法条	相关度
347	道路交通安全法	第 76 条【交通事故责任一般条款】	★★★
357	保险法	第 65 条【第三者责任保险定义及保险金赔付规则】	★★
350	民法通则	第 106 条【民事责任归责原则:违约责任,无过错责任原则;侵权责任,过错责任,无过错责任】	★★
		第 119 条【人身损害赔偿项目:一般人身损害赔偿项目、伤残赔偿项目、死亡赔偿项目】	★★
		第 98 条【生命权、健康权请求权基础】	★
437	人身损害赔偿司法解释	第 17 条【人身损害赔偿项目:一般人身损害赔偿项目、伤残赔偿项目、死亡赔偿项目】	★★★
		第 18 条【精神损害抚慰金的请求权】	★★★
		第 19 条【医疗费计算标准】	★★★
		第 20 条【误工费计算标准】	★★★
		第 21 条【人身损害赔偿:护理费计算】	★★★
		第 22 条【交通费计算标准】	★★★
		第 23 条【伙食费、住宿费计算标准】	★★★
		第 24 条【营养费计算标准】	★★★
		第 25 条【人身损害赔偿项目:残疾赔偿金计算标准】	★★★
		第 28 条【被扶养人生活费数额的确定:被扶养人生活费计算标准;被扶养人的界定】	★★
		第 1 条【人身损害赔偿的范围;赔偿权利人的界定;赔偿义务人的界定】	★
		第 27 条【人身损害赔偿:丧葬费计算标准】	★
		第 29 条【人身损害赔偿项目:死亡赔偿金计算标准】	★
		第 35 条【人身损害赔偿相关概念的界定】	★

	同时适用的法条	相关度	
道路交通事故司法解释	第 16 条【交强险和商业三者险的赔付规则:交强险限额内赔付、商业三者险赔付、侵权人赔偿;优先赔偿精神损害】	★★★	445
精神损害赔偿司法解释	第 10 条【精神损害赔偿数额的确定标准】	★★	449
	第 8 条【致人精神损害的责任承担方式:非财产形式责任、精神损害抚慰金】	★	

第 4 条【法律责任的并存规则;民事财产责任的优先性】 ★★★★

侵权人因同一行为应当承担行政责任或者刑事责任的,不影响依法承担侵权责任。

因同一行为应当承担侵权责任和行政责任、刑事责任,侵权人的财产不足以支付的,先承担侵权责任。

主要适用的案由及其相关度

案由编号	主要适用的案由	相关度
M1.1.1	生命权、健康权、身体权纠纷	★★★★★
M9.30.350	机动车交通事故责任纠纷	★★★★
X4.234	故意伤害罪	★★★
M3.5.38	财产损害赔偿纠纷	★★★
X2.133	交通肇事罪	★★

同时适用的法条及其相关度

	同时适用的法条	相关度	
侵权责任法	第 16 条【人身损害赔偿项目:一般人身损害赔偿项目、伤残赔偿项目、死亡赔偿项目】	★★★★★	109
	第 6 条【过错责任原则;过错推定责任原则】	★★★★	
	第 2 条【侵权责任一般条款;民事权益的范围】	★★★	
	第 3 条【侵权责任的当事人主义】	★★★	

		同时适用的法条	相关度
109		第 15 条【侵权责任的主要承担方式】	★★★
		第 22 条【侵害人身权益的精神损害赔偿】	★★★
		第 26 条【过失相抵:被侵权人过错】	★★★
		第 48 条【机动车交通事故责任的法律适用】	★★★
		第 8 条【共同实施侵权行为人的连带责任】	★★
		第 18 条【被侵权人死亡、单位分立合并的请求权继受;支付被侵权人医疗费、丧葬费等合理费用的人】	★
347	道路交通安全法	第 76 条【交通事故责任一般条款】	★★★
350	民法通则	第 119 条【人身损害赔偿项目:一般人身损害赔偿项目、伤残赔偿项目、死亡赔偿项目】	★★
359	刑法	第 36 条【民事赔偿优先于刑事罚金:遭受经济损失、财产不足以全部支付】	★★
		第 67 条【自首的认定:自动投案、如实供述、从轻处罚、减轻处罚、免除处罚;被采取强制措施、正在服刑、如实供述、未掌握的本人其他罪行】	★★
		第 234 条【故意伤害罪:故意伤害、伤害他人身体;特别残忍手段致人重伤】	★
357	保险法	第 65 条【第三者责任保险定义及保险金赔付规则】	★
437	人身损害赔偿司法解释	第 17 条【人身损害赔偿项目:一般人身损害赔偿项目、伤残赔偿项目、死亡赔偿项目】	★★★
		第 19 条【医疗费计算标准】	★★★
		第 20 条【误工费计算标准】	★★★
		第 21 条【人身损害赔偿:护理费计算】	★★★
		第 22 条【交通费计算标准】	★★★
		第 23 条【伙食费、住宿费计算标准】	★★★

	同时适用的法条	相关度	
	第 18 条【精神损害抚慰金的请求权】	★★	437
	第 24 条【营养费计算标准】	★★	
	第 27 条【人身损害赔偿:丧葬费计算标准】	★★	
	第 28 条【被扶养人生活费数额的确定:被扶养人生活费计算标准;被扶养人的界定】	★★	
	第 29 条【人身损害赔偿项目:死亡赔偿金计算标准】	★★	
	第 25 条【人身损害赔偿项目:残疾赔偿金计算标准】	★	
道路交通事故司法解释	第 16 条【交强险和商业三者险的赔付规则:交强险限额内赔付、商业三者险赔付、侵权人赔偿;优先赔偿精神损害】	★	445
精神损害赔偿司法解释	第 10 条【精神损害赔偿数额的确定标准】	★	449

第 5 条【侵权责任的特别法优先规则】 ★★★

其他法律对侵权责任另有特别规定的,依照其规定。

主要适用的案由及其相关度

案由编号	主要适用的案由	相关度
M9.30.350	机动车交通事故责任纠纷	★★★★★
M1.1.1	生命权、健康权、身体权纠纷	★
X4.234	故意伤害罪	★

同时适用的法条及其相关度

	同时适用的法条	相关度	
侵权责任法	第 48 条【机动车交通事故责任的法律适用】	★★★★★	109
	第 16 条【人身损害赔偿项目:一般人身损害赔偿项目、伤残赔偿项目、死亡赔偿项目】	★★★★	

		同时适用的法条	相关度
109		第6条【过错责任原则;过错推定责任原则】	★★★
		第15条【侵权责任的主要承担方式】	★★★
		第2条【侵权责任一般条款;民事权益的范围】	★★
		第3条【侵权责任的当事人主义】	★★
		第22条【侵害人身权益的精神损害赔偿】	★★
		第26条【过失相抵:被侵权人过错】	★★
		第4条【法律责任的并存规则;民事财产责任的优先性】	★
		第12条【分别实施非充足原因侵权行为的按份责任】	★
		第18条【被侵权人死亡、单位分立合并的请求权继受;支付被侵权人医疗费、丧葬费等合理费用的人】	★
		第19条【侵害财产造成财产损失的计算方式】	★
		第35条【个人劳务责任:提供劳务者致害责任、提供劳务者受害责任】	★
		第49条【机动车所有人与使用人分离时发生交通事故的侵权责任:租赁、借用机动车发生交通事故的侵权责任】	★
347	道路交通安全法	第76条【交通事故责任一般条款】	★★★★
357	保险法	第65条【第三者责任保险定义及保险金赔付规则】	★★
350	民法通则	第106条【民事责任归责原则:违约责任,无过错责任原则;侵权责任,过错责任,无过错责任】	★
		第119条【人身损害赔偿项目:一般人身损害赔偿项目、伤残赔偿项目、死亡赔偿项目】	★

	同时适用的法条	相关度	
人身损害赔偿司法解释	第17条【人身损害赔偿项目:一般人身损害赔偿项目、伤残赔偿项目、死亡赔偿项目】	★★★★	437
	第19条【医疗费计算标准】	★★★★	
	第20条【误工费计算标准】	★★★	
	第21条【人身损害赔偿:护理费计算】	★★★	
	第22条【交通费计算标准】	★★★	
	第23条【伙食费、住宿费计算标准】	★★★	
	第24条【营养费计算标准】	★★★	
	第25条【人身损害赔偿项目:残疾赔偿金计算标准】	★★★	
	第18条【精神损害抚慰金的请求权】	★★	
	第28条【被扶养人生活费数额的确定:被扶养人生活费计算标准;被扶养人的界定】	★★	
	第1条【人身损害赔偿的范围;赔偿权利人的界定;赔偿义务人的界定】	★	
	第27条【人身损害赔偿:丧葬费计算标准】	★	
	第29条【人身损害赔偿项目:死亡赔偿金计算标准】	★	
	第35条【人身损害赔偿相关概念的界定】	★	
道路交通事故司法解释	第16条【交强险和商业三者险的赔付规则:交强险限额内赔付、商业三者险赔付、侵权人赔偿;优先赔偿精神损害】	★★	445
精神损害赔偿司法解释	第8条【致人精神损害的责任承担方式:非财产形式责任、精神损害抚慰金】	★	449
	第10条【精神损害赔偿数额的确定标准】	★	

第二章　责任构成和责任方式

第 6 条【侵权责任归责原则:过错责任原则;过错推定原则】　★★★★★

行为人因过错侵害他人民事权益,应当承担侵权责任。

根据法律规定推定行为人有过错,行为人不能证明自己没有过错的,应当承担侵权责任。

▒ 主要适用的案由及其相关度

案由编号	主要适用的案由	相关度
M9.30.350	机动车交通事故责任纠纷	★★★★★
M1.1.1	生命权、健康权、身体权纠纷	★★★
M3.5.38	财产损害赔偿纠纷	★

▒ 同时适用的法条及其相关度

		同时适用的法条	相关度
109	侵权责任法	第 16 条【人身损害赔偿项目:一般人身损害赔偿项目、伤残赔偿项目、死亡赔偿项目】	★★★★★
		第 15 条【侵权责任的主要承担方式】	★★★
		第 22 条【侵害人身权益的精神损害赔偿】	★★★
		第 26 条【过失相抵:被侵权人过错】	★★★
		第 48 条【机动车交通事故责任的法律适用】	★★★
		第 2 条【侵权责任一般条款;民事权益的范围】	★★
		第 3 条【侵权责任的当事人主义】	★★
		第 19 条【侵害财产造成财产损失的计算方式】	★★
		第 34 条【用人单位替代责任;劳务派遣侵权责任:替代责任、补充责任】	★
		第 35 条【个人劳务责任:提供劳务者致害责任、提供劳务者受害责任】	★
		第 49 条【机动车所有人与使用人分离时发生交通事故的侵权责任:租赁、借用机动车发生交通事故的侵权责任】	★

	同时适用的法条	相关度	
道路交通安全法	第 76 条【交通事故责任一般条款】	★★★★	347
保险法	第 65 条【第三者责任保险定义及保险金赔付规则】	★★	357
民法通则	第 106 条【民事责任归责原则:违约责任,无过错责任原则;侵权责任,过错责任,无过错责任】	★	350
	第 119 条【人身损害赔偿项目:一般人身损害赔偿项目、伤残赔偿项目、死亡赔偿项目】	★	
交强险条例	第 21 条【交强险赔偿对象:本车人员和被保险人以外的受害人、人身伤亡、财产损失;受害人故意】	★	423
人身损害赔偿司法解释	第 17 条【人身损害赔偿项目:一般人身损害赔偿项目、伤残赔偿项目、死亡赔偿项目】	★★★	437
	第 19 条【医疗费计算标准】	★★★	
	第 20 条【误工费计算标准】	★★★	
	第 21 条【人身损害赔偿:护理费计算】	★★★	
	第 22 条【交通费计算标准】	★★★	
	第 23 条【伙食费、住宿费计算标准】	★★★	
	第 24 条【营养费计算标准】	★★★	
	第 18 条【精神损害抚慰金的请求权】	★★	
	第 25 条【人身损害赔偿项目:残疾赔偿金计算标准】	★★	
	第 28 条【被扶养人生活费数额的确定:被扶养人生活费计算标准;被扶养人的界定】	★★	
	第 27 条【人身损害赔偿:丧葬费计算标准】	★	
	第 29 条【人身损害赔偿项目:死亡赔偿金计算标准】	★	
	第 35 条【人身损害赔偿相关概念的界定】	★	

		同时适用的法条	相关度
445	司法解释 道路交通事故	第16条【交强险和商业三者险的赔付规则：交强险限额内赔付、商业三者险赔付、侵权人赔偿；优先赔偿精神损害】	★★★
449	司法解释 精神损害赔偿	第10条【精神损害赔偿数额的确定标准】	★★
		第8条【致人精神损害的责任承担方式：非财产形式责任、精神损害抚慰金】	★

第7条【无过错责任原则】 ★★★★

行为人损害他人民事权益，不论行为人有无过错，法律规定应当承担侵权责任的，依照其规定。

主要适用的案由及其相关度

案由编号	主要适用的案由	相关度
M9.30.350	机动车交通事故责任纠纷	★★★★★
M1.1.1	生命权、健康权、身体权纠纷	★★
M9.30.345	提供劳务者受害责任纠纷	★★
M3.5.38	财产损害赔偿纠纷	★

同时适用的法条及其相关度

		同时适用的法条	相关度
109	侵权责任法	第16条【人身损害赔偿项目：一般人身损害赔偿项目、伤残赔偿项目、死亡赔偿项目】	★★★★★
		第6条【过错责任原则；过错推定责任原则】	★★★★
		第48条【机动车交通事故责任的法律适用】	★★★★
		第15条【侵权责任的主要承担方式】	★★★
		第22条【侵害人身权益的精神损害赔偿】	★★★
		第26条【过失相抵：被侵权人过错】	★★★

	同时适用的法条	相关度	
	第 2 条【侵权责任一般条款;民事权益的范围】	★★	109
	第 3 条【侵权责任的当事人主义】	★★	
	第 19 条【侵害财产造成财产损失的计算方式】	★★	
	第 35 条【个人劳务责任:提供劳务者致害责任、提供劳务者受害责任】	★	
道路交通安全法	第 76 条【交通事故责任一般条款】	★★★★	347
保险法	第 65 条【第三者责任保险定义及保险金赔付规则】	★★	357
民法通则	第 119 条【人身损害赔偿项目:一般人身损害赔偿项目、伤残赔偿项目、死亡赔偿项目】	★★	350
	第 106 条【民事责任归责原则:违约责任,无过错责任原则;侵权责任,过错责任,无过错责任】	★	
人身损害赔偿司法解释	第 17 条【人身损害赔偿项目:一般人身损害赔偿项目、伤残赔偿项目、死亡赔偿项目】	★★★★	437
	第 18 条【精神损害抚慰金的请求权】	★★★	
	第 19 条【医疗费计算标准】	★★★	
	第 20 条【误工费计算标准】	★★★	
	第 21 条【人身损害赔偿:护理费计算】	★★★	
	第 22 条【交通费计算标准】	★★★	
	第 23 条【伙食费、住宿费计算标准】	★★★	
	第 24 条【营养费计算标准】	★★★	
	第 25 条【人身损害赔偿项目:残疾赔偿金计算标准】	★★★	
	第 28 条【被扶养人生活费数额的确定:被扶养人生活费计算标准;被扶养人的界定】	★★	

		同时适用的法条	相关度
437		第 11 条【雇员在雇佣活动中遭受损害的责任承担：雇主责任、第三人原因致害；发包人、分包人与雇主承担连带责任】	★
		第 27 条【人身损害赔偿：丧葬费计算标准】	★
		第 29 条【人身损害赔偿项目：死亡赔偿金计算标准】	★
445	道路交通事故司法解释	第 16 条【交强险和商业三者险的赔付规则：交强险限额内赔付、商业三者险赔付、侵权人赔偿；优先赔偿精神损害】	★★
449	精神损害赔偿司法解释	第 8 条【致人精神损害的责任承担方式：非财产形式责任、精神损害抚慰金】	★★
		第 10 条【精神损害赔偿数额的确定标准】	★★

第 8 条【共同实施侵权行为人的连带责任】 ★★★★

二人以上共同实施侵权行为，造成他人损害的，应当承担连带责任。

主要适用的案由及其相关度

案由编号	主要适用的案由	相关度
M1.1.1	生命权、健康权、身体权纠纷	★★★★★
M9.30.350	机动车交通事故责任纠纷	★★★
M3.5.38	财产损害赔偿纠纷	★★
X4.234	故意伤害罪	★

同时适用的法条及其相关度

		同时适用的法条	相关度
109	侵权责任法	第 6 条【过错责任原则；过错推定责任原则】	★★★★★
		第 16 条【人身损害赔偿项目：一般人身损害赔偿项目、伤残赔偿项目、死亡赔偿项目】	★★★★★

	同时适用的法条	相关度	
	第 15 条【侵权责任的主要承担方式】	★★★	109
	第 26 条【过失相抵：被侵权人过错】	★★★	
	第 2 条【侵权责任一般条款；民事权益的范围】	★★	
	第 3 条【侵权责任的当事人主义】	★★	
	第 14 条【连带责任的对内最终责任分担规则；连带责任人的追偿权】	★★	
	第 22 条【侵害人身权益的精神损害赔偿】	★★	
	第 13 条【连带责任形态的对外承担规则】	★	
	第 19 条【侵害财产造成财产损失的计算方式】	★	
	第 48 条【机动车交通事故责任的法律适用】	★	
民法通则	第 119 条【人身损害赔偿项目：一般人身损害赔偿项目、伤残赔偿项目、死亡赔偿项目】	★★	350
	第 106 条【民事责任归责原则：违约责任，无过错责任原则；侵权责任，过错责任，无过错责任】	★	
	第 130 条【共同实施侵权行为人的连带责任】	★	
道路交通安全法	第 76 条【交通事故责任一般条款】	★★	347
刑法	第 25 条【共同犯罪：二人以上共同故意犯罪】	★	359
	第 234 条【故意伤害罪：故意伤害、伤害他人身体；特别残忍手段致人重伤】	★	
人身损害赔偿司法解释	第 17 条【人身损害赔偿项目：一般人身损害赔偿项目、伤残赔偿项目、死亡赔偿项目】	★★★	437
	第 19 条【医疗费计算标准】	★★★	
	第 20 条【误工费计算标准】	★★★	
	第 21 条【人身损害赔偿：护理费计算】	★★★	
	第 22 条【交通费计算标准】	★★★	
	第 23 条【伙食费、住宿费计算标准】	★★★	

		同时适用的法条	相关度
437		第18条【精神损害抚慰金的请求权】	★★
		第24条【营养费计算标准】	★★
		第25条【人身损害赔偿项目:残疾赔偿金计算标准】	★★
		第3条【共同实施侵权行为人的连带责任】	★
		第28条【被扶养人生活费数额的确定:被扶养人生活费计算标准;被扶养人的界定】	★
449	精神损害赔偿司法解释	第8条【致人精神损害的责任承担方式:非财产形式责任、精神损害抚慰金】	★
		第10条【精神损害赔偿数额的确定标准】	★

第9条【教唆人、帮助人的连带责任;教唆、帮助无民事行为能力人、限制民事行为能力人侵权责任】 ★★

教唆、帮助他人实施侵权行为的,应当与行为人承担连带责任。

教唆、帮助无民事行为能力人、限制民事行为能力人实施侵权行为的,应当承担侵权责任;该无民事行为能力人、限制民事行为能力人的监护人未尽到监护责任的,应当承担相应的责任。

主要适用的案由及其相关度

案由编号	主要适用的案由	相关度
M1.1.1	生命权、健康权、身体权纠纷	★★★★★
M9.30.350	机动车交通事故责任纠纷	★★
M3.5.38	财产损害赔偿纠纷	★
M5.14.143.2	侵害商标权纠纷	★

同时适用的法条及其相关度

		同时适用的法条	相关度
109	侵权责任法	第6条【过错责任原则;过错推定责任原则】	★★★★★
		第16条【人身损害赔偿项目:一般人身损害赔偿项目、伤残赔偿项目、死亡赔偿项目】	★★★★★

	同时适用的法条	相关度	
	第 8 条【共同实施侵权行为人的连带责任】	★★★★	109
	第 15 条【侵权责任的主要承担方式】	★★★	
	第 26 条【过失相抵:被侵权人过错】	★★★	
	第 2 条【侵权责任一般条款;民事权益的范围】	★★	
	第 3 条【侵权责任的当事人主义】	★★	
	第 13 条【连带责任形态的对外承担规则】	★★	
	第 22 条【侵害人身权益的精神损害赔偿】	★★	
	第 4 条【法律责任的并存规则;民事财产责任的优先性】	★	
	第 10 条【共同危险行为人的侵权责任】	★	
	第 14 条【连带责任的对内最终责任分担规则;连带责任人的追偿权】	★	
	第 19 条【侵害财产造成财产损失的计算方式】	★	
	第 32 条【监护人责任:无民事行为能力人、限制民事行为能力人致害的侵权责任】	★	
民法通则	第 119 条【人身损害赔偿项目:一般人身损害赔偿项目、伤残赔偿项目、死亡赔偿项目】	★	350
人身损害赔偿司法解释	第 17 条【人身损害赔偿项目:一般人身损害赔偿项目、伤残赔偿项目、死亡赔偿项目】	★★	437
	第 19 条【医疗费计算标准】	★★	
	第 20 条【误工费计算标准】	★★	
	第 21 条【人身损害赔偿:护理费计算】	★★	
	第 22 条【交通费计算标准】	★★	
	第 23 条【伙食费、住宿费计算标准】	★★	
	第 18 条【精神损害抚慰金的请求权】	★	
	第 24 条【营养费计算标准】	★	
	第 25 条【人身损害赔偿项目:残疾赔偿金计算标准】	★	

第 10 条【共同危险行为人的侵权责任】 ★★★★

二人以上实施危及他人人身、财产安全的行为，其中一人或者数人的行为造成他人损害，能够确定具体侵权人的，由侵权人承担责任；不能确定具体侵权人的，行为人承担连带责任。

主要适用的案由及其相关度

案由编号	主要适用的案由	相关度
M1.1.1	生命权、健康权、身体权纠纷	★★★★★
M9.30.350	机动车交通事故责任纠纷	★★★
M3.5.38	财产损害赔偿纠纷	★★

同时适用的法条及其相关度

		同时适用的法条	相关度
109	侵权责任法	第 6 条【过错责任原则；过错推定责任原则】	★★★★★
		第 16 条【人身损害赔偿项目：一般人身损害赔偿项目、伤残赔偿项目、死亡赔偿项目】	★★★★★
		第 8 条【共同实施侵权行为人的连带责任】	★★★
		第 15 条【侵权责任的主要承担方式】	★★★
		第 22 条【侵害人身权益的精神损害赔偿】	★★★
		第 26 条【过失相抵：被侵权人过错】	★★★
		第 2 条【侵权责任一般条款；民事权益的范围】	★★
		第 48 条【机动车交通事故责任的法律适用】	★★
		第 3 条【侵权责任的当事人主义】	★
		第 12 条【分别实施非充足原因侵权行为的按份责任】	★
		第 13 条【连带责任形态的对外承担规则】	★
		第 14 条【连带责任的对内最终责任分担规则；连带责任人的追偿权】	★
		第 32 条【监护人责任：无民事行为能力人、限制民事行为能力人致害的侵权责任】	★

	同时适用的法条	相关度	
道路交通安全法	第 76 条【交通事故责任一般条款】	★★	347
民法通则	第 119 条【人身损害赔偿项目:一般人身损害赔偿项目、伤残赔偿项目、死亡赔偿项目】	★★	350
保险法	第 65 条【第三者责任保险定义及保险金赔付规则】	★	357
人身损害赔偿司法解释	第 17 条【人身损害赔偿项目:一般人身损害赔偿项目、伤残赔偿项目、死亡赔偿项目】	★★★	437
	第 19 条【医疗费计算标准】	★★★	
	第 20 条【误工费计算标准】	★★★	
	第 21 条【人身损害赔偿:护理费计算】	★★★	
	第 22 条【交通费计算标准】	★★★	
	第 23 条【伙食费、住宿费计算标准】	★★★	
	第 18 条【精神损害抚慰金的请求权】	★★	
	第 24 条【营养费计算标准】	★★	
	第 25 条【人身损害赔偿项目:残疾赔偿金计算标准】	★★	
道路交通事故司法解释	第 16 条【交强险和商业三者险的赔付规则:交强险限额内赔付、商业三者险赔付、侵权人赔偿;优先赔偿精神损害】	★	445

第 11 条【分别实施充足原因侵权行为的连带责任】 ★★★

二人以上分别实施侵权行为造成同一损害,每个人的侵权行为都足以造成全部损害的,行为人承担连带责任。

主要适用的案由及其相关度

案由编号	主要适用的案由	相关度
M9.30.350	机动车交通事故责任纠纷	★★★★★

案由编号	主要适用的案由	相关度
M1.1.1	生命权、健康权、身体权纠纷	★★★★
M3.5.38	财产损害赔偿纠纷	★
M9.30.345	提供劳务者受害责任纠纷	★

同时适用的法条及其相关度

		同时适用的法条	相关度
109	侵权责任法	第6条【过错责任原则;过错推定责任原则】	★★★★★
		第16条【人身损害赔偿项目:一般人身损害赔偿项目、伤残赔偿项目、死亡赔偿项目】	★★★★★
		第15条【侵权责任的主要承担方式】	★★★
		第22条【侵害人身权益的精神损害赔偿】	★★★
		第26条【过失相抵:被侵权人过错】	★★★
		第48条【机动车交通事故责任的法律适用】	★★★
		第2条【侵权责任一般条款;民事权益的范围】	★★
		第3条【侵权责任的当事人主义】	★★
		第8条【共同实施侵权行为人的连带责任】	★★
		第12条【分别实施非充足原因侵权行为的按份责任】	★★
		第13条【连带责任形态的对外承担规则】	★★
		第14条【连带责任的对内最终责任分担规则;连带责任人的追偿权】	★★
		第19条【侵害财产造成财产损失的计算方式】	★★
		第10条【共同危险行为人的侵权责任】	★
		第18条【被侵权人死亡、单位分立合并的请求权继受;支付被侵权人医疗费、丧葬费等合理费用的人】	★
		第35条【个人劳务责任:提供劳务者致害责任、提供劳务者受害责任】	★
		第49条【机动车所有人与使用人分离时发生交通事故的侵权责任:租赁、借用机动车发生交通事故的侵权责任】	★

	同时适用的法条	相关度	
道路交通安全法	第76条【交通事故责任一般条款】	★★★	347
民法通则	第119条【人身损害赔偿项目:一般人身损害赔偿项目、伤残赔偿项目、死亡赔偿项目】	★★	350
	第106条【民事责任归责原则:违约责任,无过错责任原则;侵权责任,过错责任,无过错责任】	★	
保险法	第65条【第三者责任保险定义及保险金赔付规则】	★	357
人身损害赔偿司法解释	第17条【人身损害赔偿项目:一般人身损害赔偿项目、伤残赔偿项目、死亡赔偿项目】	★★★	437
	第19条【医疗费计算标准】	★★★	
	第20条【误工费计算标准】	★★★	
	第21条【人身损害赔偿:护理费计算】	★★★	
	第22条【交通费计算标准】	★★★	
	第23条【伙食费、住宿费计算标准】	★★★	
	第18条【精神损害抚慰金的请求权】	★★	
	第24条【营养费计算标准】	★★	
	第25条【人身损害赔偿项目:残疾赔偿金计算标准】	★★	
	第28条【被扶养人生活费数额的确定:被扶养人生活费计算标准;被扶养人的界定】	★★	
	第29条【人身损害赔偿项目:死亡赔偿金计算标准】	★★	
	第27条【人身损害赔偿:丧葬费计算标准】	★	
	第35条【人身损害赔偿相关概念的界定】	★	
道路交通事故司法解释	第16条【交强险和商业三者险的赔付规则:交强险限额内赔付、商业三者险赔付、侵权人赔偿;优先赔偿精神损害】	★★	445

		同时适用的法条	相关度
449	司法解释 精神损害赔偿	第 8 条【致人精神损害的责任承担方式：非财产形式责任、精神损害抚慰金】	★★
		第 10 条【精神损害赔偿数额的确定标准】	★★

第 12 条【分别实施非充足原因侵权行为的按份责任】 ★★★★

二人以上分别实施侵权行为造成同一损害，能够确定责任大小的，各自承担相应的责任；难以确定责任大小的，平均承担赔偿责任。

■ 主要适用的案由及其相关度

案由编号	主要适用的案由	相关度
M9.30.350	机动车交通事故责任纠纷	★★★★★
M1.1.1	生命权、健康权、身体权纠纷	★★★
M3.5.38	财产损害赔偿纠纷	★★

■ 同时适用的法条及其相关度

		同时适用的法条	相关度
109	侵权责任法	第 6 条【过错责任原则；过错推定责任原则】	★★★★★
		第 16 条【人身损害赔偿项目：一般人身损害赔偿项目、伤残赔偿项目、死亡赔偿项目】	★★★★★
		第 48 条【机动车交通事故责任的法律适用】	★★★★
		第 15 条【侵权责任的主要承担方式】	★★★
		第 22 条【侵害人身权益的精神损害赔偿】	★★★
		第 26 条【过失相抵：被侵权人过错】	★★★
		第 19 条【侵害财产造成财产损失的计算方式】	★★
		第 35 条【个人劳务责任：提供劳务者致害责任、提供劳务者受害责任】	★★
		第 2 条【侵权责任一般条款；民事权益的范围】	★
		第 3 条【侵权责任的当事人主义】	★

	同时适用的法条	相关度	
	第 18 条【被侵权人死亡、单位分立合并的请求权继受；支付被侵权人医疗费、丧葬费等合理费用的人】	★	109
	第 34 条【用人单位替代责任；劳务派遣侵权责任：替代责任、补充责任】	★	
	第 49 条【机动车所有人与使用人分离时发生交通事故的侵权责任：租赁、借用机动车发生交通事故的侵权责任】	★	
道路交通安全法	第 76 条【交通事故责任一般条款】	★★★	347
保险法	第 65 条【第三者责任保险定义及保险金赔付规则】	★★	357
民法通则	第 119 条【人身损害赔偿项目：一般人身损害赔偿项目、伤残赔偿项目、死亡赔偿项目】	★★	350
	第 106 条【民事责任归责原则：违约责任，无过错责任原则；侵权责任，过错责任，无过错责任】	★	
交强险条例	第 21 条【交强险赔偿对象：本车人员和被保险人以外的受害人、人身伤亡、财产损失；受害人故意】	★	423
人身损害赔偿司法解释	第 17 条【人身损害赔偿项目：一般人身损害赔偿项目、伤残赔偿项目、死亡赔偿项目】	★★★	437
	第 18 条【精神损害抚慰金的请求权】	★★★	
	第 19 条【医疗费计算标准】	★★★	
	第 20 条【误工费计算标准】	★★★	
	第 21 条【人身损害赔偿：护理费计算】	★★★	
	第 22 条【交通费计算标准】	★★★	
	第 23 条【伙食费、住宿费计算标准】	★★★	
	第 24 条【营养费计算标准】	★★★	
	第 25 条【人身损害赔偿项目：残疾赔偿金计算标准】	★★★	
	第 27 条【人身损害赔偿：丧葬费计算标准】	★★	

		同时适用的法条	相关度
437		第28条【被扶养人生活费数额的确定：被扶养人生活费计算标准；被扶养人的界定】	★★
		第29条【人身损害赔偿项目：死亡赔偿金计算标准】	★★
		第3条【共同实施侵权行为人的连带责任】	★
		第35条【人身损害赔偿相关概念的界定】	★
445	道路交通事故司法解释	第16条【交强险和商业三者险的赔付规则：交强险限额内赔付、商业三者险赔付、侵权人赔偿；优先赔偿精神损害】	★★★
		第3条【挂靠机动车交通事故责任：挂靠人与被挂靠人承担连带责任】	★
		第19条【未投保交强险的机动车交通事故赔偿责任：投保义务人在交强险责任限额内赔偿；投保义务人与侵权人不是同一人：交强险责任限额内承担连带责任】	★
		第21条【多辆机动车发生交通事故：各自责任限额、各自责任限额与责任之和的比例、未投保交强险；牵引车和挂车连接使用】	★
		第22条【同一交通事故多个被侵权人起诉：按照损失比例确定交强险赔偿数额】	★
449	精神损害赔偿司法解释	第8条【致人精神损害的责任承担方式：非财产形式责任、精神损害抚慰金】	★★
		第10条【精神损害赔偿数额的确定标准】	★★

第13条【连带责任的对外承担规则】 ★★★★

法律规定承担连带责任的，被侵权人有权请求部分或者全部连带责任人承担责任。

主要适用的案由及其相关度

案由编号	主要适用的案由	相关度
M9.30.350	机动车交通事故责任纠纷	★★★★★

案由编号	主要适用的案由	相关度
M1.1.1	生命权、健康权、身体权纠纷	★★★★
M9.30.345	提供劳务者受害责任纠纷	★★★
M3.5.38	财产损害赔偿纠纷	★★

同时适用的法条及其相关度

	同时适用的法条	相关度	
侵权责任法	第 6 条【过错责任原则;过错推定责任原则】	★★★★★	109
	第 16 条【人身损害赔偿项目:一般人身损害赔偿项目、伤残赔偿项目、死亡赔偿项目】	★★★★★	
	第 8 条【共同实施侵权行为人的连带责任】	★★★	
	第 15 条【侵权责任的主要承担方式】	★★★	
	第 22 条【侵害人身权益的精神损害赔偿】	★★★	
	第 26 条【过失相抵:被侵权人过错】	★★★	
	第 48 条【机动车交通事故责任的法律适用】	★★★	
	第 2 条【侵权责任一般条款;民事权益的范围】	★★	
	第 3 条【侵权责任的当事人主义】	★★	
	第 14 条【连带责任的对内最终责任分担规则;连带责任人的追偿权】	★★	
	第 19 条【侵害财产造成财产损失的计算方式】	★★	
	第 35 条【个人劳务责任:提供劳务者致害责任、提供劳务者受害责任】	★★	
	第 10 条【共同危险行为人的侵权责任】	★	
	第 12 条【分别实施非充足原因侵权行为的按份责任】	★	
道路交通安全法	第 76 条【交通事故责任一般条款】	★★★	347
保险法	第 65 条【第三者责任保险定义及保险金赔付规则】	★★	357

		同时适用的法条	相关度
350	民法通则	第 119 条【人身损害赔偿项目:一般人身损害赔偿项目、伤残赔偿项目、死亡赔偿项目】	★★
437	人身损害赔偿司法解释	第 17 条【人身损害赔偿项目:一般人身损害赔偿项目、伤残赔偿项目、死亡赔偿项目】	★★★
		第 19 条【医疗费计算标准】	★★★
		第 20 条【误工费计算标准】	★★★
		第 21 条【人身损害赔偿:护理费计算】	★★★
		第 22 条【交通费计算标准】	★★★
		第 23 条【伙食费、住宿费计算标准】	★★★
		第 24 条【营养费计算标准】	★★★
		第 25 条【人身损害赔偿项目:残疾赔偿金计算标准】	★★★
		第 11 条【雇员在雇佣活动中遭受损害的责任承担:雇主责任、第三人原因致害;发包人、分包人与雇主承担连带责任】	★★
		第 18 条【精神损害抚慰金的请求权】	★★
		第 28 条【被扶养人生活费数额的确定:被扶养人生活费计算标准;被扶养人的界定】	★★
		第 9 条【用人单位替代责任;劳务派遣侵权责任:替代责任、补充责任】	★
445	道路交通事故司法解释	第 16 条【交强险和商业三者险的赔付规则:交强险限额内赔付、商业三者险赔付、侵权人赔偿;优先赔偿精神损害】	★★
		第 3 条【挂靠机动车交通事故责任:挂靠人与被挂靠人承担连带责任】	★
449	精神损害赔偿司法解释	第 8 条【致人精神损害的责任承担方式:非财产形式责任、精神损害抚慰金】	★
		第 10 条【精神损害赔偿数额的确定标准】	★

第 14 条【连带责任的对内最终责任分担规则；连带责任人的追偿权】

★★★★

连带责任人根据各自责任大小确定相应的赔偿数额；难以确定责任大小的，平均承担赔偿责任。

支付超出自己赔偿数额的连带责任人，有权向其他连带责任人追偿。

主要适用的案由及其相关度

案由编号	主要适用的案由	相关度
M1.1.1	生命权、健康权、身体权纠纷	★★★★★
M9.30.350	机动车交通事故责任纠纷	★★★★
M4.10.126	追偿权纠纷	★★★★
M9.30.345	提供劳务者受害责任纠纷	★★★
M3.5.38	财产损害赔偿纠纷	★★
X4.234	故意伤害罪	★

同时适用的法条及其相关度

	同时适用的法条	相关度	
侵权责任法	第 6 条【过错责任原则；过错推定责任原则】	★★★★★	109
	第 16 条【人身损害赔偿项目：一般人身损害赔偿项目、伤残赔偿项目、死亡赔偿项目】	★★★★★	
	第 8 条【共同实施侵权行为人的连带责任】	★★★★	
	第 13 条【连带责任形态的对外承担规则】	★★★	
	第 15 条【侵权责任的主要承担方式】	★★★	
	第 22 条【侵害人身权益的精神损害赔偿】	★★★	
	第 26 条【过失相抵：被侵权人过错】	★★★	
	第 35 条【个人劳务责任：提供劳务者致害责任、提供劳务者受害责任】	★★★	
	第 2 条【侵权责任一般条款；民事权益的范围】	★★	
	第 10 条【共同危险行为人的侵权责任】	★★	
	第 12 条【分别实施非充足原因侵权行为的按份责任】	★★	

		同时适用的法条	相关度
109		第48条【机动车交通事故责任的法律适用】	★★
		第3条【侵权责任的当事人主义】	★
		第11条【分别实施充足原因侵权行为的连带责任】	★
		第18条【被侵权人死亡、单位分立合并的请求权继受;支付被侵权人医疗费、丧葬费等合理费用的人】	★
		第19条【侵害财产造成财产损失的计算方式】	★
		第32条【监护人责任:无民事行为能力人、限制民事行为能力人致害的侵权责任】	★
347	道路交通安全法	第76条【交通事故责任一般条款】	★★
350	民法通则	第119条【人身损害赔偿项目:一般人身损害赔偿项目、伤残赔偿项目、死亡赔偿项目】	★
437	人身损害赔偿司法解释	第17条【人身损害赔偿项目:一般人身损害赔偿项目、伤残赔偿项目、死亡赔偿项目】	★★★
		第19条【医疗费计算标准】	★★★
		第20条【误工费计算标准】	★★★
		第21条【人身损害赔偿:护理费计算】	★★★
		第22条【交通费计算标准】	★★★
		第23条【伙食费、住宿费计算标准】	★★★
		第11条【雇员在雇佣活动中遭受损害的责任承担:雇主责任、第三人原因致害;发包人、分包人与雇主承担连带责任】	★★
		第18条【精神损害抚慰金的请求权】	★★
		第24条【营养费计算标准】	★★
		第25条【人身损害赔偿项目:残疾赔偿金计算标准】	★★
		第28条【被扶养人生活费数额的确定:被扶养人生活费计算标准;被扶养人的界定】	★

	同时适用的法条	相关度
精神损害赔偿司法解释	第 10 条【精神损害赔偿数额的确定标准】	★	449

第 15 条【侵权责任的主要承担方式】 ★★★★★

承担侵权责任的方式主要有：

（一）停止侵害；

（二）排除妨碍；

（三）消除危险；

（四）返还财产；

（五）恢复原状；

（六）赔偿损失；

（七）赔礼道歉；

（八）消除影响、恢复名誉。

以上承担侵权责任的方式，可以单独适用，也可以合并适用。

主要适用的案由及其相关度

案由编号	主要适用的案由	相关度
M9.30.350	机动车交通事故责任纠纷	★★★★★
M1.1.1	生命权、健康权、身体权纠纷	★★★
M3.5.38	财产损害赔偿纠纷	★★

同时适用的法条及其相关度

	同时适用的法条	相关度
侵权责任法	第 6 条【过错责任原则；过错推定责任原则】	★★★★★	109
	第 16 条【人身损害赔偿项目：一般人身损害赔偿项目、伤残赔偿项目、死亡赔偿项目】	★★★★★
	第 48 条【机动车交通事故责任的法律适用】	★★★★
	第 2 条【侵权责任一般条款；民事权益的范围】	★★★

		同时适用的法条	相关度
109		第 3 条【侵权责任的当事人主义】	★★★
		第 19 条【侵害财产造成财产损失的计算方式】	★★★
		第 22 条【侵害人身权益的精神损害赔偿】	★★★
		第 26 条【过失相抵:被侵权人过错】	★★★
		第 35 条【个人劳务责任:提供劳务者致害责任、提供劳务者受害责任】	★
		第 49 条【机动车所有人与使用人分离时发生交通事故的侵权责任:租赁、借用机动车发生交通事故的侵权责任】	★
347	道路交通安全法	第 76 条【交通事故责任一般条款】	★★★
357	保险法	第 65 条【第三者责任保险定义及保险金赔付规则】	★★
350	民法通则	第 106 条【民事责任归责原则:违约责任,无过错责任原则;侵权责任,过错责任,无过错责任】	★
		第 119 条【人身损害赔偿项目:一般人身损害赔偿项目、伤残赔偿项目、死亡赔偿项目】	★
437	人身损害赔偿司法解释	第 17 条【人身损害赔偿项目:一般人身损害赔偿项目、伤残赔偿项目、死亡赔偿项目】	★★★
		第 19 条【医疗费计算标准】	★★★
		第 20 条【误工费计算标准】	★★★
		第 21 条【人身损害赔偿:护理费计算】	★★★
		第 22 条【交通费计算标准】	★★★
		第 23 条【伙食费、住宿费计算标准】	★★★
		第 18 条【精神损害抚慰金的请求权】	★★
		第 24 条【营养费计算标准】	★★
		第 25 条【人身损害赔偿项目:残疾赔偿金计算标准】	★★

	同时适用的法条	相关度	
	第 28 条【被扶养人生活费数额的确定:被扶养人生活费计算标准;被扶养人的界定】	★	437
	第 35 条【人身损害赔偿相关概念的界定】	★	
道路交通事故司法解释	第 16 条【交强险和商业三者险的赔付规则:交强险限额内赔付、商业三者险赔付、侵权人赔偿;优先赔偿精神损害】	★★★	445
精神损害赔偿司法解释	第 10 条【精神损害赔偿数额的确定标准】	★★	449
	第 8 条【致人精神损害的责任承担方式:非财产形式责任、精神损害抚慰金】	★	

第 16 条【人身损害赔偿项目:一般人身损害赔偿项目、伤残赔偿项目、死亡赔偿项目】 ★★★★★

侵害他人造成人身损害的,应当赔偿医疗费、护理费、交通费等为治疗和康复支出的合理费用,以及因误工减少的收入。造成残疾的,还应当赔偿残疾生活辅助具费和残疾赔偿金。造成死亡的,还应当赔偿丧葬费和死亡赔偿金。

主要适用的案由及其相关度

案由编号	主要适用的案由	相关度
M9.30.350	机动车交通事故责任纠纷	★★★★★
M1.1.1	生命权、健康权、身体权纠纷	★★

同时适用的法条及其相关度

	同时适用的法条	相关度	
道路交通安全法	第 76 条【交通事故责任一般条款】	★★★★★	347

		同时适用的法条	相关度
109	侵权责任法	第 6 条【过错责任原则;过错推定责任原则】	★★★★
		第 48 条【机动车交通事故责任的法律适用】	★★★★
		第 15 条【侵权责任的主要承担方式】	★★★
		第 22 条【侵害人身权益的精神损害赔偿】	★★★
		第 26 条【过失相抵:被侵权人过错】	★★★
		第 2 条【侵权责任一般条款;民事权益的范围】	★★
		第 3 条【侵权责任的当事人主义】	★★
		第 19 条【侵害财产造成财产损失的计算方式】	★★
		第 34 条【用人单位替代责任;劳务派遣侵权责任:替代责任、补充责任】	★
		第 35 条【个人劳务责任:提供劳务者致害责任、提供劳务者受害责任】	★
		第 49 条【机动车所有人与使用人分离时发生交通事故的侵权责任:租赁、借用机动车发生交通事故的侵权责任】	★
357	保险法	第 65 条【第三者责任保险定义及保险金赔付规则】	★★
350	民法通则	第 119 条【人身损害赔偿项目:一般人身损害赔偿项目、伤残赔偿项目、死亡赔偿项目】	★★
		第 106 条【民事责任归责原则:违约责任,无过错责任原则;侵权责任,过错责任,无过错责任】	★
423	交强险条例	第 21 条【交强险赔偿对象:本车人员和被保险人以外的受害人、人身伤亡、财产损失;受害人故意】	★
437	人身损害赔偿司法解释	第 17 条【人身损害赔偿项目:一般人身损害赔偿项目、伤残赔偿项目、死亡赔偿项目】	★★★
		第 18 条【精神损害抚慰金的请求权】	★★★
		第 19 条【医疗费计算标准】	★★★
		第 20 条【误工费计算标准】	★★★

	同时适用的法条	相关度	
	第 21 条【人身损害赔偿:护理费计算】	★★★	437
	第 22 条【交通费计算标准】	★★★	
	第 23 条【伙食费、住宿费计算标准】	★★★	
	第 24 条【营养费计算标准】	★★★	
	第 25 条【人身损害赔偿项目:残疾赔偿金计算标准】	★★★	
	第 28 条【被扶养人生活费数额的确定:被扶养人生活费计算标准;被扶养人的界定】	★★	
	第 27 条【人身损害赔偿:丧葬费计算标准】	★	
	第 29 条【人身损害赔偿项目:死亡赔偿金计算标准】	★	
	第 35 条【人身损害赔偿相关概念的界定】	★	
精神损害赔偿司法解释	第 10 条【精神损害赔偿数额的确定标准】	★★	449
	第 8 条【致人精神损害的责任承担方式:非财产形式责任、精神损害抚慰金】	★	

第 17 条【同命同价:因同一侵权行为造成多人死亡的等额赔偿制度】

★★★★

因同一侵权行为造成多人死亡的,可以以相同数额确定死亡赔偿金。

主要适用的案由及其相关度

案由编号	主要适用的案由	相关度
M9.30.350	机动车交通事故责任纠纷	★★★★★

同时适用的法条及其相关度

	同时适用的法条	相关度	
侵权责任法	第 16 条【人身损害赔偿项目:一般人身损害赔偿项目、伤残赔偿项目、死亡赔偿项目】	★★★★★	109
	第 22 条【侵害人身权益的精神损害赔偿】	★★★★	
	第 48 条【机动车交通事故责任的法律适用】	★★★★	
	第 6 条【过错责任原则;过错推定责任原则】	★★★	

		同时适用的法条	相关度
109		第18条【被侵权人死亡、单位分立合并的请求权继受;支付被侵权人医疗费、丧葬费等合理费用的人】	★★★
		第15条【侵权责任的主要承担方式】	★★
		第26条【过失相抵:被侵权人过错】	★★
		第35条【个人劳务责任:提供劳务者致害责任、提供劳务者受害责任】	★★
		第2条【侵权责任一般条款;民事权益的范围】	★
		第3条【侵权责任的当事人主义】	★
		第12条【分别实施非充足原因侵权行为的按份责任】	★
		第19条【侵害财产造成财产损失的计算方式】	★
		第34条【用人单位替代责任;劳务派遣侵权责任:替代责任、补充责任】	★
		第49条【机动车所有人与使用人分离时发生交通事故的侵权责任:租赁、借用机动车发生交通事故的侵权责任】	★
347	道路交通安全法	第76条【交通事故责任一般条款】	★★★★★
357	保险法	第65条【第三者责任保险定义及保险金赔付规则】	★★★
350	民法通则	第119条【人身损害赔偿项目:一般人身损害赔偿项目、伤残赔偿项目、死亡赔偿项目】	★★
		第106条【民事责任归责原则:违约责任,无过错责任原则;侵权责任,过错责任,无过错责任】	★
437	人身损害赔偿司法解释	第17条【人身损害赔偿项目:一般人身损害赔偿项目、伤残赔偿项目、死亡赔偿项目】	★★★★
		第18条【精神损害抚慰金的请求权】	★★★
		第22条【交通费计算标准】	★★★
		第27条【人身损害赔偿:丧葬费计算标准】	★★★

	同时适用的法条	相关度	
	第 28 条【被扶养人生活费数额的确定:被扶养人生活费计算标准;被扶养人的界定】	★★★	437
	第 29 条【人身损害赔偿项目:死亡赔偿金计算标准】	★★★	
	第 19 条【医疗费计算标准】	★★	
	第 20 条【误工费计算标准】	★★	
	第 21 条【人身损害赔偿:护理费计算】	★★	
	第 23 条【伙食费、住宿费计算标准】	★★	
	第 9 条【用人单位替代责任;劳务派遣侵权责任:替代责任、补充责任】	★	
	第 24 条【营养费计算标准】	★	
	第 25 条【人身损害赔偿项目:残疾赔偿金计算标准】	★	
	第 35 条【人身损害赔偿相关概念的界定】	★	
道路交通事故司法解释	第 16 条【交强险和商业三者险的赔付规则:交强险限额内赔付、商业三者险赔付、侵权人赔偿;优先赔偿精神损害】	★★★	445
	第 3 条【挂靠机动车交通事故责任:挂靠人与被挂靠人承担连带责任】	★★	
	第 22 条【同一交通事故多个被侵权人起诉:按照损失比例确定交强险赔偿数额】	★★	
精神损害赔偿司法解释	第 8 条【致人精神损害的责任承担方式:非财产形式责任、精神损害抚慰金】	★★	449
	第 10 条【精神损害赔偿数额的确定标准】	★★	

第 18 条【被侵权人死亡、单位分立合并的请求权继受;支付被侵权人医疗费、丧葬费等合理费用的人】 ★★★★

被侵权人死亡的,其近亲属有权请求侵权人承担侵权责任。被侵权人为单位,该单位分立、合并的,承继权利的单位有权请求侵权人承担侵权责任。

被侵权人死亡的,支付被侵权人医疗费、丧葬费等合理费用的人有权

请求侵权人赔偿费用,但侵权人已支付该费用的除外。

主要适用的案由及其相关度

案由编号	主要适用的案由	相关度
M9.30.350	机动车交通事故责任纠纷	★★★★★
M1.1.1	生命权、健康权、身体权纠纷	★★
X2.133	交通肇事罪	★

同时适用的法条及其相关度

109

	同时适用的法条	相关度
侵权责任法	第16条【人身损害赔偿项目:一般人身损害赔偿项目、伤残赔偿项目、死亡赔偿项目】	★★★★★
	第6条【过错责任原则;过错推定责任原则】	★★★★
	第22条【侵害人身权益的精神损害赔偿】	★★★★
	第48条【机动车交通事故责任的法律适用】	★★★★
	第15条【侵权责任的主要承担方式】	★★★
	第26条【过失相抵:被侵权人过错】	★★★
	第2条【侵权责任一般条款;民事权益的范围】	★★
	第3条【侵权责任的当事人主义】	★★
	第19条【侵害财产造成财产损失的计算方式】	★★
	第35条【个人劳务责任:提供劳务者致害责任、提供劳务者受害责任】	★★
	第12条【分别实施非充足原因侵权行为的按份责任】	★
	第17条【同命同价:因同一侵权行为造成多人死亡的等额赔偿制度】	★
	第34条【用人单位替代责任;劳务派遣侵权责任:替代责任、补充责任】	★
	第49条【机动车所有人与使用人分离时发生交通事故的侵权责任:租赁、借用机动车发生交通事故的侵权责任】	★

	同时适用的法条	相关度	
道路交通安全法	第 76 条【交通事故责任一般条款】	★★★★	347
保险法	第 65 条【第三者责任保险定义及保险金赔付规则】	★★★	357
民法通则	第 119 条【人身损害赔偿项目:一般人身损害赔偿项目、伤残赔偿项目、死亡赔偿项目】	★★	350
	第 106 条【民事责任归责原则:违约责任,无过错责任原则;侵权责任,过错责任,无过错责任】	★	
交强险条例	第 21 条【交强险赔偿对象:本车人员和被保险人以外的受害人、人身伤亡、财产损失;受害人故意】	★	423
人身损害赔偿司法解释	第 17 条【人身损害赔偿项目:一般人身损害赔偿项目、伤残赔偿项目、死亡赔偿项目】	★★★	437
	第 18 条【精神损害抚慰金的请求权】	★★★	
	第 19 条【医疗费计算标准】	★★★	
	第 27 条【人身损害赔偿:丧葬费计算标准】	★★★	
	第 28 条【被扶养人生活费数额的确定:被扶养人生活费计算标准;被扶养人的界定】	★★★	
	第 29 条【人身损害赔偿项目:死亡赔偿金计算标准】	★★★	
	第 20 条【误工费计算标准】	★★	
	第 21 条【人身损害赔偿:护理费计算】	★★	
	第 22 条【交通费计算标准】	★★	
	第 23 条【伙食费、住宿费计算标准】	★★	
	第 35 条【人身损害赔偿相关概念的界定】	★★	
	第 24 条【营养费计算标准】	★	

		同时适用的法条	相关度
445	道路交通事故司法解释	第 16 条【交强险和商业三者险的赔付规则:交强险限额内赔付、商业三者险赔付、侵权人赔偿;优先赔偿精神损害】	★★★
		第 3 条【挂靠机动车交通事故责任:挂靠人与被挂靠人承担连带责任】	★
449	精神损害赔偿司法解释	第 8 条【致人精神损害的责任承担方式:非财产形式责任、精神损害抚慰金】	★★
		第 10 条【精神损害赔偿数额的确定标准】	★★

第 19 条【侵害财产造成财产损失的计算方式】　★★★★★

侵害他人财产的,财产损失按照损失发生时的市场价格或者其他方式计算。

主要适用的案由及其相关度

案由编号	主要适用的案由	相关度
M9.30.350	机动车交通事故责任纠纷	★★★★★
M3.5.38	财产损害赔偿纠纷	★★

同时适用的法条及其相关度

		同时适用的法条	相关度
347	道路交通安全法	第 76 条【交通事故责任一般条款】	★★★★★
109	侵权责任法	第 6 条【过错责任原则;过错推定责任原则】	★★★★
		第 16 条【人身损害赔偿项目:一般人身损害赔偿项目、伤残赔偿项目、死亡赔偿项目】	★★★★
		第 48 条【机动车交通事故责任的法律适用】	★★★★
		第 15 条【侵权责任的主要承担方式】	★★★
		第 22 条【侵害人身权益的精神损害赔偿】	★★★

	同时适用的法条	相关度	
	第 2 条【侵权责任一般条款;民事权益的范围】	★★	109
	第 3 条【侵权责任的当事人主义】	★★	
	第 26 条【过失相抵:被侵权人过错】	★★	
	第 34 条【用人单位替代责任;劳务派遣侵权责任:替代责任、补充责任】	★	
	第 35 条【个人劳务责任:提供劳务者致害责任、提供劳务者受害责任】	★	
	第 49 条【机动车所有人与使用人分离时发生交通事故的侵权责任:租赁、借用机动车发生交通事故的侵权责任】	★	
保险法	第 65 条【第三者责任保险定义及保险金赔付规则】	★★★	357
	第 64 条【确定和查明保险事故的费用由保险人承担】	★★	
民法通则	第 117 条【侵害财产权的责任承担方式:返还财产、折价赔偿;恢复原状、折价赔偿;赔偿损失】	★	350
交强险条例	第 21 条【交强险赔偿对象:本车人员和被保险人以外的受害人、人身伤亡、财产损失;受害人故意】	★	423
道路交通事故司法解释	第 16 条【交强险和商业三者险的赔付规则:交强险限额内赔付、商业三者险赔付、侵权人赔偿;优先赔偿精神损害】	★★★	445
	第 15 条【交通事故财产损失赔偿范围:车辆维修费用、车辆所载物品损失、车辆施救费用、车辆重置费用、合理停运损失、替代性交通工具的合理费用】	★★	
人身损害赔偿司法解释	第 17 条【人身损害赔偿项目:一般人身损害赔偿项目、伤残赔偿项目、死亡赔偿项目】	★★★	437
	第 18 条【精神损害抚慰金的请求权】	★★	
	第 19 条【医疗费计算标准】	★★	
	第 20 条【误工费计算标准】	★★	
	第 21 条【人身损害赔偿:护理费计算】	★★	

		同时适用的法条	相关度
437		第 22 条【交通费计算标准】	★★
		第 23 条【伙食费、住宿费计算标准】	★★
		第 24 条【营养费计算标准】	★★
		第 25 条【人身损害赔偿项目:残疾赔偿金计算标准】	★★
449	精神损害赔偿司法解释	第 10 条【精神损害赔偿数额的确定标准】	★

第 20 条【侵害人身造成财产损失的计算方式】 ★★★★

侵害他人人身权益造成财产损失的,按照被侵权人因此受到的损失赔偿;被侵权人的损失难以确定,侵权人因此获得利益的,按照其获得的利益赔偿;侵权人因此获得的利益难以确定,被侵权人和侵权人就赔偿数额协商不一致,向人民法院提起诉讼的,由人民法院根据实际情况确定赔偿数额。

主要适用的案由及其相关度

案由编号	主要适用的案由	相关度
M9.30.350	机动车交通事故责任纠纷	★★★★★
M1.1.1	生命权、健康权、身体权纠纷	★

同时适用的法条及其相关度

		同时适用的法条	相关度
109	侵权责任法	第 16 条【人身损害赔偿项目:一般人身损害赔偿项目、伤残赔偿项目、死亡赔偿项目】	★★★★★
		第 6 条【过错责任原则;过错推定责任原则】	★★★★
		第 48 条【机动车交通事故责任的法律适用】	★★★★
		第 15 条【侵权责任的主要承担方式】	★★★
		第 22 条【侵害人身权益的精神损害赔偿】	★★★
		第 2 条【侵权责任一般条款;民事权益的范围】	★★

	同时适用的法条	相关度	
	第 3 条【侵权责任的当事人主义】	★★	109
	第 19 条【侵害财产造成财产损失的计算方式】	★★	
	第 26 条【过失相抵:被侵权人过错】	★★	
	第 49 条【机动车所有人与使用人分离时发生交通事故的侵权责任:租赁、借用机动车发生交通事故的侵权责任】	★	
道路交通安全法	第 76 条【交通事故责任一般条款】	★★★★	347
保险法	第 65 条【第三者责任保险定义及保险金赔付规则】	★★★	357
民法通则	第 119 条【人身损害赔偿项目:一般人身损害赔偿项目、伤残赔偿项目、死亡赔偿项目】	★★	350
	第 106 条【民事责任归责原则:违约责任,无过错责任原则;侵权责任,过错责任,无过错责任】	★	
人身损害赔偿司法解释	第 17 条【人身损害赔偿项目:一般人身损害赔偿项目、伤残赔偿项目、死亡赔偿项目】	★★★	437
	第 19 条【医疗费计算标准】	★★★	
	第 20 条【误工费计算标准】	★★★	
	第 21 条【人身损害赔偿:护理费计算】	★★★	
	第 22 条【交通费计算标准】	★★★	
	第 23 条【伙食费、住宿费计算标准】	★★★	
	第 25 条【人身损害赔偿项目:残疾赔偿金计算标准】	★★★	
	第 18 条【精神损害抚慰金的请求权】	★★	
	第 24 条【营养费计算标准】	★★	
	第 28 条【被扶养人生活费数额的确定:被扶养人生活费计算标准;被扶养人的界定】	★★	
	第 35 条【人身损害赔偿相关概念的界定】	★	

		同时适用的法条	相关度
445	道路交通事故司法解释	第 16 条【交强险和商业三者险的赔付规则:交强险限额内赔付、商业三者险赔付、侵权人赔偿;优先赔偿精神损害】	★★★
		第 14 条【人身伤亡、财产损失的概念】	★
		第 15 条【交通事故财产损失赔偿范围:车辆维修费用、车辆所载物品损失、车辆施救费用、车辆重置费用、合理停运损失、替代性交通工具的合理费用】	★
449	精神损害赔偿司法解释	第 10 条【精神损害赔偿数额的确定标准】	★★
		第 8 条【致人精神损害的责任承担方式:非财产形式责任、精神损害抚慰金】	★

第21条【民事权益保全请求权:停止侵害、排除妨碍、消除危险】 ★★

侵权行为危及他人人身、财产安全的,被侵权人可以请求侵权人承担停止侵害、排除妨碍、消除危险等侵权责任。

主要适用的案由及其相关度

案由编号	主要适用的案由	相关度
M3.5.34	排除妨害纠纷	★★★★★
M9.30.350	机动车交通事故责任纠纷	★★★
M3.5.38	财产损害赔偿纠纷	★★
M3.5	物权保护纠纷	★
M9.30	侵权责任纠纷	★
M1.1.1	生命权、健康权、身体权纠纷	★
M3.6.47	相邻关系纠纷	★
M3.5.37	恢复原状纠纷	★

同时适用的法条及其相关度

	同时适用的法条	相关度	
侵权责任法	第15条【侵权责任的主要承担方式】	★★★★★	109
	第6条【过错责任原则;过错推定责任原则】	★★★★	
	第16条【人身损害赔偿项目:一般人身损害赔偿项目、伤残赔偿项目、死亡赔偿项目】	★★★	
	第19条【侵害财产造成财产损失的计算方式】	★★★	
	第2条【侵权责任一般条款;民事权益的范围】	★★	
	第3条【侵权责任的当事人主义】	★★	
	第22条【侵害人身权益的精神损害赔偿】	★★	
	第20条【侵害人身造成财产损失的计算方式】	★	
	第26条【过失相抵:被侵权人过错】	★	
	第48条【机动车交通事故责任的法律适用】	★	
物权法	第35条【权利人享有的排除妨害请求权与消除危险请求权】	★	370
道路交通安全法	第76条【交通事故责任一般条款】	★	347

第22条【侵害人身权益的精神损害赔偿】 ★★★★★

侵害他人人身权益,造成他人严重精神损害的,被侵权人可以请求精神损害赔偿。

主要适用的案由及其相关度

案由编号	主要适用的案由	相关度
M9.30.350	机动车交通事故责任纠纷	★★★★★
M1.1.1	生命权、健康权、身体权纠纷	★
M9.30.345	提供劳务者受害责任纠纷	★

同时适用的法条及其相关度

		同时适用的法条	相关度
109	侵权责任法	第 16 条【人身损害赔偿项目:一般人身损害赔偿项目、伤残赔偿项目、死亡赔偿项目】	★★★★★
		第 6 条【过错责任原则;过错推定责任原则】	★★★
		第 48 条【机动车交通事故责任的法律适用】	★★★
		第 15 条【侵权责任的主要承担方式】	★★
		第 19 条【侵害财产造成财产损失的计算方式】	★★
		第 26 条【过失相抵:被侵权人过错】	★★
		第 2 条【侵权责任一般条款;民事权益的范围】	★
		第 3 条【侵权责任的当事人主义】	★
		第 18 条【被侵权人死亡、单位分立合并的请求权继受;支付被侵权人医疗费、丧葬费等合理费用的人】	★
		第 34 条【用人单位替代责任;劳务派遣侵权责任:替代责任、补充责任】	★
		第 35 条【个人劳务责任:提供劳务者致害责任、提供劳务者受害责任】	★
		第 49 条【机动车所有人与使用人分离时发生交通事故的侵权责任:租赁、借用机动车发生交通事故的侵权责任】	★
347	道路交通安全法	第 76 条【交通事故责任一般条款】	★★★★
357	保险法	第 65 条【第三者责任保险定义及保险金赔付规则】	★★★
350	民法通则	第 119 条【人身损害赔偿项目:一般人身损害赔偿项目、伤残赔偿项目、死亡赔偿项目】	★★
		第 106 条【民事责任归责原则:违约责任,无过错责任原则;侵权责任,过错责任,无过错责任】	★

	同时适用的法条	相关度	
交强险条例	第 21 条【交强险赔偿对象:本车人员和被保险人以外的受害人、人身伤亡、财产损失;受害人故意】	★	423
人身损害赔偿司法解释	第 17 条【人身损害赔偿项目:一般人身损害赔偿项目、伤残赔偿项目、死亡赔偿项目】	★★★	437
	第 18 条【精神损害抚慰金的请求权】	★★★	
	第 19 条【医疗费计算标准】	★★★	
	第 20 条【误工费计算标准】	★★★	
	第 21 条【人身损害赔偿:护理费计算】	★★★	
	第 22 条【交通费计算标准】	★★★	
	第 23 条【伙食费、住宿费计算标准】	★★★	
	第 24 条【营养费计算标准】	★★★	
	第 25 条【人身损害赔偿项目:残疾赔偿金计算标准】	★★★	
	第 28 条【被扶养人生活费数额的确定:被扶养人生活费计算标准;被扶养人的界定】	★★	
	第 27 条【人身损害赔偿:丧葬费计算标准】	★	
	第 29 条【人身损害赔偿项目:死亡赔偿金计算标准】	★	
	第 35 条【人身损害赔偿相关概念的界定】	★	
道路交通事故司法解释	第 16 条【交强险和商业三者险的赔付规则:交强险限额内赔付、商业三者险赔付、侵权人赔偿;优先赔偿精神损害】	★★★	445
精神损害赔偿司法解释	第 8 条【致人精神损害的责任承担方式:非财产形式责任、精神损害抚慰金】	★★	449
	第 10 条【精神损害赔偿数额的确定标准】	★★	

第 23 条【见义勇为的侵权责任和补偿责任】 ★★

因防止、制止他人民事权益被侵害而使自己受到损害的,由侵权人承担责任。侵权人逃逸或者无力承担责任,被侵权人请求补偿的,受益人应当给予适当补偿。

主要适用的案由及其相关度

案由编号	主要适用的案由	相关度
M9.30.350	机动车交通事故责任纠纷	★★★★★
M1.1.1	生命权、健康权、身体权纠纷	★★★★
M9.30.345	提供劳务者受害责任纠纷	★★
M9.30.358	见义勇为人受害责任纠纷	★★
M3.5.38	财产损害赔偿纠纷	★★
M9.30.357	义务帮工人受害责任纠纷	★
M9.30.348	教育机构责任纠纷	★
M4.10.126	追偿权纠纷	★
M1.1	人格权纠纷	★

同时适用的法条及其相关度

	同时适用的法条	相关度
109 侵权责任法	第 16 条【人身损害赔偿项目:一般人身损害赔偿项目、伤残赔偿项目、死亡赔偿项目】	★★★★★
	第 6 条【过错责任原则;过错推定责任原则】	★★★★
	第 22 条【侵害人身权益的精神损害赔偿】	★★
	第 26 条【过失相抵:被侵权人过错】	★★
	第 48 条【机动车交通事故责任的法律适用】	★★
	第 2 条【侵权责任一般条款;民事权益的范围】	★
	第 3 条【侵权责任的当事人主义】	★
	第 15 条【侵权责任的主要承担方式】	★
	第 19 条【侵害财产造成财产损失的计算方式】	★
	第 20 条【侵害人身造成财产损失的计算方式】	★
	第 21 条【民事权益保全请求权:停止侵害、排除妨碍、消除危险】	★

	同时适用的法条	相关度	
道路交通安全法	第 76 条【交通事故责任一般条款】	★★★	347
保险法	第 65 条【第三者责任保险定义及保险金赔付规则】	★★	357
民法通则	第 119 条【人身损害赔偿项目：一般人身损害赔偿项目、伤残赔偿项目、死亡赔偿项目】	★	350
人身损害赔偿司法解释	第 17 条【人身损害赔偿项目：一般人身损害赔偿项目、伤残赔偿项目、死亡赔偿项目】	★★★	437
	第 19 条【医疗费计算标准】	★★★	
	第 20 条【误工费计算标准】	★★★	
	第 21 条【人身损害赔偿：护理费计算】	★★★	
	第 18 条【精神损害抚慰金的请求权】	★★	
	第 22 条【交通费计算标准】	★★	
	第 23 条【伙食费、住宿费计算标准】	★★	
	第 24 条【营养费计算标准】	★★	
	第 25 条【人身损害赔偿项目：残疾赔偿金计算标准】	★★	
精神损害赔偿司法解释	第 10 条【精神损害赔偿数额的确定标准】	★	449

第 24 条【公平责任：公平补偿责任的一般规定】 ★★★

受害人和行为人对损害的发生都没有过错的，可以根据实际情况，由双方分担损失。

主要适用的案由及其相关度

案由编号	主要适用的案由	相关度
M1.1.1	生命权、健康权、身体权纠纷	★★★★★

案由编号	主要适用的案由	相关度
M9.30.350	机动车交通事故责任纠纷	★★★★★
M9.30.345	提供劳务者受害责任纠纷	★★
M3.5.38	财产损害赔偿纠纷	★

同时适用的法条及其相关度

		同时适用的法条	相关度
109	侵权责任法	第16条【人身损害赔偿项目:一般人身损害赔偿项目、伤残赔偿项目、死亡赔偿项目】	★★★★★
		第6条【过错责任原则;过错推定责任原则】	★★★★
		第15条【侵权责任的主要承担方式】	★★★
		第22条【侵害人身权益的精神损害赔偿】	★★★
		第48条【机动车交通事故责任的法律适用】	★★★
		第19条【侵害财产造成财产损失的计算方式】	★★
		第26条【过失相抵:被侵权人过错】	★★
		第2条【侵权责任一般条款;民事权益的范围】	★
		第3条【侵权责任的当事人主义】	★
		第35条【个人劳务责任:提供劳务者致害责任、提供劳务者受害责任】	★
347	道路交通安全法	第76条【交通事故责任一般条款】	★★★
350	民法通则	第119条【人身损害赔偿项目:一般人身损害赔偿项目、伤残赔偿项目、死亡赔偿项目】	★★
		第132条【公平责任:公平补偿责任的一般规定】	★
357	保险法	第65条【第三者责任保险定义及保险金赔付规则】	★

	同时适用的法条	相关度	
人身损害赔偿司法解释	第 17 条【人身损害赔偿项目:一般人身损害赔偿项目、伤残赔偿项目、死亡赔偿项目】	★★★	437
	第 19 条【医疗费计算标准】	★★★	
	第 20 条【误工费计算标准】	★★★	
	第 21 条【人身损害赔偿:护理费计算】	★★★	
	第 22 条【交通费计算标准】	★★★	
	第 23 条【伙食费、住宿费计算标准】	★★★	
	第 18 条【精神损害抚慰金的请求权】	★★	
	第 24 条【营养费计算标准】	★★	
	第 25 条【人身损害赔偿项目:残疾赔偿金计算标准】	★★	
	第 28 条【被扶养人生活费数额的确定:被扶养人生活费计算标准;被扶养人的界定】	★	
道路交通事故司法解释	第 16 条【交强险和商业三者险的赔付规则:交强险限额内赔付、商业三者险赔付、侵权人赔偿;优先赔偿精神损害】	★	445

第 25 条【损害赔偿金的支付方式:一次性支付、分期支付】 ★★★★

损害发生后,当事人可以协商赔偿费用的支付方式。协商不一致的,赔偿费用应当一次性支付;一次性支付确有困难的,可以分期支付,但应当提供相应的担保。

主要适用的案由及其相关度

案由编号	主要适用的案由	相关度
M9.30.350	机动车交通事故责任纠纷	★★★★★
M1.1.1	生命权、健康权、身体权纠纷	★★★

同时适用的法条及其相关度

		同时适用的法条	相关度
109	侵权责任法	第 6 条【过错责任原则;过错推定责任原则】	★★★★★
		第 16 条【人身损害赔偿项目:一般人身损害赔偿项目、伤残赔偿项目、死亡赔偿项目】	★★★★★
		第 15 条【侵权责任的主要承担方式】	★★★★
		第 22 条【侵害人身权益的精神损害赔偿】	★★★★
		第 48 条【机动车交通事故责任的法律适用】	★★★★
		第 2 条【侵权责任一般条款;民事权益的范围】	★★★
		第 26 条【过失相抵:被侵权人过错】	★★★
		第 3 条【侵权责任的当事人主义】	★★
		第 19 条【侵害财产造成财产损失的计算方式】	★★
		第 20 条【侵害人身造成财产损失的计算方式】	★
		第 35 条【个人劳务责任:提供劳务者致害责任、提供劳务者受害责任】	★
		第 49 条【机动车所有人与使用人分离时发生交通事故的侵权责任:租赁、借用机动车发生交通事故的侵权责任】	★
347	道路交通安全法	第 76 条【交通事故责任一般条款】	★★★★
357	保险法	第 65 条【第三者责任保险定义及保险金赔付规则】	★★
437	人身损害赔偿司法解释	第 17 条【人身损害赔偿项目:一般人身损害赔偿项目、伤残赔偿项目、死亡赔偿项目】	★★★
		第 18 条【精神损害抚慰金的请求权】	★★★
		第 19 条【医疗费计算标准】	★★★
		第 20 条【误工费计算标准】	★★★
		第 21 条【人身损害赔偿:护理费计算】	★★★

	同时适用的法条	相关度	
	第 22 条【交通费计算标准】	★★★	437
	第 23 条【伙食费、住宿费计算标准】	★★★	
	第 24 条【营养费计算标准】	★★	
	第 25 条【人身损害赔偿项目:残疾赔偿金计算标准】	★★	
	第 35 条【人身损害赔偿相关概念的界定】	★★	
	第 28 条【被扶养人生活费数额的确定:被扶养人生活费计算标准;被扶养人的界定】	★	
道路交通事故司法解释	第 16 条【交强险和商业三者险的赔付规则:交强险限额内赔付、商业三者险赔付、侵权人赔偿;优先赔偿精神损害】	★★★	445
	第 14 条【人身伤亡、财产损失的概念】	★★	
精神损害赔偿司法解释	第 8 条【致人精神损害的责任承担方式:非财产形式责任、精神损害抚慰金】	★★	449
	第 10 条【精神损害赔偿数额的确定标准】	★★	

第三章　不承担责任和减轻责任的情形

第 26 条【过失相抵:被侵权人过错】　★★★★★

被侵权人对损害的发生也有过错的,可以减轻侵权人的责任。

主要适用的案由及其相关度

案由编号	主要适用的案由	相关度
M9.30.350	机动车交通事故责任纠纷	★★★★★
M1.1.1	生命权、健康权、身体权纠纷	★★★★
M9.30.345	提供劳务者受害责任纠纷	★★
M3.5.38	财产损害赔偿纠纷	★

同时适用的法条及其相关度

		同时适用的法条	相关度
109	侵权责任法	第 16 条【人身损害赔偿项目:一般人身损害赔偿项目、伤残赔偿项目、死亡赔偿项目】	★★★★★
		第 6 条【过错责任原则;过错推定责任原则】	★★★★
		第 15 条【侵权责任的主要承担方式】	★★★
		第 22 条【侵害人身权益的精神损害赔偿】	★★★
		第 48 条【机动车交通事故责任的法律适用】	★★★
		第 2 条【侵权责任一般条款;民事权益的范围】	★★
		第 3 条【侵权责任的当事人主义】	★★
		第 19 条【侵害财产造成财产损失的计算方式】	★★
		第 35 条【个人劳务责任:提供劳务者致害责任、提供劳务者受害责任】	★★
		第 8 条【共同实施侵权行为人的连带责任】	★
347	道路交通安全法	第 76 条【交通事故责任一般条款】	★★★
357	保险法	第 65 条【第三者责任保险定义及保险金赔付规则】	★★
350	民法通则	第 119 条【人身损害赔偿项目:一般人身损害赔偿项目、伤残赔偿项目、死亡赔偿项目】	★★
		第 106 条【民事责任归责原则:违约责任,无过错责任原则;侵权责任,过错责任,无过错责任】	★
		第 131 条【过失相抵:被侵权人过错】	★
437	人身损害赔偿司法解释	第 17 条【人身损害赔偿项目:一般人身损害赔偿项目、伤残赔偿项目、死亡赔偿项目】	★★★
		第 19 条【医疗费计算标准】	★★★
		第 20 条【误工费计算标准】	★★★
		第 21 条【人身损害赔偿:护理费计算】	★★★

	同时适用的法条	相关度	
	第 22 条【交通费计算标准】	★★★	437
	第 23 条【伙食费、住宿费计算标准】	★★★	
	第 24 条【营养费计算标准】	★★★	
	第 18 条【精神损害抚慰金的请求权】	★★	
	第 25 条【人身损害赔偿项目:残疾赔偿金计算标准】	★★	
	第 28 条【被扶养人生活费数额的确定:被扶养人生活费计算标准;被扶养人的界定】	★★	
	第 11 条【雇员在雇佣活动中遭受损害的责任承担:雇主责任、第三人原因致害;发包人、分包人与雇主承担连带责任】	★	
	第 27 条【人身损害赔偿:丧葬费计算标准】	★	
	第 29 条【人身损害赔偿项目:死亡赔偿金计算标准】	★	
	第 35 条【人身损害赔偿相关概念的界定】	★	
道路交通事故司法解释	第 16 条【交强险和商业三者险的赔付规则:交强险限额内赔付、商业三者险赔付、侵权人赔偿;优先赔偿精神损害】	★★	445
精神损害赔偿司法解释	第 8 条【致人精神损害的责任承担方式:非财产形式责任、精神损害抚慰金】	★★	449
	第 10 条【精神损害赔偿数额的确定标准】	★★	

第 27 条【受害人故意】 ★★

损害是因受害人故意造成的,行为人不承担责任。

主要适用的案由及其相关度

案由编号	主要适用的案由	相关度
M1.1.1	生命权、健康权、身体权纠纷	★★★★★
M3.5.38	财产损害赔偿纠纷	★★★
M9.30.350	机动车交通事故责任纠纷	★★★

案由编号	主要适用的案由	相关度
M9.30.345	提供劳务者受害责任纠纷	★★★
M9.30	侵权责任纠纷	★★
M9.30.347	违反安全保障义务责任纠纷	★★
M9.30.351	医疗损害责任纠纷	★
M3.5.33	返还原物纠纷	★
M9.30.356	触电人身损害责任纠纷	★
M3.5.34	排除妨害纠纷	★

同时适用的法条及其相关度

		同时适用的法条	相关度
109	侵权责任法	第6条【过错责任原则;过错推定责任原则】	★★★★★
		第16条【人身损害赔偿项目:一般人身损害赔偿项目、伤残赔偿项目、死亡赔偿项目】	★★★★★
		第26条【过失相抵:被侵权人过错】	★★★★★
		第35条【个人劳务责任:提供劳务者致害责任、提供劳务者受害责任】	★★★
		第15条【侵权责任的主要承担方式】	★★
		第22条【侵害人身权益的精神损害赔偿】	★★
		第19条【侵害财产造成财产损失的计算方式】	★
350	民法通则	第106条【民事责任归责原则:违约责任,无过错责任原则;侵权责任,过错责任,无过错责任】	★
		第119条【人身损害赔偿项目:一般人身损害赔偿项目、伤残赔偿项目、死亡赔偿项目】	★
347	道路交通安全法	第76条【交通事故责任一般条款】	★

	同时适用的法条	相关度	
人身损害赔偿司法解释	第 17 条【人身损害赔偿项目:一般人身损害赔偿项目、伤残赔偿项目、死亡赔偿项目】	★★	437
	第 19 条【医疗费计算标准】	★★	
	第 20 条【误工费计算标准】	★★	
	第 21 条【人身损害赔偿:护理费计算】	★★	
	第 22 条【交通费计算标准】	★★	
	第 23 条【伙食费、住宿费计算标准】	★★	
	第 2 条【受害人故意】	★	
	第 18 条【精神损害抚慰金的请求权】	★	
	第 24 条【营养费计算标准】	★	
	第 25 条【人身损害赔偿项目:残疾赔偿金计算标准】	★	

第 28 条【第三人原因】 ★★

损害是因第三人造成的,第三人应当承担侵权责任。

主要适用的案由及其相关度

案由编号	主要适用的案由	相关度
M9.30.350	机动车交通事故责任纠纷	★★★★★
M1.1.1	生命权、健康权、身体权纠纷	★★★★★
M9.30.345	提供劳务者受害责任纠纷	★★★★
M3.5.38	财产损害赔偿纠纷	★★★★
M4.10.126	追偿权纠纷	★★★
M9.30	侵权责任纠纷	★★★
M9.30.357	义务帮工人受害责任纠纷	★★
M9.30.356	触电人身损害责任纠纷	★★
M9.30.348	教育机构责任纠纷	★★
M9.30.351	医疗损害责任纠纷	★★
M3.6.47	相邻关系纠纷	★

案由编号	主要适用的案由	相关度
M3.5.37	恢复原状纠纷	★

同时适用的法条及其相关度

		同时适用的法条	相关度
109	侵权责任法	第 6 条【过错责任原则;过错推定责任原则】	★★★★★
		第 16 条【人身损害赔偿项目:一般人身损害赔偿项目、伤残赔偿项目、死亡赔偿项目】	★★★★★
		第 22 条【侵害人身权益的精神损害赔偿】	★★★
		第 26 条【过失相抵:被侵权人过错】	★★★
		第 35 条【个人劳务责任:提供劳务者致害责任、提供劳务者受害责任】	★★★
		第 15 条【侵权责任的主要承担方式】	★★
		第 48 条【机动车交通事故责任的法律适用】	★★
		第 2 条【侵权责任一般条款;民事权益的范围】	★
		第 3 条【侵权责任的当事人主义】	★
		第 12 条【分别实施非充足原因侵权行为的按份责任】	★
		第 19 条【侵害财产造成财产损失的计算方式】	★
347	道路交通安全法	第 76 条【交通事故责任一般条款】	★★★
		第 8 条【机动车登记制度】	
		第 32 条【因工程建设需要占用、挖掘道路或跨越、穿越道路架设管线设施需征得相关部门同意;施工单位进行道路施工的规则】	
		第 42 条【机动车在道路上行驶速度的限制】	
		第 119 条【道路、车辆、机动车、非机动车、交通事故等用语的含义】	

	同时适用的法条	相关度	
民法通则	第 119 条【人身损害赔偿项目:一般人身损害赔偿项目、伤残赔偿项目、死亡赔偿项目】	★★	350
	第 106 条【民事责任归责原则:违约责任,无过错责任原则;侵权责任,过错责任,无过错责任】	★	
	第 12 条【无民事行为能力人、限制民事行为能力人:十周岁以上、法定代理人同意、不满十周岁】		
	第 15 条【公民的住所的认定】		
	第 31 条【合伙协议应当载明的事项】		
	第 39 条【法人的住所】		
	第 59 条【可变更或可撤销的民事行为类型】		
	第 71 条【所有权的内容】		
	第 92 条【不当得利返还请求权】		
保险法	第 65 条【第三者责任保险定义及保险金赔付规则】	★	357
	第 10 条【保险合同的界定;投保人;保险人】		
	第 17 条【保险人对保险合同中格式条款的说明义务;保险人对保险合同中免责条款的提示说明义务;违反该义务时免责条款无效】		
	第 19 条【保险合同格式条款无效的法定情形】		
	第 42 条【被保险人的保险金作为遗产的处理规则】		
	第 50 条【运输类保险合同当事人解除权的禁止】		
电力法	第 19 条【电力企业的法定义务:建立健全安全生产责任制度、对电力设施定期检修和维护】		411
	第 52 条【单位和个人禁止危害电力设施;进行可能危及电力设施安全的作业前应经批准并采取保护措施】		
	第 53 条【电力设施保护区管理规定及标志设立义务】		
	第 54 条【任何单位和个人在电力设施保护区内进行可能危及电力设施安全的作业时应当经电力部门批准的规定】		

		同时适用的法条	相关度
411		第 60 条【电力企业的损害赔偿责任及免责事由】	
		第 68 条【未经批准或者未采取安全措施在电力设施周围或者在依法划定的电力设施保护区内进行作业，危及电力设施安全时的处理方式：责令停止作业、恢复原状、赔偿损失】	
362	合同法	第 8 条【合同约束力：依约履行义务】	
		第 44 条【合同成立条件与时间】	
		第 52 条【合同无效的情形】	
		第 53 条【合同中免责条款无效情形】	
		第 58 条【合同无效或被撤销的法律后果：合同财产返还；无法返还应当折价补偿；所受损失按过错份额承担责任】	
		第 60 条【合同当事人义务：全面履行义务、通知义务、协助义务、保密义务】	
		第 62 条【合同内容约定不明确的处理规则】	
		第 92 条【后合同义务：通知义务、协助义务、保密义务】	
		第 107 条【合同约束力：违约责任的承担】	
		第 113 条【合同约束力：违约责任的承担】	
		第 114 条【违约金的计算方法：约定违约金数额、约定违约金计算方法；违约金过高、违约金过低；迟延履行】	
		第 119 条【防止违约损失扩大的措施；违约赔偿的范围：不包括未制止导致扩大的损失；防止损失扩大的合理费用】	
		第 131 条【买卖合同的内容】	
		第 217 条【承租人义务：按照约定方法使用租赁物】	

	同时适用的法条	相关度	
	第 228 条【出租人的权利瑕疵担保责任;承租人的及时通知义务】第 250 条【租赁期间届满租赁物的归属】		362
	第 251 条【承揽合同的定义及内涵】		
	第 272 条【建设工程的发包、承包与分包;第三人与总承包人或发包人的连带责任;禁止全部转包;禁止分包单位再分包;主体结构施工】		
	第 290 条【承运人的按时运输、安全运输义务】		
	第 311 条【承运人的责任承担以及抗辩事由】		
	第 312 条【运输货物损害赔偿计算方法】		
	第 365 条【保管合同的定义;交付保管物、返还保管物】		
	第 374 条【保管物毁损、保管物灭失;保管人承担损害赔偿责任】		
物权法	第 6 条【物权公示原则;不动产登记、动产交付】		370
	第 9 条【不动产物权变动的登记原则;国家的自然资源所有权登记的特殊规定】		
	第 17 条【不动产权属证书与不动产登记簿的关系】		
	第 39 条【所有权的内容】		
	第 92 条【相邻权的限度】		
	第 106 条【善意取得的构成条件】		
	第 124 条【农村集体经济经营体制;农村土地实行土地承包经营制度】		
	第 130 条【承包期内承包地调整的原则禁止与特别例外】		
	第 131 条【承包期内发包人义务】		
	第 245 条【占有保护;返还原物、排除妨害、消除危险、请求损害赔偿;请求权期限为一年】		

		同时适用的法条	相关度
417	社会保险法	第 16 条【享受基本养老保险待遇的条件:法定退休年龄、累计最低缴费满十五年】	
		第 27 条【退休职工的基本医疗保险待遇】	
		第 59 条【社会保险费的征收办法】	
415	劳动争议调解仲裁法	第 5 条【劳动争议处理的基本程序】	
		第 6 条【劳动争议案件的举证责任】	
		第 27 条【劳动争议仲裁时效;劳动争议仲裁时效中断;劳动争议仲裁时效中止】	
397	水污染防治法	第 8 条【水污染防治监督管理主体及其权限】	
		第 44 条【城镇污水应当集中处理;城镇污水处理设施的建设;城镇污水集中处理收费及费用使用规则】	
394	继承法	第 33 条【遗产继承时债务的清偿】	
408	劳动法	第 25 条【用人单位可以解除劳动合同的法定情形】	
		第 52 条【用人单位对劳动安全卫生的职责】	
		第 79 条【劳动争议处理机制:自愿调解、仲裁前置、提起诉讼】	
404	劳动合同法	第 23 条【劳动者的保密义务;竞业限制】	
		第 39 条【用人单位有权单方解除劳动合同的情形:试用期不符合录用条件、严重违反规章制度、严重失职、营私舞弊给单位造成重大损害的、存在双重劳动关系】	
		第 46 条【用人单位应当向劳动者支付经济补偿的情形】	
418	消防法	第 15 条【公众聚集场所投入使用、营业前的消防安全检查】	
		第 16 条【机关、团体、企业、事业等单位应当履行的消防安全职责】	

	同时适用的法条	相关度	
刑法	第72条【缓刑的适用：不满十八周岁的人、怀孕的妇女、已满七十五周岁的人；禁止从事特定活动、禁止进入特定区域、禁止接触特定的人】		359
刑法	第73条【缓刑考验期限：拘役的缓刑为二个月以上一年以下；有期徒刑的缓刑考验期为一年以上五年以下；缓刑期限自判决确定之日起算】		
刑法	第133条【交通肇事罪：交通肇事、致人重伤、致人死亡、公私财产遭受重大损失、逃逸、因逃逸致人死亡】		
刑法	第235条【过失致人重伤罪：过失伤害他人致人重伤】		
建筑法	第26条【承包建筑工程的单位应具备的资格】		393
建筑法	第61条【建筑工程竣工验收：建筑工程质量标准、工程技术经济资料、工程保修书；验收合格、交付使用、未经验收、验收不合格】		
建筑法	第83条【《建筑法》的效力范围】		
公路法	第35条【公路管理机关依法对公路进行养护的义务】		420
人民调解法	第31条【调解协议的效力：当事人履行协议、人民调解委员会监督、督促履行】		419
交强险条例	第11条【投保人投保时的如实告知义务】		423
建设工程质量管理条例	第58条【建设单位应当被处以罚款并承担赔偿责任的情形：未组织竣工验收擅自交付使用、验收不合格擅自交付使用、不合格建设工程按合格工程验收】		434

		同时适用的法条	相关度
431	物业管理条例	第 2 条【物业管理的含义】	
		第 7 条【物业管理活动中业主的义务】	
		第 42 条【业主物业服务费用缴纳义务:约定;连带;尚未出售或交付的由建设单位交纳】	
		第 45 条【供水、供电、供气、供热、通信、有线电视等单位有关费用的收取对象;物业服务企业代收费用时不得收取手续费】	
424	道路交通安全法实施条例	第 95 条【交通事故损害赔偿争议的调解期限及调解协议的效力】	
433	危险化学品管理条例	第 23 条【生产、储存剧毒化学品、易制爆危险化学品的安全防范措施】	
		第 37 条【危险化学品经营企业之禁止行为:采购未取得许可从事生产、经营活动的企业的危险化学品、经营没有安全技术说明或安全标签的危险化学品】	
		第 63 条【危险化学品托运人的说明告知义务】	
435	社保费征缴条例	第 6 条【社会保险费的征收机构】	
437	人身损害赔偿司法解释	第 11 条【雇员在雇佣活动中遭受损害的责任承担:雇主责任、第三人原因致害;发包人、分包人与雇主承担连带责任】	★★★
		第 17 条【人身损害赔偿项目:一般人身损害赔偿项目、伤残赔偿项目、死亡赔偿项目】	★★★
		第 18 条【精神损害抚慰金的请求权】	★★★
		第 19 条【医疗费计算标准】	★★★
		第 20 条【误工费计算标准】	★★★

	同时适用的法条	相关度	
	第 21 条【人身损害赔偿:护理费计算】	★★★	437
	第 22 条【交通费计算标准】	★★★	
	第 23 条【伙食费、住宿费计算标准】	★★★	
	第 24 条【营养费计算标准】	★★	
	第 25 条【人身损害赔偿项目:残疾赔偿金计算标准】	★★	
	第 27 条【人身损害赔偿:丧葬费计算标准】	★	
	第 29 条【人身损害赔偿项目:死亡赔偿金计算标准】	★	
	第 35 条【人身损害赔偿相关概念的界定】	★	
	第 36 条【人身损害赔偿司法解释的施行日期】		
精神损害赔偿司法解释	第 10 条【精神损害赔偿数额的确定标准】	★★	449
	第 8 条【致人精神损害的责任承担方式:非财产形式责任、精神损害抚慰金】	★	
道路交通事故司法解释	第 16 条【交强险和商业三者险的赔付规则:交强险限额内赔付、商业三者险赔付、侵权人赔偿;优先赔偿精神损害】	★	445
劳动争议案件司法解释三	第 7 条【用人单位与其招用的已经依法享受养老保险待遇或领取退休金的人员发生用工争议按劳务关系处理的规定】		469
	第 9 条【劳动者主张加班费时的举证责任】		
婚姻法司法解释二	第 24 条【夫妻共同债务:债权人主张、夫妻关系存续期间以个人名义所负债务】		466
合同法司法解释二	第 6 条【提供格式条款方采取合理方式的具体表现及其举证责任】		473

		同时适用的法条	相关度
470	城镇房屋租赁合同纠纷司法解释	第 2 条【出租人就未取得许可证建设的房屋订立的租赁合同无效;在一审结束前获得审批的认定有效】	

第 29 条【侵权责任的免责事由:不可抗力】 ★★

因不可抗力造成他人损害的,不承担责任。法律另有规定的,依照其规定。

主要适用的案由及其相关度

案由编号	主要适用的案由	相关度
M3.5.38	财产损害赔偿纠纷	★★★★★
M9.30.350	机动车交通事故责任纠纷	★★★★
M1.1.1	生命权、健康权、身体权纠纷	★★★★
M9.30	侵权责任纠纷	★★
M9.30.345	提供劳务者受害责任纠纷	★★
M3.5.37	恢复原状纠纷	★★
M9.30.348	教育机构责任纠纷	★★
M8.27.317	财产保险合同纠纷	★
M3.5.33	返还原物纠纷	★
M9.30.355	物件损害责任纠纷	★

同时适用的法条及其相关度

		同时适用的法条	相关度
109	侵权责任法	第 6 条【过错责任原则;过错推定责任原则】	★★★★★
		第 16 条【人身损害赔偿项目:一般人身损害赔偿项目、伤残赔偿项目、死亡赔偿项目】	★★★
		第 19 条【侵害财产造成财产损失的计算方式】	★★

	同时适用的法条	相关度	
	第 22 条【侵害人身权益的精神损害赔偿】	★★	109
	第 26 条【过失相抵:被侵权人过错】	★★	
	第 15 条【侵权责任的主要承担方式】	★	
	第 27 条【受害人故意】	★	
	第 28 条【第三人原因】	★	
	第 48 条【机动车交通事故责任的法律适用】	★	
道路交通安全法	第 76 条【交通事故责任一般条款】	★★★	347
民法通则	第 153 条【不可抗力的界定】	★★★	350
	第 119 条【人身损害赔偿项目:一般人身损害赔偿项目、伤残赔偿项目、死亡赔偿项目】	★	
	第 72 条【财产所有权取得应符合法律规定;动产所有权自交付时转移】		
	第 83 条【处理相邻关系的基本原则】		
	第 106 条【民事责任归责原则:违约责任,无过错责任原则;侵权责任,过错责任,无过错责任】		
	第 107 条【民事责任的免除事由:不可抗力】		
	第 114 条【合同相对方的减损义务:防止损失扩大】		
	第 132 条【公平责任:公平补偿责任的一般规定】		
保险法	第 65 条【第三者责任保险定义及保险金赔付规则】	★	357
合同法	第 58 条【合同无效或被撤销的法律后果:合同财产返还;无法返还应当折价补偿;所受损失按过错份额承担责任】		362
	第 227 条【租赁合同:承租人的租金支付义务;承租人违约时出租人的租金支付请求权以及合同解除权】		

		同时适用的法条	相关度
419	人民调解法	第 31 条【调解协议的效力：当事人履行协议、人民调解委员会监督、督促履行】	
370	物权法	第 82 条【物业服务企业或其他接受业主委托的管理人的管理义务】	
423	交强险条例	第 21 条【交强险赔偿对象：本车人员和被保险人以外的受害人、人身伤亡、财产损失；受害人故意】	
		第 23 条【交强险责任限额：死亡伤残赔偿限额、医疗费用赔偿限额、财产损失赔偿限额、无责任的赔偿限额】	
437	人身损害赔偿司法解释	第 17 条【人身损害赔偿项目：一般人身损害赔偿项目、伤残赔偿项目、死亡赔偿项目】	★★
		第 18 条【精神损害抚慰金的请求权】	★
		第 19 条【医疗费计算标准】	★
		第 20 条【误工费计算标准】	★
		第 21 条【人身损害赔偿：护理费计算】	★
		第 22 条【交通费计算标准】	★
		第 25 条【人身损害赔偿项目：残疾赔偿金计算标准】	★
		第 28 条【被扶养人生活费数额的确定：被扶养人生活费计算标准；被扶养人的界定】	★
		第 23 条【伙食费、住宿费计算标准】	
		第 24 条【营养费计算标准】	
		第 27 条【人身损害赔偿：丧葬费计算标准】	
		第 29 条【人身损害赔偿项目：死亡赔偿金计算标准】	

	同时适用的法条	相关度	
道路交通事故司法解释	第16条【交强险和商业三者险的赔付规则:交强险限额内赔付、商业三者险赔付、侵权人赔偿;优先赔偿精神损害】	★	445
	第1条【机动车所有人或者管理人承担相应责任的过错:机动车缺陷、驾驶人资格、饮酒、服用管制药品、患有疾病】		
	第15条【交通事故财产损失赔偿范围:车辆维修费用、车辆所载物品损失、车辆施救费用、车辆重置费用、合理停运损失、替代性交通工具的合理费用】		
精神损害赔偿司法解释	第10条【精神损害赔偿数额的确定标准】	★	449
	第8条【致人精神损害的责任承担方式:非财产形式责任、精神损害抚慰金】		
城镇房屋租赁合同纠纷司法解释	第2条【出租人就未取得许可证建设的房屋订立的租赁合同无效;在一审结束前获得审批的认定有效】		470
	第5条【房屋租赁合同无效时使用费的支付义务;当事人的损害赔偿请求权】		

第30条【正当防卫、防卫过当的责任承担规则】 ★★

因正当防卫造成损害的,不承担责任。正当防卫超过必要的限度,造成不应有的损害的,正当防卫人应当承担适当的责任。

主要适用的案由及其相关度

案由编号	主要适用的案由	相关度
M1.1.1	生命权、健康权、身体权纠纷	★★★★★
M9.30.350	机动车交通事故责任纠纷	★★★
X4.234	故意伤害罪	★★
M9.30.345	提供劳务者受害责任纠纷	★★
M3.5.38	财产损害赔偿纠纷	★

案由编号	主要适用的案由	相关度
M3.5.34	排除妨害纠纷	★
M9.30	侵权责任纠纷	★

同时适用的法条及其相关度

		同时适用的法条	相关度
109	侵权责任法	第16条【人身损害赔偿项目:一般人身损害赔偿项目、伤残赔偿项目、死亡赔偿项目】	★★★★★
		第6条【过错责任原则;过错推定责任原则】	★★★★
		第22条【侵害人身权益的精神损害赔偿】	★★★
		第26条【过失相抵:被侵权人过错】	★★★
		第48条【机动车交通事故责任的法律适用】	★★
		第2条【侵权责任一般条款;民事权益的范围】	★
		第7条【无过错责任原则】	★
		第15条【侵权责任的主要承担方式】	★
347	道路交通安全法	第76条【交通事故责任一般条款】	★★
350	民法通则	第98条【生命权、健康权请求权基础】	★★
		第119条【人身损害赔偿项目:一般人身损害赔偿项目、伤残赔偿项目、死亡赔偿项目】	★★
		第106条【民事责任归责原则:违约责任,无过错责任原则;侵权责任,过错责任,无过错责任】	★
359	刑法	第20条【正当防卫、防卫过当、无限防卫:正在进行的不法侵害、对不法侵害人造成损害、正当防卫超过必要限度、应当减轻处罚、应当免除处罚、行凶、杀人、抢劫、强奸、绑架、严重危及人身安全的暴力犯罪、造成不法侵害人伤亡】	★

	同时适用的法条	相关度	
人身损害赔偿司法解释	第 17 条【人身损害赔偿项目:一般人身损害赔偿项目、伤残赔偿项目、死亡赔偿项目】	★★★	437
	第 19 条【医疗费计算标准】	★★★	
	第 20 条【误工费计算标准】	★★★	
	第 21 条【人身损害赔偿:护理费计算】	★★★	
	第 22 条【交通费计算标准】	★★★	
	第 23 条【伙食费、住宿费计算标准】	★★★	
	第 24 条【营养费计算标准】	★★★	
	第 25 条【人身损害赔偿项目:残疾赔偿金计算标准】	★★	
	第 18 条【精神损害抚慰金的请求权】	★	
	第 30 条【残疾赔偿金计算标准、死亡赔偿金计算标准调整:住所地或经常居住地收入高于受诉法院所在地标准】	★	

第 31 条【紧急避险、避险不当、避险过当】 ★★

因紧急避险造成损害的,由引起险情发生的人承担责任。如果危险是由自然原因引起的,紧急避险人不承担责任或者给予适当补偿。紧急避险采取措施不当或者超过必要的限度,造成不应有的损害的,紧急避险人应当承担适当的责任。

主要适用的案由及其相关度

案由编号	主要适用的案由	相关度
M9.30.350	机动车交通事故责任纠纷	★★★★★
M1.1.1	生命权、健康权、身体权纠纷	★★★★
M3.5.38	财产损害赔偿纠纷	★★★
M9.30.361	紧急避险损害责任纠纷	★★
M9.30.345	提供劳务者受害责任纠纷	★
M9.30.354	饲养动物损害责任纠纷	★

案由编号	主要适用的案由	相关度
M4.10.126	追偿权纠纷	★
M9.30	侵权责任纠纷	★
M9.30.344	提供劳务者致害责任纠纷	★

同时适用的法条及其相关度

		同时适用的法条	相关度
109	侵权责任法	第6条【过错责任原则;过错推定责任原则】	★★★★★
		第16条【人身损害赔偿项目:一般人身损害赔偿项目、伤残赔偿项目、死亡赔偿项目】	★★★★★
		第26条【过失相抵:被侵权人过错】	★★★
		第48条【机动车交通事故责任的法律适用】	★★★
		第15条【侵权责任的主要承担方式】	★★
		第22条【侵害人身权益的精神损害赔偿】	★★
		第3条【侵权责任的当事人主义】	★
		第12条【分别实施非充足原因侵权行为的按份责任】	★
		第35条【个人劳务责任:提供劳务者致害责任、提供劳务者受害责任】	★
347	道路交通安全法	第76条【交通事故责任一般条款】	★★★
		第22条【机动车驾驶人应当遵守法律法规、安全驾驶、文明驾驶的义务;禁止驾驶机动车的法定情形:饮酒、服用国家管制的精神药品或麻醉药品、患有妨碍安全驾驶机动车的疾病、过度疲劳影响安全驾驶】	★
350	民法通则	第106条【民事责任归责原则:违约责任,无过错责任原则;侵权责任,过错责任,无过错责任】	★★
		第119条【人身损害赔偿项目:一般人身损害赔偿项目、伤残赔偿项目、死亡赔偿项目】	★★
		第129条【紧急避险、避险不当、避险过当】	★★
		第131条【过失相抵:被侵权人过错】	★

	同时适用的法条	相关度	
保险法	第 65 条【第三者责任保险定义及保险金赔付规则】	★★	357
人身损害赔偿司法解释	第 17 条【人身损害赔偿项目:一般人身损害赔偿项目、伤残赔偿项目、死亡赔偿项目】	★★★★	437
	第 18 条【精神损害抚慰金的请求权】	★★★	
	第 19 条【医疗费计算标准】	★★★	
	第 20 条【误工费计算标准】	★★★	
	第 21 条【人身损害赔偿:护理费计算】	★★★	
	第 22 条【交通费计算标准】	★★★	
	第 23 条【伙食费、住宿费计算标准】	★★★	
	第 24 条【营养费计算标准】	★★★	
	第 25 条【人身损害赔偿项目:残疾赔偿金计算标准】	★★	
	第 27 条【人身损害赔偿:丧葬费计算标准】	★	
	第 28 条【被扶养人生活费数额的确定:被扶养人生活费计算标准;被扶养人的界定】	★	
	第 29 条【人身损害赔偿项目:死亡赔偿金计算标准】	★	
精神损害赔偿司法解释	第 10 条【精神损害赔偿数额的确定标准】	★★	449
	第 8 条【致人精神损害的责任承担方式:非财产形式责任、精神损害抚慰金】	★	

第四章　关于责任主体的特殊规定

第 32 条【监护人责任:无民事行为能力人、限制民事行为能力人致害的侵权责任】 ★★★★

无民事行为能力人、限制民事行为能力人造成他人损害的,由监护人承担侵权责任。监护人尽到监护责任的,可以减轻其侵权责任。

有财产的无民事行为能力人、限制民事行为能力人造成他人损害的，从本人财产中支付赔偿费用。不足部分，由监护人赔偿。

主要适用的案由及其相关度

案由编号	主要适用的案由	相关度
M1.1.1	生命权、健康权、身体权纠纷	★★★★★
M9.30.350	机动车交通事故责任纠纷	★★★★
M9.30.348	教育机构责任纠纷	★

同时适用的法条及其相关度

		同时适用的法条	相关度
109	侵权责任法	第16条【人身损害赔偿项目：一般人身损害赔偿项目、伤残赔偿项目、死亡赔偿项目】	★★★★★
		第6条【过错责任原则；过错推定责任原则】	★★★★
		第22条【侵害人身权益的精神损害赔偿】	★★★
		第26条【过失相抵：被侵权人过错】	★★★
		第15条【侵权责任的主要承担方式】	★★
		第39条【教育机构对限制民事行为能力人违反教育、管理职责的过错责任】	★★
		第48条【机动车交通事故责任的法律适用】	★★
		第2条【侵权责任一般条款；民事权益的范围】	★
		第3条【侵权责任的当事人主义】	★
		第8条【共同实施侵权行为人的连带责任】	★
		第38条【教育机构对无民事行为能力人违反教育、管理职责的过错推定责任】	★
347	道路交通安全法	第76条【交通事故责任一般条款】	★★
350	民法通则	第119条【人身损害赔偿项目：一般人身损害赔偿项目、伤残赔偿项目、死亡赔偿项目】	★★

	同时适用的法条	相关度	
人身损害赔偿司法解释	第 17 条【人身损害赔偿项目：一般人身损害赔偿项目、伤残赔偿项目、死亡赔偿项目】	★★★	437
	第 19 条【医疗费计算标准】	★★★	
	第 21 条【人身损害赔偿：护理费计算】	★★★	
	第 22 条【交通费计算标准】	★★★	
	第 23 条【伙食费、住宿费计算标准】	★★★	
	第 24 条【营养费计算标准】	★★★	
	第 18 条【精神损害抚慰金的请求权】	★★	
	第 20 条【误工费计算标准】	★★	
	第 25 条【人身损害赔偿项目：残疾赔偿金计算标准】	★★	
精神损害赔偿司法解释	第 8 条【致人精神损害的责任承担方式：非财产形式责任、精神损害抚慰金】	★	449
	第 10 条【精神损害赔偿数额的确定标准】	★	

第 33 条【完全民事行为能力人无意识致害的侵权责任和公平补偿责任；醉酒、滥用麻醉药品或精神药品的侵权责任】 ★★

完全民事行为能力人对自己的行为暂时没有意识或者失去控制造成他人损害有过错的，应当承担侵权责任；没有过错的，根据行为人的经济状况对受害人适当补偿。

完全民事行为能力人因醉酒、滥用麻醉药品或者精神药品对自己的行为暂时没有意识或者失去控制造成他人损害的，应当承担侵权责任。

主要适用的案由及其相关度

案由编号	主要适用的案由	相关度
M9.30.350	机动车交通事故责任纠纷	★★★★★
M1.1.1	生命权、健康权、身体权纠纷	★★★★★
M9.30.345	提供劳务者受害责任纠纷	★★
M3.5.38	财产损害赔偿纠纷	★★

案由编号	主要适用的案由	相关度
X2.133	交通肇事罪	★
M9.30.344	提供劳务者致害责任纠纷	★
M9.30.348	教育机构责任纠纷	★
M4.10.126	追偿权纠纷	★

同时适用的法条及其相关度

		同时适用的法条	相关度
109	侵权责任法	第16条【人身损害赔偿项目:一般人身损害赔偿项目、伤残赔偿项目、死亡赔偿项目】	★★★★★
		第6条【过错责任原则;过错推定责任原则】	★★★★
		第22条【侵害人身权益的精神损害赔偿】	★★★
		第26条【过失相抵:被侵权人过错】	★★★
		第48条【机动车交通事故责任的法律适用】	★★★
		第15条【侵权责任的主要承担方式】	★★
		第2条【侵权责任一般条款;民事权益的范围】	★
		第18条【被侵权人死亡、单位分立合并的请求权继受;支付被侵权人医疗费、丧葬费等合理费用的人】	★
		第19条【侵害财产造成财产损失的计算方式】	★
		第49条【机动车所有人与使用人分离时发生交通事故的侵权责任:租赁、借用机动车发生交通事故的侵权责任】	★
347	道路交通安全法	第76条【交通事故责任一般条款】	★★★
350	民法通则	第106条【民事责任归责原则:违约责任,无过错责任原则;侵权责任,过错责任,无过错责任】	★
		第119条【人身损害赔偿项目:一般人身损害赔偿项目、伤残赔偿项目、死亡赔偿项目】	★

	同时适用的法条	相关度	
保险法	第 65 条【第三者责任保险定义及保险金赔付规则】	★	357
人身损害赔偿司法解释	第 17 条【人身损害赔偿项目:一般人身损害赔偿项目、伤残赔偿项目、死亡赔偿项目】	★★★	437
	第 19 条【医疗费计算标准】	★★★	
	第 20 条【误工费计算标准】	★★★	
	第 21 条【人身损害赔偿:护理费计算】	★★★	
	第 23 条【伙食费、住宿费计算标准】	★★★	
	第 18 条【精神损害抚慰金的请求权】	★★	
	第 22 条【交通费计算标准】	★★	
	第 24 条【营养费计算标准】	★★	
	第 25 条【人身损害赔偿项目:残疾赔偿金计算标准】	★★	
	第 28 条【被扶养人生活费数额的确定:被扶养人生活费计算标准;被扶养人的界定】	★	
	第 29 条【人身损害赔偿项目:死亡赔偿金计算标准】	★	
	第 35 条【人身损害赔偿相关概念的界定】	★	
道路交通事故司法解释	第 16 条【交强险和商业三者险的赔付规则:交强险限额内赔付、商业三者险赔付、侵权人赔偿;优先赔偿精神损害】	★	445

第 34 条【用人单位替代责任;劳务派遣侵权责任:替代责任、补充责任】

★★★★★

用人单位的工作人员因执行工作任务造成他人损害的,由用人单位承担侵权责任。

劳务派遣期间,被派遣的工作人员因执行工作任务造成他人损害的,由接受劳务派遣的用工单位承担侵权责任;劳务派遣单位有过错的,承担相应的补充责任。

主要适用的案由及其相关度

案由编号	主要适用的案由	相关度
M9.30.350	机动车交通事故责任纠纷	★★★★★
M1.1.1	生命权、健康权、身体权纠纷	★

同时适用的法条及其相关度

		同时适用的法条	相关度
347	道路交通安全法	第76条【交通事故责任一般条款】	★★★★★
109	侵权责任法	第16条【人身损害赔偿项目:一般人身损害赔偿项目、伤残赔偿项目、死亡赔偿项目】	★★★★★
		第6条【过错责任原则;过错推定责任原则】	★★★★
		第48条【机动车交通事故责任的法律适用】	★★★★
		第22条【侵害人身权益的精神损害赔偿】	★★★
		第15条【侵权责任的主要承担方式】	★★
		第19条【侵害财产造成财产损失的计算方式】	★★
		第26条【过失相抵:被侵权人过错】	★★
		第2条【侵权责任一般条款;民事权益的范围】	★
		第3条【侵权责任的当事人主义】	★
		第12条【分别实施非充足原因侵权行为的按份责任】	★
357	保险法	第65条【第三者责任保险定义及保险金赔付规则】	★★★
350	民法通则	第119条【人身损害赔偿项目:一般人身损害赔偿项目、伤残赔偿项目、死亡赔偿项目】	★★
		第106条【民事责任归责原则:违约责任,无过错责任原则;侵权责任,过错责任,无过错责任】	★

	同时适用的法条	相关度	
交强险条例	第21条【交强险赔偿对象：本车人员和被保险人以外的受害人、人身伤亡、财产损失；受害人故意】	★	423
人身损害赔偿司法解释	第17条【人身损害赔偿项目：一般人身损害赔偿项目、伤残赔偿项目、死亡赔偿项目】	★★★	437
	第18条【精神损害抚慰金的请求权】	★★★	
	第19条【医疗费计算标准】	★★★	
	第20条【误工费计算标准】	★★★	
	第21条【人身损害赔偿：护理费计算】	★★★	
	第22条【交通费计算标准】	★★★	
	第23条【伙食费、住宿费计算标准】	★★★	
	第24条【营养费计算标准】	★★★	
	第25条【人身损害赔偿项目：残疾赔偿金计算标准】	★★★	
	第28条【被扶养人生活费数额的确定：被扶养人生活费计算标准；被扶养人的界定】	★★	
	第27条【人身损害赔偿：丧葬费计算标准】	★	
	第29条【人身损害赔偿项目：死亡赔偿金计算标准】	★	
	第35条【人身损害赔偿相关概念的界定】	★	
道路交通事故司法解释	第16条【交强险和商业三者险的赔付规则：交强险限额内赔付、商业三者险赔付、侵权人赔偿；优先赔偿精神损害】	★★★	445
	第15条【交通事故财产损失赔偿范围：车辆维修费用、车辆所载物品损失、车辆施救费用、车辆重置费用、合理停运损失、替代性交通工具的合理费用】	★	
精神损害赔偿司法解释	第8条【致人精神损害的责任承担方式：非财产形式责任、精神损害抚慰金】	★★	449
	第10条【精神损害赔偿数额的确定标准】	★★	

第35条【个人劳务责任:提供劳务者致害责任、提供劳务者受害责任】

★★★★★

个人之间形成劳务关系,提供劳务一方因劳务造成他人损害的,由接受劳务一方承担侵权责任。提供劳务一方因劳务自己受到损害的,根据双方各自的过错承担相应的责任。

主要适用的案由及其相关度

案由编号	主要适用的案由	相关度
M9.30.345	提供劳务者受害责任纠纷	★★★★★
M9.30.350	机动车交通事故责任纠纷	★★★★★
M1.1.1	生命权、健康权、身体权纠纷	★★

同时适用的法条及其相关度

		同时适用的法条	相关度
109	侵权责任法	第16条【人身损害赔偿项目:一般人身损害赔偿项目、伤残赔偿项目、死亡赔偿项目】	★★★★★
		第6条【过错责任原则;过错推定责任原则】	★★★
		第22条【侵害人身权益的精神损害赔偿】	★★★
		第26条【过失相抵:被侵权人过错】	★★★
		第48条【机动车交通事故责任的法律适用】	★★★
		第15条【侵权责任的主要承担方式】	★★
		第19条【侵害财产造成财产损失的计算方式】	★★
		第2条【侵权责任一般条款;民事权益的范围】	★
		第3条【侵权责任的当事人主义】	★
		第12条【分别实施非充足原因侵权行为的按份责任】	★
		第18条【被侵权人死亡、单位分立合并的请求权继受;支付被侵权人医疗费、丧葬费等合理费用的人】	★
347	道路交通安全法	第76条【交通事故责任一般条款】	★★★

	同时适用的法条	相关度	
保险法	第 65 条【第三者责任保险定义及保险金赔付规则】	★★	357
民法通则	第 119 条【人身损害赔偿项目:一般人身损害赔偿项目、伤残赔偿项目、死亡赔偿项目】	★★	350
	第 106 条【民事责任归责原则:违约责任,无过错责任原则;侵权责任,过错责任,无过错责任】	★	
人身损害赔偿司法解释	第 11 条【雇员在雇佣活动中遭受损害的责任承担:雇主责任、第三人原因致害;发包人、分包人与雇主承担连带责任】	★★★	437
	第 17 条【人身损害赔偿项目:一般人身损害赔偿项目、伤残赔偿项目、死亡赔偿项目】	★★★	
	第 18 条【精神损害抚慰金的请求权】	★★★	
	第 19 条【医疗费计算标准】	★★★	
	第 20 条【误工费计算标准】	★★★	
	第 21 条【人身损害赔偿:护理费计算】	★★★	
	第 22 条【交通费计算标准】	★★★	
	第 23 条【伙食费、住宿费计算标准】	★★★	
	第 24 条【营养费计算标准】	★★★	
	第 25 条【人身损害赔偿项目:残疾赔偿金计算标准】	★★★	
	第 28 条【被扶养人生活费数额的确定:被扶养人生活费计算标准;被扶养人的界定】	★★	
	第 9 条【用人单位替代责任;劳务派遣侵权责任:替代责任、补充责任】	★	
	第 10 条【承揽人致害或自身损害:定作人定作过失、指示过失、选任过失】	★	
	第 27 条【人身损害赔偿:丧葬费计算标准】	★	
	第 29 条【人身损害赔偿项目:死亡赔偿金计算标准】	★	
	第 35 条【人身损害赔偿相关概念的界定】	★	

		同时适用的法条	相关度
445	道路交通事故司法解释	第 16 条【交强险和商业三者险的赔付规则:交强险限额内赔付、商业三者险赔付、侵权人赔偿;优先赔偿精神损害】	★★
		第 3 条【挂靠机动车交通事故责任:挂靠人与被挂靠人承担连带责任】	★
449	精神损害赔偿司法解释	第 8 条【致人精神损害的责任承担方式:非财产形式责任、精神损害抚慰金】	★★
		第 10 条【精神损害赔偿数额的确定标准】	★★

第 36 条【网络侵权责任:网络用户、网络服务提供者的侵权责任】 ★★

网络用户、网络服务提供者利用网络侵害他人民事权益的,应当承担侵权责任。

网络用户利用网络服务实施侵权行为的,被侵权人有权通知网络服务提供者采取删除、屏蔽、断开链接等必要措施。网络服务提供者接到通知后未及时采取必要措施的,对损害的扩大部分与该网络用户承担连带责任。

网络服务提供者知道网络用户利用其网络服务侵害他人民事权益,未采取必要措施的,与该网络用户承担连带责任。

主要适用的案由及其相关度

案由编号	主要适用的案由	相关度
M1.1.4	名誉权纠纷	★★★★★
M5.14.142.13	侵害作品信息网络传播权纠纷	★★★
M9.30.346	网络侵权责任纠纷	★★★
M5.14.142	著作权权属、侵权纠纷	★★★
M1.1.3	肖像权纠纷	★★
M5.14.143.2	侵害商标权纠纷	★★
M5.14.142.18	侵害其他著作财产权纠纷	★★
M1.1	人格权纠纷	★

案由编号	主要适用的案由	相关度
M5.13	知识产权合同纠纷	★
M9.30.345	提供劳务者受害责任纠纷	★
M3.5.37	恢复原状纠纷	★
M5.14.142.1	著作权权属纠纷	★
M5.15	不正当竞争纠纷	★

同时适用的法条及其相关度

	同时适用的法条	相关度	
侵权责任法	第2条【侵权责任一般条款;民事权益的范围】	★★★★★	109
	第6条【过错责任原则;过错推定责任原则】	★★★★★	
	第15条【侵权责任的主要承担方式】	★★★★★	
	第22条【侵害人身权益的精神损害赔偿】	★★★	
民法通则	第101条【名誉权的保护】	★★★	350
	第120条【侵害人格权的民事责任:姓名权、肖像权、名誉权、荣誉权】	★★	
	第100条【公民的肖像权受法律保护】	★	
	第134条【侵权责任的主要承担方式】	★	
著作权法	第10条【著作权的内容;著作权的行使和转让规则】	★★★	376
	第48条【侵犯著作权侵权行为的主要类型及其法律责任】	★★	
	第49条【侵犯著作权的赔偿责任认定:实际损失、违法所得、法院视情节判定】	★★	
	第11条【著作权的归属:作者的认定】	★	
著作权纠纷司法解释	第25条【侵犯著作权的赔偿责任认定:实际损失、违法所得、法院视情节判定】	★★	451
	第26条【侵犯著作权的赔偿责任认定:实际损失、违法所得、法院视情节判定】	★★	
	第7条【著作权权利人的认定规则】	★	

		同时适用的法条	相关度
449	精神损害赔偿司法解释	第 8 条【致人精神损害的责任承担方式:非财产形式责任、精神损害抚慰金】	★★
		第 10 条【精神损害赔偿数额的确定标准】	★★
		第 1 条【侵害人身权益的精神损害赔偿】	★
461	信息网络传播权纠纷司法解释	第 6 条【网络服务提供者的过错责任原则】	★★
452	商标纠纷司法解释	第 16 条【侵犯商标权的侵权责任方式及损害赔偿数额的判定标准】	★
		第 17 条【侵犯商标权的侵权责任方式及损害赔偿数额的判定标准】	★

第 37 条【管理人或者组织者违反安全保障义务的侵权责任;补充责任】

★★★★

宾馆、商场、银行、车站、娱乐场所等公共场所的管理人或者群众性活动的组织者,未尽到安全保障义务,造成他人损害的,应当承担侵权责任。

因第三人的行为造成他人损害的,由第三人承担侵权责任;管理人或者组织者未尽到安全保障义务的,承担相应的补充责任。

■ 主要适用的案由及其相关度

案由编号	主要适用的案由	相关度
M1.1.1	生命权、健康权、身体权纠纷	★★★★★
M9.30.347	违反安全保障义务责任纠纷	★★★
M9.30.347.1	公共场所管理人责任纠纷	★★
M3.5.38	财产损害赔偿纠纷	★

同时适用的法条及其相关度

	同时适用的法条	相关度	
侵权责任法	第 16 条【人身损害赔偿项目:一般人身损害赔偿项目、伤残赔偿项目、死亡赔偿项目】	★★★★★	109
	第 6 条【过错责任原则;过错推定责任原则】	★★★★	
	第 26 条【过失相抵:被侵权人过错】	★★★★	
	第 22 条【侵害人身权益的精神损害赔偿】	★★★	
	第 15 条【侵权责任的主要承担方式】	★★	
	第 2 条【侵权责任一般条款;民事权益的范围】	★	
民法通则	第 119 条【人身损害赔偿项目:一般人身损害赔偿项目、伤残赔偿项目、死亡赔偿项目】	★	350
人身损害赔偿司法解释	第 17 条【人身损害赔偿项目:一般人身损害赔偿项目、伤残赔偿项目、死亡赔偿项目】	★★★	437
	第 19 条【医疗费计算标准】	★★★	
	第 21 条【人身损害赔偿:护理费计算】	★★★	
	第 22 条【交通费计算标准】	★★★	
	第 23 条【伙食费、住宿费计算标准】	★★★	
	第 6 条【管理人或者组织者违反安全保障义务的侵权责任;补充责任】	★★	
	第 18 条【精神损害抚慰金的请求权】	★★	
	第 20 条【误工费计算标准】	★★	
	第 24 条【营养费计算标准】	★★	
	第 25 条【人身损害赔偿项目:残疾赔偿金计算标准】	★★	
	第 27 条【人身损害赔偿:丧葬费计算标准】	★	
	第 29 条【人身损害赔偿项目:死亡赔偿金计算标准】	★	

		同时适用的法条	相关度
449	精神损害赔偿司法解释	第 8 条【致人精神损害的责任承担方式：非财产形式责任、精神损害抚慰金】	★
		第 10 条【精神损害赔偿数额的确定标准】	★

第 38 条【教育机构对无民事行为能力人违反教育、管理职责的过错推定责任】 ★★★

无民事行为能力人在幼儿园、学校或者其他教育机构学习、生活期间受到人身损害的，幼儿园、学校或者其他教育机构应当承担责任，但能够证明尽到教育、管理职责的，不承担责任。

主要适用的案由及其相关度

案由编号	主要适用的案由	相关度
M1.1.1	生命权、健康权、身体权纠纷	★★★★★
M9.30.348	教育机构责任纠纷	★★★★

同时适用的法条及其相关度

		同时适用的法条	相关度
109	侵权责任法	第 16 条【人身损害赔偿项目：一般人身损害赔偿项目、伤残赔偿项目、死亡赔偿项目】	★★★★★
		第 6 条【过错责任原则；过错推定责任原则】	★★★
		第 22 条【侵害人身权益的精神损害赔偿】	★★★
		第 26 条【过失相抵：被侵权人过错】	★★★
		第 32 条【监护人责任：无民事行为能力人、限制民事行为能力人致害的侵权责任】	★★★
		第 15 条【侵权责任的主要承担方式】	★★
		第 2 条【侵权责任一般条款；民事权益的范围】	★
350	民法通则	第 119 条【人身损害赔偿项目：一般人身损害赔偿项目、伤残赔偿项目、死亡赔偿项目】	★

	同时适用的法条	相关度	
保险法	第65条【第三者责任保险定义及保险金赔付规则】	★	357
人身损害赔偿司法解释	第17条【人身损害赔偿项目:一般人身损害赔偿项目、伤残赔偿项目、死亡赔偿项目】	★★★	437
	第18条【精神损害抚慰金的请求权】	★★★	
	第19条【医疗费计算标准】	★★★	
	第21条【人身损害赔偿:护理费计算】	★★★	
	第22条【交通费计算标准】	★★★	
	第23条【伙食费、住宿费计算标准】	★★★	
	第24条【营养费计算标准】	★★★	
	第25条【人身损害赔偿项目:残疾赔偿金计算标准】	★★★	
	第7条【教育机构对限制民事行为能力人违反教育、管理职责的过错责任】	★★	
精神损害赔偿司法解释	第10条【精神损害赔偿数额的确定标准】	★★	449
	第8条【致人精神损害的责任承担方式:非财产形式责任、精神损害抚慰金】	★	

第39条【教育机构对限制民事行为能力人违反教育、管理职责的过错责任】

★★★

限制民事行为能力人在学校或者其他教育机构学习、生活期间受到人身损害,学校或者其他教育机构未尽到教育、管理职责的,应当承担责任。

主要适用的案由及其相关度

案由编号	主要适用的案由	相关度
M1.1.1	生命权、健康权、身体权纠纷	★★★★★
M9.30.348	教育机构责任纠纷	★★★★

同时适用的法条及其相关度

		同时适用的法条	相关度
109	侵权责任法	第 16 条【人身损害赔偿项目:一般人身损害赔偿项目、伤残赔偿项目、死亡赔偿项目】	★★★★★
		第 6 条【过错责任原则;过错推定责任原则】	★★★★
		第 32 条【监护人责任:无民事行为能力人、限制民事行为能力人致害的侵权责任】	★★★★
		第 22 条【侵害人身权益的精神损害赔偿】	★★★
		第 26 条【过失相抵:被侵权人过错】	★★★
		第 15 条【侵权责任的主要承担方式】	★★
		第 2 条【侵权责任一般条款;民事权益的范围】	★
		第 3 条【侵权责任的当事人主义】	★
350	民法通则	第 119 条【人身损害赔偿项目:一般人身损害赔偿项目、伤残赔偿项目、死亡赔偿项目】	★★
437	人身损害赔偿司法解释	第 17 条【人身损害赔偿项目:一般人身损害赔偿项目、伤残赔偿项目、死亡赔偿项目】	★★★
		第 19 条【医疗费计算标准】	★★★
		第 21 条【人身损害赔偿:护理费计算】	★★★
		第 22 条【交通费计算标准】	★★★
		第 23 条【伙食费、住宿费计算标准】	★★★
		第 24 条【营养费计算标准】	★★★
		第 25 条【人身损害赔偿项目:残疾赔偿金计算标准】	★★★
		第 7 条【教育机构对限制民事行为能力人违反教育、管理职责的过错责任】	★★
		第 18 条【精神损害抚慰金的请求权】	★★
449	精神损害赔偿司法解释	第 10 条【精神损害赔偿数额的确定标准】	★★
		第 8 条【致人精神损害的责任承担方式:非财产形式责任、精神损害抚慰金】	★

第40条【无民事行为能力人、限制民事行为能力人在教育机构受到人身损害的侵权责任和补充责任】 ★★

无民事行为能力人或者限制民事行为能力人在幼儿园、学校或者其他教育机构学习、生活期间，受到幼儿园、学校或者其他教育机构以外的人员人身损害的，由侵权人承担侵权责任；幼儿园、学校或者其他教育机构未尽到管理职责的，承担相应的补充责任。

主要适用的案由及其相关度

案由编号	主要适用的案由	相关度
M1.1.1	生命权、健康权、身体权纠纷	★★★★★
M9.30.350	机动车交通事故责任纠纷	★★
M9.30.348	教育机构责任纠纷	★★

同时适用的法条及其相关度

	同时适用的法条	相关度	
侵权责任法	第16条【人身损害赔偿项目：一般人身损害赔偿项目、伤残赔偿项目、死亡赔偿项目】	★★★★★	109
	第6条【过错责任原则；过错推定责任原则】	★★★	
	第22条【侵害人身权益的精神损害赔偿】	★★★	
	第26条【过失相抵：被侵权人过错】	★★★	
	第32条【监护人责任：无民事行为能力人、限制民事行为能力人致害的侵权责任】	★★★	
	第2条【侵权责任一般条款；民事权益的范围】	★	
	第3条【侵权责任的当事人主义】	★	
	第8条【共同实施侵权行为人的连带责任】	★	
	第15条【侵权责任的主要承担方式】	★	
	第38条【教育机构对无民事行为能力人违反教育、管理职责的过错推定责任】	★	
	第39条【教育机构对限制民事行为能力人违反教育、管理职责的过错责任】	★	

		同时适用的法条	相关度
350	民法通则	第 119 条【人身损害赔偿项目:一般人身损害赔偿项目、伤残赔偿项目、死亡赔偿项目】	★
		第 133 条【监护人责任:无民事行为能力人、限制民事行为能力人致害的侵权责任】	★
347	道路交通安全法	第 76 条【交通事故责任一般条款】	★
437	人身损害赔偿司法解释	第 17 条【人身损害赔偿项目:一般人身损害赔偿项目、伤残赔偿项目、死亡赔偿项目】	★★★
		第 19 条【医疗费计算标准】	★★★
		第 21 条【人身损害赔偿:护理费计算】	★★★
		第 22 条【交通费计算标准】	★★★
		第 23 条【伙食费、住宿费计算标准】	★★
		第 24 条【营养费计算标准】	★★
		第 25 条【人身损害赔偿项目:残疾赔偿金计算标准】	★★
		第 7 条【教育机构对限制民事行为能力人违反教育、管理职责的过错责任】	★
		第 18 条【精神损害抚慰金的请求权】	★
449	精神损害赔偿司法解释	第 8 条【致人精神损害的责任承担方式:非财产形式责任、精神损害抚慰金】	★

第五章　产品责任

第 41 条【生产者的缺陷产品无过错最终责任】 ★★★

因产品存在缺陷造成他人损害的,生产者应当承担侵权责任。

主要适用的案由及其相关度

案由编号	主要适用的案由	相关度
M9.30.349	产品责任纠纷	★★★★★

案由编号	主要适用的案由	相关度
M9.30.349.1	产品生产者责任纠纷	★
M1.1.1	生命权、健康权、身体权纠纷	★
M3.5.38	财产损害赔偿纠纷	★

同时适用的法条及其相关度

	同时适用的法条	相关度	
侵权责任法	第43条【生产者、销售者的缺陷产品不真正连带责任;销售者的追偿权;生产者的追偿权】	★★★★★	109
	第6条【过错责任原则;过错推定责任原则】	★★★	
	第16条【人身损害赔偿项目:一般人身损害赔偿项目、伤残赔偿项目、死亡赔偿项目】	★★★	
	第26条【过失相抵:被侵权人过错】	★★★	
	第42条【销售者的缺陷产品过错最终责任;来源不明产品的销售者责任】	★★★	
	第2条【侵权责任一般条款;民事权益的范围】	★★	
	第15条【侵权责任的主要承担方式】	★★	
	第19条【侵害财产造成财产损失的计算方式】	★★	
	第22条【侵害人身权益的精神损害赔偿】	★★	
	第3条【侵权责任的当事人主义】	★	
	第12条【分别实施非充足原因侵权行为的按份责任】	★	
产品质量法	第41条【生产者的缺陷产品无过错最终责任】	★★★	373
	第43条【生产者、销售者的缺陷产品不真正连带责任;销售者的追偿权;生产者的追偿权】	★★★	
	第26条【生产者的产品质量责任;产品质量应当符合的要求】	★★	
	第44条【产品缺陷致人人身伤害、财产损失的赔偿范围:一般伤害、造成残疾、造成死亡】	★★	
	第46条【产品缺陷含义】	★★	

		同时适用的法条	相关度
373		第 2 条【产品质量法的适用范围;产品的含义】	★
		第 4 条【产品质量责任的承担主体】	★
		第 27 条【产品或者其包装上的标识应符合的要求】	★
350	民法通则	第 122 条【生产者的缺陷产品无过错最终责任】	★★
437	人身损害赔偿司法解释	第 17 条【人身损害赔偿项目:一般人身损害赔偿项目、伤残赔偿项目、死亡赔偿项目】	★★
		第 18 条【精神损害抚慰金的请求权】	★★
		第 19 条【医疗费计算标准】	★★
		第 20 条【误工费计算标准】	★★
		第 21 条【人身损害赔偿:护理费计算】	★★
		第 22 条【交通费计算标准】	★★
		第 23 条【伙食费、住宿费计算标准】	★★
		第 24 条【营养费计算标准】	★★
		第 25 条【人身损害赔偿项目:残疾赔偿金计算标准】	★★
		第 28 条【被扶养人生活费数额的确定:被扶养人生活费计算标准;被扶养人的界定】	★

第 42 条【销售者的缺陷产品过错最终责任;来源不明产品的销售者责任】 ★★

因销售者的过错使产品存在缺陷,造成他人损害的,销售者应当承担侵权责任。

销售者不能指明缺陷产品的生产者也不能指明缺陷产品的供货者的,销售者应当承担侵权责任。

主要适用的案由及其相关度

案由编号	主要适用的案由	相关度
M9. 30. 349	产品责任纠纷	★★★★★

案由编号	主要适用的案由	相关度
M9.30.349.2	产品销售者责任纠纷	★★★
M1.1.1	生命权、健康权、身体权纠纷	★
M3.5.38	财产损害赔偿纠纷	★

同时适用的法条及其相关度

	同时适用的法条	相关度	
侵权责任法	第41条【生产者的缺陷产品无过错最终责任】	★★★★★	109
	第43条【生产者、销售者的缺陷产品不真正连带责任;销售者的追偿权;生产者的追偿权】	★★★★★	
	第16条【人身损害赔偿项目:一般人身损害赔偿项目、伤残赔偿项目、死亡赔偿项目】	★★★	
	第19条【侵害财产造成财产损失的计算方式】	★★★	
	第2条【侵权责任一般条款;民事权益的范围】	★★	
	第6条【过错责任原则;过错推定责任原则】	★★	
	第26条【过失相抵:被侵权人过错】	★★	
	第12条【分别实施非充足原因侵权行为的按份责任】	★	
	第15条【侵权责任的主要承担方式】	★	
	第22条【侵害人身权益的精神损害赔偿】	★	
产品质量法	第43条【生产者、销售者的缺陷产品不真正连带责任;销售者的追偿权;生产者的追偿权】	★★★	373
	第2条【产品质量法的适用范围;产品的含义】	★	
	第4条【产品质量责任的承担主体】	★	
	第41条【生产者的缺陷产品无过错最终责任】	★	
	第42条【销售者的缺陷产品过错最终责任;来源不明产品的销售者责任】	★	
	第44条【产品缺陷致人人身伤害、财产损失的赔偿范围:一般伤害、造成残疾、造成死亡】	★	
	第46条【产品缺陷含义】	★	

		同时适用的法条	相关度
350	民法通则	第 122 条【生产者的缺陷产品无过错最终责任】	★
437	人身损害赔偿司法解释	第 17 条【人身损害赔偿项目:一般人身损害赔偿项目、伤残赔偿项目、死亡赔偿项目】	★
		第 18 条【精神损害抚慰金的请求权】	★
		第 19 条【医疗费计算标准】	★
		第 20 条【误工费计算标准】	★
		第 21 条【人身损害赔偿:护理费计算】	★
		第 22 条【交通费计算标准】	★
		第 23 条【伙食费、住宿费计算标准】	★
		第 25 条【人身损害赔偿项目:残疾赔偿金计算标准】	★

第43 条【生产者、销售者的缺陷产品不真正连带责任;销售者的追偿权;生产者的追偿权】 ★★★

因产品存在缺陷造成损害的,被侵权人可以向产品的生产者请求赔偿,也可以向产品的销售者请求赔偿。

产品缺陷由生产者造成的,销售者赔偿后,有权向生产者追偿。

因销售者的过错使产品存在缺陷的,生产者赔偿后,有权向销售者追偿。

主要适用的案由及其相关度

案由编号	主要适用的案由	相关度
M9.30.349	产品责任纠纷	★★★★★
M9.30.349.2	产品销售者责任纠纷	★★
M3.5.38	财产损害赔偿纠纷	★
M1.1.1	生命权、健康权、身体权纠纷	★

同时适用的法条及其相关度

	同时适用的法条	相关度	
侵权责任法	第 41 条【生产者的缺陷产品无过错最终责任】	★★★★★	109
	第 6 条【过错责任原则;过错推定责任原则】	★★★	
	第 16 条【人身损害赔偿项目:一般人身损害赔偿项目、伤残赔偿项目、死亡赔偿项目】	★★★	
	第 26 条【过失相抵:被侵权人过错】	★★★	
	第 42 条【销售者的缺陷产品过错最终责任;来源不明产品的销售者责任】	★★★	
	第 2 条【侵权责任一般条款;民事权益的范围】	★★	
	第 15 条【侵权责任的主要承担方式】	★★	
	第 19 条【侵害财产造成财产损失的计算方式】	★★	
	第 22 条【侵害人身权益的精神损害赔偿】	★★	
	第 3 条【侵权责任的当事人主义】	★	
	第 8 条【共同实施侵权行为人的连带责任】	★	
产品质量法	第 43 条【生产者、销售者的缺陷产品不真正连带责任;销售者的追偿权;生产者的追偿权】	★★★	373
	第 41 条【生产者的缺陷产品无过错最终责任】	★★	
	第 44 条【产品缺陷致人人身伤害、财产损失的赔偿范围:一般伤害、造成残疾、造成死亡】	★★	
	第 46 条【产品缺陷含义】	★★	
	第 2 条【产品质量法的适用范围;产品的含义】	★	
	第 4 条【产品质量责任的承担主体】	★	
	第 26 条【生产者的产品质量责任;产品质量应当符合的要求】	★	
民法通则	第 122 条【生产者的缺陷产品无过错最终责任】	★★	350

	同时适用的法条	相关度
437 人身损害赔偿司法解释	第 17 条【人身损害赔偿项目:一般人身损害赔偿项目、伤残赔偿项目、死亡赔偿项目】	★★
	第 18 条【精神损害抚慰金的请求权】	★★
	第 19 条【医疗费计算标准】	★★
	第 20 条【误工费计算标准】	★★
	第 21 条【人身损害赔偿:护理费计算】	★★
	第 22 条【交通费计算标准】	★★
	第 23 条【伙食费、住宿费计算标准】	★★
	第 25 条【人身损害赔偿项目:残疾赔偿金计算标准】	★★
	第 24 条【营养费计算标准】	★

第 44 条【产品责任中生产者、销售者对有过错的运输者、仓储者等第三人的追偿权】 ★

因运输者、仓储者等第三人的过错使产品存在缺陷,造成他人损害的,产品的生产者、销售者赔偿后,有权向第三人追偿。

▒ 主要适用的案由及其相关度

案由编号	主要适用的案由	相关度
M9.30.349	产品责任纠纷	
M1.1.1	生命权、健康权、身体权纠纷	
M9.30.349.2	产品销售者责任纠纷	

▒ 同时适用的法条及其相关度

	同时适用的法条	相关度
109 侵权责任法	第 2 条【侵权责任一般条款;民事权益的范围】	
	第 6 条【过错责任原则;过错推定责任原则】	
	第 15 条【侵权责任的主要承担方式】	
	第 16 条【人身损害赔偿项目:一般人身损害赔偿项目、伤残赔偿项目、死亡赔偿项目】	

	同时适用的法条	相关度	
	第 18 条【被侵权人死亡、单位分立合并的请求权继受;支付被侵权人医疗费、丧葬费等合理费用的人】		109
	第 22 条【侵害人身权益的精神损害赔偿】		
	第 26 条【过失相抵:被侵权人过错】		
	第 41 条【生产者的缺陷产品无过错最终责任】		
	第 42 条【销售者的缺陷产品过错最终责任;来源不明产品的销售者责任】		
	第 43 条【生产者、销售者的缺陷产品不真正连带责任;销售者的追偿权;生产者的追偿权】		
保险法	第 65 条【第三者责任保险定义及保险金赔付规则】		357
产品质量法	第 26 条【生产者的产品质量责任;产品质量应当符合的要求】		373
交强险条例	第 21 条【交强险赔偿对象:本车人员和被保险人以外的受害人、人身伤亡、财产损失;受害人故意】		423
人身损害赔偿司法解释	第 9 条【用人单位替代责任;劳务派遣侵权责任:替代责任、补充责任】		437
	第 17 条【人身损害赔偿项目:一般人身损害赔偿项目、伤残赔偿项目、死亡赔偿项目】		
	第 18 条【精神损害抚慰金的请求权】		
	第 19 条【医疗费计算标准】		
	第 20 条【误工费计算标准】		
	第 21 条【人身损害赔偿:护理费计算】		
	第 22 条【交通费计算标准】		
	第 23 条【伙食费、住宿费计算标准】		
	第 24 条【营养费计算标准】		

	同时适用的法条	相关度
437	第25条【人身损害赔偿项目:残疾赔偿金计算标准】	
	第28条【被扶养人生活费数额的确定:被扶养人生活费计算标准;被扶养人的界定】	

第45条【缺陷产品被侵权人的保全请求权:排除妨碍、消除危险】 ★

因产品缺陷危及他人人身、财产安全的,被侵权人有权请求生产者、销售者承担排除妨碍、消除危险等侵权责任。

主要适用的案由及其相关度

案由编号	主要适用的案由	相关度
M9.30.349	产品责任纠纷	
M9.30.349.1	产品生产者责任纠纷	
M3.5.38	财产损害赔偿纠纷	
M4.10.74	买卖合同纠纷	
M9.30.345	提供劳务者受害责任纠纷	
M9.30.351	医疗损害责任纠纷	
M9.30.349.2	产品销售者责任纠纷	
M3.5.34	排除妨害纠纷	

同时适用的法条及其相关度

	同时适用的法条	相关度
109 侵权责任法	第3条【侵权责任的当事人主义】	
	第6条【过错责任原则;过错推定责任原则】	
	第15条【侵权责任的主要承担方式】	
	第16条【人身损害赔偿项目:一般人身损害赔偿项目、伤残赔偿项目、死亡赔偿项目】	
	第19条【侵害财产造成财产损失的计算方式】	
	第22条【侵害人身权益的精神损害赔偿】	

	同时适用的法条	相关度	
	第 34 条【用人单位替代责任;劳务派遣侵权责任:替代责任、补充责任】		109
	第 41 条【生产者的缺陷产品无过错最终责任】		
	第 42 条【销售者的缺陷产品过错最终责任;来源不明产品的销售者责任】		
	第 43 条【生产者、销售者的缺陷产品不真正连带责任;销售者的追偿权;生产者的追偿权】		
	第 46 条【生产者、销售者违反警示、召回等补救义务的侵权责任】		
产品质量法	第 26 条【生产者的产品质量责任;产品质量应当符合的要求】		373
产品质量法	第 43 条【生产者、销售者的缺陷产品不真正连带责任;销售者的追偿权;生产者的追偿权】		
产品质量法	第 44 条【产品缺陷致人人身伤害、财产损失的赔偿范围:一般伤害、造成残疾、造成死亡】		
产品质量法	第 46 条【产品缺陷含义】		
民法通则	第 119 条【人身损害赔偿项目:一般人身损害赔偿项目、伤残赔偿项目、死亡赔偿项目】		350
保险法	第 65 条【第三者责任保险定义及保险金赔付规则】		357
物权法	第 35 条【权利人享有的排除妨害请求权与消除危险请求权】		370

第 46 条【生产者、销售者违反警示、召回等补救义务的侵权责任】　★★

产品投入流通后发现存在缺陷的,生产者、销售者应当及时采取警示、召回等补救措施。未及时采取补救措施或者补救措施不力造成损害的,应当承担侵权责任。

主要适用的案由及其相关度

案由编号	主要适用的案由	相关度
M9.30.350	机动车交通事故责任纠纷	★★★★★
M9.30.349	产品责任纠纷	★★
M9.30.349.1	产品生产者责任纠纷	★★
M3.5.38	财产损害赔偿纠纷	★★
M9.30.349.2	产品销售者责任纠纷	★
M1.1.1	生命权、健康权、身体权纠纷	★

同时适用的法条及其相关度

		同时适用的法条	相关度
109	侵权责任法	第16条【人身损害赔偿项目:一般人身损害赔偿项目、伤残赔偿项目、死亡赔偿项目】	★★★★★
	侵权责任法	第6条【过错责任原则;过错推定责任原则】	★★★
	侵权责任法	第43条【生产者、销售者的缺陷产品不真正连带责任;销售者的追偿权;生产者的追偿权】	★★★
	侵权责任法	第22条【侵害人身权益的精神损害赔偿】	★★
	侵权责任法	第26条【过失相抵:被侵权人过错】	★★
	侵权责任法	第41条【生产者的缺陷产品无过错最终责任】	★★
	侵权责任法	第15条【侵权责任的主要承担方式】	★
	侵权责任法	第19条【侵害财产造成财产损失的计算方式】	★
	侵权责任法	第47条【产品责任的惩罚性赔偿】	★
347	道路交通安全法	第76条【交通事故责任一般条款】	★★★★

	同时适用的法条	相关度	
保险法	第 65 条【第三者责任保险定义及保险金赔付规则】	★★	357
民法通则	第 119 条【人身损害赔偿项目:一般人身损害赔偿项目、伤残赔偿项目、死亡赔偿项目】	★★	350
	第 106 条【民事责任归责原则:违约责任,无过错责任原则;侵权责任,过错责任,无过错责任】	★	
	第 122 条【生产者的缺陷产品无过错最终责任】	★	
人身损害赔偿司法解释	第 17 条【人身损害赔偿项目:一般人身损害赔偿项目、伤残赔偿项目、死亡赔偿项目】	★★★	437
	第 18 条【精神损害抚慰金的请求权】	★★	
	第 19 条【医疗费计算标准】	★★	
	第 20 条【误工费计算标准】	★★	
	第 21 条【人身损害赔偿:护理费计算】	★★	
	第 22 条【交通费计算标准】	★★	
	第 23 条【伙食费、住宿费计算标准】	★★	
	第 25 条【人身损害赔偿项目:残疾赔偿金计算标准】	★★	
	第 9 条【用人单位替代责任;劳务派遣侵权责任:替代责任、补充责任】	★	
	第 27 条【人身损害赔偿:丧葬费计算标准】	★	
	第 28 条【被扶养人生活费数额的确定:被扶养人生活费计算标准;被扶养人的界定】	★	
	第 29 条【人身损害赔偿项目:死亡赔偿金计算标准】	★	
道路交通事故司法解释	第 15 条【交通事故财产损失赔偿范围:车辆维修费用、车辆所载物品损失、车辆施救费用、车辆重置费用、合理停运损失、替代性交通工具的合理费用】	★	445
	第 16 条【交强险和商业三者险的赔付规则:交强险限额内赔付、商业三者险赔付、侵权人赔偿;优先赔偿精神损害】	★	

第 47 条【产品责任的惩罚性赔偿】 ★★

明知产品存在缺陷仍然生产、销售，造成他人死亡或者健康严重损害的，被侵权人有权请求相应的惩罚性赔偿。

主要适用的案由及其相关度

案由编号	主要适用的案由	相关度
M4.10.74	买卖合同纠纷	★★★★★
M9.30.350	机动车交通事故责任纠纷	★★★★
M9.30.349	产品责任纠纷	★★★★
M9.30	侵权责任纠纷	★★★
M9.30.351	医疗损害责任纠纷	★★
M1.1.1	生命权、健康权、身体权纠纷	★★
M9.30.349.1	产品生产者责任纠纷	★★
M4.10.74.6	网络购物合同纠纷	★★
M9.30.349.2	产品销售者责任纠纷	★★

同时适用的法条及其相关度

		同时适用的法条	相关度
387	食品安全法	第 96 条【境外出口商、代理商、进口商的备案制度和境外食品生产企业向出入境检验检疫部门注册的制度】	★★★★★
	食品安全法	第 42 条【食品安全全程追溯制度：食品安全追溯体系和食品安全全程追溯协作机制的建立】	★
109	侵权责任法	第 16 条【人身损害赔偿项目：一般人身损害赔偿项目、伤残赔偿项目、死亡赔偿项目】	★★★★
	侵权责任法	第 43 条【生产者、销售者的缺陷产品不真正连带责任；销售者的追偿权；生产者的追偿权】	★★★★
	侵权责任法	第 6 条【过错责任原则；过错推定责任原则】	★★★
	侵权责任法	第 26 条【过失相抵：被侵权人过错】	★★★

	同时适用的法条	相关度	
道路交通安全法	第 76 条【交通事故责任一般条款】	★	347
人身损害赔偿司法解释	第 17 条【人身损害赔偿项目:一般人身损害赔偿项目、伤残赔偿项目、死亡赔偿项目】	★★	437
	第 19 条【医疗费计算标准】	★★	
	第 18 条【精神损害抚慰金的请求权】	★	
	第 21 条【人身损害赔偿:护理费计算】	★	
	第 22 条【交通费计算标准】	★	
	第 23 条【伙食费、住宿费计算标准】	★	

第六章　机动车交通事故责任

第 48 条【机动车交通事故责任的法律适用】　★★★★★

机动车发生交通事故造成损害的,依照道路交通安全法的有关规定承担赔偿责任。

主要适用的案由及其相关度

案由编号	主要适用的案由	相关度
M9.30.350	机动车交通事故责任纠纷	★★★★★

同时适用的法条及其相关度

	同时适用的法条	相关度	
道路交通安全法	第 76 条【交通事故责任一般条款】	★★★★★	347
侵权责任法	第 16 条【人身损害赔偿项目:一般人身损害赔偿项目、伤残赔偿项目、死亡赔偿项目】	★★★★★	109
	第 6 条【过错责任原则;过错推定责任原则】	★★★	
	第 22 条【侵害人身权益的精神损害赔偿】	★★★	

		同时适用的法条	相关度
109		第 2 条【侵权责任一般条款;民事权益的范围】	★★
		第 3 条【侵权责任的当事人主义】	★★
		第 15 条【侵权责任的主要承担方式】	★★
		第 19 条【侵害财产造成财产损失的计算方式】	★★
		第 26 条【过失相抵:被侵权人过错】	★★
		第 34 条【用人单位替代责任;劳务派遣侵权责任:替代责任、补充责任】	★
		第 49 条【机动车所有人与使用人分离时发生交通事故的侵权责任:租赁、借用机动车发生交通事故的侵权责任】	★
357	保险法	第 65 条【第三者责任保险定义及保险金赔付规则】	★★★
		第 64 条【确定和查明保险事故的费用由保险人承担】	★
350	民法通则	第 119 条【人身损害赔偿项目:一般人身损害赔偿项目、伤残赔偿项目、死亡赔偿项目】	★★
		第 106 条【民事责任归责原则:违约责任,无过错责任原则;侵权责任,过错责任,无过错责任】	★
423	交强险条例	第 21 条【交强险赔偿对象:本车人员和被保险人以外的受害人、人身伤亡、财产损失;受害人故意】	★
437	人身损害赔偿司法解释	第 17 条【人身损害赔偿项目:一般人身损害赔偿项目、伤残赔偿项目、死亡赔偿项目】	★★★
		第 18 条【精神损害抚慰金的请求权】	★★★
		第 19 条【医疗费计算标准】	★★★
		第 20 条【误工费计算标准】	★★★
		第 21 条【人身损害赔偿:护理费计算】	★★★
		第 22 条【交通费计算标准】	★★★
		第 23 条【伙食费、住宿费计算标准】	★★★
		第 24 条【营养费计算标准】	★★★
		第 25 条【人身损害赔偿项目:残疾赔偿金计算标准】	★★★

	同时适用的法条	相关度	
	第 28 条【被扶养人生活费数额的确定：被扶养人生活费计算标准；被扶养人的界定】	★★	437
	第 27 条【人身损害赔偿：丧葬费计算标准】	★	
	第 29 条【人身损害赔偿项目：死亡赔偿金计算标准】	★	
	第 35 条【人身损害赔偿相关概念的界定】	★	
道路交通事故司法解释	第 16 条【交强险和商业三者险的赔付规则：交强险限额内赔付、商业三者险赔付、侵权人赔偿；优先赔偿精神损害】	★★★	445
	第 15 条【交通事故财产损失赔偿范围：车辆维修费用、车辆所载物品损失、车辆施救费用、车辆重置费用、合理停运损失、替代性交通工具的合理费用】	★	
精神损害赔偿司法解释	第 8 条【致人精神损害的责任承担方式：非财产形式责任、精神损害抚慰金】	★★	449
	第 10 条【精神损害赔偿数额的确定标准】	★★	

第 49 条【机动车所有人与使用人分离时发生交通事故的侵权责任：租赁、借用机动车发生交通事故的侵权责任】　★★★★★

因租赁、借用等情形机动车所有人与使用人不是同一人时，发生交通事故后属于该机动车一方责任的，由保险公司在机动车强制保险责任限额范围内予以赔偿。不足部分，由机动车使用人承担赔偿责任；机动车所有人对损害的发生有过错的，承担相应的赔偿责任。

主要适用的案由及其相关度

案由编号	主要适用的案由	相关度
M9.30.350	机动车交通事故责任纠纷	★★★★★

同时适用的法条及其相关度

	同时适用的法条	相关度	
道路交通安全法	第 76 条【交通事故责任一般条款】	★★★★★	347

		同时适用的法条	相关度
109	侵权责任法	第 16 条【人身损害赔偿项目:一般人身损害赔偿项目、伤残赔偿项目、死亡赔偿项目】	★★★★★
		第 48 条【机动车交通事故责任的法律适用】	★★★★
		第 6 条【过错责任原则;过错推定责任原则】	★★★
		第 22 条【侵害人身权益的精神损害赔偿】	★★★
		第 15 条【侵权责任的主要承担方式】	★★
		第 19 条【侵害财产造成财产损失的计算方式】	★★
		第 26 条【过失相抵:被侵权人过错】	★★
		第 2 条【侵权责任一般条款;民事权益的范围】	★
		第 3 条【侵权责任的当事人主义】	★
357	保险法	第 65 条【第三者责任保险定义及保险金赔付规则】	★★★
350	民法通则	第 119 条【人身损害赔偿项目:一般人身损害赔偿项目、伤残赔偿项目、死亡赔偿项目】	★★
		第 106 条【民事责任归责原则:违约责任,无过错责任原则;侵权责任,过错责任,无过错责任】	★
423	交强险条例	第 21 条【交强险赔偿对象:本车人员和被保险人以外的受害人、人身伤亡、财产损失;受害人故意】	★
437	人身损害赔偿司法解释	第 17 条【人身损害赔偿项目:一般人身损害赔偿项目、伤残赔偿项目、死亡赔偿项目】	★★★
		第 18 条【精神损害抚慰金的请求权】	★★★
		第 19 条【医疗费计算标准】	★★★
		第 20 条【误工费计算标准】	★★★
		第 21 条【人身损害赔偿:护理费计算】	★★★
		第 22 条【交通费计算标准】	★★★
		第 23 条【伙食费、住宿费计算标准】	★★★
		第 24 条【营养费计算标准】	★★★
		第 25 条【人身损害赔偿项目:残疾赔偿金计算标准】	★★★

	同时适用的法条	相关度	
	第 28 条【被扶养人生活费数额的确定:被扶养人生活费计算标准;被扶养人的界定】	★★	437
	第 29 条【人身损害赔偿项目:死亡赔偿金计算标准】	★★	
	第 27 条【人身损害赔偿:丧葬费计算标准】	★	
	第 35 条【人身损害赔偿相关概念的界定】	★	
道路交通事故司法解释	第 16 条【交强险和商业三者险的赔付规则:交强险限额内赔付、商业三者险赔付、侵权人赔偿;优先赔偿精神损害】	★★★	445
	第 1 条【机动车所有人或者管理人承担相应责任的过错:机动车缺陷、驾驶人资格、饮酒、服用管制药品、患有疾病】	★★	
	第 15 条【交通事故财产损失赔偿范围:车辆维修费用、车辆所载物品损失、车辆施救费用、车辆重置费用、合理停运损失、替代性交通工具的合理费用】	★	
	第 18 条【保险公司在交强险责任限额范围内的赔偿义务:保险公司的追偿权;追偿权的诉讼时效期间】	★	
	第 19 条【未投保交强险的机动车交通事故赔偿责任:投保义务人在交强险责任限额内赔偿;投保义务人与侵权人不是同一人:交强险责任限额内承担连带责任】	★	
精神损害赔偿司法解释	第 8 条【致人精神损害的责任承担方式:非财产形式责任、精神损害抚慰金】	★★	449
	第 10 条【精神损害赔偿数额的确定标准】	★★	

第 50 条【机动车买卖后发生交通事故的侵权责任】　★★★★

当事人之间已经以买卖等方式转让并交付机动车但未办理所有权转移登记,发生交通事故后属于该机动车一方责任的,由保险公司在机动车强制保险责任限额范围内予以赔偿。不足部分,由受让人承担赔偿责任。

主要适用的案由及其相关度

案由编号	主要适用的案由	相关度
M9.30.350	机动车交通事故责任纠纷	★★★★★

同时适用的法条及其相关度

		同时适用的法条	相关度
347	道路交通安全法	第 76 条【交通事故责任一般条款】	★★★★★
109	侵权责任法	第 16 条【人身损害赔偿项目:一般人身损害赔偿项目、伤残赔偿项目、死亡赔偿项目】	★★★★★
		第 48 条【机动车交通事故责任的法律适用】	★★★★
		第 6 条【过错责任原则;过错推定责任原则】	★★★
		第 22 条【侵害人身权益的精神损害赔偿】	★★★
		第 15 条【侵权责任的主要承担方式】	★★
		第 19 条【侵害财产造成财产损失的计算方式】	★★
		第 26 条【过失相抵:被侵权人过错】	★★
		第 2 条【侵权责任一般条款;民事权益的范围】	★
		第 3 条【侵权责任的当事人主义】	★
		第 35 条【个人劳务责任:提供劳务者致害责任、提供劳务者受害责任】	★
		第 49 条【机动车所有人与使用人分离时发生交通事故的侵权责任:租赁、借用机动车发生交通事故的侵权责任】	★
357	保险法	第 65 条【第三者责任保险定义及保险金赔付规则】	★★★
350	民法通则	第 119 条【人身损害赔偿项目:一般人身损害赔偿项目、伤残赔偿项目、死亡赔偿项目】	★★
		第 106 条【民事责任归责原则:违约责任,无过错责任原则;侵权责任,过错责任,无过错责任】	★

	同时适用的法条	相关度	
人身损害赔偿司法解释	第17条【人身损害赔偿项目:一般人身损害赔偿项目、伤残赔偿项目、死亡赔偿项目】	★★★★	437
	第18条【精神损害抚慰金的请求权】	★★★	
	第19条【医疗费计算标准】	★★★	
	第20条【误工费计算标准】	★★★	
	第21条【人身损害赔偿:护理费计算】	★★★	
	第22条【交通费计算标准】	★★★	
	第23条【伙食费、住宿费计算标准】	★★★	
	第24条【营养费计算标准】	★★★	
	第25条【人身损害赔偿项目:残疾赔偿金计算标准】	★★★	
	第27条【人身损害赔偿:丧葬费计算标准】	★★	
	第28条【被扶养人生活费数额的确定:被扶养人生活费计算标准;被扶养人的界定】	★★	
	第29条【人身损害赔偿项目:死亡赔偿金计算标准】	★★	
道路交通事故司法解释	第16条【交强险和商业三者险的赔付规则:交强险限额内赔付、商业三者险赔付、侵权人赔偿;优先赔偿精神损害】	★★★	445
	第19条【未投保交强险的机动车交通事故赔偿责任:投保义务人在交强险责任限额内赔偿;投保义务人与侵权人不是同一人:交强险责任限额内承担连带责任】	★	
精神损害赔偿司法解释	第10条【精神损害赔偿数额的确定标准】	★★	449
	第8条【致人精神损害的责任承担方式:非财产形式责任、精神损害抚慰金】	★	

第51条【转让拼装车、报废车发生交通事故的侵权责任】 ★★

以买卖等方式转让拼装或者已达到报废标准的机动车,发生交通事故造成损害的,由转让人和受让人承担连带责任。

主要适用的案由及其相关度

案由编号	主要适用的案由	相关度
M9.30.350	机动车交通事故责任纠纷	★★★★★

同时适用的法条及其相关度

		同时适用的法条	相关度
109	侵权责任法	第16条【人身损害赔偿项目:一般人身损害赔偿项目、伤残赔偿项目、死亡赔偿项目】	★★★★★
		第48条【机动车交通事故责任的法律适用】	★★★★
		第6条【过错责任原则;过错推定责任原则】	★★★
		第22条【侵害人身权益的精神损害赔偿】	★★★
		第15条【侵权责任的主要承担方式】	★★
		第50条【机动车买卖后发生交通事故的侵权责任】	★★
		第3条【侵权责任的当事人主义】	★
		第13条【连带责任形态的对外承担规则】	★
		第18条【被侵权人死亡、单位分立合并的请求权继受;支付被侵权人医疗费、丧葬费等合理费用的人】	★
		第19条【侵害财产造成财产损失的计算方式】	★
		第26条【过失相抵:被侵权人过错】	★
		第49条【机动车所有人与使用人分离时发生交通事故的侵权责任:租赁、借用机动车发生交通事故的侵权责任】	★
347	道路交通安全法	第76条【交通事故责任一般条款】	★★★
350	民法通则	第119条【人身损害赔偿项目:一般人身损害赔偿项目、伤残赔偿项目、死亡赔偿项目】	★

	同时适用的法条	相关度	
人身损害赔偿司法解释	第 17 条【人身损害赔偿项目:一般人身损害赔偿项目、伤残赔偿项目、死亡赔偿项目】	★★★	437
	第 19 条【医疗费计算标准】	★★★	
	第 20 条【误工费计算标准】	★★★	
	第 21 条【人身损害赔偿:护理费计算】	★★★	
	第 22 条【交通费计算标准】	★★★	
	第 23 条【伙食费、住宿费计算标准】	★★★	
	第 18 条【精神损害抚慰金的请求权】	★★	
	第 25 条【人身损害赔偿项目:残疾赔偿金计算标准】	★★	
	第 27 条【人身损害赔偿:丧葬费计算标准】	★★	
	第 29 条【人身损害赔偿项目:死亡赔偿金计算标准】	★★	
	第 24 条【营养费计算标准】	★	
	第 28 条【被扶养人生活费数额的确定:被扶养人生活费计算标准;被扶养人的界定】	★	
道路交通事故司法解释	第 6 条【转让拼装车、报废车发生交通事故的侵权责任】	★★★	445
	第 19 条【未投保交强险的机动车交通事故赔偿责任:投保义务人在交强险责任限额内赔偿;投保义务人与侵权人不是同一人:交强险责任限额内承担连带责任】	★★	
	第 16 条【交强险和商业三者险的赔付规则:交强险限额内赔付、商业三者险赔付、侵权人赔偿;优先赔偿精神损害】	★	
精神损害赔偿司法解释	第 8 条【致人精神损害的责任承担方式:非财产形式责任、精神损害抚慰金】	★	449
	第 10 条【精神损害赔偿数额的确定标准】	★	

第52条【盗抢机动车发生交通事故的侵权责任:盗窃、抢劫、抢夺的机动车发生交通事故的侵权责任】 ★★

盗窃、抢劫或者抢夺的机动车发生交通事故造成损害的,由盗窃人、抢劫人或者抢夺人承担赔偿责任。保险公司在机动车强制保险责任限额范围内垫付抢救费用的,有权向交通事故责任人追偿。

主要适用的案由及其相关度

案由编号	主要适用的案由	相关度
M9.30.350	机动车交通事故责任纠纷	★★★★★
M4.10.126	追偿权纠纷	★
M8.27.317	财产保险合同纠纷	★
M8.27	保险纠纷	★
M3.5.38	财产损害赔偿纠纷	★

同时适用的法条及其相关度

		同时适用的法条	相关度
109	侵权责任法	第16条【人身损害赔偿项目:一般人身损害赔偿项目、伤残赔偿项目、死亡赔偿项目】	★★★★★
	侵权责任法	第48条【机动车交通事故责任的法律适用】	★★★★★
	侵权责任法	第6条【过错责任原则;过错推定责任原则】	★★★
	侵权责任法	第22条【侵害人身权益的精神损害赔偿】	★★★
	侵权责任法	第26条【过失相抵:被侵权人过错】	★★
	侵权责任法	第49条【机动车所有人与使用人分离时发生交通事故的侵权责任:租赁、借用机动车发生交通事故的侵权责任】	★★
347	道路交通安全法	第76条【交通事故责任一般条款】	★★★★
350	民法通则	第119条【人身损害赔偿项目:一般人身损害赔偿项目、伤残赔偿项目、死亡赔偿项目】	★

	同时适用的法条	相关度	
保险法	第 65 条【第三者责任保险定义及保险金赔付规则】	★	357
人身损害赔偿司法解释	第 17 条【人身损害赔偿项目:一般人身损害赔偿项目、伤残赔偿项目、死亡赔偿项目】	★★★	437
	第 19 条【医疗费计算标准】	★★★	
	第 18 条【精神损害抚慰金的请求权】	★★	
	第 20 条【误工费计算标准】	★★	
	第 21 条【人身损害赔偿:护理费计算】	★★	
	第 22 条【交通费计算标准】	★★	
	第 23 条【伙食费、住宿费计算标准】	★★	
	第 24 条【营养费计算标准】	★	
	第 25 条【人身损害赔偿项目:残疾赔偿金计算标准】	★	
	第 27 条【人身损害赔偿:丧葬费计算标准】	★	
	第 29 条【人身损害赔偿项目:死亡赔偿金计算标准】	★	
道路交通事故司法解释	第 2 条【未经允许驾驶他人机动车发生交通事故造成损害的责任主体认定与责任承担规则】	★	445
	第 16 条【交强险和商业三者险的赔付规则:交强险限额内赔付、商业三者险赔付、侵权人赔偿;优先赔偿精神损害】	★	

第53条【机动车驾驶人逃逸的机动车强制保险责任、道路交通事故社会救助基金垫付】 ★★★★

机动车驾驶人发生交通事故后逃逸,该机动车参加强制保险的,由保险公司在机动车强制保险责任限额范围内予以赔偿;机动车不明或者该机动车未参加强制保险,需要支付被侵权人人身伤亡的抢救、丧葬等费用的,由道路交通事故社会救助基金垫付。道路交通事故社会救助基金垫付后,其管理机构有权向交通事故责任人追偿。

主要适用的案由及其相关度

案由编号	主要适用的案由	相关度
M9.30.350	机动车交通事故责任纠纷	★★★★★
X2.133	交通肇事罪	★

同时适用的法条及其相关度

		同时适用的法条	相关度
109	侵权责任法	第 16 条【人身损害赔偿项目：一般人身损害赔偿项目、伤残赔偿项目、死亡赔偿项目】	★★★★★
		第 48 条【机动车交通事故责任的法律适用】	★★★★
		第 6 条【过错责任原则；过错推定责任原则】	★★★
		第 22 条【侵害人身权益的精神损害赔偿】	★★★
		第 49 条【机动车所有人与使用人分离时发生交通事故的侵权责任；租赁、借用机动车发生交通事故的侵权责任】	★★★
		第 15 条【侵权责任的主要承担方式】	★★
		第 19 条【侵害财产造成财产损失的计算方式】	★
347	道路交通安全法	第 76 条【交通事故责任一般条款】	★★★★
		第 75 条【交通事故受伤人员应当及时抢救以及抢救费用支付的规定】	★★
357	保险法	第 65 条【第三者责任保险定义及保险金赔付规则】	★★
350	民法通则	第 119 条【人身损害赔偿项目：一般人身损害赔偿项目、伤残赔偿项目、死亡赔偿项目】	★
437	人身损害赔偿司法解释	第 17 条【人身损害赔偿项目：一般人身损害赔偿项目、伤残赔偿项目、死亡赔偿项目】	★★★
		第 19 条【医疗费计算标准】	★★★
		第 20 条【误工费计算标准】	★★★

	同时适用的法条	相关度	
	第 21 条【人身损害赔偿:护理费计算】	★★★	437
	第 22 条【交通费计算标准】	★★★	
	第 23 条【伙食费、住宿费计算标准】	★★★	
	第 18 条【精神损害抚慰金的请求权】	★★	
	第 24 条【营养费计算标准】	★★	
	第 25 条【人身损害赔偿项目:残疾赔偿金计算标准】	★★	
	第 27 条【人身损害赔偿:丧葬费计算标准】	★	
	第 28 条【被扶养人生活费数额的确定:被扶养人生活费计算标准;被扶养人的界定】	★	
	第 29 条【人身损害赔偿项目:死亡赔偿金计算标准】	★	
道路交通事故司法解释	第 16 条【交强险和商业三者险的赔付规则:交强险限额内赔付、商业三者险赔付、侵权人赔偿;优先赔偿精神损害】	★★	445
	第 18 条【保险公司在交强险责任限额范围内的赔偿义务:保险公司的追偿权;追偿权的诉讼时效期间】	★★	

第七章　医疗损害责任

第 54 条【医疗损害的过错责任与替代责任】　★★★★

患者在诊疗活动中受到损害,医疗机构及其医务人员有过错的,由医疗机构承担赔偿责任。

主要适用的案由及其相关度

案由编号	主要适用的案由	相关度
M9. 30. 351	医疗损害责任纠纷	★★★★★
M4. 10. 120. 3	医疗服务合同纠纷	★

同时适用的法条及其相关度

		同时适用的法条	相关度
109	侵权责任法	第16条【人身损害赔偿项目:一般人身损害赔偿项目、伤残赔偿项目、死亡赔偿项目】	★★★★★
		第6条【过错责任原则;过错推定责任原则】	★★★
		第22条【侵害人身权益的精神损害赔偿】	★★★
		第15条【侵权责任的主要承担方式】	★★
		第26条【过失相抵:被侵权人过错】	★★
		第55条【患者的知情同意权:医务人员的说明义务;医务人员违反说明义务的医疗机构替代责任】	★★
		第57条【医务人员违反相当诊疗义务的医疗机构替代责任】	★★
		第18条【被侵权人死亡、单位分立合并的请求权继受;支付被侵权人医疗费、丧葬费等合理费用的人】	★
		第58条【医疗机构过错推定的情形】	★
350	民法通则	第119条【人身损害赔偿项目:一般人身损害赔偿项目、伤残赔偿项目、死亡赔偿项目】	★
437	人身损害赔偿司法解释	第17条【人身损害赔偿项目:一般人身损害赔偿项目、伤残赔偿项目、死亡赔偿项目】	★★★
		第18条【精神损害抚慰金的请求权】	★★★
		第19条【医疗费计算标准】	★★★
		第21条【人身损害赔偿:护理费计算】	★★★
		第22条【交通费计算标准】	★★★
		第23条【伙食费、住宿费计算标准】	★★★
		第20条【误工费计算标准】	★★
		第24条【营养费计算标准】	★★
		第25条【人身损害赔偿项目:残疾赔偿金计算标准】	★★
		第27条【人身损害赔偿:丧葬费计算标准】	★★

	同时适用的法条	相关度	
	第28条【被扶养人生活费数额的确定：被扶养人生活费计算标准；被扶养人的界定】	★★	437
	第29条【人身损害赔偿项目：死亡赔偿金计算标准】	★★	
精神损害赔偿司法解释	第8条【致人精神损害的责任承担方式：非财产形式责任、精神损害抚慰金】	★★	449
	第10条【精神损害赔偿数额的确定标准】	★★	

第55条【患者的知情同意权：医务人员的说明义务；医务人员违反说明义务的医疗机构替代责任】 ★★★

医务人员在诊疗活动中应当向患者说明病情和医疗措施。需要实施手术、特殊检查、特殊治疗的，医务人员应当及时向患者说明医疗风险、替代医疗方案等情况，并取得其书面同意；不宜向患者说明的，应当向患者的近亲属说明，并取得其书面同意。

医务人员未尽到前款义务，造成患者损害的，医疗机构应当承担赔偿责任。

■ 主要适用的案由及其相关度

案由编号	主要适用的案由	相关度
M9.30.351	医疗损害责任纠纷	★★★★★
M4.10.120.3	医疗服务合同纠纷	★

■ 同时适用的法条及其相关度

	同时适用的法条	相关度	
侵权责任法	第54条【医疗损害的过错责任与替代责任】	★★★★★	109
	第16条【人身损害赔偿项目：一般人身损害赔偿项目、伤残赔偿项目、死亡赔偿项目】	★★★★	
	第22条【侵害人身权益的精神损害赔偿】	★★★	
	第6条【过错责任原则；过错推定责任原则】	★★	

		同时适用的法条	相关度
109		第 57 条【医务人员违反相当诊疗义务的医疗机构替代责任】	★★
		第 15 条【侵权责任的主要承担方式】	★
		第 18 条【被侵权人死亡、单位分立合并的请求权继受;支付被侵权人医疗费、丧葬费等合理费用的人】	★
		第 26 条【过失相抵:被侵权人过错】	★
		第 58 条【医疗机构过错推定的情形】	★
350	民法通则	第 119 条【人身损害赔偿项目:一般人身损害赔偿项目、伤残赔偿项目、死亡赔偿项目】	★
437	人身损害赔偿司法解释	第 17 条【人身损害赔偿项目:一般人身损害赔偿项目、伤残赔偿项目、死亡赔偿项目】	★★★
		第 19 条【医疗费计算标准】	★★★
		第 18 条【精神损害抚慰金的请求权】	★★
		第 20 条【误工费计算标准】	★★
		第 21 条【人身损害赔偿:护理费计算】	★★
		第 22 条【交通费计算标准】	★★
		第 23 条【伙食费、住宿费计算标准】	★★
		第 24 条【营养费计算标准】	★
		第 25 条【人身损害赔偿项目:残疾赔偿金计算标准】	★
		第 27 条【人身损害赔偿:丧葬费计算标准】	★
		第 28 条【被扶养人生活费数额的确定:被扶养人生活费计算标准;被扶养人的界定】	★
		第 29 条【人身损害赔偿项目:死亡赔偿金计算标准】	★
449	精神损害赔偿司法解释	第 8 条【致人精神损害的责任承担方式:非财产形式责任、精神损害抚慰金】	★
		第 10 条【精神损害赔偿数额的确定标准】	★

第56条【紧急情况下不能取得患者或者近亲属意见的医疗措施批准程序】 ★

因抢救生命垂危的患者等紧急情况，不能取得患者或者其近亲属意见的，经医疗机构负责人或者授权的负责人批准，可以立即实施相应的医疗措施。

主要适用的案由及其相关度

案由编号	主要适用的案由	相关度
M9.30.351	医疗损害责任纠纷	
M4.10.120.3	医疗服务合同纠纷	

同时适用的法条及其相关度

	同时适用的法条	相关度	
侵权责任法	第6条【过错责任原则;过错推定责任原则】		109
	第16条【人身损害赔偿项目:一般人身损害赔偿项目、伤残赔偿项目、死亡赔偿项目】		
	第18条【被侵权人死亡、单位分立合并的请求权继受;支付被侵权人医疗费、丧葬费等合理费用的人】		
	第22条【侵害人身权益的精神损害赔偿】		
	第24条【公平责任:公平补偿责任的一般规定】		
	第26条【过失相抵:被侵权人过错】		
	第54条【医疗损害的过错责任与替代责任】		
	第55条【患者的知情同意权:医务人员的说明义务;医务人员违反说明义务的医疗机构替代责任】		
	第57条【医务人员违反相当诊疗义务的医疗机构替代责任】		
	第58条【医疗机构过错推定的情形】		
	第60条【医疗机构损害赔偿责任的免责事由】		
民法通则	第106条【民事责任归责原则:违约责任,无过错责任原则;侵权责任,过错责任,无过错责任】		350

		同时适用的法条	相关度
350		第119条【人身损害赔偿项目:一般人身损害赔偿项目、伤残赔偿项目、死亡赔偿项目】	
		第131条【过失相抵:被侵权人过错】	
		第134条【侵权责任的主要承担方式】	
		第136条【短期诉讼时效,诉讼时效一年:身体受到伤害要求赔偿、出售质量不合格的商品未声明、延付或者拒付租金、寄存财物被丢失或损毁】	
		第137条【诉讼时效期间的起算日和最长保护期限】	
437	人身损害赔偿司法解释	第1条【人身损害赔偿的范围;赔偿权利人的界定;赔偿义务人的界定】	
		第17条【人身损害赔偿项目:一般人身损害赔偿项目、伤残赔偿项目、死亡赔偿项目】	
		第18条【精神损害抚慰金的请求权】	
		第19条【医疗费计算标准】	
		第20条【误工费计算标准】	
		第21条【人身损害赔偿:护理费计算】	
		第22条【交通费计算标准】	
		第23条【伙食费、住宿费计算标准】	
		第24条【营养费计算标准】	
		第27条【人身损害赔偿:丧葬费计算标准】	
		第28条【被扶养人生活费数额的确定:被扶养人生活费计算标准;被扶养人的界定】	
		第29条【人身损害赔偿项目:死亡赔偿金计算标准】	
		第30条【残疾赔偿金计算标准、死亡赔偿金计算标准调整:住所地或经常居住地收入高于受诉法院所在地标准】	
		第35条【人身损害赔偿相关概念的界定】	

	同时适用的法条	相关度
司法解释 精神损害赔偿	第 10 条【精神损害赔偿数额的确定标准】		449

第 57 条【医务人员违反相当诊疗义务的医疗机构替代责任】 ★★★

医务人员在诊疗活动中未尽到与当时的医疗水平相应的诊疗义务，造成患者损害的，医疗机构应当承担赔偿责任。

主要适用的案由及其相关度

案由编号	主要适用的案由	相关度
M9.30.351	医疗损害责任纠纷	★★★★★
M4.10.120.3	医疗服务合同纠纷	★

同时适用的法条及其相关度

	同时适用的法条	相关度
侵权责任法	第 54 条【医疗损害的过错责任与替代责任】	★★★★★	109
	第 16 条【人身损害赔偿项目：一般人身损害赔偿项目、伤残赔偿项目、死亡赔偿项目】	★★★★
	第 22 条【侵害人身权益的精神损害赔偿】	★★★
	第 6 条【过错责任原则；过错推定责任原则】	★★
	第 15 条【侵权责任的主要承担方式】	★
	第 18 条【被侵权人死亡、单位分立合并的请求权继受；支付被侵权人医疗费、丧葬费等合理费用的人】	★
	第 26 条【过失相抵：被侵权人过错】	★
	第 55 条【患者的知情同意权：医务人员的说明义务；医务人员违反说明义务的医疗机构替代责任】	★
	第 58 条【医疗机构过错推定的情形】	★
民法通则	第 119 条【人身损害赔偿项目：一般人身损害赔偿项目、伤残赔偿项目、死亡赔偿项目】	★★	350

		同时适用的法条	相关度
437	人身损害赔偿司法解释	第 17 条【人身损害赔偿项目:一般人身损害赔偿项目、伤残赔偿项目、死亡赔偿项目】	★★★
		第 18 条【精神损害抚慰金的请求权】	★★★
		第 19 条【医疗费计算标准】	★★★
		第 21 条【人身损害赔偿:护理费计算】	★★★
		第 22 条【交通费计算标准】	★★★
		第 23 条【伙食费、住宿费计算标准】	★★★
		第 20 条【误工费计算标准】	★★
		第 24 条【营养费计算标准】	★★
		第 25 条【人身损害赔偿项目:残疾赔偿金计算标准】	★★
		第 27 条【人身损害赔偿:丧葬费计算标准】	★★
		第 28 条【被扶养人生活费数额的确定:被扶养人生活费计算标准;被扶养人的界定】	★★
		第 29 条【人身损害赔偿项目:死亡赔偿金计算标准】	★★
449	精神损害赔偿司法解释	第 8 条【致人精神损害的责任承担方式:非财产形式责任、精神损害抚慰金】	★★
		第 10 条【精神损害赔偿数额的确定标准】	★★

第 58 条【医疗机构过错推定的情形】 ★★★

患者有损害,因下列情形之一的,推定医疗机构有过错:

(一) 违反法律、行政法规、规章以及其他有关诊疗规范的规定;

(二) 隐匿或者拒绝提供与纠纷有关的病历资料;

(三) 伪造、篡改或者销毁病历资料。

主要适用的案由及其相关度

案由编号	主要适用的案由	相关度
M9.30.351	医疗损害责任纠纷	★★★★★

同时适用的法条及其相关度

	同时适用的法条	相关度	
侵权责任法	第 54 条【医疗损害的过错责任与替代责任】	★★★★★	109
	第 6 条【过错责任原则;过错推定责任原则】	★★★	
	第 16 条【人身损害赔偿项目:一般人身损害赔偿项目、伤残赔偿项目、死亡赔偿项目】	★★★	
	第 22 条【侵害人身权益的精神损害赔偿】	★★	
	第 55 条【患者的知情同意权:医务人员的说明义务;医务人员违反说明义务的医疗机构替代责任】	★★	
	第 15 条【侵权责任的主要承担方式】	★	
	第 26 条【过失相抵:被侵权人过错】	★	
	第 57 条【医务人员违反相当诊疗义务的医疗机构替代责任】	★	
	第 61 条【客观病历资料的填写、保管和提供义务】	★	
民法通则	第 106 条【民事责任归责原则:违约责任,无过错责任原则;侵权责任,过错责任,无过错责任】	★	350
	第 119 条【人身损害赔偿项目:一般人身损害赔偿项目、伤残赔偿项目、死亡赔偿项目】	★	
人身损害赔偿司法解释	第 17 条【人身损害赔偿项目:一般人身损害赔偿项目、伤残赔偿项目、死亡赔偿项目】	★★★	437
	第 18 条【精神损害抚慰金的请求权】	★★	
	第 19 条【医疗费计算标准】	★★	
	第 21 条【人身损害赔偿:护理费计算】	★★	
	第 22 条【交通费计算标准】	★★	
	第 23 条【伙食费、住宿费计算标准】	★★	
	第 20 条【误工费计算标准】	★	
	第 24 条【营养费计算标准】	★	
	第 25 条【人身损害赔偿项目:残疾赔偿金计算标准】	★	

		同时适用的法条	相关度
437		第 27 条【人身损害赔偿：丧葬费计算标准】	★
		第 28 条【被扶养人生活费数额的确定：被扶养人生活费计算标准；被扶养人的界定】	★
		第 29 条【人身损害赔偿项目：死亡赔偿金计算标准】	★
449	精神损害赔偿司法解释	第 8 条【致人精神损害的责任承担方式：非财产形式责任、精神损害抚慰金】	★
		第 10 条【精神损害赔偿数额的确定标准】	★

第 59 条【医疗产品损害责任：缺陷药品、消毒药剂、医疗器械和不合格血液致害的不真正连带责任】 ★★

因药品、消毒药剂、医疗器械的缺陷，或者输入不合格的血液造成患者损害的，患者可以向生产者或者血液提供机构请求赔偿，也可以向医疗机构请求赔偿。患者向医疗机构请求赔偿的，医疗机构赔偿后，有权向负有责任的生产者或者血液提供机构追偿。

主要适用的案由及其相关度

案由编号	主要适用的案由	相关度
M9.30.351	医疗损害责任纠纷	★★★★★
M9.30.351.2	医疗产品责任纠纷	★★★
M4.10.120.3	医疗服务合同纠纷	★★
M9.30	侵权责任纠纷	★
M9.30.349	产品责任纠纷	★
M9.30.349.1	产品生产者责任纠纷	★

同时适用的法条及其相关度

		同时适用的法条	相关度
109	侵权责任法	第 16 条【人身损害赔偿项目：一般人身损害赔偿项目、伤残赔偿项目、死亡赔偿项目】	★★★★★
		第 54 条【医疗损害的过错责任与替代责任】	★★★★

	同时适用的法条	相关度	
	第 6 条【过错责任原则;过错推定责任原则】	★★★	109
	第 22 条【侵害人身权益的精神损害赔偿】	★★★	
	第 57 条【医务人员违反相当诊疗义务的医疗机构替代责任】	★★	
	第 15 条【侵权责任的主要承担方式】	★	
	第 41 条【生产者的缺陷产品无过错最终责任】	★	
	第 43 条【生产者、销售者的缺陷产品不真正连带责任;销售者的追偿权;生产者的追偿权】	★	
人身损害赔偿司法解释	第 19 条【医疗费计算标准】	★★★★	437
	第 17 条【人身损害赔偿项目:一般人身损害赔偿项目、伤残赔偿项目、死亡赔偿项目】	★★★	
	第 20 条【误工费计算标准】	★★★	
	第 21 条【人身损害赔偿:护理费计算】	★★★	
	第 22 条【交通费计算标准】	★★★	
	第 23 条【伙食费、住宿费计算标准】	★★★	
	第 18 条【精神损害抚慰金的请求权】	★★	
	第 24 条【营养费计算标准】	★★	
	第 25 条【人身损害赔偿项目:残疾赔偿金计算标准】	★	
	第 28 条【被扶养人生活费数额的确定:被扶养人生活费计算标准;被扶养人的界定】	★	
精神损害赔偿司法解释	第 8 条【致人精神损害的责任承担方式:非财产形式责任、精神损害抚慰金】	★	449
	第 10 条【精神损害赔偿数额的确定标准】	★	

第 60 条【医疗机构损害赔偿责任的免责事由】　★★

患者有损害,因下列情形之一的,医疗机构不承担赔偿责任:

(一)患者或者其近亲属不配合医疗机构进行符合诊疗规范的诊疗;

(二)医务人员在抢救生命垂危的患者等紧急情况下已经尽到合理诊

疗义务；

（三）限于当时的医疗水平难以诊疗。

前款第一项情形中，医疗机构及其医务人员也有过错的，应当承担相应的赔偿责任。

主要适用的案由及其相关度

案由编号	主要适用的案由	相关度
M9.30.351	医疗损害责任纠纷	★★★★★
M1.1.1	生命权、健康权、身体权纠纷	★★
M9.30.350	机动车交通事故责任纠纷	★★
M4.10.120.3	医疗服务合同纠纷	★
M9.30	侵权责任纠纷	★

同时适用的法条及其相关度

		同时适用的法条	相关度
109	侵权责任法	第54条【医疗损害的过错责任与替代责任】	★★★★★
	侵权责任法	第6条【过错责任原则；过错推定责任原则】	★★★
	侵权责任法	第16条【人身损害赔偿项目：一般人身损害赔偿项目、伤残赔偿项目、死亡赔偿项目】	★★★
	侵权责任法	第55条【患者的知情同意权：医务人员的说明义务；医务人员违反说明义务的医疗机构替代责任】	★★★
	侵权责任法	第57条【医务人员违反相当诊疗义务的医疗机构替代责任】	★★★
	侵权责任法	第22条【侵害人身权益的精神损害赔偿】	★★
	侵权责任法	第58条【医疗机构过错推定的情形】	★★
350	民法通则	第106条【民事责任归责原则：违约责任，无过错责任原则；侵权责任，过错责任，无过错责任】	★
	民法通则	第119条【人身损害赔偿项目：一般人身损害赔偿项目、伤残赔偿项目、死亡赔偿项目】	★

	同时适用的法条	相关度	
保险法	第 65 条【第三者责任保险定义及保险金赔付规则】	★	357
人身损害赔偿司法解释	第 17 条【人身损害赔偿项目:一般人身损害赔偿项目、伤残赔偿项目、死亡赔偿项目】	★★	437
	第 18 条【精神损害抚慰金的请求权】	★★	
	第 19 条【医疗费计算标准】	★★	
	第 22 条【交通费计算标准】	★★	
	第 20 条【误工费计算标准】	★	
	第 21 条【人身损害赔偿:护理费计算】	★	
	第 23 条【伙食费、住宿费计算标准】	★	
	第 24 条【营养费计算标准】	★	
	第 25 条【人身损害赔偿项目:残疾赔偿金计算标准】	★	
	第 29 条【人身损害赔偿项目:死亡赔偿金计算标准】	★	
精神损害赔偿司法解释	第 8 条【致人精神损害的责任承担方式:非财产形式责任、精神损害抚慰金】	★	449
	第 10 条【精神损害赔偿数额的确定标准】	★	

第 61 条【客观病历资料的填写、保管和提供义务】 ★★

医疗机构及其医务人员应当按照规定填写并妥善保管住院志、医嘱单、检验报告、手术及麻醉记录、病理资料、护理记录、医疗费用等病历资料。

患者要求查阅、复制前款规定的病历资料的,医疗机构应当提供。

主要适用的案由及其相关度

案由编号	主要适用的案由	相关度
M9.30.351	医疗损害责任纠纷	★★★★★

案由编号	主要适用的案由	相关度
M4.10.120.3	医疗服务合同纠纷	★★
M1.1.1	生命权、健康权、身体权纠纷	★
M9.30.351.1	侵害患者知情同意权责任纠纷	★

同时适用的法条及其相关度

		同时适用的法条	相关度
109	侵权责任法	第 54 条【医疗损害的过错责任与替代责任】	★★★★★
		第 58 条【医疗机构过错推定的情形】	★★★★
		第 16 条【人身损害赔偿项目:一般人身损害赔偿项目、伤残赔偿项目、死亡赔偿项目】	★★★
		第 22 条【侵害人身权益的精神损害赔偿】	★★★
		第 55 条【患者的知情同意权:医务人员的说明义务;医务人员违反说明义务的医疗机构替代责任】	★★★
		第 6 条【过错责任原则;过错推定责任原则】	★★
		第 57 条【医务人员违反相当诊疗义务的医疗机构替代责任】	★★
		第 15 条【侵权责任的主要承担方式】	★
350	民法通则	第 119 条【人身损害赔偿项目:一般人身损害赔偿项目、伤残赔偿项目、死亡赔偿项目】	★
437	人身损害赔偿司法解释	第 17 条【人身损害赔偿项目:一般人身损害赔偿项目、伤残赔偿项目、死亡赔偿项目】	★★★
		第 18 条【精神损害抚慰金的请求权】	★★★
		第 19 条【医疗费计算标准】	★★
		第 20 条【误工费计算标准】	★★
		第 21 条【人身损害赔偿:护理费计算】	★★
		第 22 条【交通费计算标准】	★★
		第 23 条【伙食费、住宿费计算标准】	★★
		第 27 条【人身损害赔偿:丧葬费计算标准】	★★

	同时适用的法条	相关度	
	第 29 条【人身损害赔偿项目:死亡赔偿金计算标准】	★★	437
	第 24 条【营养费计算标准】	★	
	第 25 条【人身损害赔偿项目:残疾赔偿金计算标准】	★	
	第 28 条【被扶养人生活费数额的确定:被扶养人生活费计算标准;被扶养人的界定】	★	
精神损害赔偿司法解释	第 10 条【精神损害赔偿数额的确定标准】	★★	449
	第 8 条【致人精神损害的责任承担方式:非财产形式责任、精神损害抚慰金】	★	

第 62 条【违反对患者隐私保密义务的医疗机构的责任】

医疗机构及其医务人员应当对患者的隐私保密。泄露患者隐私或者未经患者同意公开其病历资料,造成患者损害的,应当承担侵权责任。①

第 63 条【禁止过度检查:医疗机构的不必要检查禁止义务】　★

医疗机构及其医务人员不得违反诊疗规范实施不必要的检查。

主要适用的案由及其相关度

案由编号	主要适用的案由	相关度
M9.30.351	医疗损害责任纠纷	
M4.10.120.3	医疗服务合同纠纷	
M1.1.1	生命权、健康权、身体权纠纷	

同时适用的法条及其相关度

	同时适用的法条	相关度	
侵权责任法	第 6 条【过错责任原则;过错推定责任原则】		109
	第 7 条【无过错责任原则】		
	第 16 条【人身损害赔偿项目:一般人身损害赔偿项目、伤残赔偿项目、死亡赔偿项目】		

① 说明:本法条尚无足够判决书可供法律大数据分析。

		同时适用的法条	相关度
109		第 26 条【过失相抵：被侵权人过错】	
		第 54 条【医疗损害的过错责任与替代责任】	
		第 55 条【患者的知情同意权：医务人员的说明义务；医务人员违反说明义务的医疗机构替代责任】	
350	民法通则	第 106 条【民事责任归责原则：违约责任，无过错责任；侵权责任，过错责任，无过错责任】	
	民法通则	第 136 条【短期诉讼时效，诉讼时效一年：身体受到伤害要求赔偿、出售质量不合格的商品未声明、延付或者拒付租金、寄存财物被丢失或损毁】	
437	人身损害赔偿司法解释	第 17 条【人身损害赔偿项目：一般人身损害赔偿项目、伤残赔偿项目、死亡赔偿项目】	
	人身损害赔偿司法解释	第 19 条【医疗费计算标准】	
	人身损害赔偿司法解释	第 20 条【误工费计算标准】	
	人身损害赔偿司法解释	第 21 条【人身损害赔偿：护理费计算】	
	人身损害赔偿司法解释	第 23 条【伙食费、住宿费计算标准】	

第 64 条【妨害医疗活动的法律责任】 ★

医疗机构及其医务人员的合法权益受法律保护。干扰医疗秩序，妨害医务人员工作、生活的，应当依法承担法律责任。

主要适用的案由及其相关度

案由编号	主要适用的案由	相关度
M1.1.1	生命权、健康权、身体权纠纷	
M9.30.351	医疗损害责任纠纷	
M3.5.34	排除妨害纠纷	
M4.10.120.3	医疗服务合同纠纷	
M3.5.38	财产损害赔偿纠纷	
M9.30	侵权责任纠纷	

同时适用的法条及其相关度

	同时适用的法条	相关度	
侵权责任法	第 2 条【侵权责任一般条款;民事权益的范围】		109
	第 6 条【过错责任原则;过错推定责任原则】		
	第 15 条【侵权责任的主要承担方式】		
	第 16 条【人身损害赔偿项目:一般人身损害赔偿项目、伤残赔偿项目、死亡赔偿项目】		
	第 22 条【侵害人身权益的精神损害赔偿】		
	第 26 条【过失相抵:被侵权人过错】		
	第 54 条【医疗损害的过错责任与替代责任】		
	第 57 条【医务人员违反相当诊疗义务的医疗机构替代责任】		
	第 60 条【医疗机构损害赔偿责任的免责事由】		
民法通则	第 106 条【民事责任归责原则:违约责任,无过错责任原则;侵权责任,过错责任,无过错责任】		350
	第 119 条【人身损害赔偿项目:一般人身损害赔偿项目、伤残赔偿项目、死亡赔偿项目】		
	第 134 条【侵权责任的主要承担方式】		
人身损害赔偿司法解释	第 1 条【人身损害赔偿的范围;赔偿权利人的界定;赔偿义务人的界定】		437
	第 2 条【受害人故意】		
	第 17 条【人身损害赔偿项目:一般人身损害赔偿项目、伤残赔偿项目、死亡赔偿项目】		
	第 18 条【精神损害抚慰金的请求权】		
	第 19 条【医疗费计算标准】		
	第 20 条【误工费计算标准】		
	第 21 条【人身损害赔偿:护理费计算】		
	第 22 条【交通费计算标准】		

	同时适用的法条	相关度
437	第 23 条【伙食费、住宿费计算标准】	
	第 24 条【营养费计算标准】	
	第 25 条【人身损害赔偿项目:残疾赔偿金计算标准】	
	第 27 条【人身损害赔偿:丧葬费计算标准】	
	第 29 条【人身损害赔偿项目:死亡赔偿金计算标准】	
	第 35 条【人身损害赔偿相关概念的界定】	

第八章　环境污染责任

第 65 条【污染环境无过错责任】 ★★

因污染环境造成损害的,污染者应当承担侵权责任。

主要适用的案由及其相关度

案由编号	主要适用的案由	相关度
M9.30.352	环境污染责任纠纷	★★★★★
M9.30.352.2	水污染责任纠纷	★★★
M3.5.38	财产损害赔偿纠纷	★★★
M9.30.352.3	噪声污染责任纠纷	★★★
M9.30.352.1	大气污染责任纠纷	★★
M9.30	侵权责任纠纷	★★
M3.6.47.6	相邻污染侵害纠纷	★★
M7.19.178	海上、通海水域养殖损害责任纠纷	★
M1.1.1	生命权、健康权、身体权纠纷	★
M3.5.34	排除妨害纠纷	★
M9.30.352.5	土壤污染责任纠纷	★

同时适用的法条及其相关度

	同时适用的法条	相关度	
侵权责任法	第 66 条【污染者就抗辩事由的举证责任】	★★★★★	109
	第 15 条【侵权责任的主要承担方式】	★★★	
	第 16 条【人身损害赔偿项目:一般人身损害赔偿项目、伤残赔偿项目、死亡赔偿项目】	★★	
	第 19 条【侵害财产造成财产损失的计算方式】	★★	
	第 4 条【法律责任的并存规则;民事财产责任的优先性】	★	
	第 6 条【过错责任原则;过错推定责任原则】	★	
	第 7 条【无过错责任原则】	★	
	第 8 条【共同实施侵权行为人的连带责任】	★	
	第 12 条【分别实施非充足原因侵权行为的按份责任】	★	
	第 20 条【侵害人身造成财产损失的计算方式】	★	
	第 22 条【侵害人身权益的精神损害赔偿】	★	
	第 26 条【过失相抵:被侵权人过错】	★	
民法通则	第 119 条【人身损害赔偿项目:一般人身损害赔偿项目、伤残赔偿项目、死亡赔偿项目】	★★	350
	第 124 条【污染环境无过错责任】	★★	
	第 131 条【过失相抵:被侵权人过错】	★	
环境保护法	第 6 条【单位和个人的环境保护义务】	★	394
	第 41 条【建设项目防治污染设施“三同时”制度:同时设计、同时施工、同时投产使用】	★	
水污染防治法	第 85 条【水污染损害的民事责任:排除危害、赔偿损失;水污染侵害方不承担责任或减轻责任情形:不可抗力、受害人过错;第三人造成水污染损害排污方有追偿权】	★	397
	第 87 条【排污方在水污染损害赔偿诉讼中的举证责任】	★	

		同时适用的法条	相关度
398	环境噪声污染防治法	第 61 条【环境噪声污染致害的民事责任】	★

第 66 条【污染者就抗辩事由的举证责任】 ★★

因污染环境发生纠纷，污染者应当就法律规定的不承担责任或者减轻责任的情形及其行为与损害之间不存在因果关系承担举证责任。

主要适用的案由及其相关度

案由编号	主要适用的案由	相关度
M9.30.352	环境污染责任纠纷	★★★★★
M9.30.352.2	水污染责任纠纷	★★★★
M3.5.38	财产损害赔偿纠纷	★★★
M9.30.352.3	噪声污染责任纠纷	★★★
M9.30.352.1	大气污染责任纠纷	★★★
M9.30	侵权责任纠纷	★★
M3.6.47.6	相邻污染侵害纠纷	★★
M7.19.178	海上、通海水域养殖损害责任纠纷	★
M3.5.34	排除妨害纠纷	★
M9.30.352.5	土壤污染责任纠纷	★

同时适用的法条及其相关度

		同时适用的法条	相关度
109	侵权责任法	第 65 条【污染环境无过错责任】	★★★★★
	侵权责任法	第 19 条【侵害财产造成财产损失的计算方式】	★★
	侵权责任法	第 6 条【过错责任原则；过错推定责任原则】	★
	侵权责任法	第 7 条【无过错责任原则】	★
	侵权责任法	第 15 条【侵权责任的主要承担方式】	★
	侵权责任法	第 20 条【侵害人身造成财产损失的计算方式】	★

	同时适用的法条	相关度	
民法通则	第 124 条【污染环境无过错责任】	★★★	350
	第 131 条【过失相抵:被侵权人过错】	★★	
水污染防治法	第 85 条【水污染损害的民事责任:排除危害、赔偿损失;水污染侵害方不承担责任或减轻责任情形:不可抗力、受害人过错;第三人造成水污染损害排污方有追偿权】	★★	397
	第 87 条【排污方在水污染损害赔偿诉讼中的举证责任】	★★	
环境保护法	第 41 条【建设项目防治污染设施“三同时”制度:同时设计、同时施工、同时投产使用】	★★	394
	第 6 条【单位和个人的环境保护义务】	★	
环境噪声污染防治法	第 2 条【环境噪声;环境噪声污染】	★	398
	第 61 条【环境噪声污染致害的民事责任】	★	

第 67 条【环境污染数人侵权行为的最终责任分担规则】 ★

两个以上污染者污染环境,污染者承担责任的大小,根据污染物的种类、排放量等因素确定。

主要适用的案由及其相关度

案由编号	主要适用的案由	相关度
M9.30.352.2	水污染责任纠纷	
M9.30.352	环境污染责任纠纷	
M9.30	侵权责任纠纷	

同时适用的法条及其相关度

	同时适用的法条	相关度	
侵权责任法	第 2 条【侵权责任一般条款;民事权益的范围】		109
	第 6 条【过错责任原则;过错推定责任原则】		

		同时适用的法条	相关度
109		第12条【分别实施非充足原因侵权行为的按份责任】	
		第13条【连带责任形态的对外承担规则】	
		第14条【连带责任的对内最终责任分担规则;连带责任人的追偿权】	
		第15条【侵权责任的主要承担方式】	
		第16条【人身损害赔偿项目:一般人身损害赔偿项目、伤残赔偿项目、死亡赔偿项目】	
		第19条【侵害财产造成财产损失的计算方式】	
		第65条【污染环境无过错责任】	
		第66条【污染者就抗辩事由的举证责任】	
		第68条【第三人过错导致环境污染的不真正连带责任】	
397	水污染防治法	第85条【水污染损害的民事责任:排除危害、赔偿损失;水污染侵害方不承担责任或减轻责任情形:不可抗力、受害人过错;第三人造成水污染损害排污方有追偿权】	
		第87条【排污方在水污染损害赔偿诉讼中的举证责任】	
350	民法通则	第106条【民事责任归责原则:违约责任,无过错责任原则;侵权责任,过错责任,无过错责任】	
		第117条【侵害财产权的责任承担方式:返还财产、折价赔偿;恢复原状、折价赔偿;赔偿损失】	
		第119条【人身损害赔偿项目:一般人身损害赔偿项目、伤残赔偿项目、死亡赔偿项目】	
		第124条【污染环境无过错责任】	
		第130条【共同实施侵权行为人的连带责任】	
		第131条【过失相抵:被侵权人过错】	
		第134条【侵权责任的主要承担方式】	

	同时适用的法条	相关度	
人身损害赔偿司法解释	第 17 条【人身损害赔偿项目：一般人身损害赔偿项目、伤残赔偿项目、死亡赔偿项目】		437
	第 18 条【精神损害抚慰金的请求权】		
精神损害赔偿司法解释	第 10 条【精神损害赔偿数额的确定标准】		449

第 68 条【第三人过错导致环境污染的不真正连带责任】 ★

因第三人的过错污染环境造成损害的，被侵权人可以向污染者请求赔偿，也可以向第三人请求赔偿。污染者赔偿后，有权向第三人追偿。

▒ 主要适用的案由及其相关度

案由编号	主要适用的案由	相关度
M9.30.352	环境污染责任纠纷	
M9.30.352.2	水污染责任纠纷	
M9.30	侵权责任纠纷	
M9.30.352.3	噪声污染责任纠纷	
M3.5.38	财产损害赔偿纠纷	
M3.6.47.6	相邻污染侵害纠纷	
M4.10.126	追偿权纠纷	

▒ 同时适用的法条及其相关度

	同时适用的法条	相关度	
侵权责任法	第 3 条【侵权责任的当事人主义】		109
	第 6 条【过错责任原则；过错推定责任原则】		
	第 7 条【无过错责任原则】		
	第 12 条【分别实施非充足原因侵权行为的按份责任】		

		同时适用的法条	相关度
109		第 15 条【侵权责任的主要承担方式】	
		第 22 条【侵害人身权益的精神损害赔偿】	
		第 26 条【过失相抵:被侵权人过错】	
		第 28 条【第三人原因】	
		第 65 条【污染环境无过错责任】	
		第 66 条【污染者就抗辩事由的举证责任】	
		第 67 条【环境污染数人侵权行为的最终责任分担规则】	
397	水污染防治法	第 85 条【水污染损害的民事责任:排除危害、赔偿损失;水污染侵害方不承担责任或减轻责任情形:不可抗力、受害人过错;第三人造成水污染损害排污方有追偿权】	
		第 87 条【排污方在水污染损害赔偿诉讼中的举证责任】	
350	民法通则	第 4 条【民事活动的基本原则:自愿、公平、等价有偿、诚实信用】	
		第 43 条【企业法人对其机构的活动承担民事责任】	
		第 106 条【民事责任归责原则:违约责任,无过错责任原则;侵权责任,过错责任,无过错责任】	
		第 108 条【债务清偿:分期偿还、强制偿还】	
		第 119 条【人身损害赔偿项目:一般人身损害赔偿项目、伤残赔偿项目、死亡赔偿项目】	
		第 124 条【污染环境无过错责任】	
		第 134 条【侵权责任的主要承担方式】	
398	环境噪声污染防治法	第 2 条【环境噪声;环境噪声污染】	
		第 25 条【产生环境噪声污染的工业企业减轻噪声影响的义务】	
		第 61 条【环境噪声污染致害的民事责任】	

	同时适用的法条	相关度	
环境保护法	第41条【建设项目防治污染设施“三同时”制度：同时设计、同时施工、同时投产使用】		394
	第64条【污染环境和破坏生态致害的侵权责任】		
精神损害赔偿司法解释	第8条【致人精神损害的责任承担方式：非财产形式责任、精神损害抚慰金】		449
人身损害赔偿司法解释	第17条【人身损害赔偿项目：一般人身损害赔偿项目、伤残赔偿项目、死亡赔偿项目】		437

第九章　高度危险责任

第69条【高度危险作业致害无过错责任一般条款】 ★★

从事高度危险作业造成他人损害的，应当承担侵权责任。

主要适用的案由及其相关度

案由编号	主要适用的案由	相关度
M9.30.356	触电人身损害责任纠纷	★★★★★
M1.1.1	生命权、健康权、身体权纠纷	★★★★
M3.5.38	财产损害赔偿纠纷	★★★
M9.30.353.4	高度危险活动损害责任纠纷	★★★
M9.30.353	高度危险责任纠纷	★★
M9.30.350	机动车交通事故责任纠纷	★★
M9.30	侵权责任纠纷	★★
M9.30.353.3	占有、使用高度危险物损害责任纠纷	★
M9.30.345	提供劳务者受害责任纠纷	★
M9.30.363.1	铁路运输人身损害责任纠纷	★

案由编号	主要适用的案由	相关度
M1.1.9	一般人格权纠纷	★

同时适用的法条及其相关度

		同时适用的法条	相关度
109	侵权责任法	第16条【人身损害赔偿项目:一般人身损害赔偿项目、伤残赔偿项目、死亡赔偿项目】	★★★★★
		第73条【高度危险行为致害无过错责任及抗辩事由】	★★★★★
		第22条【侵害人身权益的精神损害赔偿】	★★★★
		第6条【过错责任原则;过错推定责任原则】	★★★
		第15条【侵权责任的主要承担方式】	★★★
		第26条【过失相抵:被侵权人过错】	★★★
		第7条【无过错责任原则】	★★
		第12条【分别实施非充足原因侵权行为的按份责任】	★★
		第2条【侵权责任一般条款;民事权益的范围】	★
		第3条【侵权责任的当事人主义】	★
		第18条【被侵权人死亡、单位分立合并的请求权继受;支付被侵权人医疗费、丧葬费等合理费用的人】	★
		第35条【个人劳务责任:提供劳务者致害责任、提供劳务者受害责任】	★
		第72条【高度危险物致害无过错责任及抗辩事由】	★
350	民法通则	第123条【高度危险行为致害无过错责任及抗辩事由】	★★★
		第119条【人身损害赔偿项目:一般人身损害赔偿项目、伤残赔偿项目、死亡赔偿项目】	★★
		第98条【生命权、健康权请求权基础】	★

	同时适用的法条	相关度	
	第106条【民事责任归责原则:违约责任,无过错责任原则;侵权责任,过错责任,无过错责任】	★	350
	第131条【过失相抵:被侵权人过错】	★	
保险法	第65条【第三者责任保险定义及保险金赔付规则】	★	357
人身损害赔偿司法解释	第17条【人身损害赔偿项目:一般人身损害赔偿项目、伤残赔偿项目、死亡赔偿项目】	★★★★	437
	第18条【精神损害抚慰金的请求权】	★★★	
	第19条【医疗费计算标准】	★★★	
	第20条【误工费计算标准】	★★★	
	第21条【人身损害赔偿:护理费计算】	★★★	
	第22条【交通费计算标准】	★★★	
	第23条【伙食费、住宿费计算标准】	★★★	
	第24条【营养费计算标准】	★★★	
	第25条【人身损害赔偿项目:残疾赔偿金计算标准】	★★★	
	第28条【被扶养人生活费数额的确定:被扶养人生活费计算标准;被扶养人的界定】	★★★	
	第26条【人身损害赔偿:残疾辅助器具费的计算标准;辅助器具的更换周期、赔偿期限】	★★	
	第27条【人身损害赔偿:丧葬费计算标准】	★★	
	第29条【人身损害赔偿项目:死亡赔偿金计算标准】	★★	
	第10条【承揽人致害或自身损害:定作人定作过失、指示过失、选任过失】	★	
精神损害赔偿司法解释	第10条【精神损害赔偿数额的确定标准】	★★	449
	第8条【致人精神损害的责任承担方式:非财产形式责任、精神损害抚慰金】	★	
	第11条【精神损害赔偿的减免责事由:受害人过错】	★	

第 70 条【民用核设施致害无过错责任及抗辩事由】

民用核设施发生核事故造成他人损害的，民用核设施的经营者应当承担侵权责任，但能够证明损害是因战争等情形或者受害人故意造成的，不承担责任。[①]

第 71 条【民用航空器致害无过错责任及抗辩事由】 ★

民用航空器造成他人损害的，民用航空器的经营者应当承担侵权责任，但能够证明损害是因受害人故意造成的，不承担责任。

▒ 主要适用的案由及其相关度

案由编号	主要适用的案由	相关度
M9.30.353.2	民用航空器损害责任纠纷	

▒ 同时适用的法条及其相关度

		同时适用的法条	相关度
362	合同法	第 107 条【合同约束力：违约责任的承担】	
380	消保法	第 49 条【经营者提供商品或服务造成消费者或他人人身伤害时的赔偿范围】	
413	民用航空法	第 124 条【航空运输承运人对上下航空器及在航空器上旅客人身伤亡的责任承担和免责事由】	
	民用航空法	第 127 条【民用航空承运人损害赔偿责任的减轻、免除事由】	

第 72 条【高度危险物致害无过错责任及抗辩事由】 ★★

占有或者使用易燃、易爆、剧毒、放射性等高度危险物造成他人损害的，占有人或者使用人应当承担侵权责任，但能够证明损害是因受害人故意或者不可抗力造成的，不承担责任。被侵权人对损害的发生有重大过失的，可以减轻占有人或者使用人的责任。

---

① 说明：本法条尚无足够判决书可供法律大数据分析。

主要适用的案由及其相关度

案由编号	主要适用的案由	相关度
M1.1.1	生命权、健康权、身体权纠纷	★★★★★
M3.5.38	财产损害赔偿纠纷	★★★★
M9.30	侵权责任纠纷	★★★
M9.30.353.3	占有、使用高度危险物损害责任纠纷	★★★
M9.30.353	高度危险责任纠纷	★★★
M9.30.350	机动车交通事故责任纠纷	★★
M9.30.345	提供劳务者受害责任纠纷	★★
M9.30.353.4	高度危险活动损害责任纠纷	★
M9.30.347	违反安全保障义务责任纠纷	★
M9.30.356	触电人身损害责任纠纷	★

同时适用的法条及其相关度

	同时适用的法条	相关度	
侵权责任法	第 16 条【人身损害赔偿项目:一般人身损害赔偿项目、伤残赔偿项目、死亡赔偿项目】	★★★★★	109
	第 6 条【过错责任原则;过错推定责任原则】	★★★	
	第 19 条【侵害财产造成财产损失的计算方式】	★★★	
	第 22 条【侵害人身权益的精神损害赔偿】	★★★	
	第 69 条【高度危险作业致害无过错责任一般条款】	★★★	
	第 7 条【无过错责任原则】	★★	
	第 15 条【侵权责任的主要承担方式】	★★	
	第 26 条【过失相抵:被侵权人过错】	★★	
	第 2 条【侵权责任一般条款;民事权益的范围】	★	
	第 3 条【侵权责任的当事人主义】	★	
	第 12 条【分别实施非充足原因侵权行为的按份责任】	★	

		同时适用的法条	相关度
350	民法通则	第 123 条【高度危险行为致害无过错责任及抗辩事由】	★★
		第 119 条【人身损害赔偿项目:一般人身损害赔偿项目、伤残赔偿项目、死亡赔偿项目】	★
437	人身损害赔偿司法解释	第 17 条【人身损害赔偿项目:一般人身损害赔偿项目、伤残赔偿项目、死亡赔偿项目】	★★★
		第 19 条【医疗费计算标准】	★★★
		第 20 条【误工费计算标准】	★★★
		第 21 条【人身损害赔偿:护理费计算】	★★★
		第 22 条【交通费计算标准】	★★★
		第 23 条【伙食费、住宿费计算标准】	★★★
		第 25 条【人身损害赔偿项目:残疾赔偿金计算标准】	★★★
		第 18 条【精神损害抚慰金的请求权】	★★
		第 24 条【营养费计算标准】	★★
		第 28 条【被扶养人生活费数额的确定:被扶养人生活费计算标准;被扶养人的界定】	★
		第 35 条【人身损害赔偿相关概念的界定】	★
449	精神损害赔偿司法解释	第 10 条【精神损害赔偿数额的确定标准】	★★
		第 8 条【致人精神损害的责任承担方式:非财产形式责任、精神损害抚慰金】	★

第 73 条【高度危险行为致害无过错责任及抗辩事由】 ★★★

从事高空、高压、地下挖掘活动或者使用高速轨道运输工具造成他人损害的,经营者应当承担侵权责任,但能够证明损害是因受害人故意或者不可抗力造成的,不承担责任。被侵权人对损害的发生有过失的,可以减轻经营者的责任。

主要适用的案由及其相关度

案由编号	主要适用的案由	相关度
M9.30.356	触电人身损害责任纠纷	★★★★★
M1.1.1	生命权、健康权、身体权纠纷	★★★
M9.30.353	高度危险责任纠纷	★
M3.5.38	财产损害赔偿纠纷	★
M9.30.345	提供劳务者受害责任纠纷	★

同时适用的法条及其相关度

	同时适用的法条	相关度	
侵权责任法	第16条【人身损害赔偿项目:一般人身损害赔偿项目、伤残赔偿项目、死亡赔偿项目】	★★★★★	109
	第6条【过错责任原则;过错推定责任原则】	★★★	
	第22条【侵害人身权益的精神损害赔偿】	★★★	
	第26条【过失相抵:被侵权人过错】	★★★	
	第7条【无过错责任原则】	★★	
	第12条【分别实施非充足原因侵权行为的按份责任】	★★	
	第2条【侵权责任一般条款;民事权益的范围】	★	
	第3条【侵权责任的当事人主义】	★	
	第15条【侵权责任的主要承担方式】	★	
	第18条【被侵权人死亡、单位分立合并的请求权继受;支付被侵权人医疗费、丧葬费等合理费用的人】	★	
	第35条【个人劳务责任:提供劳务者致害责任、提供劳务者受害责任】	★	
	第69条【高度危险作业致害无过错责任一般条款】	★	
民法通则	第123条【高度危险行为致害无过错责任及抗辩事由】	★★	350
	第119条【人身损害赔偿项目:一般人身损害赔偿项目、伤残赔偿项目、死亡赔偿项目】	★	

	同时适用的法条	相关度
437 人身损害赔偿司法解释	第 17 条【人身损害赔偿项目：一般人身损害赔偿项目、伤残赔偿项目、死亡赔偿项目】	★★★
	第 18 条【精神损害抚慰金的请求权】	★★★
	第 28 条【被扶养人生活费数额的确定：被扶养人生活费计算标准；被扶养人的界定】	★★★
	第 19 条【医疗费计算标准】	★★
	第 20 条【误工费计算标准】	★★
	第 21 条【人身损害赔偿：护理费计算】	★★
	第 22 条【交通费计算标准】	★★
	第 23 条【伙食费、住宿费计算标准】	★★
	第 24 条【营养费计算标准】	★★
	第 25 条【人身损害赔偿项目：残疾赔偿金计算标准】	★★
	第 27 条【人身损害赔偿：丧葬费计算标准】	★★
	第 29 条【人身损害赔偿项目：死亡赔偿金计算标准】	★★
	第 11 条【雇员在雇佣活动中遭受损害的责任承担：雇主责任、第三人原因致害；发包人、分包人与雇主承担连带责任】	★
449 精神损害赔偿司法解释	第 8 条【致人精神损害的责任承担方式：非财产形式责任、精神损害抚慰金】	★★
	第 10 条【精神损害赔偿数额的确定标准】	★★

第 74 条【遗失、抛弃高度危险物致害的侵权责任】 ★

遗失、抛弃高度危险物造成他人损害的，由所有人承担侵权责任。所有人将高度危险物交由他人管理的，由管理人承担侵权责任；所有人有过错的，与管理人承担连带责任。

主要适用的案由及其相关度

案由编号	主要适用的案由	相关度
M9.30.353.5	遗失、抛弃高度危险物损害责任纠纷	
M9.30	侵权责任纠纷	
M9.30.344	提供劳务者致害责任纠纷	

同时适用的法条及其相关度

	同时适用的法条	相关度	
侵权责任法	第 2 条【侵权责任一般条款;民事权益的范围】		109
	第 6 条【过错责任原则;过错推定责任原则】		
	第 7 条【无过错责任原则】		
	第 8 条【共同实施侵权行为人的连带责任】		
	第 16 条【人身损害赔偿项目:一般人身损害赔偿项目、伤残赔偿项目、死亡赔偿项目】		
	第 22 条【侵害人身权益的精神损害赔偿】		
	第 26 条【过失相抵:被侵权人过错】		
	第 39 条【教育机构对限制民事行为能力人违反教育、管理职责的过错责任】		
	第 72 条【高度危险物致害无过错责任及抗辩事由】		
	第 76 条【未经许可进入高度危险活动区域或者高度危险物存放区的抗辩事由】		
民法通则	第 18 条【监护人职责:保护被监护人人身权益、保护被监护人财产权益、不履行监护职责、侵害被监护人权益】		350
	第 106 条【民事责任归责原则:违约责任,无过错责任原则;侵权责任,过错责任,无过错责任】		
	第 119 条【人身损害赔偿项目:一般人身损害赔偿项目、伤残赔偿项目、死亡赔偿项目】		

		同时适用的法条	相关度
437	人身损害赔偿司法解释	第 2 条【受害人故意】	
		第 9 条【用人单位替代责任;劳务派遣侵权责任:替代责任、补充责任】	
		第 11 条【雇员在雇佣活动中遭受损害的责任承担:雇主责任、第三人原因致害;发包人、分包人与雇主承担连带责任】	
		第 17 条【人身损害赔偿项目:一般人身损害赔偿项目、伤残赔偿项目、死亡赔偿项目】	
		第 18 条【精神损害抚慰金的请求权】	
		第 19 条【医疗费计算标准】	
		第 20 条【误工费计算标准】	
		第 21 条【人身损害赔偿:护理费计算】	
		第 22 条【交通费计算标准】	
		第 23 条【伙食费、住宿费计算标准】	
		第 24 条【营养费计算标准】	
		第 25 条【人身损害赔偿项目:残疾赔偿金计算标准】	
		第 27 条【人身损害赔偿:丧葬费计算标准】	
		第 28 条【被扶养人生活费数额的确定:被扶养人生活费计算标准;被扶养人的界定】	
		第 29 条【人身损害赔偿项目:死亡赔偿金计算标准】	
		第 31 条【物质损害赔偿金、精神损害抚慰金的确定与给付:一次性给付】	
449	精神损害赔偿司法解释	第 8 条【致人精神损害的责任承担方式:非财产形式责任、精神损害抚慰金】	
		第 10 条【精神损害赔偿数额的确定标准】	

第 75 条【非法占有高度危险物致害的侵权责任】 ★

非法占有高度危险物造成他人损害的，由非法占有人承担侵权责任。所有人、管理人不能证明对防止他人非法占有尽到高度注意义务的，与非法占有人承担连带责任。

主要适用的案由及其相关度

案由编号	主要适用的案由	相关度
M3.5.38	财产损害赔偿纠纷	
M1.1.1	生命权、健康权、身体权纠纷	
M9.30.353	高度危险责任纠纷	

同时适用的法条及其相关度

	同时适用的法条	相关度	
侵权责任法	第 6 条【过错责任原则；过错推定责任原则】		109
	第 7 条【无过错责任原则】		
	第 12 条【分别实施非充足原因侵权行为的按份责任】		
	第 15 条【侵权责任的主要承担方式】		
	第 16 条【人身损害赔偿项目：一般人身损害赔偿项目、伤残赔偿项目、死亡赔偿项目】		
	第 18 条【被侵权人死亡、单位分立合并的请求权继受；支付被侵权人医疗费、丧葬费等合理费用的人】		
	第 19 条【侵害财产造成财产损失的计算方式】		
	第 22 条【侵害人身权益的精神损害赔偿】		
	第 26 条【过失相抵：被侵权人过错】		
	第 73 条【高度危险行为致害无过错责任及抗辩事由】		

437

	同时适用的法条	相关度
人身损害赔偿司法解释	第 5 条【共同侵权诉讼中法院追加共同被告;赔偿权利人放弃部分诉讼请求的后果】	
	第 10 条【承揽人致害或自身损害:定作人定作过失、指示过失、选任过失】	
	第 17 条【人身损害赔偿项目:一般人身损害赔偿项目、伤残赔偿项目、死亡赔偿项目】	
	第 18 条【精神损害抚慰金的请求权】	
	第 28 条【被扶养人生活费数额的确定:被扶养人生活费计算标准;被扶养人的界定】	

第 76 条【未经许可进入高度危险活动区域或者高度危险物存放区的抗辩事由】 ★★

未经许可进入高度危险活动区域或者高度危险物存放区域受到损害,管理人已经采取安全措施并尽到警示义务的,可以减轻或者不承担责任。

主要适用的案由及其相关度

案由编号	主要适用的案由	相关度
M9.30.350	机动车交通事故责任纠纷	★★★★★
M1.1.1	生命权、健康权、身体权纠纷	★★★★
M9.30.356	触电人身损害责任纠纷	★★★
M9.30.345	提供劳务者受害责任纠纷	★★
M9.30.347	违反安全保障义务责任纠纷	★★
M9.30.353.4	高度危险活动损害责任纠纷	★
M4.10.126	追偿权纠纷	★
M9.30	侵权责任纠纷	★
M9.30.353	高度危险责任纠纷	★
M3.5.38	财产损害赔偿纠纷	★

同时适用的法条及其相关度

	同时适用的法条	相关度	
侵权责任法	第 16 条【人身损害赔偿项目：一般人身损害赔偿项目、伤残赔偿项目、死亡赔偿项目】	★★★★★	109
	第 6 条【过错责任原则；过错推定责任原则】	★★★	
	第 22 条【侵害人身权益的精神损害赔偿】	★★★	
	第 26 条【过失相抵：被侵权人过错】	★★★	
	第 48 条【机动车交通事故责任的法律适用】	★★★	
	第 73 条【高度危险行为致害无过错责任及抗辩事由】	★★★	
	第 12 条【分别实施非充足原因侵权行为的按份责任】	★	
	第 19 条【侵害财产造成财产损失的计算方式】	★	
	第 35 条【个人劳务责任：提供劳务者致害责任、提供劳务者受害责任】	★	
民法通则	第 119 条【人身损害赔偿项目：一般人身损害赔偿项目、伤残赔偿项目、死亡赔偿项目】	★	350
保险法	第 65 条【第三者责任保险定义及保险金赔付规则】	★	357
人身损害赔偿司法解释	第 17 条【人身损害赔偿项目：一般人身损害赔偿项目、伤残赔偿项目、死亡赔偿项目】	★★★★	437
	第 18 条【精神损害抚慰金的请求权】	★★★	
	第 19 条【医疗费计算标准】	★★★	
	第 20 条【误工费计算标准】	★★★	
	第 21 条【人身损害赔偿：护理费计算】	★★★	
	第 22 条【交通费计算标准】	★★★	
	第 23 条【伙食费、住宿费计算标准】	★★★	
	第 25 条【人身损害赔偿项目：残疾赔偿金计算标准】	★★★	

		同时适用的法条	相关度
437		第 27 条【人身损害赔偿:丧葬费计算标准】	★★★
		第 29 条【人身损害赔偿项目:死亡赔偿金计算标准】	★★★
		第 24 条【营养费计算标准】	★★
		第 28 条【被扶养人生活费数额的确定:被扶养人生活费计算标准;被扶养人的界定】	★★
445	道路交通事故司法解释	第 9 条【因道路管理维护缺陷导致机动车发生交通事故造成损害的责任认定及其抗辩事由】	★★
		第 16 条【交强险和商业三者险的赔付规则:交强险限额内赔付、商业三者险赔付、侵权人赔偿;优先赔偿精神损害】	★★
449	精神损害赔偿司法解释	第 8 条【致人精神损害的责任承担方式:非财产形式责任、精神损害抚慰金】	★

第 77 条【高度危险责任法定赔偿限额的适用规则】 ★

承担高度危险责任,法律规定赔偿限额的,依照其规定。

主要适用的案由及其相关度

案由编号	主要适用的案由	相关度
M1.1.1	生命权、健康权、身体权纠纷	
M9.30.345	提供劳务者受害责任纠纷	
M9.30.353.4	高度危险活动损害责任纠纷	
M9.30.356	触电人身损害责任纠纷	

同时适用的法条及其相关度

		同时适用的法条	相关度
109	侵权责任法	第 6 条【过错责任原则;过错推定责任原则】	
		第 7 条【无过错责任原则】	
		第 12 条【分别实施非充足原因侵权行为的按份责任】	

	同时适用的法条	相关度	
	第 15 条【侵权责任的主要承担方式】		109
	第 16 条【人身损害赔偿项目:一般人身损害赔偿项目、伤残赔偿项目、死亡赔偿项目】		
	第 22 条【侵害人身权益的精神损害赔偿】		
	第 26 条【过失相抵:被侵权人过错】		
	第 28 条【第三人原因】		
	第 34 条【用人单位替代责任;劳务派遣侵权责任:替代责任、补充责任】		
	第 38 条【教育机构对无民事行为能力人违反教育、管理职责的过错推定责任】		
	第 48 条【机动车交通事故责任的法律适用】		
	第 69 条【高度危险作业致害无过错责任一般条款】		
	第 72 条【高度危险物致害无过错责任及抗辩事由】		
	第 73 条【高度危险行为致害无过错责任及抗辩事由】		
	第 76 条【未经许可进入高度危险活动区域或者高度危险物存放区的抗辩事由】		
民法通则	第 98 条【生命权、健康权请求权基础】		350
	第 106 条【民事责任归责原则:违约责任,无过错责任原则;侵权责任,过错责任,无过错责任】		
	第 119 条【人身损害赔偿项目:一般人身损害赔偿项目、伤残赔偿项目、死亡赔偿项目】		
	第 123 条【高度危险行为致害无过错责任及抗辩事由】		
	第 131 条【过失相抵:被侵权人过错】		
	第 134 条【侵权责任的主要承担方式】		
保险法	第 65 条【第三者责任保险定义及保险金赔付规则】		357

		同时适用的法条	相关度
411	电力法	第 52 条【单位和个人禁止危害电力设施；进行可能危及电力设施安全的作业前应经批准并采取保护措施】	
		第 53 条【电力设施保护区管理规定及标志设立义务】	
		第 60 条【电力企业的损害赔偿责任及免责事由】	
437	人身损害赔偿司法解释	第 1 条【人身损害赔偿的范围；赔偿权利人的界定；赔偿义务人的界定】	
		第 2 条【受害人故意】	
		第 3 条【共同实施侵权行为人的连带责任】	
		第 4 条【共同危险行为人的侵权责任】	
		第 7 条【教育机构对限制民事行为能力人违反教育、管理职责的过错责任】	
		第 11 条【雇员在雇佣活动中遭受损害的责任承担：雇主责任、第三人原因致害；发包人、分包人与雇主承担连带责任】	
		第 17 条【人身损害赔偿项目：一般人身损害赔偿项目、伤残赔偿项目、死亡赔偿项目】	
		第 18 条【精神损害抚慰金的请求权】	
		第 19 条【医疗费计算标准】	
		第 20 条【误工费计算标准】	
		第 21 条【人身损害赔偿：护理费计算】	
		第 22 条【交通费计算标准】	
		第 23 条【伙食费、住宿费计算标准】	
		第 25 条【人身损害赔偿项目：残疾赔偿金计算标准】	
		第 27 条【人身损害赔偿：丧葬费计算标准】	
		第 28 条【被扶养人生活费数额的确定：被扶养人生活费计算标准；被扶养人的界定】	
		第 29 条【人身损害赔偿项目：死亡赔偿金计算标准】	
		第 35 条【人身损害赔偿相关概念的界定】	

		同时适用的法条	相关度
司法解释	道路交通事故	第16条【交强险和商业三者险的赔付规则:交强险限额内赔付、商业三者险赔付、侵权人赔偿;优先赔偿精神损害】	
司法解释	精神损害赔偿	第9条【精神损害抚慰金的范围:残疾赔偿金、其他精神损害】	
		第11条【精神损害赔偿的减免责事由:受害人过错】	

445

449

第十章　饲养动物损害责任

第78条【饲养动物致害的无过错责任及被侵权人过错的适用规则】

★★★

饲养的动物造成他人损害的,动物饲养人或者管理人应当承担侵权责任,但能够证明损害是因被侵权人故意或者重大过失造成的,可以不承担或者减轻责任。

■ 主要适用的案由及其相关度

案由编号	主要适用的案由	相关度
M9.30.354	饲养动物损害责任纠纷	★★★★★
M1.1.1	生命权、健康权、身体权纠纷	★★

■ 同时适用的法条及其相关度

	同时适用的法条	相关度
侵权责任法	第16条【人身损害赔偿项目:一般人身损害赔偿项目、伤残赔偿项目、死亡赔偿项目】	★★★★★
	第6条【过错责任原则;过错推定责任原则】	★★
	第15条【侵权责任的主要承担方式】	★★
	第22条【侵害人身权益的精神损害赔偿】	★★
	第79条【违反管理规定饲养动物致害的无过错责任】	★★

109

		同时适用的法条	相关度
109		第2条【侵权责任一般条款;民事权益的范围】	★
		第3条【侵权责任的当事人主义】	★
		第7条【无过错责任原则】	★
		第26条【过失相抵:被侵权人过错】	★
		第80条【禁止饲养的危险动物致害的无过错责任】	★
350	民法通则	第127条【饲养动物致害的无过错责任及被侵权人过错的适用规则】	★
437	人身损害赔偿司法解释	第17条【人身损害赔偿项目:一般人身损害赔偿项目、伤残赔偿项目、死亡赔偿项目】	★★★
		第19条【医疗费计算标准】	★★★
		第20条【误工费计算标准】	★★★
		第22条【交通费计算标准】	★★★
		第21条【人身损害赔偿:护理费计算】	★★
		第23条【伙食费、住宿费计算标准】	★★
		第24条【营养费计算标准】	★★
		第18条【精神损害抚慰金的请求权】	★
449	精神损害赔偿司法解释	第8条【致人精神损害的责任承担方式:非财产形式责任、精神损害抚慰金】	★

第79条【违反管理规定饲养动物致害的无过错责任】　★★

违反管理规定,未对动物采取安全措施造成他人损害的,动物饲养人或者管理人应当承担侵权责任。

▒ 主要适用的案由及其相关度

案由编号	主要适用的案由	相关度
M9.30.354	饲养动物损害责任纠纷	★★★★★
M1.1.1	生命权、健康权、身体权纠纷	★★
M3.5.38	财产损害赔偿纠纷	★

同时适用的法条及其相关度

	同时适用的法条	相关度	
侵权责任法	第 78 条【饲养动物致害的无过错责任及被侵权人过错的适用规则】	★★★★★	109
	第 16 条【人身损害赔偿项目:一般人身损害赔偿项目、伤残赔偿项目、死亡赔偿项目】	★★★★	
	第 6 条【过错责任原则;过错推定责任原则】	★★	
	第 7 条【无过错责任原则】	★	
	第 15 条【侵权责任的主要承担方式】	★	
	第 22 条【侵害人身权益的精神损害赔偿】	★	
	第 26 条【过失相抵:被侵权人过错】	★	
	第 80 条【禁止饲养的危险动物致害的无过错责任】	★	
民法通则	第 119 条【人身损害赔偿项目:一般人身损害赔偿项目、伤残赔偿项目、死亡赔偿项目】	★	350
	第 127 条【饲养动物致害的无过错责任及被侵权人过错的适用规则】	★	
人身损害赔偿司法解释	第 17 条【人身损害赔偿项目:一般人身损害赔偿项目、伤残赔偿项目、死亡赔偿项目】	★★★	437
	第 19 条【医疗费计算标准】	★★★	
	第 20 条【误工费计算标准】	★★	
	第 21 条【人身损害赔偿:护理费计算】	★★	
	第 22 条【交通费计算标准】	★★	
	第 18 条【精神损害抚慰金的请求权】	★	
	第 23 条【伙食费、住宿费计算标准】	★	
	第 24 条【营养费计算标准】	★	
	第 25 条【人身损害赔偿项目:残疾赔偿金计算标准】	★	

第80条【禁止饲养的危险动物致害的无过错责任】 ★★

禁止饲养的烈性犬等危险动物造成他人损害的，动物饲养人或者管理人应当承担侵权责任。

主要适用的案由及其相关度

案由编号	主要适用的案由	相关度
M9.30.354	饲养动物损害责任纠纷	★★★★★
M1.1.1	生命权、健康权、身体权纠纷	★★★
M3.5.38	财产损害赔偿纠纷	★★
M1.1.9	一般人格权纠纷	★★

同时适用的法条及其相关度

		同时适用的法条	相关度
109	侵权责任法	第16条【人身损害赔偿项目：一般人身损害赔偿项目、伤残赔偿项目、死亡赔偿项目】	★★★★★
	侵权责任法	第78条【饲养动物致害的无过错责任及被侵权人过错的适用规则】	★★★★★
	侵权责任法	第22条【侵害人身权益的精神损害赔偿】	★★★
	侵权责任法	第79条【违反管理规定饲养动物致害的无过错责任】	★★★
	侵权责任法	第6条【过错责任原则；过错推定责任原则】	★★
	侵权责任法	第15条【侵权责任的主要承担方式】	★★
	侵权责任法	第2条【侵权责任一般条款；民事权益的范围】	★
	侵权责任法	第3条【侵权责任的当事人主义】	★
	侵权责任法	第26条【过失相抵：被侵权人过错】	★
	侵权责任法	第84条【饲养动物人应负的社会责任】	★
350	民法通则	第119条【人身损害赔偿项目：一般人身损害赔偿项目、伤残赔偿项目、死亡赔偿项目】	★
	民法通则	第127条【饲养动物致害的无过错责任及被侵权人过错的适用规则】	★

	同时适用的法条	相关度	
人身损害赔偿司法解释	第 17 条【人身损害赔偿项目:一般人身损害赔偿项目、伤残赔偿项目、死亡赔偿项目】	★★★	437
	第 19 条【医疗费计算标准】	★★★	
	第 20 条【误工费计算标准】	★★★	
	第 21 条【人身损害赔偿:护理费计算】	★★★	
	第 22 条【交通费计算标准】	★★★	
	第 23 条【伙食费、住宿费计算标准】	★★★	
	第 18 条【精神损害抚慰金的请求权】	★★	
	第 24 条【营养费计算标准】	★★	
	第 25 条【人身损害赔偿项目:残疾赔偿金计算标准】	★	
精神损害赔偿司法解释	第 8 条【致人精神损害的责任承担方式:非财产形式责任、精神损害抚慰金】	★	449
	第 10 条【精神损害赔偿数额的确定标准】	★	

第 81 条【动物园动物致害的过错推定责任】 ★

动物园的动物造成他人损害的,动物园应当承担侵权责任,但能够证明尽到管理职责的,不承担责任。

▒ 主要适用的案由及其相关度

M1.1.1　生命权、健康权、身体权纠纷

▒ 同时适用的法条及其相关度

	同时适用的法条	相关度	
民法通则	第 5 条【公民的合法权益受到保护】		350
	第 98 条【生命权、健康权请求权基础】		
	第 106 条【民事责任归责原则:违约责任,无过错责任原则;侵权责任,过错责任,无过错责任】		

		同时适用的法条	相关度
350		第 119 条【人身损害赔偿项目:一般人身损害赔偿项目、伤残赔偿项目、死亡赔偿项目】	
		第 131 条【过失相抵:被侵权人过错】	
109	侵权责任法	第 2 条【侵权责任一般条款;民事权益的范围】	
		第 3 条【侵权责任的当事人主义】	
		第 15 条【侵权责任的主要承担方式】	
		第 16 条【人身损害赔偿项目:一般人身损害赔偿项目、伤残赔偿项目、死亡赔偿项目】	
		第 22 条【侵害人身权益的精神损害赔偿】	
		第 78 条【饲养动物致害的无过错责任及被侵权人过错的适用规则】	
		第 79 条【违反管理规定饲养动物致害的无过错责任】	
		第 82 条【遗弃、逃逸动物致害的无过错责任】	
437	人身损害赔偿司法解释	第 1 条【人身损害赔偿的范围;赔偿权利人的界定;赔偿义务人的界定】	
		第 11 条【雇员在雇佣活动中遭受损害的责任承担:雇主责任、第三人原因致害;发包人、分包人与雇主承担连带责任】	
		第 17 条【人身损害赔偿项目:一般人身损害赔偿项目、伤残赔偿项目、死亡赔偿项目】	
		第 18 条【精神损害抚慰金的请求权】	
		第 19 条【医疗费计算标准】	
		第 20 条【误工费计算标准】	
		第 21 条【人身损害赔偿:护理费计算】	
		第 22 条【交通费计算标准】	
		第 23 条【伙食费、住宿费计算标准】	
		第 24 条【营养费计算标准】	

	同时适用的法条	相关度	
	第 25 条【人身损害赔偿项目：残疾赔偿金计算标准】		437
	第 26 条【人身损害赔偿：残疾辅助器具费的计算标准；辅助器具的更换周期、赔偿期限】		

第 82 条【遗弃、逃逸动物致害的无过错责任】 ★

遗弃、逃逸的动物在遗弃、逃逸期间造成他人损害的，由原动物饲养人或者管理人承担侵权责任。

▒ 主要适用的案由及其相关度

案由编号	主要适用的案由	相关度
M9.30.354	饲养动物损害责任纠纷	
M3.5.38	财产损害赔偿纠纷	
M1.1.1	生命权、健康权、身体权纠纷	

▒ 同时适用的法条及其相关度

	同时适用的法条	相关度	
侵权责任法	第 16 条【人身损害赔偿项目：一般人身损害赔偿项目、伤残赔偿项目、死亡赔偿项目】		109
	第 78 条【饲养动物致害的无过错责任及被侵权人过错的适用规则】		
	第 6 条【过错责任原则；过错推定责任原则】		
	第 26 条【过失相抵：被侵权人过错】		
	第 12 条【分别实施非充足原因侵权行为的按份责任】		
	第 13 条【连带责任形态的对外承担规则】		
	第 22 条【侵害人身权益的精神损害赔偿】		
	第 79 条【违反管理规定饲养动物致害的无过错责任】		

		同时适用的法条	相关度
350	民法通则	第 106 条【民事责任归责原则:违约责任,无过错责任原则;侵权责任,过错责任,无过错责任】	
		第 119 条【人身损害赔偿项目:一般人身损害赔偿项目、伤残赔偿项目、死亡赔偿项目】	
		第 127 条【饲养动物致害的无过错责任及被侵权人过错的适用规则】	
437	人身损害赔偿司法解释	第 17 条【人身损害赔偿项目:一般人身损害赔偿项目、伤残赔偿项目、死亡赔偿项目】	
		第 18 条【精神损害抚慰金的请求权】	
		第 19 条【医疗费计算标准】	
		第 20 条【误工费计算标准】	
		第 21 条【人身损害赔偿:护理费计算】	
		第 22 条【交通费计算标准】	
		第 23 条【伙食费、住宿费计算标准】	
		第 24 条【营养费计算标准】	
		第 25 条【人身损害赔偿项目:残疾赔偿金计算标准】	
449	精神损害赔偿司法解释	第 10 条【精神损害赔偿数额的确定标准】	

第 83 条【第三人过错导致饲养动物致害的不真正连带责任】 ★

因第三人的过错致使动物造成他人损害的,被侵权人可以向动物饲养人或者管理人请求赔偿,也可以向第三人请求赔偿。动物饲养人或者管理人赔偿后,有权向第三人追偿。

▒ 主要适用的案由及其相关度

案由编号	主要适用的案由	相关度
M9.30.354	饲养动物损害责任纠纷	

案由编号	主要适用的案由	相关度
M1.1.1	生命权、健康权、身体权纠纷	
M3.5.38	财产损害赔偿纠纷	
M4.10.126	追偿权纠纷	

同时适用的法条及其相关度

	同时适用的法条	相关度	
侵权责任法	第 2 条【侵权责任一般条款;民事权益的范围】		109
	第 3 条【侵权责任的当事人主义】		
	第 26 条【过失相抵:被侵权人过错】		
	第 78 条【饲养动物致害的无过错责任及被侵权人过错的适用规则】		
	第 82 条【遗弃、逃逸动物致害的无过错责任】		
	第 84 条【饲养动物人应负的社会责任】		
民法通则	第 72 条【财产所有权取得应符合法律规定;动产所有权自交付时转移】		350
	第 75 条【个人财产:合法财产受法律保护】		
	第 117 条【侵害财产权的责任承担方式:返还财产、折价赔偿;恢复原状、折价赔偿;赔偿损失】		
人身损害赔偿司法解释	第 17 条【人身损害赔偿项目:一般人身损害赔偿项目、伤残赔偿项目、死亡赔偿项目】		437
	第 18 条【精神损害抚慰金的请求权】		
	第 19 条【医疗费计算标准】		
	第 20 条【误工费计算标准】		
	第 21 条【人身损害赔偿:护理费计算】		
	第 22 条【交通费计算标准】		
	第 23 条【伙食费、住宿费计算标准】		
	第 25 条【人身损害赔偿项目:残疾赔偿金计算标准】		

第 84 条【饲养动物人应负的社会责任】 ★★

饲养动物应当遵守法律，尊重社会公德，不得妨害他人生活。

主要适用的案由及其相关度

案由编号	主要适用的案由	相关度
M9.30.354	饲养动物损害责任纠纷	★★★★
M3.5.38	财产损害赔偿纠纷	★★
M1.1.1	生命权、健康权、身体权纠纷	★

同时适用的法条及其相关度

		同时适用的法条	相关度
109	侵权责任法	第 16 条【人身损害赔偿项目：一般人身损害赔偿项目、伤残赔偿项目、死亡赔偿项目】	★★★★★
		第 78 条【饲养动物致害的无过错责任及被侵权人过错的适用规则】	★★★★★
		第 6 条【过错责任原则；过错推定责任原则】	★★★★
		第 3 条【侵权责任的当事人主义】	★★★
		第 15 条【侵权责任的主要承担方式】	★★★
		第 79 条【违反管理规定饲养动物致害的无过错责任】	★★★
		第 2 条【侵权责任一般条款；民事权益的范围】	★★
		第 19 条【侵害财产造成财产损失的计算方式】	★★
350	民法通则	第 106 条【民事责任归责原则：违约责任，无过错责任原则；侵权责任，过错责任，无过错责任】	★
		第 119 条【人身损害赔偿项目：一般人身损害赔偿项目、伤残赔偿项目、死亡赔偿项目】	★
		第 134 条【侵权责任的主要承担方式】	★
357	保险法	第 65 条【第三者责任保险定义及保险金赔付规则】	★

	同时适用的法条	相关度	
人身损害赔偿司法解释	第17条【人身损害赔偿项目：一般人身损害赔偿项目、伤残赔偿项目、死亡赔偿项目】	★★	437
	第19条【医疗费计算标准】	★★	
	第20条【误工费计算标准】	★★	
	第21条【人身损害赔偿：护理费计算】	★★	
	第22条【交通费计算标准】	★★	
	第23条【伙食费、住宿费计算标准】	★★	
	第24条【营养费计算标准】	★	
	第25条【人身损害赔偿项目：残疾赔偿金计算标准】	★	
道路交通事故司法解释	第14条【人身伤亡、财产损失的概念】	★	445

第十一章　物件损害责任

第85条【建筑物、构筑物或者其他设施及其附属物脱落、坠落致害过错推定责任】 ★★★

建筑物、构筑物或者其他设施及其搁置物、悬挂物发生脱落、坠落造成他人损害，所有人、管理人或者使用人不能证明自己没有过错的，应当承担侵权责任。所有人、管理人或者使用人赔偿后，有其他责任人的，有权向其他责任人追偿。

主要适用的案由及其相关度

案由编号	主要适用的案由	相关度
M1.1.1	生命权、健康权、身体权纠纷	★★★★★
M9.30.355.1	物件脱落、坠落损害责任纠纷	★★★★
M3.5.38	财产损害赔偿纠纷	★★★

案由编号	主要适用的案由	相关度
M9.30.355	物件损害责任纠纷	★★★
M9.30.355.2	建筑物、构筑物倒塌损害责任纠纷	★
M9.30	侵权责任纠纷	★

同时适用的法条及其相关度

		同时适用的法条	相关度
109	侵权责任法	第16条【人身损害赔偿项目:一般人身损害赔偿项目、伤残赔偿项目、死亡赔偿项目】	★★★★★
		第6条【过错责任原则;过错推定责任原则】	★★★★
		第22条【侵害人身权益的精神损害赔偿】	★★★
		第26条【过失相抵:被侵权人过错】	★★★
		第15条【侵权责任的主要承担方式】	★★
		第2条【侵权责任一般条款;民事权益的范围】	★
		第3条【侵权责任的当事人主义】	★
		第12条【分别实施非充足原因侵权行为的按份责任】	★
		第19条【侵害财产造成财产损失的计算方式】	★
350	民法通则	第119条【人身损害赔偿项目:一般人身损害赔偿项目、伤残赔偿项目、死亡赔偿项目】	★
		第126条【建筑物、构筑物或者其他设施及其附属物脱落、坠落致害过错推定责任】	★
437	人身损害赔偿司法解释	第17条【人身损害赔偿项目:一般人身损害赔偿项目、伤残赔偿项目、死亡赔偿项目】	★★★
		第19条【医疗费计算标准】	★★★
		第20条【误工费计算标准】	★★★
		第21条【人身损害赔偿:护理费计算】	★★★
		第22条【交通费计算标准】	★★★
		第23条【伙食费、住宿费计算标准】	★★★

	同时适用的法条	相关度	
	第 18 条【精神损害抚慰金的请求权】	★★	437
	第 24 条【营养费计算标准】	★★	
	第 25 条【人身损害赔偿项目:残疾赔偿金计算标准】	★★	
	第 28 条【被扶养人生活费数额的确定:被扶养人生活费计算标准;被扶养人的界定】	★	
精神损害赔偿司法解释	第 8 条【致人精神损害的责任承担方式:非财产形式责任、精神损害抚慰金】	★	449
	第 10 条【精神损害赔偿数额的确定标准】	★	

第 86 条【建筑物、构筑物或者其他设施倒塌致害的侵权责任】　★★

建筑物、构筑物或者其他设施倒塌造成他人损害的,由建设单位与施工单位承担连带责任。建设单位、施工单位赔偿后,有其他责任人的,有权向其他责任人追偿。

因其他责任人的原因,建筑物、构筑物或者其他设施倒塌造成他人损害的,由其他责任人承担侵权责任。

主要适用的案由及其相关度

案由编号	主要适用的案由	相关度
M1.1.1	生命权、健康权、身体权纠纷	★★★★★
M9.30.355.2	建筑物、构筑物倒塌损害责任纠纷	★★★★★
M3.5.38	财产损害赔偿纠纷	★★★★
M9.30.355	物件损害责任纠纷	★★★
M4.10.126	追偿权纠纷	★★★
M9.30.345	提供劳务者受害责任纠纷	★★★
M9.30.355.1	物件脱落、坠落损害责任纠纷	★★★
M9.30	侵权责任纠纷	★★
M3.5.34	排除妨害纠纷	★
M9.30.347	违反安全保障义务责任纠纷	★

同时适用的法条及其相关度

		同时适用的法条	相关度
109	侵权责任法	第 16 条【人身损害赔偿项目:一般人身损害赔偿项目、伤残赔偿项目、死亡赔偿项目】	★★★★★
		第 6 条【过错责任原则;过错推定责任原则】	★★★★
		第 22 条【侵害人身权益的精神损害赔偿】	★★★
		第 26 条【过失相抵:被侵权人过错】	★★★
		第 15 条【侵权责任的主要承担方式】	★★
		第 85 条【建筑物、构筑物或者其他设施及其附属物脱落、坠落致害过错推定责任】	★★
		第 3 条【侵权责任的当事人主义】	★
		第 12 条【分别实施非充足原因侵权行为的按份责任】	★
		第 19 条【侵害财产造成财产损失的计算方式】	★
350	民法通则	第 106 条【民事责任归责原则:违约责任,无过错责任原则;侵权责任,过错责任,无过错责任】	★
		第 119 条【人身损害赔偿项目:一般人身损害赔偿项目、伤残赔偿项目、死亡赔偿项目】	★
		第 126 条【建筑物、构筑物或者其他设施及其附属物脱落、坠落致害过错推定责任】	★
437	人身损害赔偿司法解释	第 17 条【人身损害赔偿项目:一般人身损害赔偿项目、伤残赔偿项目、死亡赔偿项目】	★★★
		第 19 条【医疗费计算标准】	★★★
		第 21 条【人身损害赔偿:护理费计算】	★★★
		第 18 条【精神损害抚慰金的请求权】	★★
		第 20 条【误工费计算标准】	★★
		第 22 条【交通费计算标准】	★★
		第 23 条【伙食费、住宿费计算标准】	★★
		第 24 条【营养费计算标准】	★★

	同时适用的法条	相关度	
	第 25 条【人身损害赔偿项目:残疾赔偿金计算标准】	★★	437
	第 28 条【被扶养人生活费数额的确定:被扶养人生活费计算标准;被扶养人的界定】	★	
精神损害赔偿司法解释	第 8 条【致人精神损害的责任承担方式:非财产形式责任、精神损害抚慰金】	★	449
	第 10 条【精神损害赔偿数额的确定标准】	★	

第87 条【高空抛物责任:从建筑物中抛掷的或者从建筑物上坠落的物品致害补偿责任】 ★

从建筑物中抛掷物品或者从建筑物上坠落的物品造成他人损害,难以确定具体侵权人的,除能够证明自己不是侵权人的外,由可能加害的建筑物使用人给予补偿。

主要适用的案由及其相关度

案由编号	主要适用的案由	相关度
M9.30.355.3	不明抛掷物、坠落物损害责任纠纷	
M1.1.1	生命权、健康权、身体权纠纷	
M3.5.38	财产损害赔偿纠纷	
M9.30.355.1	物件脱落、坠落损害责任纠纷	
M9.30.355	物件损害责任纠纷	
M9.30	侵权责任纠纷	
M9.30.355.2	建筑物、构筑物倒塌损害责任纠纷	

同时适用的法条及其相关度

	同时适用的法条	相关度	
侵权责任法	第 6 条【过错责任原则;过错推定责任原则】		109
	第 7 条【无过错责任原则】		
	第 12 条【分别实施非充足原因侵权行为的按份责任】		

		同时适用的法条	相关度
109		第15条【侵权责任的主要承担方式】	
		第16条【人身损害赔偿项目:一般人身损害赔偿项目、伤残赔偿项目、死亡赔偿项目】	
		第22条【侵害人身权益的精神损害赔偿】	
		第26条【过失相抵:被侵权人过错】	
		第85条【建筑物、构筑物或者其他设施及其附属物脱落、坠落致害过错推定责任】	
350	民法通则	第98条【生命权、健康权请求权基础】	
437	人身损害赔偿司法解释	第17条【人身损害赔偿项目:一般人身损害赔偿项目、伤残赔偿项目、死亡赔偿项目】	
		第18条【精神损害抚慰金的请求权】	
		第19条【医疗费计算标准】	
		第20条【误工费计算标准】	
		第21条【人身损害赔偿:护理费计算】	
		第22条【交通费计算标准】	
		第23条【伙食费、住宿费计算标准】	
		第24条【营养费计算标准】	
		第25条【人身损害赔偿项目:残疾赔偿金计算标准】	

第88条【堆放物倒塌致害的过错推定责任】 ★★

堆放物倒塌造成他人损害,堆放人不能证明自己没有过错的,应当承担侵权责任。

主要适用的案由及其相关度

案由编号	主要适用的案由	相关度
M1.1.1	生命权、健康权、身体权纠纷	★★★★★
M9.30.355.4	堆放物倒塌致害责任纠纷	★★★★

案由编号	主要适用的案由	相关度
M9.30.355	物件损害责任纠纷	★★★
M3.5.38	财产损害赔偿纠纷	★★★
M9.30.350	机动车交通事故责任纠纷	★★
M9.30.345	提供劳务者受害责任纠纷	★★
M9.30.355.1	物件脱落、坠落损害责任纠纷	★
M9.30.355.5	公共道路妨碍通行损害责任纠纷	★
M9.30	侵权责任纠纷	★
M9.30.355.2	建筑物、构筑物倒塌损害责任纠纷	★

同时适用的法条及其相关度

	同时适用的法条	相关度	
侵权责任法	第16条【人身损害赔偿项目:一般人身损害赔偿项目、伤残赔偿项目、死亡赔偿项目】	★★★★★	109
	第6条【过错责任原则;过错推定责任原则】	★★★★	
	第26条【过失相抵:被侵权人过错】	★★★★	
	第22条【侵害人身权益的精神损害赔偿】	★★★	
	第15条【侵权责任的主要承担方式】	★★	
	第2条【侵权责任一般条款;民事权益的范围】	★	
	第3条【侵权责任的当事人主义】	★	
民法通则	第119条【人身损害赔偿项目:一般人身损害赔偿项目、伤残赔偿项目、死亡赔偿项目】	★★	350
	第106条【民事责任归责原则:违约责任,无过错责任原则;侵权责任,过错责任,无过错责任】	★	
	第131条【过失相抵:被侵权人过错】	★	
人身损害赔偿司法解释	第17条【人身损害赔偿项目:一般人身损害赔偿项目、伤残赔偿项目、死亡赔偿项目】	★★★	437
	第19条【医疗费计算标准】	★★★	
	第20条【误工费计算标准】	★★★	

		同时适用的法条	相关度
437		第 21 条【人身损害赔偿:护理费计算】	★★★
		第 22 条【交通费计算标准】	★★★
		第 23 条【伙食费、住宿费计算标准】	★★★
		第 25 条【人身损害赔偿项目:残疾赔偿金计算标准】	★★★
		第 18 条【精神损害抚慰金的请求权】	★★
		第 24 条【营养费计算标准】	★★
		第 28 条【被扶养人生活费数额的确定:被扶养人生活费计算标准;被扶养人的界定】	★★
		第 11 条【雇员在雇佣活动中遭受损害的责任承担:雇主责任、第三人原因致害;发包人、分包人与雇主承担连带责任】	★
		第 16 条【所有人或管理人对于物件致害的过错推定责任:构筑物、堆放物、林木、果实坠落致害;设计、施工者的连带责任】	★
449	精神损害赔偿司法解释	第 8 条【致人精神损害的责任承担方式:非财产形式责任、精神损害抚慰金】	★★
		第 10 条【精神损害赔偿数额的确定标准】	★★

第 89 条【在公共道路上堆放、倾倒、遗撒妨碍通行物品致害的侵权责任】

★★★

在公共道路上堆放、倾倒、遗撒妨碍通行的物品造成他人损害的,有关单位或者个人应当承担侵权责任。

主要适用的案由及其相关度

案由编号	主要适用的案由	相关度
M9.30.355.5	公共道路妨碍通行损害责任纠纷	★★★★★
M9.30.350	机动车交通事故责任纠纷	★★★★★

案由编号	主要适用的案由	相关度
M1.1.1	生命权、健康权、身体权纠纷	★★★
M9.30	侵权责任纠纷	★
M9.30.355	物件损害责任纠纷	★

同时适用的法条及其相关度

	同时适用的法条	相关度	
侵权责任法	第16条【人身损害赔偿项目:一般人身损害赔偿项目、伤残赔偿项目、死亡赔偿项目】	★★★★★	109
	第6条【过错责任原则;过错推定责任原则】	★★★★	
	第26条【过失相抵:被侵权人过错】	★★★★	
	第22条【侵害人身权益的精神损害赔偿】	★★★	
	第15条【侵权责任的主要承担方式】	★★	
	第2条【侵权责任一般条款;民事权益的范围】	★	
	第12条【分别实施非充足原因侵权行为的按份责任】	★	
	第18条【被侵权人死亡、单位分立合并的请求权继受;支付被侵权人医疗费、丧葬费等合理费用的人】	★	
	第19条【侵害财产造成财产损失的计算方式】	★	
	第48条【机动车交通事故责任的法律适用】	★	
民法通则	第119条【人身损害赔偿项目:一般人身损害赔偿项目、伤残赔偿项目、死亡赔偿项目】	★★	350
	第106条【民事责任归责原则:违约责任,无过错责任原则;侵权责任,过错责任,无过错责任】	★	
道路交通安全法	第76条【交通事故责任一般条款】	★	347

		同时适用的法条	相关度
437	人身损害赔偿司法解释	第 17 条【人身损害赔偿项目：一般人身损害赔偿项目、伤残赔偿项目、死亡赔偿项目】	★★★
		第 18 条【精神损害抚慰金的请求权】	★★★
		第 19 条【医疗费计算标准】	★★★
		第 20 条【误工费计算标准】	★★★
		第 21 条【人身损害赔偿：护理费计算】	★★★
		第 22 条【交通费计算标准】	★★★
		第 23 条【伙食费、住宿费计算标准】	★★★
		第 24 条【营养费计算标准】	★★
		第 25 条【人身损害赔偿项目：残疾赔偿金计算标准】	★★
		第 27 条【人身损害赔偿：丧葬费计算标准】	★★
		第 28 条【被扶养人生活费数额的确定：被扶养人生活费计算标准；被扶养人的界定】	★★
		第 29 条【人身损害赔偿项目：死亡赔偿金计算标准】	★★
445	道路交通事故司法解释	第 10 条【因在道路上堆放、倾倒、遗撒物品等妨碍通行的行为导致交通事故造成损害的责任认定及其抗辩事由】	★★
449	精神损害赔偿司法解释	第 10 条【精神损害赔偿数额的确定标准】	★★
		第 8 条【致人精神损害的责任承担方式：非财产形式责任、精神损害抚慰金】	★

第 90 条【林木折断致害的过错推定责任】 ★★

因林木折断造成他人损害，林木的所有人或者管理人不能证明自己没有过错的，应当承担侵权责任。

主要适用的案由及其相关度

案由编号	主要适用的案由	相关度
M9.30.355.6	林木折断损害责任纠纷	★★★★★
M1.1.1	生命权、健康权、身体权纠纷	★★★★
M3.5.38	财产损害赔偿纠纷	★★★★
M4.10.116	林业承包合同纠纷	★★
M9.30.350	机动车交通事故责任纠纷	★★
M9.30	侵权责任纠纷	★★
M9.30.355	物件损害责任纠纷	★★
M8.27.317.5	保险人代位求偿权纠纷	★
M9.30.355.5	公共道路妨碍通行损害责任纠纷	★
M9.30.347.1	公共场所管理人责任纠纷	★
M9.30.355.1	物件脱落、坠落损害责任纠纷	★

同时适用的法条及其相关度

	同时适用的法条	相关度	
侵权责任法	第 6 条【过错责任原则;过错推定责任原则】	★★★★★	109
	第 16 条【人身损害赔偿项目:一般人身损害赔偿项目、伤残赔偿项目、死亡赔偿项目】	★★★★★	
	第 26 条【过失相抵:被侵权人过错】	★★★★	
	第 15 条【侵权责任的主要承担方式】	★★★	
	第 22 条【侵害人身权益的精神损害赔偿】	★★★	
	第 19 条【侵害财产造成财产损失的计算方式】	★★	
	第 2 条【侵权责任一般条款;民事权益的范围】	★	
	第 3 条【侵权责任的当事人主义】	★	
	第 12 条【分别实施非充足原因侵权行为的按份责任】	★	

		同时适用的法条	相关度
350	民法通则	第119条【人身损害赔偿项目:一般人身损害赔偿项目、伤残赔偿项目、死亡赔偿项目】	★
437	人身损害赔偿司法解释	第17条【人身损害赔偿项目:一般人身损害赔偿项目、伤残赔偿项目、死亡赔偿项目】	★★★
		第18条【精神损害抚慰金的请求权】	★★★
		第19条【医疗费计算标准】	★★★
		第20条【误工费计算标准】	★★★
		第21条【人身损害赔偿:护理费计算】	★★★
		第22条【交通费计算标准】	★★★
		第23条【伙食费、住宿费计算标准】	★★★
		第25条【人身损害赔偿项目:残疾赔偿金计算标准】	★★★
		第16条【所有人或管理人对于物件致害的过错推定责任:构筑物、堆放物、林木、果实坠落致害;设计、施工者的连带责任】	★★
		第24条【营养费计算标准】	★★
		第27条【人身损害赔偿:丧葬费计算标准】	★★
		第28条【被扶养人生活费数额的确定:被扶养人生活费计算标准;被扶养人的界定】	★★
		第29条【人身损害赔偿项目:死亡赔偿金计算标准】	★★
449	精神损害赔偿司法解释	第8条【致人精神损害的责任承担方式:非财产形式责任、精神损害抚慰金】	★★
		第10条【精神损害赔偿数额的确定标准】	★★

第91条【在公共场所或者道路上挖坑、修缮安装地下设施致害的过错推定责任;窨井等地下设施致害的过错推定责任】 ★★★

在公共场所或者道路上挖坑、修缮安装地下设施等,没有设置明显标

志和采取安全措施造成他人损害的，施工人应当承担侵权责任。

窨井等地下设施造成他人损害，管理人不能证明尽到管理职责的，应当承担侵权责任。

主要适用的案由及其相关度

案由编号	主要适用的案由	相关度
M1.1.1	生命权、健康权、身体权纠纷	★★★★★
M9.30.355.7	地面施工、地下设施损害责任纠纷	★★★★★
M9.30.350	机动车交通事故责任纠纷	★★
M9.30.355	物件损害责任纠纷	★
M3.5.38	财产损害赔偿纠纷	★
M9.30.355.5	公共道路妨碍通行损害责任纠纷	★

同时适用的法条及其相关度

	同时适用的法条	相关度	
侵权责任法	第16条【人身损害赔偿项目：一般人身损害赔偿项目、伤残赔偿项目、死亡赔偿项目】	★★★★★	109
	第26条【过失相抵：被侵权人过错】	★★★★★	
	第6条【过错责任原则；过错推定责任原则】	★★★★	
	第22条【侵害人身权益的精神损害赔偿】	★★★	
	第2条【侵权责任一般条款；民事权益的范围】	★	
	第3条【侵权责任的当事人主义】	★	
	第12条【分别实施非充足原因侵权行为的按份责任】	★	
	第15条【侵权责任的主要承担方式】	★	
	第18条【被侵权人死亡、单位分立合并的请求权继受；支付被侵权人医疗费、丧葬费等合理费用的人】	★	
民法通则	第119条【人身损害赔偿项目：一般人身损害赔偿项目、伤残赔偿项目、死亡赔偿项目】	★★	350
	第125条【在公共场所或者道路上挖坑、修缮安装地下设施致害的过错推定责任；窨井等地下设施致害的过错推定责任】	★	

		同时适用的法条	相关度
437	人身损害赔偿司法解释	第 17 条【人身损害赔偿项目:一般人身损害赔偿项目、伤残赔偿项目、死亡赔偿项目】	★★★
		第 18 条【精神损害抚慰金的请求权】	★★★
		第 19 条【医疗费计算标准】	★★★
		第 20 条【误工费计算标准】	★★★
		第 21 条【人身损害赔偿:护理费计算】	★★★
		第 22 条【交通费计算标准】	★★★
		第 23 条【伙食费、住宿费计算标准】	★★★
		第 24 条【营养费计算标准】	★★★
		第 25 条【人身损害赔偿项目:残疾赔偿金计算标准】	★★★
		第 27 条【人身损害赔偿:丧葬费计算标准】	★★
		第 28 条【被扶养人生活费数额的确定:被扶养人生活费计算标准;被扶养人的界定】	★★
		第 29 条【人身损害赔偿项目:死亡赔偿金计算标准】	★★
449	精神损害赔偿司法解释	第 10 条【精神损害赔偿数额的确定标准】	★★
		第 8 条【致人精神损害的责任承担方式:非财产形式责任、精神损害抚慰金】	★

第十二章　附则

第 92 条【侵权责任法的施行时间:2010 年 7 月 1 日起】 ★

本法自 2010 年 7 月 1 日起施行。

主要适用的案由及其相关度

案由编号	主要适用的案由	相关度
M1.1.1	生命权、健康权、身体权纠纷	

案由编号	主要适用的案由	相关度
M9.30.350	机动车交通事故责任纠纷	
M9.30.355	物件损害责任纠纷	
M3.6.47.7	相邻损害防免关系纠纷	
M9.30.355.7	地面施工、地下设施损害责任纠纷	
M3.5.34	排除妨害纠纷	

同时适用的法条及其相关度

	同时适用的法条	相关度	
侵权责任法	第6条【过错责任原则;过错推定责任原则】		109
	第14条【连带责任的对内最终责任分担规则;连带责任人的追偿权】		
	第15条【侵权责任的主要承担方式】		
	第16条【人身损害赔偿项目:一般人身损害赔偿项目、伤残赔偿项目、死亡赔偿项目】		
	第19条【侵害财产造成财产损失的计算方式】		
	第22条【侵害人身权益的精神损害赔偿】		
	第26条【过失相抵:被侵权人过错】		
	第48条【机动车交通事故责任的法律适用】		
	第50条【机动车买卖后发生交通事故的侵权责任】		
	第84条【饲养动物人应负的社会责任】		
	第86条【建筑物、构筑物或者其他设施倒塌致害的侵权责任】		
	第87条【高空抛物责任:从建筑物中抛掷的或者从建筑物上坠落的物品致害补偿责任】		
民法通则	第83条【处理相邻关系的基本原则】		350
	第98条【生命权、健康权请求权基础】		
	第106条【民事责任归责原则:违约责任,无过错责任原则;侵权责任,过错责任,无过错责任】		

		同时适用的法条	相关度
350		第 117 条【侵害财产权的责任承担方式:返还财产、折价赔偿;恢复原状、折价赔偿;赔偿损失】	
		第 119 条【人身损害赔偿项目:一般人身损害赔偿项目、伤残赔偿项目、死亡赔偿项目】	
		第 130 条【共同实施侵权行为人的连带责任】	
419	立法法	第 84 条【部门规章、地方政府规章的制定主体】	
437	人身损害赔偿司法解释	第 17 条【人身损害赔偿项目:一般人身损害赔偿项目、伤残赔偿项目、死亡赔偿项目】	
		第 18 条【精神损害抚慰金的请求权】	
		第 19 条【医疗费计算标准】	
		第 20 条【误工费计算标准】	
		第 21 条【人身损害赔偿:护理费计算】	
		第 22 条【交通费计算标准】	
		第 23 条【伙食费、住宿费计算标准】	
		第 24 条【营养费计算标准】	
		第 25 条【人身损害赔偿项目:残疾赔偿金计算标准】	
		第 27 条【人身损害赔偿:丧葬费计算标准】	
		第 29 条【人身损害赔偿项目:死亡赔偿金计算标准】	
		第 35 条【人身损害赔偿相关概念的界定】	
		第 36 条【人身损害赔偿司法解释的施行日期】	
445	道路交通事故司法解释	第 9 条【因道路管理维护缺陷导致机动车发生交通事故造成损害的责任认定及其抗辩事由】	

L1.1.46

中华人民共和国民法通则①

★★★★★

（1986年4月12日第六届全国人民代表大会第四次会议通过，根据2009年8月27日第十一届全国人民代表大会常务委员会第十次会议《关于修改部分法律的决定》修正，自2009年8月27日起施行）

第五章　民事权利

第四节　人身权

第98条【生命权、健康权请求权基础】 ★★★★★

公民享有生命健康权。

主要适用的案由及其相关度

案由编号	主要适用的案由	相关度
M9.30.350	机动车交通事故责任纠纷	★★★★★
M1.1.1	生命权、健康权、身体权纠纷	★★★★
M9.30.345	提供劳务者受害责任纠纷	★★★
M9.30.351	医疗损害责任纠纷	★★
M1.1.9	一般人格权纠纷	★
M9.30	侵权责任纠纷	★

同时适用的法条及其相关度

	同时适用的法条	相关度	
民法通则	第119条【人身损害赔偿项目：一般人身损害赔偿项目、伤残赔偿项目、死亡赔偿项目】	★★★★★	350

① 简称《民法通则》。

		同时适用的法条	相关度
350		第 106 条【民事责任归责原则:违约责任,无过错责任原则;侵权责任,过错责任,无过错责任】	★★★
		第 134 条【侵权责任的主要承担方式】	★★★
		第 131 条【过失相抵:被侵权人过错】	★★
		第 5 条【公民的合法权益受到保护】	★
		第 117 条【侵害财产权的责任承担方式:返还财产、折价赔偿;恢复原状、折价赔偿;赔偿损失】	★
109	侵权责任法	第 16 条【人身损害赔偿项目:一般人身损害赔偿项目、伤残赔偿项目、死亡赔偿项目】	★★★★
		第 6 条【侵权责任归责原则:过错责任原则;过错推定原则】	★★★
		第 22 条【侵害人身权益的精神损害赔偿】	★★★
		第 48 条【机动车交通事故责任的法律适用】	★★★
		第 3 条【侵权责任的当事人主义】	★★
		第 15 条【侵权责任的主要承担方式】	★★
		第 26 条【过失相抵:被侵权人过错】	★★
		第 2 条【侵权责任一般条款;民事权益的范围】	★
347	道路交通安全法	第 76 条【交通事故责任一般条款】	★★★★
357	保险法	第 65 条【第三者责任保险定义及保险金赔付规则】	★★
423	交强险条例	第 21 条【交强险赔偿对象:本车人员和被保险人以外的受害人、人身伤亡、财产损失;受害人故意】	★
437	人身损害赔偿司法解释	第 17 条【人身损害赔偿项目:一般人身损害赔偿项目、伤残赔偿项目、死亡赔偿项目】	★★★★
		第 18 条【精神损害抚慰金的请求权】	★★★
		第 19 条【医疗费计算标准】	★★★

	同时适用的法条	相关度	
	第 20 条【误工费计算标准】	★★★	437
	第 21 条【人身损害赔偿:护理费计算】	★★★	
	第 22 条【交通费计算标准】	★★★	
	第 23 条【伙食费、住宿费计算标准】	★★★	
	第 24 条【营养费计算标准】	★★★	
	第 25 条【人身损害赔偿项目:残疾赔偿金计算标准】	★★★	
	第 28 条【被扶养人生活费数额的确定:被扶养人生活费计算标准;被扶养人的界定】	★★	
	第 1 条【人身损害赔偿的范围;赔偿权利人的界定;赔偿义务人的界定】	★	
	第 11 条【雇员在雇佣活动中遭受损害的责任承担:雇主责任、第三人原因致害;发包人、分包人与雇主承担连带责任】	★	
	第 27 条【人身损害赔偿:丧葬费计算标准】	★	
	第 29 条【人身损害赔偿项目:死亡赔偿金计算标准】	★	
	第 35 条【人身损害赔偿相关概念的界定】	★	
道路交通事故司法解释	第 16 条【交强险和商业三者险的赔付规则:交强险限额内赔付、商业三者险赔付、侵权人赔偿;优先赔偿精神损害】	★★	445
精神损害赔偿司法解释	第 8 条【致人精神损害的责任承担方式:非财产形式责任、精神损害抚慰金】	★★	449
	第 10 条【精神损害赔偿数额的确定标准】	★★	

第 99 条【姓名权、名称权的保护】 ★★

公民享有姓名权,有权决定、使用和依照规定改变自己的姓名,禁止他人干涉、盗用、假冒。

法人、个体工商户、个人合伙享有名称权。企业法人、个体工商户、个人合伙有权使用、依法转让自己的名称。

主要适用的案由及其相关度

案由编号	主要适用的案由	相关度
M1.1.2	姓名权纠纷	★★★★★
M9.30	侵权责任纠纷	★★
M1.1.4	名誉权纠纷	★★
M5.14.143.2	侵害商标权纠纷	★★
M4.10.89.4	民间借贷纠纷	★★
M5.14.147	侵害企业名称(商号)权纠纷	★★
M1.1	人格权纠纷	★
M1.1.3	肖像权纠纷	★
M4.10.89.1	金融借款合同纠纷	★
M1.1.9	一般人格权纠纷	★
M5.15.158	商业贿赂不正当竞争纠纷	★
M8.21.250.1	公司决议效力确认纠纷	★
M3.6.48	共有纠纷	★
M5.15.157.2	擅自使用他人企业名称、姓名纠纷	★
M8.21.242	股东资格确认纠纷	★
M5.16	垄断纠纷	★
M4.10.120.3	医疗服务合同纠纷	★
M3.6.48.2	共有物分割纠纷	★
M2.2.18.2	变更抚养关系纠纷	★
M2.2.24	分家析产纠纷	★

同时适用的法条及其相关度

		同时适用的法条	相关度
350	民法通则	第120条【侵害人格权的民事责任:姓名权、肖像权、名誉权、荣誉权】	★★★★★

	同时适用的法条	相关度	
	第 134 条【侵权责任的主要承担方式】	★★★	350
	第 4 条【民事活动的基本原则：自愿、公平、等价有偿、诚实信用】	★	
	第 100 条【公民的肖像权受法律保护】	★	
	第 101 条【名誉权的保护】	★	
	第 106 条【民事责任归责原则：违约责任，无过错责任原则；侵权责任，过错责任，无过错责任】	★	
	第 108 条【债务清偿：分期偿还、强制偿还】	★	
侵权责任法	第 2 条【侵权责任一般条款；民事权益的范围】	★★★	109
	第 15 条【侵权责任的主要承担方式】	★★★	
	第 6 条【侵权责任归责原则：过错责任原则；过错推定原则】	★★	
	第 22 条【侵害人身权益的精神损害赔偿】	★★	
	第 3 条【侵权责任的当事人主义】	★	
	第 8 条【共同实施侵权行为人的连带责任】	★	
	第 20 条【侵害人身造成财产损失的计算方式】	★	
反不正当竞争法	第 5 条【不正当竞争中的仿冒行为】	★★	407
	第 2 条【经营者在市场交易中的义务；不正当竞争与经营者的定义】	★	
	第 20 条【不正当竞争者的赔偿责任】	★	
商标法	第 3 条【注册商标的种类、内容和效力】	★	383
	第 52 条【以违法方式使用未注册商标的惩罚措施：制止、限期改正、通报、罚款】	★	
	第 56 条【注册商标专用权的权属范围：以核准的商标和核定使用的商品为限】	★	
精神损害赔偿司法解释	第 8 条【致人精神损害的责任承担方式：非财产形式责任、精神损害抚慰金】	★★	449
	第 10 条【精神损害赔偿数额的确定标准】	★★	

		同时适用的法条	相关度
449		第 1 条【侵害人身权益的精神损害赔偿】	★
452	商标纠纷司法解释	第 1 条【给他人注册商标专用权造成其他损害的行为的类型】	★
		第 6 条【侵犯商标专用权民事纠纷中法院的地域管辖;侵权商品储藏地的定义】	★

第 100 条【公民的肖像权受法律保护】 ★★

公民享有肖像权,未经本人同意,不得以营利为目的使用公民的肖像。

主要适用的案由及其相关度

案由编号	主要适用的案由	相关度
M1.1.3	肖像权纠纷	★★★★★
M1.1.4	名誉权纠纷	★★★
M1.1	人格权纠纷	★★
M1.1.9	一般人格权纠纷	★

同时适用的法条及其相关度

		同时适用的法条	相关度
350	民法通则	第 120 条【侵害人格权的民事责任:姓名权、肖像权、名誉权、荣誉权】	★★★★★
		第 101 条【名誉权的保护】	★★★
		第 134 条【侵权责任的主要承担方式】	★
109	侵权责任法	第 2 条【侵权责任一般条款;民事权益的范围】	★★★
		第 6 条【侵权责任归责原则:过错责任原则;过错推定原则】	★★
		第 15 条【侵权责任的主要承担方式】	★★
		第 20 条【侵害人身造成财产损失的计算方式】	★
		第 22 条【侵害人身权益的精神损害赔偿】	★
		第 36 条【网络侵权责任:网络用户、网络服务提供者的侵权责任】	★

	同时适用的法条	相关度	
司法解释 精神损害赔偿	第1条【侵害人身权益的精神损害赔偿】	★★	449
	第8条【致人精神损害的责任承担方式:非财产形式责任、精神损害抚慰金】	★★	
	第10条【精神损害赔偿数额的确定标准】	★★	

第101条【名誉权的保护】 ★★★

公民、法人享有名誉权,公民的人格尊严受法律保护,禁止用侮辱、诽谤等方式损害公民、法人的名誉。

主要适用的案由及其相关度

案由编号	主要适用的案由	相关度
M1.1.4	名誉权纠纷	★★★★★
M1.1.3	肖像权纠纷	★★
M1.1.9	一般人格权纠纷	★
M1.1	人格权纠纷	★
M9.30	侵权责任纠纷	★
M9.30.346	网络侵权责任纠纷	★

同时适用的法条及其相关度

	同时适用的法条	相关度	
民法通则	第120条【侵害人格权的民事责任:姓名权、肖像权、名誉权、荣誉权】	★★★★★	350
	第134条【侵权责任的主要承担方式】	★★	
	第100条【公民的肖像权受法律保护】	★	
侵权责任法	第2条【侵权责任一般条款;民事权益的范围】	★★	109
	第6条【侵权责任归责原则:过错责任原则;过错推定原则】	★★	
	第15条【侵权责任的主要承担方式】	★★	
	第22条【侵害人身权益的精神损害赔偿】	★	

		同时适用的法条	相关度
109		第 36 条【网络侵权责任:网络用户、网络服务提供者的侵权责任】	★
449	精神损害赔偿司法解释	第 8 条【致人精神损害的责任承担方式:非财产形式责任、精神损害抚慰金】	★★
		第 1 条【侵害人身权益的精神损害赔偿】	★
		第 10 条【精神损害赔偿数额的确定标准】	★
454	名誉权纠纷问题解答	第 7 条【侵害名誉权责任的认定规则】	★★

第 102 条【公民、法人的荣誉权】 ★

公民、法人享有荣誉权,禁止非法剥夺公民、法人的荣誉称号。

主要适用的案由及其相关度

案由编号	主要适用的案由	相关度
M1.1.4	名誉权纠纷	
M1.1.1	生命权、健康权、身体权纠纷	
M4.10.122	劳务合同纠纷	
M1.1.9	一般人格权纠纷	
M1.1	人格权纠纷	
M9.30.346	网络侵权责任纠纷	
M1.1.2	姓名权纠纷	
M3.5.34	排除妨害纠纷	
M3.6.39	侵害集体经济组织成员权益纠纷	
M9.30	侵权责任纠纷	
M1.1.5	荣誉权纠纷	
M4.10.120.3	医疗服务合同纠纷	

同时适用的法条及其相关度

	同时适用的法条	
侵权责任法	第 6 条【侵权责任归责原则:过错责任原则;过错推定原则】	109
	第 15 条【侵权责任的主要承担方式】	
民法通则	第 101 条【名誉权的保护】	350
	第 120 条【侵害人格权的民事责任:姓名权、肖像权、名誉权、荣誉权】	
	第 134 条【侵权责任的主要承担方式】	
	第 135 条【诉讼时效期间:两年】	
人身损害赔偿司法解释	第 18 条【精神损害抚慰金的请求权】	437

第 103 条【婚姻自主权:禁止买卖、包办婚姻和干涉婚姻自由】 ★

公民享有婚姻自主权,禁止买卖、包办婚姻和其他干涉婚姻自由的行为。

主要适用的案由及其相关度

案由编号	主要适用的案由	相关度
M4.10.119	农村土地承包合同纠纷	
M4.10.74	买卖合同纠纷	
M2.2.11	离婚纠纷	
M2.2.20.1	赡养费纠纷	
M2.2.10	婚约财产纠纷	

同时适用的法条及其相关度

	同时适用的法条	
婚姻法	第 3 条【禁止包办、买卖婚姻;禁止重婚、禁止有配偶者与他人同居;禁止虐待和遗弃家庭成员】	390
	第 21 条【父母与子女间的抚养赡养义务;禁止对婴儿实施的行为】	
	第 32 条【离婚程序和准予离婚的情形】	

		同时适用的法条
362	合同法	第 60 条【合同当事人义务:全面履行义务、通知义务、协助义务、保密义务】
350	民法通则	第 104 条【对特殊人群的保护:老人、儿童、母亲、残疾人】
		第 130 条【共同实施侵权行为人的连带责任】
		第 134 条【侵权责任的主要承担方式】
466	婚姻法司法解释二	第 10 条【允许返还彩礼的情形:未办理结婚登记、办理结婚登记但未共同生活、婚前给付并导致给付人生活困难】
437	人身损害赔偿司法解释	第 17 条【人身损害赔偿项目:一般人身损害赔偿项目、伤残赔偿项目、死亡赔偿项目】
		第 18 条【精神损害抚慰金的请求权】
472	认定夫妻感情破裂具体意见	第 2 条【视为夫妻感情确已破裂的情形】

第 104 条【对特殊人群的保护:老人、儿童、母亲、残疾人】 ★★

婚姻、家庭、老人、母亲和儿童受法律保护。

残疾人的合法权益受法律保护。

主要适用的案由及其相关度

案由编号	主要适用的案由	相关度
M2.2.20	赡养纠纷	★★★★★
M4.10.104	委托合同纠纷	★★★★
M2.2.20.1	赡养费纠纷	★★★
M2.2.11	离婚纠纷	★★★
M4.10.89.4	民间借贷纠纷	★★★
M2.2.18.1	抚养费纠纷	★

案由编号	主要适用的案由	相关度
M2.2.18	抚养纠纷	★
M2.2.24	分家析产纠纷	★
M3.5.34	排除妨害纠纷	★
M3.6.48.2	共有物分割纠纷	★

同时适用的法条及其相关度

	同时适用的法条	相关度	
婚姻法	第21条【父母与子女间的抚养赡养义务;禁止对婴儿实施的行为】	★★★★★	390
	第32条【离婚程序和准予离婚的情形】	★★	
	第2条【婚姻法的基本原则】	★	
	第27条【继父母与继子女之间的权利义务】	★	
合同法	第8条【合同约束力:依约履行义务】	★★	362
	第60条【合同当事人义务:全面履行义务、通知义务、协助义务、保密义务】	★★	
	第107条【合同约束力:违约责任的承担】	★★	
	第114条【违约金的计算方法:约定违约金数额、约定违约金计算方法;违约金过高、违约金过低;迟延履行】	★★	
民法通则	第84条【债的界定】	★★	350
	第106条【民事责任归责原则:违约责任,无过错责任原则;侵权责任,过错责任,无过错责任】	★★	
	第75条【个人财产:合法财产受法律保护】	★	
老年人权益保障法	第13条【老年人养老的规定】	★	403
	第14条【赡养人对老年人的义务;赡养人的定义;赡养人配偶的协助赡养义务】	★	
	第15条【赡养人对患病老年人的义务;赡养人对生活不能自理的老年人的义务】	★	
	第19条【赡养人必须履行赡养义务】	★	

第105条【男女平等】 ★★

妇女享有同男子平等的民事权利。

主要适用的案由及其相关度

案由编号	主要适用的案由	相关度
M3.7.55.2	承包地征收补偿费用分配纠纷	★★★★★
M3.6.39	侵害集体经济组织成员权益纠纷	★
M3.5.38	财产损害赔偿纠纷	★
M2.3.25	法定继承纠纷	★
M2.2.18	抚养纠纷	★

同时适用的法条及其相关度

		同时适用的法条	相关度
350	民法通则	第5条【公民的合法权益受到保护】	★★★★
		第10条【公民的民事权利能力一律平等】	★★★★
		第106条【民事责任归责原则:违约责任,无过错责任原则;侵权责任,过错责任,无过错责任】	★★★
		第117条【侵害财产权的责任承担方式:返还财产、折价赔偿;恢复原状、折价赔偿;赔偿损失】	★★★
		第75条【个人财产:合法财产受法律保护】	★
403	妇女权益保障法	第30条【妇女享有与男子平等的财产权利】	★★★
		第32条【妇女享有与男子平等的农村土地承包经营、集体经济组织收益分配、土地征收或者征用补偿费使用、宅基地使用等权利】	★★★
		第33条【不得因妇女婚姻状况变化侵害妇女在农村集体经济组织的权益;因结婚男方到女方住所落户的男方和子女享有与所在地农村集体经济组织成员平等的权益】	★★★
412	土地管理法	第10条【农民集体所有土地的经营、管理规则】	★★

	同时适用的法条	相关度	
婚姻法	第 21 条【父母与子女间的抚养赡养义务;禁止对婴儿实施的行为】	★	390
土地管理条例	第 26 条【土地补偿费、地上附着物及青苗补偿费的归属;征收土地的安置补助费的管理和使用;市、县和乡(镇)人民政府对安置补助费使用情况的监督义务】	★★	430
农村土地承包纠纷司法解释	第 24 条【土地补偿费在农村集体经济组织内部的分配办法】	★★★★★	466

第六章　民事责任

第三节　侵权的民事责任

第 117 条【侵害财产权的责任承担方式:返还财产、折价赔偿;恢复原状、折价赔偿;赔偿损失】 ★★★★★

侵占国家的、集体的财产或者他人财产的,应当返还财产,不能返还财产的,应当折价赔偿。

损坏国家的、集体的财产或者他人财产的,应当恢复原状或者折价赔偿。

受害人因此遭受其他重大损失的,侵害人并应当赔偿损失。

主要适用的案由及其相关度

案由编号	主要适用的案由	相关度
M9.30.350	机动车交通事故责任纠纷	★★★★★
M3.5.38	财产损害赔偿纠纷	★★★
M3.5.33	返还原物纠纷	★★
M3.5.34	排除妨害纠纷	★
M9.30	侵权责任纠纷	★
M3.6.39	侵害集体经济组织成员权益纠纷	★
M3.5	物权保护纠纷	★

同时适用的法条及其相关度

		同时适用的法条	相关度
347	道路交通安全法	第 76 条【交通事故责任一般条款】	★★★★★
350	民法通则	第 106 条【民事责任归责原则:违约责任,无过错责任原则;侵权责任,过错责任,无过错责任】	★★★
		第 119 条【人身损害赔偿项目:一般人身损害赔偿项目、伤残赔偿项目、死亡赔偿项目】	★★★
		第 134 条【侵权责任的主要承担方式】	★★★
		第 5 条【公民的合法权益受到保护】	★★
		第 75 条【个人财产:合法财产受法律保护】	★★
		第 131 条【过失相抵:被侵权人过错】	★★
		第 71 条【所有权的内容】	★
		第 98 条【生命权、健康权请求权基础】	★
		第 130 条【共同实施侵权行为人的连带责任】	★
357	保险法	第 65 条【第三者责任保险定义及保险金赔付规则】	★★
109	侵权责任法	第 6 条【侵权责任归责原则:过错责任原则;过错推定原则】	★★
		第 16 条【人身损害赔偿项目:一般人身损害赔偿项目、伤残赔偿项目、死亡赔偿项目】	★★
		第 19 条【侵害财产造成财产损失的计算方式】	★★
		第 48 条【机动车交通事故责任的法律适用】	★★
		第 15 条【侵权责任的主要承担方式】	★
437	人身损害赔偿司法解释	第 17 条【人身损害赔偿项目:一般人身损害赔偿项目、伤残赔偿项目、死亡赔偿项目】	★★
		第 18 条【精神损害抚慰金的请求权】	★★
		第 19 条【医疗费计算标准】	★★

	同时适用的法条	相关度	
	第 20 条【误工费计算标准】	★★	437
	第 21 条【人身损害赔偿：护理费计算】	★★	
	第 22 条【交通费计算标准】	★★	
	第 23 条【伙食费、住宿费计算标准】	★★	
	第 25 条【人身损害赔偿项目：残疾赔偿金计算标准】	★★	
	第 24 条【营养费计算标准】	★	
道路交通事故司法解释	第 16 条【交强险和商业三者险的赔付规则：交强险限额内赔付、商业三者险赔付、侵权人赔偿；优先赔偿精神损害】	★★	445
	第 15 条【交通事故财产损失赔偿范围：车辆维修费用、车辆所载物品损失、车辆施救费用、车辆重置费用、合理停运损失、替代性交通工具的合理费用】	★	

第 118 条【公民、法人的知识产权保护方式：停止侵害、消除影响、赔偿损失】 ★★★★

公民、法人的著作权（版权）、专利权、商标专用权、发现权、发明权和其他科技成果权受到剽窃、篡改、假冒等侵害的，有权要求停止侵害，消除影响，赔偿损失。

主要适用的案由及其相关度

案由编号	主要适用的案由	相关度
M5.14.143.2	侵害商标权纠纷	★★★★★
M5.13	知识产权合同纠纷	★★★
M5.14.144.5	侵害外观设计专利权纠纷	★★★
M5.14.144.4	侵害实用新型专利权纠纷	★★
M5.14.142	著作权权属、侵权纠纷	★★
M5.14.142.18	侵害其他著作财产权纠纷	★
M5.14.142.11	侵害作品放映权纠纷	★

案由编号	主要适用的案由	相关度
M5.14.142.13	侵害作品信息网络传播权纠纷	★
M9.30	侵权责任纠纷	★
M5.14.144.3	侵害发明专利权纠纷	★
M5.14.144.2	专利权权属纠纷	★
M5.14.142.6	侵害作品复制权纠纷	★

同时适用的法条及其相关度

		同时适用的法条	相关度
350	民法通则	第134条【侵权责任的主要承担方式】	★★★★★
385	专利法	第11条【发明和实用新型专利权以及外观设计专利权的未经许可不得实施规则】	★★★
		第59条【发明或者实用新型专利权以及外观设计专利权的保护范围认定规则】	★★★
		第65条【侵犯专利权的赔偿数额认定规则】	★★★
383	商标法	第52条【以违法方式使用未注册商标的惩罚措施:制止、限期改正、通报、罚款】	★★★
		第56条【注册商标专用权的权属范围:以核准的商标和核定使用的商品为限】	★★★
		第57条【侵犯注册商标专用权的行为类型】	★★
		第63条【侵犯商标专用权的赔偿数额的认定规则】	★★
376	著作权法	第48条【侵犯著作权侵权行为的主要类型及其法律责任】	★★
		第49条【侵犯著作权的赔偿责任认定:实际损失、违法所得、法院视情节判定】	★★
		第10条【著作权的内容;著作权的行使和转让规则】	★
452	商标纠纷司法解释	第16条【侵犯商标权的侵权责任方式及损害赔偿数额的判定标准】	★★★

	同时适用的法条	相关度	
	第 17 条【侵犯商标权的侵权责任方式及损害赔偿数额的判定标准】	★★★	452
	第 9 条【商标相同和商标近似的界定】	★★	
	第 10 条【认定商品或者服务是否类似的规则】	★★	
著作权纠纷司法解释	第 25 条【侵犯著作权的赔偿责任认定:实际损失、违法所得、法院视情节判定】	★★	451
	第 26 条【侵犯著作权的赔偿责任认定:实际损失、违法所得、法院视情节判定】	★	
专利权纠纷司法解释	第 8 条【外观设计专利权的保护范围的认定】	★	456
	第 11 条【认定外观设计是否相同或者近似的判断因素:授权外观设计、被诉侵权设计的设计特征、外观设计的整体视觉效果】	★	

第 119 条【人身损害赔偿项目:一般人身损害赔偿项目、伤残赔偿项目、死亡赔偿项目】 ★★★★★

侵害公民身体造成伤害的,应当赔偿医疗费、因误工减少的收入、残废者生活补助费等费用;造成死亡的,并应当支付丧葬费、死者生前扶养的人必要的生活费等费用。

主要适用的案由及其相关度

案由编号	主要适用的案由	相关度
M9.30.350	机动车交通事故责任纠纷	★★★★★
M1.1.1	生命权、健康权、身体权纠纷	★★★
X4.234	故意伤害罪	★★
M9.30.345	提供劳务者受害责任纠纷	★

同时适用的法条及其相关度

	同时适用的法条	相关度	
道路交通安全法	第 76 条【交通事故责任一般条款】	★★★★★	347

		同时适用的法条	相关度
109	侵权责任法	第 16 条【人身损害赔偿项目:一般人身损害赔偿项目、伤残赔偿项目、死亡赔偿项目】	★★★
		第 48 条【机动车交通事故责任的法律适用】	★★★
		第 6 条【侵权责任归责原则:过错责任原则;过错推定原则】	★★
		第 22 条【侵害人身权益的精神损害赔偿】	★★
350	民法通则	第 98 条【生命权、健康权请求权基础】	★★★
		第 106 条【民事责任归责原则:违约责任,无过错责任原则;侵权责任,过错责任,无过错责任】	★★★
		第 117 条【侵害财产权的责任承担方式:返还财产、折价赔偿;恢复原状、折价赔偿;赔偿损失】	★★
		第 131 条【过失相抵:被侵权人过错】	★★
		第 134 条【侵权责任的主要承担方式】	★★
		第 130 条【共同实施侵权行为人的连带责任】	★
357	保险法	第 65 条【第三者责任保险定义及保险金赔付规则】	★★
437	人身损害赔偿司法解释	第 17 条【人身损害赔偿项目:一般人身损害赔偿项目、伤残赔偿项目、死亡赔偿项目】	★★★★
		第 19 条【医疗费计算标准】	★★★★
		第 20 条【误工费计算标准】	★★★★
		第 21 条【人身损害赔偿:护理费计算】	★★★★
		第 22 条【交通费计算标准】	★★★★
		第 23 条【伙食费、住宿费计算标准】	★★★★
		第 18 条【精神损害抚慰金的请求权】	★★★
		第 24 条【营养费计算标准】	★★★
		第 25 条【人身损害赔偿项目:残疾赔偿金计算标准】	★★★
		第 28 条【被扶养人生活费数额的确定:被扶养人生活费计算标准;被扶养人的界定】	★★

	同时适用的法条	相关度	
	第 27 条【人身损害赔偿:丧葬费计算标准】	★	437
	第 29 条【人身损害赔偿项目:死亡赔偿金计算标准】	★	
道路交通事故司法解释	第 16 条【交强险和商业三者险的赔付规则:交强险限额内赔付、商业三者险赔付、侵权人赔偿;优先赔偿精神损害】	★★	445
精神损害赔偿司法解释	第 10 条【精神损害赔偿数额的确定标准】	★★	449
	第 8 条【致人精神损害的责任承担方式:非财产形式责任、精神损害抚慰金】	★	

第 120 条【侵害人格权的民事责任:姓名权、肖像权、名誉权、荣誉权】

★★★

公民的姓名权、肖像权、名誉权、荣誉权受到侵害的,有权要求停止侵害,恢复名誉,消除影响,赔礼道歉,并可以要求赔偿损失。

法人的名称权、名誉权、荣誉权受到侵害的,适用前款规定。

主要适用的案由及其相关度

案由编号	主要适用的案由	相关度
M1.1.4	名誉权纠纷	★★★★★
M1.1.3	肖像权纠纷	★★
M1.1.2	姓名权纠纷	★
M9.30	侵权责任纠纷	★
M1.1.1	生命权、健康权、身体权纠纷	★
M1.1.9	一般人格权纠纷	★
M1.1	人格权纠纷	★

同时适用的法条及其相关度

		同时适用的法条	相关度
350	民法通则	第 101 条【名誉权的保护】	★★★★★
		第 100 条【公民的肖像权受法律保护】	★★★
		第 134 条【侵权责任的主要承担方式】	★★★
		第 99 条【姓名权、名称权的保护】	★
		第 106 条【民事责任归责原则:违约责任,无过错责任原则;侵权责任,过错责任,无过错责任】	★
109	侵权责任法	第 2 条【侵权责任一般条款;民事权益的范围】	★★
		第 6 条【侵权责任归责原则:过错责任原则;过错推定原则】	★★
		第 15 条【侵权责任的主要承担方式】	★★
		第 22 条【侵害人身权益的精神损害赔偿】	★★
449	精神损害赔偿司法解释	第 8 条【致人精神损害的责任承担方式:非财产形式责任、精神损害抚慰金】	★★
		第 10 条【精神损害赔偿数额的确定标准】	★★
		第 1 条【侵害人身权益的精神损害赔偿】	★

第 121 条【职务侵权行为的民事责任承担规则】 ★★

国家机关或者国家机关工作人员在执行职务中,侵犯公民、法人的合法权益造成损害的,应当承担民事责任。

主要适用的案由及其相关度

案由编号	主要适用的案由	相关度
M9.30.350	机动车交通事故责任纠纷	★★★★★
M1.1.1	生命权、健康权、身体权纠纷	★★★
M3.5.38	财产损害赔偿纠纷	★★
M9.30.345	提供劳务者受害责任纠纷	★
M9.30.342	用人单位责任纠纷	★

同时适用的法条及其相关度

	同时适用的法条	相关度	
民法通则	第119条【人身损害赔偿项目：一般人身损害赔偿项目、伤残赔偿项目、死亡赔偿项目】	★★★★★	350
	第106条【民事责任归责原则：违约责任，无过错责任原则；侵权责任，过错责任，无过错责任】	★★★★	
	第131条【过失相抵：被侵权人过错】	★★	
	第98条【生命权、健康权请求权基础】	★	
道路交通安全法	第76条【交通事故责任一般条款】	★★★	347
侵权责任法	第16条【人身损害赔偿项目：一般人身损害赔偿项目、伤残赔偿项目、死亡赔偿项目】	★★★	109
	第6条【侵权责任归责原则：过错责任原则；过错推定原则】	★★	
	第22条【侵害人身权益的精神损害赔偿】	★★	
	第26条【过失相抵：被侵权人过错】	★	
	第34条【用人单位替代责任；劳务派遣侵权责任：替代责任、补充责任】	★	
	第48条【机动车交通事故责任的法律适用】	★	
保险法	第65条【第三者责任保险定义及保险金赔付规则】	★	357
人身损害赔偿司法解释	第17条【人身损害赔偿项目：一般人身损害赔偿项目、伤残赔偿项目、死亡赔偿项目】	★★★★	437
	第8条【用人单位替代责任；劳务派遣侵权责任：替代责任、补充责任】	★★★	
	第19条【医疗费计算标准】	★★★	
	第18条【精神损害抚慰金的请求权】	★★	
	第20条【误工费计算标准】	★★	

		同时适用的法条	相关度
437		第 21 条【人身损害赔偿:护理费计算】	★★
		第 22 条【交通费计算标准】	★★
		第 23 条【伙食费、住宿费计算标准】	★★
		第 24 条【营养费计算标准】	★★
		第 25 条【人身损害赔偿项目:残疾赔偿金计算标准】	★★
		第 28 条【被扶养人生活费数额的确定:被扶养人生活费计算标准;被扶养人的界定】	★
449	精神损害赔偿司法解释	第 8 条【致人精神损害的责任承担方式:非财产形式责任、精神损害抚慰金】	★
		第 10 条【精神损害赔偿数额的确定标准】	★
445	道路交通事故司法解释	第 16 条【交强险和商业三者险的赔付规则:交强险限额内赔付、商业三者险赔付、侵权人赔偿;优先赔偿精神损害】	★

第 122 条【生产者的缺陷产品无过错最终责任】 ★★

因产品质量不合格造成他人财产、人身损害的,产品制造者、销售者应当依法承担民事责任。运输者、仓储者对此负有责任的,产品制造者、销售者有权要求赔偿损失。

主要适用的案由及其相关度

案由编号	主要适用的案由	相关度
M9.30.349	产品责任纠纷	★★★★★
M3.5.38	财产损害赔偿纠纷	★★
M9.30.349.2	产品销售者责任纠纷	★★
M4.10.74	买卖合同纠纷	★
M9.30.349.1	产品生产者责任纠纷	★
M1.1.1	生命权、健康权、身体权纠纷	★

同时适用的法条及其相关度

	同时适用的法条	相关度	
产品质量法	第41条【生产者的缺陷产品无过错最终责任】	★★★★★	373
	第43条【生产者、销售者的缺陷产品不真正连带责任;销售者的追偿权;生产者的追偿权】	★★★★★	
	第26条【生产者的产品质量责任;产品质量应当符合的要求】	★★	
	第40条【销售者的修理、更换、退货义务;损害赔偿责任;向生产者、供货者的追偿权;产品质量监督部门、工商行政管理部门的监督责任;合同特别约定的适用】	★★	
	第44条【产品缺陷致人人身伤害、财产损失的赔偿范围:一般伤害、造成残疾、造成死亡】	★★	
	第42条【销售者的缺陷产品过错最终责任;来源不明产品的销售者责任】	★	
侵权责任法	第41条【生产者的缺陷产品无过错最终责任】	★★★	109
	第43条【生产者、销售者的缺陷产品不真正连带责任;销售者的追偿权;生产者的追偿权】	★★★	
	第42条【销售者的缺陷产品过错最终责任;来源不明产品的销售者责任】	★★	
	第6条【侵权责任归责原则:过错责任原则;过错推定原则】	★	
	第15条【侵权责任的主要承担方式】	★	
	第26条【过失相抵:被侵权人过错】	★	
民法通则	第106条【民事责任归责原则:违约责任,无过错责任原则;侵权责任,过错责任,无过错责任】	★★★	350
	第134条【侵权责任的主要承担方式】	★★★	
	第131条【过失相抵:被侵权人过错】	★★	
	第35条【民事合伙的债务承担规则】	★	

		同时适用的法条	相关度
350		第 119 条【人身损害赔偿项目：一般人身损害赔偿项目、伤残赔偿项目、死亡赔偿项目】	★
		第 130 条【共同实施侵权行为人的连带责任】	★
396	种子法	第 41 条【种子销售的标注和使用说明】	★
437	人身损害赔偿司法解释	第 17 条【人身损害赔偿项目：一般人身损害赔偿项目、伤残赔偿项目、死亡赔偿项目】	★
		第 19 条【医疗费计算标准】	★
		第 20 条【误工费计算标准】	★
		第 21 条【人身损害赔偿：护理费计算】	★
		第 23 条【伙食费、住宿费计算标准】	★

第 123 条【高度危险行为致害无过错责任及抗辩事由】　★★★

从事高空、高压、易燃、易爆、剧毒、放射性、高速运输工具等对周围环境有高度危险的作业造成他人损害的，应当承担民事责任；如果能够证明损害是由受害人故意造成的，不承担民事责任。

主要适用的案由及其相关度

案由编号	主要适用的案由	相关度
M9.30.350	机动车交通事故责任纠纷	★★★★★
M9.30.356	触电人身损害责任纠纷	★★★★★
M1.1.1	生命权、健康权、身体权纠纷	★★★★
M3.5.38	财产损害赔偿纠纷	★★★
M4.10.89.4	民间借贷纠纷	★★
M9.30.345	提供劳务者受害责任纠纷	★★
M4.10.126	追偿权纠纷	★
M9.30.363.1	铁路运输人身损害责任纠纷	★
X2.133	交通肇事罪	★
M9.30.353.4	高度危险活动损害责任纠纷	★

同时适用的法条及其相关度

	同时适用的法条	相关度	
民法通则	第 119 条【人身损害赔偿项目:一般人身损害赔偿项目、伤残赔偿项目、死亡赔偿项目】	★★★★★	350
	第 106 条【民事责任归责原则:违约责任,无过错责任原则;侵权责任,过错责任,无过错责任】	★★★	
	第 131 条【过失相抵:被侵权人过错】	★★★	
	第 134 条【侵权责任的主要承担方式】	★★	
	第 98 条【生命权、健康权请求权基础】	★	
	第 117 条【侵害财产权的责任承担方式:返还财产、折价赔偿;恢复原状、折价赔偿;赔偿损失】	★	
侵权责任法	第 16 条【人身损害赔偿项目:一般人身损害赔偿项目、伤残赔偿项目、死亡赔偿项目】	★★★	109
	第 73 条【高度危险行为致害无过错责任及抗辩事由】	★★	
	第 6 条【侵权责任归责原则:过错责任原则;过错推定原则】	★	
	第 22 条【侵害人身权益的精神损害赔偿】	★	
	第 26 条【过失相抵:被侵权人过错】	★	
	第 48 条【机动车交通事故责任的法律适用】	★	
	第 69 条【高度危险作业致害无过错责任一般条款】	★	
道路交通安全法	第 76 条【交通事故责任一般条款】	★★	347
人身损害赔偿司法解释	第 17 条【人身损害赔偿项目:一般人身损害赔偿项目、伤残赔偿项目、死亡赔偿项目】	★★★	437
	第 18 条【精神损害抚慰金的请求权】	★★	
	第 19 条【医疗费计算标准】	★★	
	第 20 条【误工费计算标准】	★★	

		同时适用的法条	相关度
437		第 21 条【人身损害赔偿:护理费计算】	★★
		第 22 条【交通费计算标准】	★★
		第 23 条【伙食费、住宿费计算标准】	★★
		第 25 条【人身损害赔偿项目:残疾赔偿金计算标准】	★★
		第 24 条【营养费计算标准】	★
		第 27 条【人身损害赔偿:丧葬费计算标准】	★
		第 28 条【被扶养人生活费数额的确定:被扶养人生活费计算标准;被扶养人的界定】	★
		第 29 条【人身损害赔偿项目:死亡赔偿金计算标准】	★
449	精神损害赔偿司法解释	第 8 条【致人精神损害的责任承担方式:非财产形式责任、精神损害抚慰金】	★
		第 10 条【精神损害赔偿数额的确定标准】	★

第 124 条【污染环境无过错责任】 ★★

违反国家保护环境防止污染的规定,污染环境造成他人损害的,应当依法承担民事责任。

■ 主要适用的案由及其相关度

案由编号	主要适用的案由	相关度
M9.30	侵权责任纠纷	★★★★★
M3.5.38	财产损害赔偿纠纷	★★★★
M9.30.352	环境污染责任纠纷	★★★
M9.30.352.2	水污染责任纠纷	★
M9.30.352.3	噪声污染责任纠纷	★

同时适用的法条及其相关度

	同时适用的法条	相关度	
环境保护法	第 41 条【建设项目防治污染设施"三同时"制度：同时设计、同时施工、同时投产使用】	★★★★★	394
	第 42 条【排放污染物的企业事业单位和其他生产经营者防治环境污染的义务；排放污染物的企业事业单位应建立环境保护责任制度；重点排污单位应安装使用监测设备；严禁用逃避监管的方式违法排放污染物】	★★★	
侵权责任法	第 65 条【污染环境无过错责任】	★★★	109
	第 19 条【侵害财产造成财产损失的计算方式】	★★	
	第 66 条【污染者就抗辩事由的举证责任】	★★	
	第 20 条【侵害人身造成财产损失的计算方式】	★	
民法通则	第 131 条【过失相抵：被侵权人过错】	★★★	350
	第 106 条【民事责任归责原则：违约责任，无过错责任原则；侵权责任，过错责任，无过错责任】	★	
	第 117 条【侵害财产权的责任承担方式：返还财产、折价赔偿；恢复原状、折价赔偿；赔偿损失】	★	
	第 130 条【共同实施侵权行为人的连带责任】	★	
	第 134 条【侵权责任的主要承担方式】	★	
精神损害赔偿司法解释	第 8 条【致人精神损害的责任承担方式：非财产形式责任、精神损害抚慰金】	★	449
	第 10 条【精神损害赔偿数额的确定标准】	★	

第 125 条【在公共场所或者道路上挖坑、修缮安装地下设施致害的过错推定责任；窨井等地下设施致害的过错推定责任】　★★

在公共场所、道旁或者通道上挖坑、修缮安装地下设施等，没有设置明显标志和采取安全措施造成他人损害的，施工人应当承担民事责任。

主要适用的案由及其相关度

案由编号	主要适用的案由	相关度
M1.1.1	生命权、健康权、身体权纠纷	★★★★★
M9.30.355.7	地面施工、地下设施损害责任纠纷	★★★
M9.30.350	机动车交通事故责任纠纷	★★
M3.5.38	财产损害赔偿纠纷	★
M9.30.355.5	公共道路妨碍通行损害责任纠纷	★
M9.30.347	违反安全保障义务责任纠纷	★
M9.30.355	物件损害责任纠纷	★
M9.30	侵权责任纠纷	★

同时适用的法条及其相关度

		同时适用的法条	相关度
350	民法通则	第119条【人身损害赔偿项目:一般人身损害赔偿项目、伤残赔偿项目、死亡赔偿项目】	★★★★★
		第131条【过失相抵:被侵权人过错】	★★★★
		第106条【民事责任归责原则:违约责任,无过错责任原则;侵权责任,过错责任,无过错责任】	★★★
109	侵权责任法	第16条【人身损害赔偿项目:一般人身损害赔偿项目、伤残赔偿项目、死亡赔偿项目】	★★★
		第91条【在公共场所或者道路上挖坑、修缮安装地下设施致害的过错推定责任;窨井等地下设施致害的过错推定责任】	★★★
		第6条【侵权责任归责原则:过错责任原则;过错推定原则】	★★
		第26条【过失相抵:被侵权人过错】	★★
		第15条【侵权责任的主要承担方式】	★
		第22条【侵害人身权益的精神损害赔偿】	★

	同时适用的法条	相关度	
人身损害赔偿司法解释	第 17 条【人身损害赔偿项目:一般人身损害赔偿项目、伤残赔偿项目、死亡赔偿项目】	★★★	437
	第 18 条【精神损害抚慰金的请求权】	★★	
	第 19 条【医疗费计算标准】	★★	
	第 20 条【误工费计算标准】	★★	
	第 21 条【人身损害赔偿:护理费计算】	★★	
	第 22 条【交通费计算标准】	★★	
	第 23 条【伙食费、住宿费计算标准】	★★	
	第 29 条【人身损害赔偿项目:死亡赔偿金计算标准】	★★	
	第 2 条【受害人故意】	★	
	第 24 条【营养费计算标准】	★	
	第 25 条【人身损害赔偿项目:残疾赔偿金计算标准】	★	
	第 27 条【人身损害赔偿:丧葬费计算标准】	★	
	第 28 条【被扶养人生活费数额的确定:被扶养人生活费计算标准;被扶养人的界定】	★	
精神损害赔偿司法解释	第 8 条【致人精神损害的责任承担方式:非财产形式责任、精神损害抚慰金】	★	449
	第 10 条【精神损害赔偿数额的确定标准】	★	

第 126 条【建筑物、构筑物或者其他设施及其附属物脱落、坠落致害过错推定责任】 ★★

建筑物或者其他设施以及建筑物上的搁置物、悬挂物发生倒塌、脱落、坠落造成他人损害的,它的所有人或者管理人应当承担民事责任,但能够证明自己没有过错的除外。

主要适用的案由及其相关度

案由编号	主要适用的案由	相关度
M1.1.1	生命权、健康权、身体权纠纷	★★★★★
M3.5.38	财产损害赔偿纠纷	★★★
M9.30.355.2	建筑物、构筑物倒塌损害责任纠纷	★★★
M9.30.355.1	物件脱落、坠落损害责任纠纷	★★★
M9.30.355	物件损害责任纠纷	★★
M9.30.350	机动车交通事故责任纠纷	★★
M9.30	侵权责任纠纷	★★
M9.30.345	提供劳务者受害责任纠纷	★
M9.30.355.5	公共道路妨碍通行损害责任纠纷	★

同时适用的法条及其相关度

		同时适用的法条	相关度
109	侵权责任法	第16条【人身损害赔偿项目:一般人身损害赔偿项目、伤残赔偿项目、死亡赔偿项目】	★★★★★
	侵权责任法	第85条【建筑物、构筑物或者其他设施及其附属物脱落、坠落致害过错推定责任】	★★★★★
	侵权责任法	第6条【侵权责任归责原则:过错责任原则;过错推定原则】	★★
	侵权责任法	第22条【侵害人身权益的精神损害赔偿】	★
	侵权责任法	第26条【过失相抵:被侵权人过错】	★
350	民法通则	第119条【人身损害赔偿项目:一般人身损害赔偿项目、伤残赔偿项目、死亡赔偿项目】	★★★★
	民法通则	第131条【过失相抵:被侵权人过错】	★★★
	民法通则	第98条【生命权、健康权请求权基础】	★★
	民法通则	第106条【民事责任归责原则:违约责任,无过错责任原则;侵权责任,过错责任,无过错责任】	★★
	民法通则	第134条【侵权责任的主要承担方式】	★★

	同时适用的法条	相关度	
人身损害赔偿司法解释	第 17 条【人身损害赔偿项目：一般人身损害赔偿项目、伤残赔偿项目、死亡赔偿项目】	★★★	437
	第 16 条【所有人或管理人对于物件致害的过错推定责任：构筑物、堆放物、林木、果实坠落致害；设计、施工者的连带责任】	★★	
	第 18 条【精神损害抚慰金的请求权】	★★	
	第 19 条【医疗费计算标准】	★★	
	第 20 条【误工费计算标准】	★★	
	第 21 条【人身损害赔偿：护理费计算】	★★	
	第 22 条【交通费计算标准】	★★	
	第 23 条【伙食费、住宿费计算标准】	★★	
	第 24 条【营养费计算标准】	★	
	第 25 条【人身损害赔偿项目：残疾赔偿金计算标准】	★	
	第 27 条【人身损害赔偿：丧葬费计算标准】	★	
	第 28 条【被扶养人生活费数额的确定：被扶养人生活费计算标准；被扶养人的界定】	★	
	第 29 条【人身损害赔偿项目：死亡赔偿金计算标准】	★	
精神损害赔偿司法解释	第 8 条【致人精神损害的责任承担方式：非财产形式责任、精神损害抚慰金】	★	449
	第 10 条【精神损害赔偿数额的确定标准】	★	

第 127 条【饲养动物致害的无过错责任及被侵权人过错的适用规则】★★

饲养的动物造成他人损害的，动物饲养人或者管理人应当承担民事责任；由于受害人的过错造成损害的，动物饲养人或者管理人不承担民事责任；由于第三人的过错造成损害的，第三人应当承担民事责任。

主要适用的案由及其相关度

案由编号	主要适用的案由	相关度
M9.30.354	饲养动物损害责任纠纷	★★★★★
M1.1.1	生命权、健康权、身体权纠纷	★★
M3.5.38	财产损害赔偿纠纷	★

同时适用的法条及其相关度

		同时适用的法条	相关度
109	侵权责任法	第78条【饲养动物致害的无过错责任及被侵权人过错的适用规则】	★★★★★
	侵权责任法	第16条【人身损害赔偿项目:一般人身损害赔偿项目、伤残赔偿项目、死亡赔偿项目】	★
	侵权责任法	第79条【违反管理规定饲养动物致害的无过错责任】	★
350	民法通则	第119条【人身损害赔偿项目:一般人身损害赔偿项目、伤残赔偿项目、死亡赔偿项目】	★★★★
	民法通则	第106条【民事责任归责原则:违约责任,无过错责任原则;侵权责任,过错责任,无过错责任】	★★
	民法通则	第134条【侵权责任的主要承担方式】	★★
	民法通则	第98条【生命权、健康权请求权基础】	★
	民法通则	第131条【过失相抵:被侵权人过错】	★
437	人身损害赔偿司法解释	第17条【人身损害赔偿项目:一般人身损害赔偿项目、伤残赔偿项目、死亡赔偿项目】	★★★
	人身损害赔偿司法解释	第19条【医疗费计算标准】	★★★
	人身损害赔偿司法解释	第21条【人身损害赔偿:护理费计算】	★★★
	人身损害赔偿司法解释	第20条【误工费计算标准】	★★
	人身损害赔偿司法解释	第22条【交通费计算标准】	★★
	人身损害赔偿司法解释	第23条【伙食费、住宿费计算标准】	★★
	人身损害赔偿司法解释	第18条【精神损害抚慰金的请求权】	★

	同时适用的法条	相关度	
	第 24 条【营养费计算标准】	★	437
	第 25 条【人身损害赔偿项目:残疾赔偿金计算标准】	★	
精神损害赔偿司法解释	第 8 条【致人精神损害的责任承担方式:非财产形式责任、精神损害抚慰金】	★	449

第 128 条【正当防卫:不承担民事责任;防卫过当:承担民事责任】 ★

因正当防卫造成损害的,不承担民事责任。正当防卫超过必要的限度,造成不应有的损害的,应当承担适当的民事责任。

主要适用的案由及其相关度

案由编号	主要适用的案由	相关度
M1. 1. 1	生命权、健康权、身体权纠纷	★★★★★
X4. 234	故意伤害罪	★★★
M3. 5. 38	财产损害赔偿纠纷	★
M9. 30. 350	机动车交通事故责任纠纷	★

同时适用的法条及其相关度

	同时适用的法条	相关度	
民法通则	第 119 条【人身损害赔偿项目:一般人身损害赔偿项目、伤残赔偿项目、死亡赔偿项目】	★★★★★	350
	第 131 条【过失相抵:被侵权人过错】	★★★★★	
	第 130 条【共同实施侵权行为人的连带责任】	★★★	
	第 134 条【侵权责任的主要承担方式】	★★	
刑法	第 20 条【正当防卫、防卫过当、无限防卫:正在进行的不法侵害、对不法侵害人造成损害、正当防卫超过必要限度、应当减轻处罚、应当免除处罚、行凶、杀人、抢劫、强奸、绑架、严重危及人身安全的暴力犯罪、造成不法侵害人伤亡】	★★★	359

		同时适用的法条	相关度
359		第36条【民事赔偿优先于刑事罚金:遭受经济损失、财产不足以全部支付】	★
109	侵权责任法	第16条【人身损害赔偿项目:一般人身损害赔偿项目、伤残赔偿项目、死亡赔偿项目】	★★
		第6条【侵权责任归责原则:过错责任原则;过错推定原则】	★
		第22条【侵害人身权益的精神损害赔偿】	★
		第26条【过失相抵:被侵权人过错】	★
		第30条【正当防卫、防卫过当的责任承担规则】	★
437	人身损害赔偿司法解释	第19条【医疗费计算标准】	★★★
		第17条【人身损害赔偿项目:一般人身损害赔偿项目、伤残赔偿项目、死亡赔偿项目】	★★
		第20条【误工费计算标准】	★★
		第21条【人身损害赔偿:护理费计算】	★★
		第23条【伙食费、住宿费计算标准】	★★
		第24条【营养费计算标准】	★★
		第22条【交通费计算标准】	★
		第25条【人身损害赔偿项目:残疾赔偿金计算标准】	★

第129条【紧急避险、避险不当、避险过当】 ★

因紧急避险造成损害的,由引起险情发生的人承担民事责任。如果危险是由自然原因引起的,紧急避险人不承担民事责任或者承担适当的民事责任。因紧急避险采取措施不当或者超过必要的限度,造成不应有的损害的,紧急避险人应当承担适当的民事责任。

主要适用的案由及其相关度

案由编号	主要适用的案由	相关度
M9.30.350	机动车交通事故责任纠纷	★★★★★

案由编号	主要适用的案由	相关度
M3.5.38	财产损害赔偿纠纷	★★★
M1.1.1	生命权、健康权、身体权纠纷	★★
M9.30.361	紧急避险损害责任纠纷	★★
M9.30.345	提供劳务者受害责任纠纷	★★

同时适用的法条及其相关度

	同时适用的法条	
民法通则	第98条【生命权、健康权请求权基础】	350
	第106条【民事责任归责原则:违约责任,无过错责任原则;侵权责任,过错责任,无过错责任】	
	第119条【人身损害赔偿项目:一般人身损害赔偿项目、伤残赔偿项目、死亡赔偿项目】	
	第131条【过失相抵:被侵权人过错】	
道路交通安全法	第76条【交通事故责任一般条款】	347
侵权责任法	第6条【侵权责任归责原则:过错责任原则;过错推定原则】	109
	第16条【人身损害赔偿项目:一般人身损害赔偿项目、伤残赔偿项目、死亡赔偿项目】	
	第26条【过失相抵:被侵权人过错】	
	第31条【紧急避险、避险不当、避险过当】	
人身损害赔偿司法解释	第17条【人身损害赔偿项目:一般人身损害赔偿项目、伤残赔偿项目、死亡赔偿项目】	437
	第18条【精神损害抚慰金的请求权】	
	第19条【医疗费计算标准】	
	第20条【误工费计算标准】	
	第21条【人身损害赔偿:护理费计算】	
	第22条【交通费计算标准】	
	第23条【伙食费、住宿费计算标准】	

		同时适用的法条
437		第 24 条【营养费计算标准】
		第 25 条【人身损害赔偿项目:残疾赔偿金计算标准】
		第 28 条【被扶养人生活费数额的确定:被扶养人生活费计算标准;被扶养人的界定】

第 130 条【共同实施侵权行为人的连带责任】 ★★★★

二人以上共同侵权造成他人损害的,应当承担连带责任。

主要适用的案由及其相关度

案由编号	主要适用的案由	相关度
M9.30.350	机动车交通事故责任纠纷	★★★★★
M1.1.1	生命权、健康权、身体权纠纷	★★★★
X4.234	故意伤害罪	★★★
M3.5.38	财产损害赔偿纠纷	★★
M9.30.345	提供劳务者受害责任纠纷	★★
M3.6.39	侵害集体经济组织成员权益纠纷	★★

同时适用的法条及其相关度

		同时适用的法条	相关度
350	民法通则	第 119 条【人身损害赔偿项目:一般人身损害赔偿项目、伤残赔偿项目、死亡赔偿项目】	★★★★★
	民法通则	第 106 条【民事责任归责原则:违约责任,无过错责任原则;侵权责任,过错责任,无过错责任】	★★★
	民法通则	第 131 条【过失相抵:被侵权人过错】	★★★
	民法通则	第 98 条【生命权、健康权请求权基础】	★★
	民法通则	第 117 条【侵害财产权的责任承担方式:返还财产、折价赔偿;恢复原状、折价赔偿;赔偿损失】	★★
	民法通则	第 134 条【侵权责任的主要承担方式】	★★
	民法通则	第 5 条【公民的合法权益受到保护】	★

	同时适用的法条	相关度	
侵权责任法	第16条【人身损害赔偿项目:一般人身损害赔偿项目、伤残赔偿项目、死亡赔偿项目】	★★★	109
	第6条【侵权责任归责原则:过错责任原则;过错推定原则】	★★	
	第8条【共同实施侵权行为人的连带责任】	★★	
	第48条【机动车交通事故责任的法律适用】	★★	
道路交通安全法	第76条【交通事故责任一般条款】	★★★	347
保险法	第65条【第三者责任保险定义及保险金赔付规则】	★★	357
刑法	第25条【共同犯罪:二人以上共同故意犯罪】	★★	359
	第36条【民事赔偿优先于刑事罚金:遭受经济损失、财产不足以全部支付】	★★	
人身损害赔偿司法解释	第17条【人身损害赔偿项目:一般人身损害赔偿项目、伤残赔偿项目、死亡赔偿项目】	★★★	437
	第19条【医疗费计算标准】	★★★	
	第20条【误工费计算标准】	★★★	
	第21条【人身损害赔偿:护理费计算】	★★★	
	第22条【交通费计算标准】	★★★	
	第23条【伙食费、住宿费计算标准】	★★★	
	第18条【精神损害抚慰金的请求权】	★★	
	第24条【营养费计算标准】	★★	
	第25条【人身损害赔偿项目:残疾赔偿金计算标准】	★★	
	第3条【共同实施侵权行为人的连带责任】	★	
	第28条【被扶养人生活费数额的确定:被扶养人生活费计算标准;被扶养人的界定】	★	

		同时适用的法条	相关度
449	精神损害赔偿司法解释	第8条【致人精神损害的责任承担方式:非财产形式责任、精神损害抚慰金】	★★
		第10条【精神损害赔偿数额的确定标准】	★★

第131条【过失相抵:被侵权人过错】 ★★★★

受害人对于损害的发生也有过错的,可以减轻侵害人的民事责任。

主要适用的案由及其相关度

案由编号	主要适用的案由	相关度
M9.30.350	机动车交通事故责任纠纷	★★★★★
M1.1.1	生命权、健康权、身体权纠纷	★★★★★
M9.30.345	提供劳务者受害责任纠纷	★★★
X4.234	故意伤害罪	★★
M3.5.38	财产损害赔偿纠纷	★★
X2.133	交通肇事罪	★
M9.30.357	义务帮工人受害责任纠纷	★
M9.30	侵权责任纠纷	★
M9.30.356	触电人身损害责任纠纷	★
M9.30.351	医疗损害责任纠纷	★

同时适用的法条及其相关度

		同时适用的法条	相关度
350	民法通则	第119条【人身损害赔偿项目:一般人身损害赔偿项目、伤残赔偿项目、死亡赔偿项目】	★★★★★
		第98条【生命权、健康权请求权基础】	★★★
		第106条【民事责任归责原则:违约责任,无过错责任原则;侵权责任,过错责任,无过错责任】	★★★
		第117条【侵害财产权的责任承担方式:返还财产、折价赔偿;恢复原状、折价赔偿;赔偿损失】	★★

	同时适用的法条	相关度	
	第130条【共同实施侵权行为人的连带责任】	★★	350
	第134条【侵权责任的主要承担方式】	★★	
侵权责任法	第16条【人身损害赔偿项目：一般人身损害赔偿项目、伤残赔偿项目、死亡赔偿项目】	★★★	109
	第26条【过失相抵：被侵权人过错】	★★★	
	第6条【侵权责任归责原则：过错责任原则；过错推定原则】	★★	
	第22条【侵害人身权益的精神损害赔偿】	★★	
	第48条【机动车交通事故责任的法律适用】	★★	
	第15条【侵权责任的主要承担方式】	★	
	第35条【个人劳务责任：提供劳务者致害责任、提供劳务者受害责任】	★	
道路交通安全法	第76条【交通事故责任一般条款】	★★★	347
保险法	第65条【第三者责任保险定义及保险金赔付规则】	★★	357
人身损害赔偿司法解释	第17条【人身损害赔偿项目：一般人身损害赔偿项目、伤残赔偿项目、死亡赔偿项目】	★★★★	437
	第19条【医疗费计算标准】	★★★★	
	第21条【人身损害赔偿：护理费计算】	★★★★	
	第18条【精神损害抚慰金的请求权】	★★★	
	第20条【误工费计算标准】	★★★	
	第22条【交通费计算标准】	★★★	
	第23条【伙食费、住宿费计算标准】	★★★	
	第25条【人身损害赔偿项目：残疾赔偿金计算标准】	★★★	
	第24条【营养费计算标准】	★★	

		同时适用的法条	相关度
437		第 28 条【被扶养人生活费数额的确定:被扶养人生活费计算标准;被扶养人的界定】	★★
		第 2 条【受害人故意】	★
		第 11 条【雇员在雇佣活动中遭受损害的责任承担:雇主责任、第三人原因致害;发包人、分包人与雇主承担连带责任】	★
		第 27 条【人身损害赔偿:丧葬费计算标准】	★
		第 29 条【人身损害赔偿项目:死亡赔偿金计算标准】	★
449	精神损害赔偿司法解释	第 8 条【致人精神损害的责任承担方式:非财产形式责任、精神损害抚慰金】	★★
		第 10 条【精神损害赔偿数额的确定标准】	★★
		第 11 条【精神损害赔偿的减免责事由:受害人过错】	★
445	道路交通事故司法解释	第 16 条【交强险和商业三者险的赔付规则:交强险限额内赔付、商业三者险赔付、侵权人赔偿;优先赔偿精神损害】	★★

第 132 条【公平责任:公平补偿责任的一般规定】 ★★★

当事人对造成损害都没有过错的,可以根据实际情况,由当事人分担民事责任。

主要适用的案由及其相关度

案由编号	主要适用的案由	相关度
M1.1.1	生命权、健康权、身体权纠纷	★★★★★
M9.30.345	提供劳务者受害责任纠纷	★★★
M9.30.350	机动车交通事故责任纠纷	★★
M3.5.38	财产损害赔偿纠纷	★★
M9.30.351	医疗损害责任纠纷	★

案由编号	主要适用的案由	相关度
M9.30	侵权责任纠纷	★
M9.30.357	义务帮工人受害责任纠纷	★
M9.30.348	教育机构责任纠纷	★

▒ 同时适用的法条及其相关度

	同时适用的法条	相关度	
民法通则	第 119 条【人身损害赔偿项目:一般人身损害赔偿项目、伤残赔偿项目、死亡赔偿项目】	★★★★	350
	第 4 条【民事活动的基本原则:自愿、公平、等价有偿、诚实信用】	★★★	
	第 106 条【民事责任归责原则:违约责任,无过错责任原则;侵权责任,过错责任,无过错责任】	★★★	
	第 98 条【生命权、健康权请求权基础】	★★	
	第 134 条【侵权责任的主要承担方式】	★★	
	第 5 条【公民的合法权益受到保护】	★	
	第 131 条【过失相抵:被侵权人过错】	★	
	第 133 条【监护人责任:无民事行为能力人、限制民事行为能力人致害的侵权责任】	★	
侵权责任法	第 16 条【人身损害赔偿项目:一般人身损害赔偿项目、伤残赔偿项目、死亡赔偿项目】	★★	109
	第 24 条【公平责任:公平补偿责任的一般规定】	★★	
	第 6 条【侵权责任归责原则:过错责任原则;过错推定原则】	★	
	第 26 条【过失相抵:被侵权人过错】	★	
人身损害赔偿司法解释	第 17 条【人身损害赔偿项目:一般人身损害赔偿项目、伤残赔偿项目、死亡赔偿项目】	★★★★★	437
	第 18 条【精神损害抚慰金的请求权】	★★	
	第 19 条【医疗费计算标准】	★★	

		同时适用的法条	相关度
437		第 20 条【误工费计算标准】	★★
		第 21 条【人身损害赔偿:护理费计算】	★★
		第 22 条【交通费计算标准】	★★
		第 23 条【伙食费、住宿费计算标准】	★★
		第 24 条【营养费计算标准】	★★
		第 25 条【人身损害赔偿项目:残疾赔偿金计算标准】	★★
		第 27 条【人身损害赔偿:丧葬费计算标准】	★
		第 28 条【被扶养人生活费数额的确定:被扶养人生活费计算标准;被扶养人的界定】	★
		第 29 条【人身损害赔偿项目:死亡赔偿金计算标准】	★
457	民通意见	第 157 条【公平补偿责任:为对方利益或共同利益而受损害】	★

第 133 条【监护人责任:无民事行为能力人、限制民事行为能力人致害的侵权责任】 ★★★★

无民事行为能力人、限制民事行为能力人造成他人损害的,由监护人承担民事责任。监护人尽了监护责任的,可以适当减轻他的民事责任。

有财产的无民事行为能力人、限制民事行为能力人造成他人损害的,从本人财产中支付赔偿费用。不足部分,由监护人适当赔偿,但单位担任监护人的除外。

主要适用的案由及其相关度

案由编号	主要适用的案由	相关度
M1.1.1	生命权、健康权、身体权纠纷	★★★★★
M9.30.350	机动车交通事故责任纠纷	★★★★
M3.5.38	财产损害赔偿纠纷	★★
M9.30.348	教育机构责任纠纷	★
M9.30	侵权责任纠纷	★

同时适用的法条及其相关度

	同时适用的法条	相关度	
民法通则	第 119 条【人身损害赔偿项目:一般人身损害赔偿项目、伤残赔偿项目、死亡赔偿项目】	★★★★★	350
	第 106 条【民事责任归责原则:违约责任,无过错责任原则;侵权责任,过错责任,无过错责任】	★★★	
	第 131 条【过失相抵:被侵权人过错】	★★★	
	第 16 条【监护人制度:无民事行为能力人、限制民事行为能力人】	★★	
	第 98 条【生命权、健康权请求权基础】	★★	
	第 12 条【无民事行为能力人、限制民事行为能力人:十周岁以上、法定代理人同意、不满十周岁】	★	
	第 130 条【共同实施侵权行为人的连带责任】	★	
	第 134 条【侵权责任的主要承担方式】	★	
侵权责任法	第 16 条【人身损害赔偿项目:一般人身损害赔偿项目、伤残赔偿项目、死亡赔偿项目】	★★★★	109
	第 6 条【侵权责任归责原则:过错责任原则;过错推定原则】	★★★	
	第 32 条【监护人责任:无民事行为能力人、限制民事行为能力人致害的侵权责任】	★★★	
	第 22 条【侵害人身权益的精神损害赔偿】	★★	
	第 26 条【过失相抵:被侵权人过错】	★★	
	第 48 条【机动车交通事故责任的法律适用】	★★	
	第 15 条【侵权责任的主要承担方式】	★	
道路交通安全法	第 76 条【交通事故责任一般条款】	★★	347
人身损害赔偿司法解释	第 17 条【人身损害赔偿项目:一般人身损害赔偿项目、伤残赔偿项目、死亡赔偿项目】	★★★★	437
	第 19 条【医疗费计算标准】	★★★	

		同时适用的法条	相关度
437		第 21 条【人身损害赔偿:护理费计算】	★★★
		第 22 条【交通费计算标准】	★★★
		第 23 条【伙食费、住宿费计算标准】	★★★
		第 24 条【营养费计算标准】	★★★
		第 18 条【精神损害抚慰金的请求权】	★★
		第 20 条【误工费计算标准】	★★
		第 25 条【人身损害赔偿项目:残疾赔偿金计算标准】	★★
		第 27 条【人身损害赔偿:丧葬费计算标准】	★
		第 29 条【人身损害赔偿项目:死亡赔偿金计算标准】	★
449	精神损害赔偿司法解释	第 8 条【致人精神损害的责任承担方式:非财产形式责任、精神损害抚慰金】	★
		第 10 条【精神损害赔偿数额的确定标准】	★

中华人民共和国民事诉讼法[1]

★★★★★

L1.1.254

(1991 年 4 月 9 日第七届全国人民代表大会第四次会议通过，根据 2007 年 10 月 28 日第十届全国人民代表大会常务委员会第三十次会议《关于修改〈中华人民共和国民事诉讼法〉的决定》第一次修正，根据 2012 年 8 月 31 日第十一届全国人民代表大会常务委员会第二十八次会议《关于修改〈中华人民共和国民事诉讼法〉的决定》第二次修正，自 2013 年 1 月 1 日起施行)

第一编　总则

第九章　保全和先予执行(第 105—107 条)

第 105 条【申请人应当赔偿申请错误导致的被申请人损失】 ★★

申请有错误的，申请人应当赔偿被申请人因保全所遭受的损失。

主要适用的案由及其相关度

案由编号	主要适用的案由	相关度
M9.30.368	因申请诉中财产保全损害责任纠纷	★★★★★
M3.5.38	财产损害赔偿纠纷	★★
M9.30.366	因申请诉前财产保全损害责任纠纷	★
M10.39.395	申请诉中财产保全	★
M4.10.101.2	公路货物运输合同纠纷	★

① 简称《民事诉讼法》。

同时适用的法条及其相关度

		同时适用的法条	相关度
109	侵权责任法	第 6 条【侵权责任归责原则:过错责任原则;过错推定原则】	★★★★★
		第 19 条【侵害财产造成财产损失的计算方式】	★★
		第 2 条【侵权责任一般条款;民事权益的范围】	★
		第 3 条【侵权责任的当事人主义】	★
		第 15 条【侵权责任的主要承担方式】	★
350	民法通则	第 106 条【民事责任归责原则:违约责任,无过错责任原则;侵权责任,过错责任,无过错责任】	★★★★
		第 5 条【公民的合法权益受到保护】	★
		第 134 条【侵权责任的主要承担方式】	★
362	合同法	第 36 条【应当采用书面形式而未采用书面形式合同成立的条件】	★
		第 291 条【承运人按照约定或者通常运输路线进行运输的义务】	★

第 106 条【先予执行的适用范围:追索赡养费、抚养费、抚育费、抚恤金、医疗费用、劳动报酬以及其他情况紧急需先予执行的】 ★

人民法院对下列案件,根据当事人的申请,可以裁定先予执行:

(一)追索赡养费、扶养费、抚育费、抚恤金、医疗费用的;

(二)追索劳动报酬的;

(三)因情况紧急需要先予执行的。

主要适用的案由及其相关度

案由编号	主要适用的案由	相关度
M9.30.350	机动车交通事故责任纠纷	
M4.10.89.4	民间借贷纠纷	
M4.10.122	劳务合同纠纷	
M4.10.74	买卖合同纠纷	

案由编号	主要适用的案由	相关度
M6.17.169.5	追索劳动报酬纠纷	
M4.10.100.3	建设工程施工合同纠纷	
M1.1.1	生命权、健康权、身体权纠纷	
M9.30.351	医疗损害责任纠纷	
M6.17	劳动争议	
M3.5.38	财产损害赔偿纠纷	
M4.10.83	房屋拆迁安置补偿合同纠纷	
M4.10.126	追偿权纠纷	
M4.10.67.2	确认合同无效纠纷	
M9.30	侵权责任纠纷	
M3.5.33	返还原物纠纷	

同时适用的法条及其相关度

	同时适用的法条	
道路交通安全法	第17条【国家实行机动车第三者责任强制保险制度以及设立交通事故社会救助基金的一般规定】	347
	第76条【交通事故责任一般条款】	
民法通则	第43条【企业法人对其机构的活动承担民事责任】	350
	第108条【债务清偿:分期偿还、强制偿还】	
	第117条【侵害财产权的责任承担方式:返还财产、折价赔偿;恢复原状、折价赔偿;赔偿损失】	
	第119条【人身损害赔偿项目:一般人身损害赔偿项目、伤残赔偿项目、死亡赔偿项目】	
侵权责任法	第2条【侵权责任一般条款;民事权益的范围】	109
	第6条【侵权责任归责原则:过错责任原则;过错推定原则】	
	第10条【共同危险行为人的侵权责任】	
	第11条【分别实施充足原因侵权行为的连带责任】	
	第15条【侵权责任的主要承担方式】	

		同时适用的法条
109		第 16 条【人身损害赔偿项目:一般人身损害赔偿项目、伤残赔偿项目、死亡赔偿项目】
		第 19 条【侵害财产造成财产损失的计算方式】
		第 22 条【侵害人身权益的精神损害赔偿】
		第 26 条【过失相抵:被侵权人过错】
		第 48 条【机动车交通事故责任的法律适用】
		第 54 条【医疗损害的过错责任与替代责任】
		第 57 条【医务人员违反相当诊疗义务的医疗机构替代责任】
362	合同法	第 5 条【合同的公平原则;合同当事人权利义务确定的原则】
		第 6 条【合同法的基本原则:诚实信用原则】
		第 8 条【合同约束力:依约履行义务】
		第 44 条【合同成立条件与时间】
		第 52 条【合同无效的情形】
		第 54 条【合同的变更和撤销】
		第 60 条【合同当事人义务:全面履行义务、通知义务、协助义务、保密义务】
		第 107 条【合同约束力:违约责任的承担】
		第 109 条【合同约束力:违约责任的承担】
		第 114 条【违约金的计算方法:约定违约金数额、约定违约金计算方法;违约金过高、违约金过低;迟延履行】
		第 130 条【买卖合同的定义】
370	物权法	第 15 条【设立、变更、转让、消灭不动产物权的合同的效力:合同成立生效】
		第 37 条【物权被侵害时权利人赔偿损害请求权和其他民事责任请求权的竞合】
		第 106 条【善意取得的构成条件】
357	保险法	第 42 条【被保险人的保险金作为遗产的处理规则】
		第 65 条【第三者责任保险定义及保险金赔付规则】

	同时适用的法条	
商标法	第43条【商标使用许可合同及其备案】	383
劳动合同法	第29条【用人单位与劳动者对劳动合同义务的履行:全面履行】	404
	第30条【用人单位的劳动报酬支付义务;劳动者申请支付令的条件】	
担保法	第19条【保证方式不明时:连带责任担保】	401
	第21条【保证担保的范围;没有约定、约定不明时的担保范围】	
婚姻法	第19条【夫妻财产约定制】	390
人身损害赔偿司法解释	第9条【用人单位替代责任;劳务派遣侵权责任:替代责任、补充责任】	437
	第11条【雇员在雇佣活动中遭受损害的责任承担:雇主责任、第三人原因致害;发包人、分包人与雇主承担连带责任】	
	第12条【因工伤受害的按照工伤保险赔偿;用人单位以外第三人致害劳动者的由第三人承担民事赔偿责任】	
	第17条【人身损害赔偿项目:一般人身损害赔偿项目、伤残赔偿项目、死亡赔偿项目】	
	第18条【精神损害抚慰金的请求权】	
	第19条【医疗费计算标准】	
	第20条【误工费计算标准】	
	第21条【人身损害赔偿:护理费计算】	
	第22条【交通费计算标准】	
	第23条【伙食费、住宿费计算标准】	
	第24条【营养费计算标准】	
	第25条【人身损害赔偿项目:残疾赔偿金计算标准】	
	第26条【人身损害赔偿:残疾辅助器具费的计算标准;辅助器具的更换周期、赔偿期限】	
	第28条【被扶养人生活费数额的确定:被扶养人生活费计算标准;被扶养人的界定】	

		同时适用的法条
449	精神损害赔偿司法解释	第 8 条【致人精神损害的责任承担方式：非财产形式责任、精神损害抚慰金】
		第 10 条【精神损害赔偿数额的确定标准】
467	建设工程合同纠纷司法解释	第 1 条【建设工程施工合同无效的情形：建筑资质、招标】
		第 2 条【建设工程施工合同无效：竣工验收合格、支付工程价款】
466	婚姻法司法解释二	第 24 条【夫妻共同债务：债权人主张、夫妻关系存续期间以个人名义所负债务】

第 107 条【法院裁定先予执行应满足的条件】 ★★

人民法院裁定先予执行的，应当符合下列条件：

（一）当事人之间权利义务关系明确，不先予执行将严重影响申请人的生活或者生产经营的；

（二）被申请人有履行能力。

人民法院可以责令申请人提供担保，申请人不提供担保的，驳回申请。申请人败诉的，应当赔偿被申请人因先予执行遭受的财产损失。

主要适用的案由及其相关度

案由编号	主要适用的案由	相关度
M4.10.89.4	民间借贷纠纷	★★★★★
M4.10.74	买卖合同纠纷	★★★★★
M9.30.350	机动车交通事故责任纠纷	★★★
M2.2.11	离婚纠纷	★★★
M4.10.100.3	建设工程施工合同纠纷	★★
M4.10	合同纠纷	★★
M6.17	劳动争议	★
M4.10.122	劳务合同纠纷	★

案由编号	主要适用的案由	相关度
M9.30.370	因申请先予执行损害责任纠纷	★
M4.10.82	房屋买卖合同纠纷	★
M3.5.38	财产损害赔偿纠纷	★
M6.17.169	劳动合同纠纷	★
M4.10.90	保证合同纠纷	★
M4.10.97	租赁合同纠纷	★
M1.1.1	生命权、健康权、身体权纠纷	★
M8.21.249	股权转让纠纷	★
M8.27.317	财产保险合同纠纷	★

同时适用的法条及其相关度

	同时适用的法条	相关度	
合同法	第 60 条【合同当事人义务:全面履行义务、通知义务、协助义务、保密义务】	★★★★★	362
	第 206 条【借款期限的认定】	★★★★★	
	第 107 条【合同约束力:违约责任的承担】	★★★★	
	第 8 条【合同约束力:依约履行义务】	★★★	
	第 207 条【借款合同违约责任承担:支付利息】	★★★	
	第 44 条【合同成立条件与时间】	★★	
	第 114 条【违约金的计算方法:约定违约金数额、约定违约金计算方法;违约金过高、违约金过低;迟延履行】	★★	
	第 159 条【买卖合同买受人应支付价款的数额认定:按约定数额;参照其他】	★★	
	第 205 条【借款合同的利息支付义务】	★★	
	第 211 条【自然人之间借款合同利息的规制:没有约定、约定不明时不支付利息;利率不得违反国家规定】	★★	
	第 48 条【无权代理的法律后果与责任承担】	★	

		同时适用的法条	相关度
362		第 51 条【无权处分合同的效力:经追认或取得处分权的有效】	★
		第 52 条【合同无效的情形】	★
		第 94 条【合同的法定解除权】	★
		第 97 条【合同解除的法律后果】	★
		第 109 条【合同约束力:违约责任的承担】	★
		第 161 条【买卖合同买受人支付价款义务:按约定;同时支付】	★
		第 196 条【借款合同定义】	★
		第 237 条【融资租赁合同的定义】	★
		第 248 条【租赁合同:承租人的租金支付义务;承租人违约时出租人的租金支付请求权以及合同解除权】	★
		第 249 条【融资租赁合同中出租人收回租赁物的权利和承租人要求部分返还租赁物价值的权利】	★
350	民法通则	第 84 条【债的界定;债权人债务人的认定;债权人的权利】	★★★
		第 106 条【民事责任归责原则:违约责任,无过错责任原则;侵权责任,过错责任,无过错责任】	★★★
		第 108 条【债务清偿:分期偿还、强制偿还】	★★★
		第 43 条【企业法人对其机构的活动承担民事责任】	★
		第 90 条【法律保护合法的借贷关系】	★
		第 117 条【侵害财产权的责任承担方式:返还财产、折价赔偿;恢复原状、折价赔偿;赔偿损失】	★
		第 119 条【人身损害赔偿项目:一般人身损害赔偿项目、伤残赔偿项目、死亡赔偿项目】	★
390	婚姻法	第 32 条【离婚程序和准予离婚的情形】	★★★
		第 4 条【夫妻忠实义务】	★

	同时适用的法条	相关度	
	第36条【离婚后父母子女的关系;离婚后父母对子女的义务;离婚后子女抚养问题的解决】	★	390
担保法	第18条【保证合同中连带责任的承担】	★★★	401
	第31条【保证责任承担后的追偿权利】	★★	
	第19条【保证方式不明时:连带责任担保】	★	
	第21条【保证担保的范围;没有约定、约定不明时的担保范围】	★	
侵权责任法	第6条【侵权责任归责原则:过错责任原则;过错推定原则】	★★	109
	第16条【人身损害赔偿项目:一般人身损害赔偿项目、伤残赔偿项目、死亡赔偿项目】	★★	
	第15条【侵权责任的主要承担方式】	★	
	第19条【侵害财产造成财产损失的计算方式】	★	
	第22条【侵害人身权益的精神损害赔偿】	★	
	第26条【过失相抵:被侵权人过错】	★	
	第48条【机动车交通事故责任的法律适用】	★	
道路交通安全法	第76条【交通事故责任一般条款】	★	347
劳动合同法	第10条【书面劳动合同的订立;劳动关系的建立】	★	404
	第14条【无固定期限劳动合同的定义;应当订立无固定期限劳动合同的情形】	★	
	第48条【用人单位违法解除或者终止劳动合同时劳动者的救济手段:继续履行劳动合同、支付赔偿金】	★	
	第82条【用人单位应当向劳动者每月支付二倍工资的情形】	★	
	第87条【用人单位违法解除劳动合同的赔偿金支付】	★	

		同时适用的法条	相关度
408	劳动法	第 20 条【无固定期限劳动合同的定义;应当订立无固定期限劳动合同的情形】	★
		第 41 条【加班时间的限制】	★
		第 44 条【加班工资支付标准:延长工作时间、休息日加班又不能安排补休、法定休假日加班】 ★	
392	公司法	第 42 条【有限责任公司股东会会议上股东表决权按其出资比例确认】	★
357	保险法	第 65 条【第三者责任保险定义及保险金赔付规则】	★
430	劳动合同法实施条例	第 25 条【用人单位违法解除劳动合同的赔偿金支付】	★
437	人身损害赔偿司法解释	第 17 条【人身损害赔偿项目:一般人身损害赔偿项目、伤残赔偿项目、死亡赔偿项目】	★★★
		第 19 条【医疗费计算标准】	★★
		第 20 条【误工费计算标准】	★★
		第 21 条【人身损害赔偿:护理费计算】	★★
		第 22 条【交通费计算标准】	★★
		第 23 条【伙食费、住宿费计算标准】	★★
		第 3 条【共同实施侵权行为人的连带责任】	★
		第 18 条【精神损害抚慰金的请求权】	★
		第 24 条【营养费计算标准】	★
		第 25 条【人身损害赔偿项目:残疾赔偿金计算标准】	★
		第 28 条【被扶养人生活费数额的确定:被扶养人生活费计算标准;被扶养人的界定】	★
		第 29 条【人身损害赔偿项目:死亡赔偿金计算标准】	★

	同时适用的法条	相关度	
婚姻法司法解释二	第 24 条【夫妻共同债务:债权人主张、夫妻关系存续期间以个人名义所负债务】	★★	466
精神损害赔偿司法解释	第 8 条【致人精神损害的责任承担方式:非财产形式责任、精神损害抚慰金】	★	449
	第 10 条【精神损害赔偿数额的确定标准】	★	
建设工程合同纠纷司法解释	第 2 条【建设工程施工合同无效:竣工验收合格、支付工程价款】	★	467

第三编

本书关联法条全文

一、法律、法律解释

中华人民共和国道路交通安全法[①]

★★★★

L1.1.145

（2003 年 10 月 28 日第十届全国人民代表大会常务委员会第五次会议通过，根据 2007 年 12 月 29 日第十届全国人民代表大会常务委员会第三十一次会议《关于修改〈中华人民共和国道路交通安全法〉的决定》第一次修正，根据 2011 年 4 月 22 日第十一届全国人民代表大会常务委员会第二十次会议《关于修改〈中华人民共和国道路交通安全法〉的决定》第二次修正）

第 8 条【机动车登记制度】 ★

国家对机动车实行登记制度。机动车经公安机关交通管理部门登记后，方可上道路行驶。尚未登记的机动车，需要临时上道路行驶的，应当取得临时通行牌证。

第 17 条【国家实行机动车第三者责任强制保险制度以及设立交通事故社会救助基金的一般规定】 ★

国家实行机动车第三者责任强制保险制度，设立道路交通事故社会救助基金。具体办法由国务院规定。

第 22 条【机动车驾驶人应当遵守法律法规、安全驾驶、文明驾驶的义务；禁止驾驶机动车的法定情形：饮酒、服用国家管制的精神药品或麻醉药品、患有妨碍安全驾驶机动车的疾病、过度疲劳影响安全驾驶】 ★

机动车驾驶人应当遵守道路交通安全法律、法规的规定，按照操作规范安全驾驶、文明驾驶。

饮酒、服用国家管制的精神药品或者麻醉药品，或者患有妨碍安全驾驶机动车的疾病，或者过度疲劳影响安全驾驶的，不得驾驶机动车。

任何人不得强迫、指使、纵容驾驶人违反道路交通安全法律、法规和机动

---

① 简称《道路交通安全法》。

车安全驾驶要求驾驶机动车。

第31条【未经许可禁止占用道路从事非交通活动的规定】 ★★

未经许可,任何单位和个人不得占用道路从事非交通活动。

第32条【因工程建设需要占用、挖掘道路或跨越、穿越道路架设管线设施需征得相关部门同意;施工单位进行道路施工的规则】 ★

因工程建设需要占用、挖掘道路,或者跨越、穿越道路架设、增设管线设施,应当事先征得道路主管部门的同意;影响交通安全的,还应当征得公安机关交通管理部门的同意。

施工作业单位应当在经批准的路段和时间内施工作业,并在距离施工作业地点来车方向安全距离处设置明显的安全警示标志,采取防护措施;施工作业完毕,应当迅速清除道路上的障碍物,消除安全隐患,经道路主管部门和公安机关交通管理部门验收合格,符合通行要求后,方可恢复通行。

对未中断交通的施工作业道路,公安机关交通管理部门应当加强交通安全监督检查,维护道路交通秩序。

第42条【机动车在道路上行驶速度的限制】 ★

机动车上道路行驶,不得超过限速标志标明的最高时速。在没有限速标志的路段,应当保持安全车速。

夜间行驶或者在容易发生危险的路段行驶,以及遇有沙尘、冰雹、雨、雪、雾、结冰等气象条件时,应当降低行驶速度。

第46条【机动车通过铁路道口的通行规则】 ★

机动车通过铁路道口时,应当按照交通信号或者管理人员的指挥通行;没有交通信号或者管理人员的,应当减速或者停车,在确认安全后通过。

第48条【机动车装载货物应当遵守的一般规定;机动车运载超限不可解体的物品应当遵守的特殊规定;机动车装载爆炸物品、易燃易爆化学物品以及剧毒、放射性等危险物品应当遵守的特殊规定】 ★

机动车载物应当符合核定的载质量,严禁超载;载物的长、宽、高不得违反装载要求,不得遗洒、飘散载运物。

机动车运载超限的不可解体的物品,影响交通安全的,应当按照公安机关交通管理部门指定的时间、路线、速度行驶,悬挂明显标志。在公路上运载超限的不可解体的物品,并应当依照公路法的规定执行。

机动车载运爆炸物品、易燃易爆化学物品以及剧毒、放射性等危险物品,应当经公安机关批准后,按指定的时间、路线、速度行驶,悬挂警示标志并采取必要的安全措施。

第 57 条【驾驶非机动车在道路上行驶应当遵守的一般规定】★

驾驶非机动车在道路上行驶应当遵守有关交通安全的规定。非机动车应当在非机动车道内行驶；在没有非机动车道的道路上，应当靠车行道的右侧行驶。

第 75 条【交通事故受伤人员应当及时抢救以及抢救费用支付的规定】★★★

医疗机构对交通事故中的受伤人员应当及时抢救，不得因抢救费用未及时支付而拖延救治。肇事车辆参加机动车第三者责任强制保险的，由保险公司在责任限额范围内支付抢救费用；抢救费用超过责任限额的，未参加机动车第三者责任强制保险或者肇事后逃逸的，由道路交通事故社会救助基金先行垫付部分或者全部抢救费用，道路交通事故社会救助基金管理机构有权向交通事故责任人追偿。

第 76 条【交通事故责任一般条款】★★★★★

机动车发生交通事故造成人身伤亡、财产损失的，由保险公司在机动车第三者责任强制保险责任限额范围内予以赔偿；不足的部分，按照下列规定承担赔偿责任：

（一）机动车之间发生交通事故的，由有过错的一方承担赔偿责任；双方都有过错的，按照各自过错的比例分担责任。

（二）机动车与非机动车驾驶人、行人之间发生交通事故，非机动车驾驶人、行人没有过错的，由机动车一方承担赔偿责任；有证据证明非机动车驾驶人、行人有过错的，根据过错程度适当减轻机动车一方的赔偿责任；机动车一方没有过错的，承担不超过百分之十的赔偿责任。

交通事故的损失是由非机动车驾驶人、行人故意碰撞机动车造成的，机动车一方不承担赔偿责任。

第 119 条【道路、车辆、机动车、非机动车、交通事故等用语的含义】★

本法中下列用语的含义：

（一）“道路”，是指公路、城市道路和虽在单位管辖范围但允许社会机动车通行的地方，包括广场、公共停车场等用于公众通行的场所。

（二）“车辆”，是指机动车和非机动车。

（三）“机动车”，是指以动力装置驱动或者牵引，上道路行驶的供人员乘用或者用于运送物品以及进行工程专项作业的轮式车辆。

（四）“非机动车”，是指以人力或者畜力驱动，上道路行驶的交通工具，以及虽有动力装置驱动但设计最高时速、空车质量、外形尺寸符合有关国家标准的残疾人机动轮椅车、电动自行车等交通工具。

（五）“交通事故”，是指车辆在道路上因过错或者意外造成的人身伤亡或者财产损失的事件。

L1.1.46

中华人民共和国民法通则①

★★★★

（1986年4月12日第六届全国人民代表大会第四次会议通过，根据2009年8月27日第十一届全国人民代表大会常务委员会第十次会议《关于修改部分法律的决定》修正）

第4条【民事活动的基本原则：自愿、公平、等价有偿、诚实信用】　★★

民事活动应当遵循自愿、公平、等价有偿、诚实信用的原则。

第5条【公民的合法权益受到保护】　★★★★

公民、法人的合法的民事权益受法律保护，任何组织和个人不得侵犯。

第10条【公民的民事权利能力一律平等】　★

公民的民事权利能力一律平等。

第12条【无民事行为能力人、限制民事行为能力人：十周岁以上、法定代理人同意、不满十周岁】　★★

十周岁以上的未成年人是限制民事行为能力人，可以进行与他的年龄、智力相适应的民事活动；其他民事活动由他的法定代理人代理，或者征得他的法定代理人的同意。

不满十周岁的未成年人是无民事行为能力人，由他的法定代理人代理民事活动。

第15条【公民的住所的认定】　★

公民以他的户籍所在地的居住地为住所，经常居住地与住所不一致的，

① 简称《民法通则》。

经常居住地视为住所。

第 16 条【监护人制度:无民事行为能力人、限制民事行为能力人】★★★

未成年人的父母是未成年人的监护人。

未成年人的父母已经死亡或者没有监护能力的,由下列人员中有监护能力的人担任监护人:

（一）祖父母、外祖父母;

（二）兄、姐;

（三）关系密切的其他亲属、朋友愿意承担监护责任,经未成年人的父、母的所在单位或者未成年人住所地的居民委员会、村民委员会同意的。

对担任监护人有争议的,由未成年人的父、母的所在单位或者未成年人住所地的居民委员会、村民委员会在近亲属中指定。对指定不服提起诉讼的,由人民法院裁决。

没有第一款、第二款规定的监护人的,由未成年人的父、母的所在单位或者未成年人住所地的居民委员会、村民委员会或者民政部门担任监护人。

第 18 条【监护人职责:保护被监护人人身权益、保护被监护人财产权益、不履行监护职责、侵害被监护人权益】★

监护人应当履行监护职责,保护被监护人的人身、财产及其他合法权益,除为被监护人的利益外,不得处理被监护人的财产。

监护人依法履行监护的权利,受法律保护。

监护人不履行监护职责或者侵害被监护人的合法权益的,应当承担责任;给被监护人造成财产损失的,应当赔偿损失。人民法院可以根据有关人员或者有关单位的申请,撤销监护人的资格。

第 26 条【个体工商户】★

公民在法律允许的范围内,依法经核准登记,从事工商业经营的,为个体工商户。个体工商户可以起字号。

第 31 条【合伙协议应当载明的事项】★

合伙人应当对出资数额、盈余分配、债务承担、入伙、退伙、合伙终止等事项,订立书面协议。

第 39 条【法人的住所】★

法人以它的主要办事机构所在地为住所。

第 43 条【企业法人对其机构的活动承担民事责任】　★

企业法人对它的法定代表人和其他工作人员的经营活动，承担民事责任。

第 59 条【可变更或可撤销的民事行为类型】　★

下列民事行为，一方有权请求人民法院或者仲裁机关予以变更或者撤销：

（一）行为人对行为内容有重大误解的；

（二）显失公平的。

被撤销的民事行为从行为开始起无效。

第 71 条【所有权的内容】　★

财产所有权是指所有人依法对自己的财产享有占有、使用、收益和处分的权利。

第 72 条【财产所有权取得应符合法律规定；动产所有权自交付时转移】　★

财产所有权的取得，不得违反法律规定。

按照合同或者其他合法方式取得财产的，财产所有权从财产交付时起转移，法律另有规定或者当事人另有约定的除外。

第 75 条【个人财产：合法财产受法律保护】　★★★★

公民的个人财产，包括公民的合法收入、房屋、储蓄、生活用品、文物、图书资料、林木、牲畜和法律允许公民所有的生产资料以及其他合法财产。

公民的合法财产受法律保护，禁止任何组织或者个人侵占、哄抢、破坏或者非法查封、扣押、冻结、没收。

第 83 条【处理相邻关系的基本原则】　★

不动产的相邻各方，应当按照有利生产、方便生活、团结互助、公平合理的精神，正确处理截水、排水、通行、通风、采光等方面的相邻关系。给相邻方造成妨碍或者损失的，应当停止侵害，排除妨碍，赔偿损失。

第 84 条【债的界定；债权人债务人的认定；债权人的权利】　★★

债是按照合同的约定或者依照法律的规定，在当事人之间产生的特定的权利和义务关系，享有权利的人是债权人，负有义务的人是债务人。

债权人有权要求债务人按照合同的约定或者依照法律的规定履行义务。

第 90 条【法律保护合法的借贷关系】　★

合法的借贷关系受法律保护。

第 92 条【不当得利返还请求权】 ★

没有合法根据，取得不当利益，造成他人损失的，应当将取得的不当利益返还受损失的人。

第 98 条【生命权、健康权请求权基础】 ★★★★★

公民享有生命健康权。

第 99 条【姓名权、名称权的保护】 ★★★

公民享有姓名权，有权决定、使用和依照规定改变自己的姓名，禁止他人干涉、盗用、假冒。

法人、个体工商户、个人合伙享有名称权。企业法人、个体工商户、个人合伙有权使用、依法转让自己的名称。

第 100 条【公民的肖像权受法律保护】 ★★★

公民享有肖像权，未经本人同意，不得以营利为目的使用公民的肖像。

第 101 条【名誉权的保护】 ★★★★

公民、法人享有名誉权，公民的人格尊严受法律保护，禁止用侮辱、诽谤等方式损害公民、法人的名誉。

第 102 条【公民、法人的荣誉权】 ★

公民、法人享有荣誉权，禁止非法剥夺公民、法人的荣誉称号。

第 103 条【婚姻自主权：禁止买卖、包办婚姻和干涉婚姻自由】 ★

公民享有婚姻自主权，禁止买卖、包办婚姻和其他干涉婚姻自由的行为。

第 104 条【对特殊人群的保护：老人、儿童、母亲、残疾人】 ★

婚姻、家庭、老人、母亲和儿童受法律保护。

残疾人的合法权益受法律保护。

第 105 条【男女平等】 ★

妇女享有同男子平等的民事权利。

第 106 条【民事责任归责原则：违约责任，无过错责任原则；侵权责任，过错责任，无过错责任】 ★★★★★

公民、法人违反合同或者不履行其他义务的，应当承担民事责任。

公民、法人由于过错侵害国家的、集体的财产，侵害他人财产、人身的，应当承担民事责任。

没有过错，但法律规定应当承担民事责任的，应当承担民事责任。

第 107 条【民事责任的免除事由:不可抗力】 ★

因不可抗力不能履行合同或者造成他人损害的,不承担民事责任,法律另有规定的除外。

第 108 条【债务清偿:分期偿还、强制偿还】 ★★

债务应当清偿。暂时无力偿还的,经债权人同意或者人民法院裁决,可以由债务人分期偿还。有能力偿还拒不偿还的,由人民法院判决强制偿还。

第 109 条【见义勇为的侵权责任和补偿责任】 ★

因防止、制止国家的、集体的财产或者他人的财产、人身遭受侵害而使自己受到损害的,由侵害人承担赔偿责任,受益人也可以给予适当的补偿。

第 114 条【合同相对方的减损义务:防止损失扩大】 ★

当事人一方因另一方违反合同受到损失的,应当及时采取措施防止损失的扩大;没有及时采取措施致使损失扩大的,无权就扩大的损失要求赔偿。

第 117 条【侵害财产权的责任承担方式:返还财产、折价赔偿;恢复原状、折价赔偿;赔偿损失】 ★★★★★

侵占国家的、集体的财产或者他人财产的,应当返还财产,不能返还财产的,应当折价赔偿。

损坏国家的、集体的财产或者他人财产的,应当恢复原状或者折价赔偿。

受害人因此遭受其他重大损失的,侵害人并应当赔偿损失。

第 119 条【人身损害赔偿项目:一般人身损害赔偿项目、伤残赔偿项目、死亡赔偿项目】 ★★★★★

侵害公民身体造成伤害的,应当赔偿医疗费、因误工减少的收入、残废者生活补助费等费用;造成死亡的,并应当支付丧葬费、死者生前扶养的人必要的生活费等费用。

第 120 条【侵害人格权的民事责任:姓名权、肖像权、名誉权、荣誉权】 ★★★★

公民的姓名权、肖像权、名誉权、荣誉权受到侵害的,有权要求停止侵害,恢复名誉,消除影响,赔礼道歉,并可以要求赔偿损失。

法人的名称权、名誉权、荣誉权受到侵害的,适用前款规定。

第 122 条【生产者的缺陷产品无过错最终责任】 ★★★

因产品质量不合格造成他人财产、人身损害的,产品制造者、销售者应当依法承担民事责任。运输者、仓储者对此负有责任的,产品制造者、销售者有权要求赔偿损失。

第 123 条【高度危险行为致害无过错责任及抗辩事由】★★★

从事高空、高压、易燃、易爆、剧毒、放射性、高速运输工具等对周围环境有高度危险的作业造成他人损害的，应当承担民事责任；如果能够证明损害是由受害人故意造成的，不承担民事责任。

第 124 条【污染环境无过错责任】★★★

违反国家保护环境防止污染的规定，污染环境造成他人损害的，应当依法承担民事责任。

第 125 条【在公共场所或者道路上挖坑、修缮安装地下设施致害的过错推定责任；窨井等地下设施致害的过错推定责任】★★

在公共场所、道旁或者通道上挖坑、修缮安装地下设施等，没有设置明显标志和采取安全措施造成他人损害的，施工人应当承担民事责任。

第 126 条【建筑物、构筑物或者其他设施及其附属物脱落、坠落致害过错推定责任】★★★

建筑物或者其他设施以及建筑物上的搁置物、悬挂物发生倒塌、脱落、坠落造成他人损害的，它的所有人或者管理人应当承担民事责任，但能够证明自己没有过错的除外。

第 127 条【饲养动物致害的无过错责任及被侵权人过错的适用规则】★★★

饲养的动物造成他人损害的，动物饲养人或者管理人应当承担民事责任；由于受害人的过错造成损害的，动物饲养人或者管理人不承担民事责任；由于第三人的过错造成损害的，第三人应当承担民事责任。

第 129 条【紧急避险、避险不当、避险过当】★

因紧急避险造成损害的，由引起险情发生的人承担民事责任。如果危险是由自然原因引起的，紧急避险人不承担民事责任或者承担适当的民事责任。因紧急避险采取措施不当或者超过必要的限度，造成不应有的损害的，紧急避险人应当承担适当的民事责任。

第 130 条【共同实施侵权行为人的连带责任】★★★★

二人以上共同侵权造成他人损害的，应当承担连带责任。

第 131 条【过失相抵：被侵权人过错】★★★★★

受害人对于损害的发生也有过错的，可以减轻侵害人的民事责任。

第 132 条【公平责任:公平补偿责任的一般规定】 ★★★

当事人对造成损害都没有过错的,可以根据实际情况,由当事人分担民事责任。

第 133 条【监护人责任:无民事行为能力人、限制民事行为能力人致害的侵权责任】 ★★

无民事行为能力人、限制民事行为能力人造成他人损害的,由监护人承担民事责任。监护人尽了监护责任的,可以适当减轻他的民事责任。

有财产的无民事行为能力人、限制民事行为能力人造成他人损害的,从本人财产中支付赔偿费用。不足部分,由监护人适当赔偿,但单位担任监护人的除外。

第 134 条【侵权责任的主要承担方式】 ★★★★★

承担民事责任的方式主要有:

(一) 停止侵害;

(二) 排除妨碍;

(三) 消除危险;

(四) 返还财产;

(五) 恢复原状;

(六) 修理、重作、更换;

(七) 赔偿损失;

(八) 支付违约金;

(九) 消除影响、恢复名誉;

(十) 赔礼道歉。

以上承担民事责任的方式,可以单独适用,也可以合并适用。

人民法院审理民事案件,除适用上述规定外,还可以予以训诫、责令具结悔过、收缴进行非法活动的财物和非法所得,并可以依照法律规定处以罚款、拘留。

第 135 条【诉讼时效期间:两年】 ★

向人民法院请求保护民事权利的诉讼时效期间为二年,法律另有规定的除外。

第 136 条【短期诉讼时效,诉讼时效一年:身体受到伤害要求赔偿、出售质量不合格的商品未声明、延付或者拒付租金、寄存财物被丢失或损毁】 ★

下列的诉讼时效期间为一年:

（一）身体受到伤害要求赔偿的；

（二）出售质量不合格的商品未声明的；

（三）延付或者拒付租金的；

（四）寄存财物被丢失或者损毁的。

第137条【诉讼时效期间的起算日和最长保护期限】　★

诉讼时效期间从知道或者应当知道权利被侵害时起计算。但是，从权利被侵害之日起超过二十年的，人民法院不予保护。有特殊情况的，人民法院可以延长诉讼时效期间。

第153条【不可抗力的界定】　★★

本法所称的“不可抗力”，是指不能预见、不能避免并不能克服的客观情况。

L1.1.59

中华人民共和国保险法①

★★★★

（1995年6月30日第八届全国人民代表大会常务委员会第十四次会议通过，根据2002年10月28日第九届全国人民代表大会常务委员会第三十次会议《关于修改〈中华人民共和国保险法〉的决定》第一次修正，根据2009年2月28日第十一届全国人民代表大会常务委员会第七次会议修订，根据2014年8月31日第十二届全国人民代表大会常务委员会第十次会议《关于修改〈中华人民共和国保险法〉等五部法律的决定》第二次修正，根据2015年4月24日第十二届全国人民代表大会常务委员会第十四次会议《关于修改〈中华人民共和国计量法〉等五部法律的决定》第三次修正）

第10条【保险合同的界定；投保人；保险人】　★

保险合同是投保人与保险人约定保险权利义务关系的协议。

投保人是指与保险人订立保险合同，并按照合同约定负有支付保险费义务的人。

保险人是指与投保人订立保险合同，并按照合同约定承担赔偿或者给付

① 简称《保险法》。

保险金责任的保险公司。

第14条【投保人和保险人的义务】 ★★★★★

保险合同成立后,投保人按照约定交付保险费,保险人按照约定的时间开始承担保险责任。

第17条【保险人对保险合同中格式条款的说明义务;保险人对保险合同中免责条款的提示说明义务;违反该义务时免责条款无效】 ★

订立保险合同,采用保险人提供的格式条款的,保险人向投保人提供的投保单应当附格式条款,保险人应当向投保人说明合同的内容。

对保险合同中免除保险人责任的条款,保险人在订立合同时应当在投保单、保险单或者其他保险凭证上作出足以引起投保人注意的提示,并对该条款的内容以书面或者口头形式向投保人作出明确说明;未作提示或者明确说明的,该条款不产生效力。

第19条【保险合同格式条款无效的法定情形】 ★

采用保险人提供的格式条款订立的保险合同中的下列条款无效:

(一)免除保险人依法应承担的义务或者加重投保人、被保险人责任的;

(二)排除投保人、被保险人或者受益人依法享有的权利的。

第42条【被保险人的保险金作为遗产的处理规则】 ★

被保险人死亡后,有下列情形之一的,保险金作为被保险人的遗产,由保险人依照《中华人民共和国继承法》的规定履行给付保险金的义务:

(一)没有指定受益人,或者受益人指定不明无法确定的;

(二)受益人先于被保险人死亡,没有其他受益人的;

(三)受益人依法丧失受益权或者放弃受益权,没有其他受益人的。

受益人与被保险人在同一事件中死亡,且不能确定死亡先后顺序的,推定受益人死亡在先。

第50条【运输类保险合同当事人解除权的禁止】 ★

货物运输保险合同和运输工具航程保险合同,保险责任开始后,合同当事人不得解除合同。

第64条【确定和查明保险事故的费用由保险人承担】 ★★★★★

保险人、被保险人为查明和确定保险事故的性质、原因和保险标的的损失程度所支付的必要的、合理的费用,由保险人承担。

第65条【第三者责任保险定义及保险金赔付规则】 ★★★★★

保险人对责任保险的被保险人给第三者造成的损害,可以依照法律的规定或者合同的约定,直接向该第三者赔偿保险金。

责任保险的被保险人给第三者造成损害,被保险人对第三者应负的赔偿责任确定的,根据被保险人的请求,保险人应当直接向该第三者赔偿保险金。被保险人怠于请求的,第三者有权就其应获赔偿部分直接向保险人请求赔偿保险金。

责任保险的被保险人给第三者造成损害,被保险人未向该第三者赔偿的,保险人不得向被保险人赔偿保险金。

责任保险是指以被保险人对第三者依法应负的赔偿责任为保险标的的保险。

第 66 条【第三者责任险中保险人承担保险责任的范围包括诉讼或仲裁费用】 ★★★★★

责任保险的被保险人因给第三者造成损害的保险事故而被提起仲裁或者诉讼的,被保险人支付的仲裁或者诉讼费用以及其他必要的、合理的费用,除合同另有约定外,由保险人承担。

中华人民共和国刑法[①]

★★★

(1979 年 7 月 1 日第五届全国人民代表大会第二次会议通过,根据 1997 年 3 月 14 日第八届全国人民代表大会第五次会议修订,根据 1999 年 12 月 25 日第九届全国人民代表大会常务委员会第十三次会议《中华人民共和国刑法修正案》修正,根据 2001 年 8 月 31 日第九届全国人民代表大会常务委员会第二十三次会议《中华人民共和国刑法修正案(二)》修正,根据 2001 年 12 月 29 日第九届全国人民代表大会常务委员会第二十五次会议《中华人民共和国刑法修正案(三)》修正,根据 2002 年 12 月 28 日第九届全国人民代表大会常务委员会第三十一次会议《中华人民共和国刑法修正案(四)》修正,根据 2005 年 2 月 28 日第十届全国人民代表大会常务委员会第十四次会议《中华人民共和国刑法修正案(五)》修正,根据 2006 年 6 月 29 日第十届全国人民代表大会常务委员会第二十二次会议《中华人民共和国刑法修正案(六)》修正,根据 2009 年 2 月 28 日第十一届全国人民代表大会常务

① 简称《刑法》。

委员会第七次会议《中华人民共和国刑法修正案(七)》修正,根据2011年2月25日第十一届全国人民代表大会常务委员会第七次会议《中华人民共和国刑法修正案(八)》修正,根据2015年8月29日第十二届全国人民代表大会常务委员会第十六次会议《中华人民共和国刑法修正案(九)》修正)

第20条【正当防卫、防卫过当、无限防卫:正在进行的不法侵害、对不法侵害人造成损害、正当防卫超过必要限度、应当减轻处罚、应当免除处罚、行凶、杀人、抢劫、强奸、绑架、严重危及人身安全的暴力犯罪、造成不法侵害人伤亡】 ★★

为了使国家、公共利益、本人或者他人的人身、财产和其他权利免受正在进行的不法侵害,而采取的制止不法侵害的行为,对不法侵害人造成损害的,属于正当防卫,不负刑事责任。

正当防卫明显超过必要限度造成重大损害的,应当负刑事责任,但是应当减轻或者免除处罚。

对正在进行行凶、杀人、抢劫、强奸、绑架以及其他严重危及人身安全的暴力犯罪,采取防卫行为,造成不法侵害人伤亡的,不属于防卫过当,不负刑事责任。

第25条【共同犯罪:二人以上共同故意犯罪】 ★★★★

共同犯罪是指二人以上共同故意犯罪。

二人以上共同过失犯罪,不以共同犯罪论处;应当负刑事责任的,按照他们所犯的罪分别处罚。

第36条【民事赔偿优先于刑事罚金:遭受经济损失、财产不足以全部支付】 ★★★★

由于犯罪行为而使被害人遭受经济损失的,对犯罪分子除依法给予刑事处罚外,并应根据情况判处赔偿经济损失。

承担民事赔偿责任的犯罪分子,同时被判处罚金,其财产不足以全部支付的,或者被判处没收财产的,应当先承担对被害人的民事赔偿责任。

第67条【自首的认定:自动投案、如实供述、从轻处罚、减轻处罚、免除处罚;被采取强制措施、正在服刑、如实供述、未掌握的本人其他罪行】 ★★★

犯罪以后自动投案,如实供述自己的罪行的,是自首。对于自首的犯罪分子,可以从轻或者减轻处罚。其中,犯罪较轻的,可以免除处罚。

被采取强制措施的犯罪嫌疑人、被告人和正在服刑的罪犯,如实供述司法机关还未掌握的本人其他罪行的,以自首论。

犯罪嫌疑人虽不具有前两款规定的自首情节,但是如实供述自己罪行的,可以从轻处罚;因其如实供述自己罪行,避免特别严重后果发生的,可以减轻处罚。

第 72 条【缓刑的适用:不满十八周岁的人、怀孕的妇女、已满七十五周岁的人;禁止从事特定活动、禁止进入特定区域、禁止接触特定的人】 ★

对于被判处拘役、三年以下有期徒刑的犯罪分子,同时符合下列条件的,可以宣告缓刑,对其中不满十八周岁的人、怀孕的妇女和已满七十五周岁的人,应当宣告缓刑:

(一)犯罪情节较轻;

(二)有悔罪表现;

(三)没有再犯罪的危险;

(四)宣告缓刑对所居住社区没有重大不良影响。

宣告缓刑,可以根据犯罪情况,同时禁止犯罪分子在缓刑考验期限内从事特定活动,进入特定区域、场所,接触特定的人。

被宣告缓刑的犯罪分子,如果被判处附加刑,附加刑仍须执行。

第 73 条【缓刑考验期限:拘役的缓刑为二个月以上一年以下;有期徒刑的缓刑考验期为一年以上五年以下;缓刑期限自判决确定之日起算】 ★

拘役的缓刑考验期限为原判刑期以上一年以下,但是不能少于二个月。

有期徒刑的缓刑考验期限为原判刑期以上五年以下,但是不能少于一年。

缓刑考验期限,从判决确定之日起计算。

第 133 条【交通肇事罪:交通肇事、致人重伤、致人死亡、公私财产遭受重大损失、逃逸、因逃逸致人死亡】 ★

违反交通运输管理法规,因而发生重大事故,致人重伤、死亡或者使公私财产遭受重大损失的,处三年以下有期徒刑或者拘役;交通运输肇事后逃逸或者有其他特别恶劣情节的,处三年以上七年以下有期徒刑;因逃逸致人死亡的,处七年以上有期徒刑。

第 234 条【故意伤害罪:故意伤害、伤害他人身体;特别残忍手段致人重伤】 ★★★★

故意伤害他人身体的,处三年以下有期徒刑、拘役或者管制。

犯前款罪,致人重伤的,处三年以上十年以下有期徒刑;致人死亡或者以特别残忍手段致人重伤造成严重残疾的，处十年以上有期徒刑、无期徒刑或者死刑。本法另有规定的，依照规定。

第 235 条【过失致人重伤罪：过失伤害他人致人重伤】 ★

过失伤害他人致人重伤的，处三年以下有期徒刑或者拘役。本法另有规定的，依照规定。

L1.1.63

中华人民共和国合同法①

★★★

（1999 年 3 月 15 日第九届全国人民代表大会第二次会议通过，自 1999 年 10 月 1 日起施行）

第 5 条【合同的公平原则；合同当事人权利义务确定的原则】 ★

当事人应当遵循公平原则确定各方的权利和义务。

第 6 条【合同法的基本原则：诚实信用原则】 ★

当事人行使权利、履行义务应当遵循诚实信用原则。

第 8 条【合同约束力：依约履行义务】 ★★

依法成立的合同，对当事人具有法律约束力。当事人应当按照约定履行自己的义务，不得擅自变更或者解除合同。

依法成立的合同，受法律保护。

第 36 条【应当采用书面形式而未采用书面形式合同成立的条件】 ★★

法律、行政法规规定或者当事人约定采用书面形式订立合同，当事人未采用书面形式但一方已经履行主要义务，对方接受的，该合同成立。

第 44 条【合同成立条件与时间】 ★

依法成立的合同，自成立时生效。

法律、行政法规规定应当办理批准、登记等手续生效的，依照其规定。

第 48 条【无权代理的法律后果与责任承担】 ★

行为人没有代理权、超越代理权或者代理权终止后以被代理人名义订立

---

① 简称《合同法》。

的合同,未经被代理人追认,对被代理人不发生效力,由行为人承担责任。

相对人可以催告被代理人在一个月内予以追认。被代理人未作表示的,视为拒绝追认。合同被追认之前,善意相对人有撤销的权利。撤销应当以通知的方式作出。

第 51 条【无权处分合同的效力:经追认或取得处分权的有效】★

无处分权的人处分他人财产,经权利人追认或者无处分权的人订立合同后取得处分权的,该合同有效。

第 52 条【合同无效的情形】★

有下列情形之一的,合同无效:

(一)一方以欺诈、胁迫的手段订立合同,损害国家利益;

(二)恶意串通,损害国家、集体或者第三人利益;

(三)以合法形式掩盖非法目的;

(四)损害社会公共利益;

(五)违反法律、行政法规的强制性规定。

第 53 条【合同中免责条款无效情形】★

合同中的下列免责条款无效:

(一)造成对方人身伤害的;

(二)因故意或者重大过失造成对方财产损失的。

第 54 条【合同的变更和撤销】★

下列合同,当事人一方有权请求人民法院或者仲裁机构变更或者撤销:

(一)因重大误解订立的;

(二)在订立合同时显失公平的。

一方以欺诈、胁迫的手段或者乘人之危,使对方在违背真实意思的情况下订立的合同,受损害方有权请求人民法院或者仲裁机构变更或者撤销。

当事人请求变更的,人民法院或者仲裁机构不得撤销。

第 58 条【合同无效或被撤销的法律后果:合同财产返还;无法返还应当折价补偿;所受损失按过错份额承担责任】★

合同无效或者被撤销后,因该合同取得的财产,应当予以返还;不能返还或者没有必要返还的,应当折价补偿。有过错的一方应当赔偿对方因此所受到的损失,双方都有过错的,应当各自承担相应的责任。

第 60 条【合同当事人义务:全面履行义务、通知义务、协助义务、保密义务】★★

当事人应当按照约定全面履行自己的义务。

当事人应当遵循诚实信用原则,根据合同的性质、目的和交易习惯履行通知、协助、保密等义务。

第 62 条【合同内容约定不明确的处理规则】 ★

当事人就有关合同内容约定不明确,依照本法第六十一条的规定仍不能确定的,适用下列规定:

(一)质量要求不明确的,按照国家标准、行业标准履行;没有国家标准、行业标准的,按照通常标准或者符合合同目的的特定标准履行。

(二)价款或者报酬不明确的,按照订立合同时履行地的市场价格履行;依法应当执行政府定价或者政府指导价的,按照规定履行。

(三)履行地点不明确,给付货币的,在接受货币一方所在地履行;交付不动产的,在不动产所在地履行;其他标的,在履行义务一方所在地履行。

(四)履行期限不明确的,债务人可以随时履行,债权人也可以随时要求履行,但应当给对方必要的准备时间。

(五)履行方式不明确的,按照有利于实现合同目的的方式履行。

(六)履行费用的负担不明确的,由履行义务一方负担。

第 77 条【变更合同的条件与要求:协商一致;法律规定】 ★

当事人协商一致,可以变更合同。

法律、行政法规规定变更合同应当办理批准、登记等手续的,依照其规定。

第 78 条【合同变更的内容约定不明确推定为未变更】 ★

当事人对合同变更的内容约定不明确的,推定为未变更。

第 92 条【后合同义务:通知义务、协助义务、保密义务】 ★

合同的权利义务终止后,当事人应当遵循诚实信用原则,根据交易习惯履行通知、协助、保密等义务。

第 93 条【合同解除条件:协商一致;约定条件成就】 ★

当事人协商一致,可以解除合同。

当事人可以约定一方解除合同的条件。解除合同的条件成就时,解除权人可以解除合同。

第 94 条【合同的法定解除权】 ★

有下列情形之一的,当事人可以解除合同:

(一)因不可抗力致使不能实现合同目的;

（二）在履行期限届满之前，当事人一方明确表示或者以自己的行为表明不履行主要债务；

（三）当事人一方迟延履行主要债务，经催告后在合理期限内仍未履行；

（四）当事人一方迟延履行债务或者有其他违约行为致使不能实现合同目的；

（五）法律规定的其他情形。

第 97 条【合同解除的法律后果】　★

合同解除后，尚未履行的，终止履行；已经履行的，根据履行情况和合同性质，当事人可以要求恢复原状、采取其他补救措施，并有权要求赔偿损失。

第 107 条【合同约束力：违约责任的承担】　★★★

当事人一方不履行合同义务或者履行合同义务不符合约定的，应当承担继续履行、采取补救措施或者赔偿损失等违约责任。

第 109 条【合同约束力：违约责任的承担】　★

当事人一方未支付价款或者报酬的，对方可以要求其支付价款或者报酬。

第 111 条【合同约束力：违约责任的承担】　★★

质量不符合约定的，应当按照当事人的约定承担违约责任。对违约责任没有约定或者约定不明确，依照本法第六十一条的规定仍不能确定的，受损害方根据标的的性质以及损失的大小，可以合理选择要求对方承担修理、更换、重作、退货、减少价款或者报酬等违约责任。

第 113 条【合同约束力：违约责任的承担】　★★

当事人一方不履行合同义务或者履行合同义务不符合约定，给对方造成损失的，损失赔偿额应当相当于因违约所造成的损失，包括合同履行后可以获得的利益，但不得超过违反合同一方订立合同时预见到或者应当预见到的因违反合同可能造成的损失。

经营者对消费者提供商品或者服务有欺诈行为的，依照《中华人民共和国消费者权益保护法》的规定承担损害赔偿责任。

第 114 条【违约金的计算方法：约定违约金数额、约定违约金计算方法；违约金过高、违约金过低；迟延履行】　★★

当事人可以约定一方违约时应当根据违约情况向对方支付一定数额的违约金，也可以约定因违约产生的损失赔偿额的计算方法。

约定的违约金低于造成的损失的，当事人可以请求人民法院或者仲裁机构予以增加;约定的违约金过分高于造成的损失的,当事人可以请求人民法院或者仲裁机构予以适当减少。

当事人就迟延履行约定违约金的,违约方支付违约金后,还应当履行债务。

第 119 条【防止违约损失扩大的措施;违约赔偿的范围:不包括未制止导致扩大的损失;防止损失扩大的合理费用】 ★

当事人一方违约后,对方应当采取适当措施防止损失的扩大;没有采取适当措施致使损失扩大的,不得就扩大的损失要求赔偿。

当事人因防止损失扩大而支出的合理费用,由违约方承担。

第 122 条【侵权与违约的竞合】 ★

因当事人一方的违约行为,侵害对方人身、财产权益的,受损害方有权选择依照本法要求其承担违约责任或者依照其他法律要求其承担侵权责任。

第 130 条【买卖合同的定义】 ★

买卖合同是出卖人转移标的物的所有权于买受人,买受人支付价款的合同。

第 131 条【买卖合同的内容】 ★

买卖合同的内容除依照本法第十二条的规定以外,还可以包括包装方式、检验标准和方法、结算方式、合同使用的文字及其效力等条款。

第 153 条【出卖人的瑕疵担保义务:按约定质量交付、符合质量说明】 ★★

出卖人应当按照约定的质量要求交付标的物。出卖人提供有关标的物质量说明的,交付的标的物应当符合该说明的质量要求。

第 154 条【标的物质量要求没有约定或约定不明时的认定规则】 ★★

当事人对标的物的质量要求没有约定或者约定不明确,依照本法第六十一条的规定仍不能确定的,适用本法第六十二条第一项的规定。

第 159 条【买卖合同买受人应支付价款的数额认定:按约定数额;参照其他】 ★

买受人应当按照约定的数额支付价款。对价款没有约定或者约定不明确的,适用本法第六十一条、第六十二条第二项的规定。

第 161 条【买卖合同买受人支付价款义务:按约定;同时支付】 ★

买受人应当按照约定的时间支付价款。对支付时间没有约定或者约定不明确,依照本法第六十一条的规定仍不能确定的,买受人应当在收到标的物或者提取标的物单证的同时支付。

第 196 条【借款合同定义】　★

借款合同是借款人向贷款人借款,到期返还借款并支付利息的合同。

第 205 条【借款合同的利息支付义务】　★★

借款人应当按照约定的期限支付利息。对支付利息的期限没有约定或者约定不明确,依照本法第六十一条的规定仍不能确定,借款期间不满一年的,应当在返还借款时一并支付;借款期间一年以上的,应当在每届满一年时支付,剩余期间不满一年的,应当在返还借款时一并支付。

第 206 条【借款期限的认定】　★★

借款人应当按照约定的期限返还借款。对借款期限没有约定或者约定不明确,依照本法第六十一条的规定仍不能确定的,借款人可以随时返还;贷款人可以催告借款人在合理期限内返还。

第 207 条【借款合同违约责任承担:支付利息】　★★

借款人未按照约定的期限返还借款的,应当按照约定或者国家有关规定支付逾期利息。

第 211 条【自然人之间借款合同利息的规制:没有约定、约定不明时不支付利息;利率不得违反国家规定】　★

自然人之间的借款合同对支付利息没有约定或者约定不明确的,视为不支付利息。

自然人之间的借款合同约定支付利息的,借款的利率不得违反国家有关限制借款利率的规定

第 217 条【承租人义务:按照约定方法使用租赁物】　★

承租人应当按照约定的方法使用租赁物。对租赁物的使用方法没有约定或者约定不明确,依照本法第六十一条的规定仍不能确定的,应当按照租赁物的性质使用。

第 227 条【租赁合同:承租人的租金支付义务;承租人违约时出租人的租金支付请求权以及合同解除权】　★

承租人无正当理由未支付或者迟延支付租金的,出租人可以要求承租人在合理期限内支付。承租人逾期不支付的,出租人可以解除合同。

第 228 条【出租人的权利瑕疵担保责任:承租人的及时通知义务】　★

因第三人主张权利,致使承租人不能对租赁物使用、收益的,承租人可以要求减少租金或者不支付租金。

第三人主张权利的,承租人应当及时通知出租人。

第 237 条【融资租赁合同的定义】　★

融资租赁合同是出租人根据承租人对出卖人、租赁物的选择,向出卖人购买租赁物,提供给承租人使用,承租人支付租金的合同。

第 248 条【租赁合同:承租人的租金支付义务;承租人违约时出租人的租金支付请求权以及合同解除权】　★

承租人应当按照约定支付租金。承租人经催告后在合理期限内仍不支付租金的,出租人可以要求支付全部租金;也可以解除合同,收回租赁物。

第 249 条【融资租赁合同中出租人收回租赁物的权利和承租人要求部分返还租赁物价值的权利】　★

当事人约定租赁期间届满租赁物归承租人所有,承租人已经支付大部分租金,但无力支付剩余租金,出租人因此解除合同收回租赁物的,收回的租赁物的价值超过承租人欠付的租金以及其他费用的,承租人可以要求部分返还。

第 250 条【租赁期间届满租赁物的归属】　★

出租人和承租人可以约定租赁期间届满租赁物的归属。对租赁物的归属没有约定或者约定不明确,依照本法第六十一条的规定仍不能确定的,租赁物的所有权归出租人

第 251 条【承揽合同的定义及内涵】　★★★

承揽合同是承揽人按照定作人的要求完成工作,交付工作成果,定作人给付报酬的合同。

承揽包括加工、定作、修理、复制、测试、检验等工作。

第 272 条【建设工程的发包、承包与分包;第三人与总承包人或发包人的连带责任;禁止全部转包;禁止分包单位再分包;主体结构施工】　★

发包人可以与总承包人订立建设工程合同,也可以分别与勘察人、设计人、施工人订立勘察、设计、施工承包合同。发包人不得将应当由一个承包人完成的建设工程肢解成若干部分发包给几个承包人。

总承包人或者勘察、设计、施工承包人经发包人同意,可以将自己承包的部分工作交由第三人完成第三人就其完成的工作成果与总承包人或者勘察、

设计、施工承包人向发包人承担连带责任。承包人不得将其承包的全部建设工程转包给第三人或者将其承包的全部建设工程肢解以后以分包的名义分别转包给第三人。

禁止承包人将工程分包给不具备相应资质条件的单位。禁止分包单位将其承包的工程再分包。建设工程主体结构的施工必须由承包人自行完成。

第 290 条【承运人的按时运输、安全运输义务】 ★

承运人应当在约定期间或者合理期间内将旅客、货物安全运输到约定地点。

第 291 条【承运人按照约定或者通常运输路线进行运输的义务】 ★★

承运人应当按照约定的或者通常的运输路线将旅客、货物运输到约定地点。

第 303 条【承运人对旅客自带物品损毁、灭失的赔偿责任】 ★

在运输过程中旅客自带物品毁损、灭失，承运人有过错的，应当承担损害赔偿责任。

旅客托运的行李毁损、灭失的，适用货物运输的有关规定。

第 311 条【承运人的责任承担以及抗辩事由】 ★

承运人对运输过程中货物的毁损、灭失承担损害赔偿责任，但承运人证明货物的毁损、灭失是因不可抗力、货物本身的自然性质或者合理损耗以及托运人、收货人的过错造成的，不承担损害赔偿责任。

第 312 条【运输货物损害赔偿计算方法】 ★

货物的毁损、灭失的赔偿额，当事人有约定的，按照其约定；没有约定或者约定不明确，依照本法第六十一条的规定仍不能确定的，按照交付或者应当交付时货物到达地的市场价格计算。法律、行政法规对赔偿额的计算方法和赔偿限额另有规定的，依照其规定。

第 365 条【保管合同的定义：交付保管物、返还保管物】 ★

保管合同是保管人保管寄存人交付的保管物，并返还该物的合同。

第 374 条【保管物毁损、保管物灭失：保管人承担损害赔偿责任】 ★

保管期间，因保管人保管不善造成保管物毁损、灭失的，保管人应当承担损害赔偿责任，但保管是无偿的，保管人证明自己没有重大过失的，不承担损害赔偿责任。

L1.1.72

中华人民共和国物权法[①]

★★★

(2007年3月16日第十届全国人民代表大会第五次会议通过,自2007年10月1日起施行)

第4条【国家、集体和私人物权的平等保护原则】 ★★

国家、集体、私人的物权和其他权利人的物权受法律保护,任何单位和个人不得侵犯。

第6条【物权公示原则:不动产登记、动产交付】 ★

不动产物权的设立、变更、转让和消灭,应当依照法律规定登记。动产物权的设立和转让,应当依照法律规定交付。

第9条【不动产物权变动的登记原则;国家的自然资源所有权登记的特殊规定】 ★

不动产物权的设立、变更、转让和消灭,经依法登记,发生效力;未经登记,不发生效力,但法律另有规定的除外。

依法属于国家所有的自然资源,所有权可以不登记。

第15条【设立、变更、转让、消灭不动产物权的合同的效力:合同成立生效】 ★

当事人之间订立有关设立、变更、转让和消灭不动产物权的合同,除法律另有规定或者合同另有约定外,自合同成立时生效;未办理物权登记的,不影响合同效力。

第17条【不动产权属证书与不动产登记簿的关系】 ★

不动产权属证书是权利人享有该不动产物权的证明。不动产权属证书记载的事项,应当与不动产登记簿一致;记载不一致的,除有证据证明不动产登记簿确有错误外,以不动产登记簿为准。

---

① 简称《物权法》。

第 34 条【权利人对无权占有人的返还原物请求权】 ★★

无权占有不动产或者动产的，权利人可以请求返还原物。

第 35 条【权利人享有的排除妨害请求权与消除危险请求权】 ★★

妨害物权或者可能妨害物权的，权利人可以请求排除妨害或者消除危险。

第 37 条【物权被侵害时权利人赔偿损害请求权和其他民事责任请求权的竞合】 ★

侵害物权，造成权利人损害的，权利人可以请求损害赔偿，也可以请求承担其他民事责任。

第 39 条【所有权的内容】 ★★★

所有权人对自己的不动产或者动产，依法享有占有、使用、收益和处分的权利。

第 56 条【国有财产的保护】 ★

国家所有的财产受法律保护，禁止任何单位和个人侵占、哄抢、私分、截留、破坏。

第 82 条【物业服务企业或其他接受业主委托的管理人的管理义务】 ★

物业服务企业或者其他管理人根据业主的委托管理建筑区划内的建筑物及其附属设施，并接受业主的监督。

第 84 条【处理相邻关系的基本原则】 ★

不动产的相邻权利人应当按照有利生产、方便生活、团结互助、公平合理的原则，正确处理相邻关系。

第 89 条【建造建筑物不得妨碍相邻建筑物通风、采光和日照规则】 ★

建造建筑物，不得违反国家有关工程建设标准，妨碍相邻建筑物的通风、采光和日照。

第 92 条【相邻权的限度】 ★

不动产权利人因用水、排水、通行、铺设管线等利用相邻不动产的，应当尽量避免对相邻的不动产权利人造成损害；造成损害的，应当给予赔偿。

第 106 条【善意取得的构成条件】 ★

无处分权人将不动产或者动产转让给受让人的，所有权人有权追回；除法律另有规定外，符合下列情形的，受让人取得该不动产或者动产的所有权：

（一）受让人受让该不动产或者动产时是善意的；

（二）以合理的价格转让；

（三）转让的不动产或者动产依照法律规定应当登记的已经登记，不需要登记的已经交付给受让人。

受让人依照前款规定取得不动产或者动产的所有权的，原所有权人有权向无处分权人请求赔偿损失。

当事人善意取得其他物权的，参照前两款规定。

第124条【农村集体经济经营体制；农村土地实行土地承包经营制度】★

农村集体经济组织实行家庭承包经营为基础、统分结合的双层经营体制。

农民集体所有和国家所有由农民集体使用的耕地、林地、草地以及其他用于农业的土地，依法实行土地承包经营制度。

第130条【承包期内承包地调整的原则禁止与特别例外】★

承包期内发包人不得调整承包地。

因自然灾害严重毁损承包地等特殊情形，需要适当调整承包的耕地和草地的，应当依照农村土地承包法等法律规定办理。

第131条【承包期内发包人义务】★

承包期内发包人不得收回承包地。农村土地承包法等法律另有规定的，依照其规定。

第245条【占有保护：返还原物、排除妨害、消除危险、请求损害赔偿；请求权期限为一年】★

占有的不动产或者动产被侵占的，占有人有权请求返还原物；对妨害占有的行为，占有人有权请求排除妨害或者消除危险；因侵占或者妨害造成损害的，占有人有权请求损害赔偿。

占有人返还原物的请求权，自侵占发生之日起一年内未行使的，该请求权消灭。

L1.1.190

中华人民共和国产品质量法[①]

★★

（1993年2月22日第七届全国人民代表大会常务委员会第三十次会议通过，根据2000年7月8日第九届全国人民代表大会常务委员会第十六次会议《关于修改〈中华人民共和国产品质量法〉的决定》第一次修正，根据2009年8月27日第十一届全国人民代表大会常务委员会第十次会议《关于修改部分法律的决定》第二次修正）

第2条【产品质量法的适用范围；产品的含义】　★★★

在中华人民共和国境内从事产品生产、销售活动，必须遵守本法。本法所称产品是指经过加工、制作，用于销售的产品。

建设工程不适用本法规定；但是，建设工程使用的建筑材料、建筑构配件和设备，属于前款规定的产品范围的，适用本法规定。

第4条【产品质量责任的承担主体】　★★★

生产者、销售者依照本法规定承担产品质量责任。

第12条【产品质量的基本要求：检验合格、不得以不合格产品冒充合格产品】　★★

产品质量应当检验合格，不得以不合格产品冒充合格产品。

第26条【生产者的产品质量责任；产品质量应当符合的要求】　★★★

生产者应当对其生产的产品质量负责。

产品质量应当符合下列要求：

（一）不存在危及人身、财产安全的不合理的危险，有保障人体健康和人身、财产安全的国家标准、行业标准的，应当符合该标准；

（二）具备产品应当具备的使用性能，但是，对产品存在使用性能的瑕疵作出说明的除外；

（三）符合在产品或者其包装上注明采用的产品标准，符合以产品说明、实物样品等方式表明的质量状况。

---

① 简称《产品质量法》。

第 27 条【产品或者其包装上的标识应符合的要求】 ★★★

产品或者其包装上的标识必须真实,并符合下列要求:

(一) 有产品质量检验合格证明;

(二) 有中文标明的产品名称、生产厂厂名和厂址;

(三) 根据产品的特点和使用要求,需要标明产品规格、等级、所含主要成份的名称和含量的,用中文相应予以标明;需要事先让消费者知晓的,应当在外包装上标明,或者预先向消费者提供有关资料;

(四) 限期使用的产品,应当在显著位置清晰地标明生产日期和安全使用期或者失效日期;

(五) 使用不当,容易造成产品本身损坏或者可能危及人身、财产安全的产品,应当有警示标志或者中文警示说明。

裸装的食品和其他根据产品的特点难以附加标识的裸装产品,可以不附加产品标识。

第 32 条【生产者的产品质量义务:禁止掺杂、掺假、以假充真、以次充好】 ★★

生产者生产产品,不得掺杂、掺假,不得以假充真、以次充好,不得以不合格产品冒充合格产品。

第 33 条【销售者的产品质量义务:建立执行进货检查验收制度】 ★★★

销售者应当建立并执行进货检查验收制度,验明产品合格证明和其他标识。

第 34 条【销售者应当保持销售产品质量的义务】 ★

销售者应当采取措施,保持销售产品的质量。

第 36 条【产品的标识应当符合的要求】 ★★

销售者销售的产品的标识应当符合本法第二十七条的规定。

第 40 条【销售者的修理、更换、退货义务;损害赔偿责任;向生产者、供货者的追偿权;产品质量监督部门、工商行政管理部门的监督责任;合同特别约定的适用】 ★★★

售出的产品有下列情形之一的,销售者应当负责修理、更换、退货;给购买产品的消费者造成损失的,销售者应当赔偿损失:

(一) 不具备产品应当具备的使用性能而事先未作说明的;

(二) 不符合在产品或者其包装上注明采用的产品标准的;

(三) 不符合以产品说明、实物样品等方式表明的质量状况的。

销售者依照前款规定负责修理、更换、退货、赔偿损失后，属于生产者的责任或者属于向销售者提供产品的其他销售者（以下简称供货者）的责任的，销售者有权向生产者、供货者追偿。

销售者未按照第一款规定给予修理、更换、退货或者赔偿损失的，由产品质量监督部门或者工商行政管理部门责令改正。

生产者之间，销售者之间，生产者与销售者之间订立的买卖合同、承揽合同有不同约定的，合同当事人按照合同约定执行。

第41条【生产者的缺陷产品无过错最终责任】 ★★★★

因产品存在缺陷造成人身、缺陷产品以外的其他财产（以下简称他人财产）损害的，生产者应当承担赔偿责任。

生产者能够证明有下列情形之一的，不承担赔偿责任：

（一）未将产品投入流通的；

（二）产品投入流通时，引起损害的缺陷尚不存在的；

（三）将产品投入流通时的科学技术水平尚不能发现缺陷的存在的。

第42条【销售者的缺陷产品过错最终责任；来源不明产品的销售者责任】 ★★★

由于销售者的过错使产品存在缺陷，造成人身、他人财产损害的，销售者应当承担赔偿责任。

销售者不能指明缺陷产品的生产者也不能指明缺陷产品的供货者的，销售者应当承担赔偿责任。

第43条【生产者、销售者的缺陷产品不真正连带责任；销售者的追偿权；生产者的追偿权】 ★★★★

因产品存在缺陷造成人身、他人财产损害的，受害人可以向产品的生产者要求赔偿，也可以向产品的销售者要求赔偿。属于产品的生产者的责任，产品的销售者赔偿的，产品的销售者有权向产品的生产者追偿。属于产品的销售者的责任，产品的生产者赔偿的，产品的生产者有权向产品的销售者追偿。

第44条【产品缺陷致人人身伤害、财产损失的赔偿范围：一般伤害、造成残疾、造成死亡】 ★★★★

因产品存在缺陷造成受害人人身伤害的，侵害人应当赔偿医疗费、治疗期间的护理费、因误工减少的收入等费用；造成残疾的，还应当支付残疾者生活自助具费、生活补助费、残疾赔偿金以及由其扶养的人所必需的生活费等费用;造成受害人死亡的,并应当支付丧葬费、死亡赔偿金以及由死者生前扶养的人所必需的生活费等费用。

因产品存在缺陷造成受害人财产损失的,侵害人应当恢复原状或者折价赔偿。受害人因此遭受其他重大损失的,侵害人应当赔偿损失。

第 45 条【因产品存在缺陷造成损害要求赔偿的诉讼时效期间和最长保护期限】 ★★

因产品存在缺陷造成损害要求赔偿的诉讼时效期间为二年,自当事人知道或者应当知道其权益受到损害时起计算。

因产品存在缺陷造成损害要求赔偿的请求权,在造成损害的缺陷产品交付最初消费者满十年丧失;但是,尚未超过明示的安全使用期的除外。

第 46 条【产品缺陷含义】 ★★★

本法所称缺陷,是指产品存在危及人身、他人财产安全的不合理的危险;产品有保障人体健康和人身、财产安全的国家标准、行业标准的,是指不符合该标准。

L1.1.50

中华人民共和国著作权法[①]

★★

(1990 年 9 月 7 日第七届全国人民代表大会常务委员会第十五次会议通过,根据 2001 年 10 月 27 日第九届全国人民代表大会常务委员会第二十四次会议《关于修改〈中华人民共和国著作权法〉的决定》第一次修正,根据 2010 年 2 月 26 日第十一届全国人民代表大会常务委员会第十三次会议《关于修改〈中华人民共和国著作权法〉的决定》第二次修正)

第 3 条【作品的定义】 ★★★

本法所称的作品,包括以下列形式创作的文学、艺术和自然科学、社会科学、工程技术等作品:

(一) 文字作品;

---

① 简称《著作权法》。

（二）口述作品；

（三）音乐、戏剧、曲艺、舞蹈、杂技艺术作品；

（四）美术、建筑作品；

（五）摄影作品；

（六）电影作品和以类似摄制电影的方法创作的作品；

（七）工程设计图、产品设计图、地图、示意图等图形作品和模型作品；

（八）计算机软件；

（九）法律、行政法规规定的其他作品。

第 8 条【著作权集体管理组织的职能和性质】　★★★

著作权人和与著作权有关的权利人可以授权著作权集体管理组织行使著作权或者与著作权有关的权利。著作权集体管理组织被授权后，可以以自己的名义为著作权人和与著作权有关的权利人主张权利，并可以作为当事人进行涉及著作权或者与著作权有关的权利的诉讼、仲裁活动。

著作权集体管理组织是非营利性组织，其设立方式、权利义务、著作权许可使用费的收取和分配，以及对其监督和管理等由国务院另行规定。

第 10 条【著作权的内容；著作权的行使和转让规则】　★★★★

著作权包括下列人身权和财产权：

（一）发表权，即决定作品是否公之于众的权利；

（二）署名权，即表明作者身份，在作品上署名的权利；

（三）修改权，即修改或者授权他人修改作品的权利；

（四）保护作品完整权，即保护作品不受歪曲、篡改的权利；

（五）复制权，即以印刷、复印、拓印、录音、录像、翻录、翻拍等方式将作品制作一份或者多份的权利；

（六）发行权，即以出售或者赠与方式向公众提供作品的原件或者复制件的权利；

（七）出租权，即有偿许可他人临时使用电影作品和以类似摄制电影的方法创作的作品、计算机软件的权利，计算机软件不是出租的主要标的的除外；

（八）展览权，即公开陈列美术作品、摄影作品的原件或者复制件的权利；

（九）表演权，即公开表演作品，以及用各种手段公开播送作品的表演的权利；

（十）放映权，即通过放映机、幻灯机等技术设备公开再现美术、摄影、电影和以类似摄制电影的方法创作的作品等的权利；

（十一）广播权，即以无线方式公开广播或者传播作品，以有线传播或者转播的方式向公众传播广播的作品，以及通过扩音器或者其他传送符号、声音、图像的类似工具向公众传播广播的作品的权利；

（十二）信息网络传播权，即以有线或者无线方式向公众提供作品，使公众可以在其个人选定的时间和地点获得作品的权利；

（十三）摄制权，即以摄制电影或者以类似摄制电影的方法将作品固定在载体上的权利；

（十四）改编权，即改变作品，创作出具有独创性的新作品的权利；

（十五）翻译权，即将作品从一种语言文字转换成另一种语言文字的权利；

（十六）汇编权，即将作品或者作品的片段通过选择或者编排，汇集成新作品的权利；

（十七）应当由著作权人享有的其他权利。

著作权人可以许可他人行使前款第（五）项至第（十七）项规定的权利，并依照约定或者本法有关规定获得报酬。

著作权人可以全部或者部分转让本条第一款第（五）项至第（十七）项规定的权利，并依照约定或者本法有关规定获得报酬。

第 11 条【著作权的归属：作者的认定】 ★★★

著作权属于作者，本法另有规定的除外。

创作作品的公民是作者。

由法人或者其他组织主持，代表法人或者其他组织意志创作，并由法人或者其他组织承担责任的作品，法人或者其他组织视为作者。

如无相反证明，在作品上署名的公民、法人或者其他组织为作者。

第 15 条【电影作品和以类似摄制电影的方法创作的作品的著作权归属】 ★★★

电影作品和以类似摄制电影的方法创作的作品的著作权由制片者享有，但编剧、导演、摄影、作词、作曲等作者享有署名权，并有权按照与制片者签订的合同获得报酬。

电影作品和以类似摄制电影的方法创作的作品中的剧本、音乐等可以单独使用的作品的作者有权单独行使其著作权。

第 47 条【侵犯著作权的侵权行为类型及应当承担的侵权责任形式】 ★★

有下列侵权行为的，应当根据情况，承担停止侵害、消除影响、赔礼道歉、赔偿损失等民事责任：

（一）未经著作权人许可，发表其作品的；

（二）未经合作作者许可，将与他人合作创作的作品当作自己单独创作的作品发表的；

（三）没有参加创作，为谋取个人名利，在他人作品上署名的；

（四）歪曲、篡改他人作品的；

（五）剽窃他人作品的；

（六）未经著作权人许可，以展览、摄制电影和以类似摄制电影的方法使用作品，或者以改编、翻译、注释等方式使用作品的，本法另有规定的除外；

（七）使用他人作品，应当支付报酬而未支付的；

（八）未经电影作品和以类似摄制电影的方法创作的作品、计算机软件、录音录像制品的著作权人或者与著作权有关的权利人许可，出租其作品或者录音录像制品的，本法另有规定的除外；

（九）未经出版者许可，使用其出版的图书、期刊的版式设计的；

（十）未经表演者许可，从现场直播或者公开传送其现场表演，或者录制其表演的；

（十一）其他侵犯著作权以及与著作权有关的权益的行为。

第48条【侵犯著作权侵权行为的主要类型及其法律责任】　★★★★

有下列侵权行为的，应当根据情况，承担停止侵害、消除影响、赔礼道歉、赔偿损失等民事责任；同时损害公共利益的，可以由著作权行政管理部门责令停止侵权行为，没收违法所得，没收、销毁侵权复制品，并可处以罚款；情节严重的，著作权行政管理部门还可以没收主要用于制作侵权复制品的材料、工具、设备等；构成犯罪的，依法追究刑事责任：

（一）未经著作权人许可，复制、发行、表演、放映、广播、汇编、通过信息网络向公众传播其作品的，本法另有规定的除外；

（二）出版他人享有专有出版权的图书的；

（三）未经表演者许可，复制、发行录有其表演的录音录像制品，或者通过信息网络向公众传播其表演的，本法另有规定的除外；

（四）未经录音录像制作者许可，复制、发行、通过信息网络向公众传播其制作的录音录像制品的，本法另有规定的除外；

（五）未经许可，播放或者复制广播、电视的，本法另有规定的除外；

（六）未经著作权人或者与著作权有关的权利人许可，故意避开或者破坏权利人为其作品、录音录像制品等采取的保护著作权或者与著作权有关的权利的技术措施的，法律、行政法规另有规定的除外；

（七）未经著作权人或者与著作权有关的权利人许可，故意删除或者改变作品、录音录像制品等的权利管理电子信息的，法律、行政法规另有规定的除外；

（八）制作、出售假冒他人署名的作品的。

第 49 条【侵犯著作权的赔偿责任认定：实际损失、违法所得、法院视情节判定】 ★★★★

侵犯著作权或者与著作权有关的权利的，侵权人应当按照权利人的实际损失给予赔偿；实际损失难以计算的，可以按照侵权人的违法所得给予赔偿。赔偿数额还应当包括权利人为制止侵权行为所支付的合理开支。

权利人的实际损失或者侵权人的违法所得不能确定的，由人民法院根据侵权行为的情节，判决给予五十万元以下的赔偿。

L1.1.54

中华人民共和国消费者权益保护法[①]

★★

（1993 年 10 月 31 日第八届全国人民代表大会常务委员会第四次会议通过，根据 2009 年 8 月 27 日第十一届全国人民代表大会常务委员会第十次会议《关于修改部分法律的决定》第一次修正，根据 2013 年 10 月 25 日第十二届全国人民代表大会常务委员会第五次会议《关于修改〈中华人民共和国消费者权益保护法〉的决定》第二次修正）

第 2 条【消费者的界定：为生活需要购买、使用商品或接受服务】 ★★★

消费者为生活消费需要购买、使用商品或者接受服务，其权益受本法保护；本法未作规定的，受其他有关法律、法规保护。

第 8 条【消费者享有知情权】 ★★★

消费者享有知悉其购买、使用的商品或者接受的服务的真实情况的权利。

---

① 简称《消保法》。

消费者有权根据商品或者服务的不同情况，要求经营者提供商品的价格、产地、生产者、用途、性能、规格、等级、主要成份、生产日期、有效期限、检验合格证明、使用方法说明书、售后服务，或者服务的内容、规格、费用等有关情况。

第 11 条【消费者因消费活动遭受的损害有依法获得赔偿的权利】　★★

消费者因购买、使用商品或者接受服务受到人身、财产损害的，享有依法获得赔偿的权利。

第 20 条【经营者不得做虚假或引人误解的宣传的义务；经营者真实明确答复消费者询问的义务；经营者提供商品或服务应当明码标价的义务】

★★★

经营者向消费者提供有关商品或者服务的质量、性能、用途、有效期限等信息，应当真实、全面，不得作虚假或者引人误解的宣传。

经营者对消费者就其提供的商品或者服务的质量和使用方法等问题提出的询问，应当作出真实、明确的答复。

经营者提供商品或者服务应当明码标价。

第 24 条【经营者在商品或服务存在质量瑕疵时的退货、更换、修理的义务】　★★

经营者提供的商品或者服务不符合质量要求的，消费者可以依照国家规定、当事人约定退货，或者要求经营者履行更换、修理等义务。没有国家规定和当事人约定的，消费者可以自收到商品之日起七日内退货；七日后符合法定解除合同条件的，消费者可以及时退货，不符合法定解除合同条件的，可以要求经营者履行更换、修理等义务。

依照前款规定进行退货、更换、修理的，经营者应当承担运输等必要费用。

第 35 条【人民法院采取措施方便消费者诉讼的义务】　★★

人民法院应当采取措施，方便消费者提起诉讼。对符合《中华人民共和国民事诉讼法》起诉条件的消费者权益争议，必须受理，及时审理。

第 40 条【消费者因购买、使用商品遭受损害的赔偿主体：生产者、销售者】　★★★

消费者在购买、使用商品时，其合法权益受到损害的，可以向销售者要求赔偿。销售者赔偿后，属于生产者的责任或者属于向销售者提供商品的其他销售者的责任的，销售者有权向生产者或者其他销售者追偿。

消费者或者其他受害人因商品缺陷造成人身、财产损害的，可以向销售者要求赔偿，也可以向生产者要求赔偿。属于生产者责任的，销售者赔偿后，有权向生产者追偿。属于销售者责任的，生产者赔偿后，有权向销售者追偿。

消费者在接受服务时，其合法权益受到损害的，可以向服务者要求赔偿。

第 48 条【经营者应当对消费者承担责任的情形】 ★★

经营者提供商品或者服务有下列情形之一的，除本法另有规定外，应当依照其他有关法律、法规的规定，承担民事责任：

（一）商品或者服务存在缺陷的；

（二）不具备商品应当具备的使用性能而出售时未作说明的；

（三）不符合在商品或者其包装上注明采用的商品标准的；

（四）不符合商品说明、实物样品等方式表明的质量状况的；

（五）生产国家明令淘汰的商品或者销售失效、变质的商品的；

（六）销售的商品数量不足的；

（七）服务的内容和费用违反约定的；

（八）对消费者提出的修理、重作、更换、退货、补足商品数量、退还货款和服务费用或者赔偿损失的要求，故意拖延或者无理拒绝的；

（九）法律、法规规定的其他损害消费者权益的情形。

经营者对消费者未尽到安全保障义务，造成消费者损害的，应当承担侵权责任。

第 49 条【经营者提供商品或服务造成消费者或他人人身伤害时的赔偿范围】 ★★

经营者提供商品或者服务，造成消费者或者其他受害人人身伤害的，应当赔偿医疗费、护理费、交通费等为治疗和康复支出的合理费用，以及因误工减少的收入。造成残疾的，还应当赔偿残疾生活辅助具费和残疾赔偿金。造成死亡的，还应当赔偿丧葬费和死亡赔偿金。

第 52 条【经营者提供的商品或服务造成消费者财产损害的民事责任】 ★★

经营者提供商品或者服务，造成消费者财产损害的，应当依照法律规定或者当事人约定承担修理、重作、更换、退货、补足商品数量、退还货款和服务费用或者赔偿损失等民事责任。

第 55 条【经营者的惩罚性赔偿责任】 ★★★★

经营者提供商品或者服务有欺诈行为的，应当按照消费者的要求增加赔偿其受到的损失，增加赔偿的金额为消费者购买商品的价款或者接受服务的费用的三倍；增加赔偿的金额不足五百元的，为五百元。法律另有规定的，依照其规定。

经营者明知商品或者服务存在缺陷，仍然向消费者提供，造成消费者或者其他受害人死亡或者健康严重损害的，受害人有权要求经营者依照本法第四十九条、第五十一条等法律规定赔偿损失，并有权要求所受损失二倍以下的惩罚性赔偿。

第 62 条【农民购买直接用于农业生产的生产资料适用消费者权益保护法】 ★★

农民购买、使用直接用于农业生产的生产资料，参照本法执行。

L1.1.43

中华人民共和国商标法[①]

★

（1982 年 8 月 23 日第五届全国人民代表大会常务委员会第二十四次会议通过，根据 1993 年 2 月 22 日第七届全国人民代表大会常务委员会第三十次会议《关于修改〈中华人民共和国商标法〉的决定》第一次修正，根据 2001 年 10 月 27 日第九届全国人民代表大会常务委员会第二十四次会议《关于修改〈中华人民共和国商标法〉的决定》第二次修正，根据 2013 年 8 月 30 日第十二届全国人民代表大会常务委员会第四次会议《关于修改〈中华人民共和国商标法〉的决定》第三次修正）

第 2 条【管理商标事宜的行政机构】 ★★

国务院工商行政管理部门商标局主管全国商标注册和管理的工作。

国务院工商行政管理部门设立商标评审委员会，负责处理商标争议事宜。

第 3 条【注册商标的种类、内容和效力】 ★

经商标局核准注册的商标为注册商标，包括商品商标、服务商标和集体商标、证明商标；商标注册人享有商标专用权，受法律保护。

---

① 简称《商标法》。

本法所称集体商标，是指以团体、协会或者其他组织名义注册，供该组织成员在商事活动中使用，以表明使用者在该组织中的成员资格的标志。

本法所称证明商标，是指由对某种商品或者服务具有监督能力的组织所控制，而由该组织以外的单位或者个人使用于其商品或者服务，用以证明该商品或者服务的原产地、原料、制造方法、质量或者其他特定品质的标志。

集体商标、证明商标注册和管理的特殊事项，由国务院工商行政管理部门规定。

第 43 条【商标使用许可合同及其备案】 ★

商标注册人可以通过签订商标使用许可合同，许可他人使用其注册商标。许可人应当监督被许可人使用其注册商标的商品质量。被许可人应当保证使用该注册商标的商品质量。

经许可使用他人注册商标的，必须在使用该注册商标的商品上标明被许可人的名称和商品产地。

许可他人使用其注册商标的，许可人应当将其商标使用许可报商标局备案，由商标局公告。商标使用许可未经备案不得对抗善意第三人。

第 52 条【以违法方式使用未注册商标的惩罚措施：制止、限期改正、通报、罚款】 ★★★

将未注册商标冒充注册商标使用的，或者使用未注册商标违反本法第十条规定的，由地方工商行政管理部门予以制止，限期改正，并可以予以通报，违法经营额五万元以上的，可以处违法经营额百分之二十以下的罚款，没有违法经营额或者违法经营额不足五万元的，可以处一万元以下的罚款。

第 56 条【注册商标专用权的权属范围：以核准的商标和核定使用的商品为限】 ★★★

注册商标的专用权，以核准注册的商标和核定使用的商品为限。

第 57 条【侵犯注册商标专用权的行为类型】 ★★★

有下列行为之一的，均属侵犯注册商标专用权：

（一）未经商标注册人的许可，在同一种商品上使用与其注册商标相同的商标的；

（二）未经商标注册人的许可，在同一种商品上使用与其注册商标近似的商标，或者在类似商品上使用与其注册商标相同或者近似的商标，容易导致混淆的；

（三）销售侵犯注册商标专用权的商品的；

（四）伪造、擅自制造他人注册商标标识或者销售伪造、擅自制造的注册商标标识的；

（五）未经商标注册人同意，更换其注册商标并将该更换商标的商品又投入市场的；

（六）故意为侵犯他人商标专用权行为提供便利条件，帮助他人实施侵犯商标专用权行为的；

（七）给他人的注册商标专用权造成其他损害的。

第63条【侵犯商标专用权的赔偿数额的认定规则】　★★★

侵犯商标专用权的赔偿数额，按照权利人因被侵权所受到的实际损失确定；实际损失难以确定的，可以按照侵权人因侵权所获得的利益确定；权利人的损失或者侵权人获得的利益难以确定的，参照该商标许可使用费的倍数合理确定。对恶意侵犯商标专用权，情节严重的，可以在按照上述方法确定数额的一倍以上三倍以下确定赔偿数额。赔偿数额应当包括权利人为制止侵权行为所支付的合理开支。

人民法院为确定赔偿数额，在权利人已经尽力举证，而与侵权行为相关的账簿、资料主要由侵权人掌握的情况下，可以责令侵权人提供与侵权行为相关的账簿、资料；侵权人不提供或者提供虚假的账簿、资料的，人民法院可以参考权利人的主张和提供的证据判定赔偿数额。

权利人因被侵权所受到的实际损失、侵权人因侵权所获得的利益、注册商标许可使用费难以确定的，由人民法院根据侵权行为的情节判决给予三百万元以下的赔偿。

中华人民共和国专利法①

L1.1.44

★

（1984年3月12日第六届全国人民代表大会常务委员会第四次会议通过，根据1992年9月4日第七届全国人民代表大会常务委员会第二十七次会议《关于修改〈中华人民共和国专利法〉的决定》第一次修正，根据2000年8月25日第九届全国人民代表大会常务委员会第十七次会议《关于修改〈中华人民共和国专利法〉的决定》第二

① 简称《专利法》。

次修正，根据2008年12月27日第十一届全国人民代表大会常务委员会第六次会议《关于修改〈中华人民共和国专利法〉的决定》第三次修正）

第11条【发明和实用新型专利权以及外观设计专利权的未经许可不得实施规则】 ★★★

发明和实用新型专利权被授予后，除本法另有规定的以外，任何单位或者个人未经专利权人许可，都不得实施其专利，即不得为生产经营目的制造、使用、许诺销售、销售、进口其专利产品，或者使用其专利方法以及使用、许诺销售、销售、进口依照该专利方法直接获得的产品。

外观设计专利权被授予后，任何单位或者个人未经专利权人许可，都不得实施其专利，即不得为生产经营目的制造、许诺销售、销售、进口其外观设计专利产品。

第59条【发明或者实用新型专利权以及外观设计专利权的保护范围认定规则】 ★★★

发明或者实用新型专利权的保护范围以其权利要求的内容为准，说明书及附图可以用于解释权利要求的内容。

外观设计专利权的保护范围以表示在图片或者照片中的该产品的外观设计为准，简要说明可以用于解释图片或者照片所表示的该产品的外观设计。

第65条【侵犯专利权的赔偿数额认定规则】 ★★★

侵犯专利权的赔偿数额按照权利人因被侵权所受到的实际损失确定；实际损失难以确定的，可以按照侵权人因侵权所获得的利益确定。权利人的损失或者侵权人获得的利益难以确定的，参照该专利许可使用费的倍数合理确定。赔偿数额还应当包括权利人为制止侵权行为所支付的合理开支。

权利人的损失、侵权人获得的利益和专利许可使用费均难以确定的，人民法院可以根据专利权的类型、侵权行为的性质和情节等因素，确定给予一万元以上一百万元以下的赔偿。

L1.1.113

中华人民共和国食品安全法[①]

★

（2009 年 2 月 28 日第十一届全国人民代表大会常务委员会第七次会议通过，根据 2015 年 4 月 24 日第十二届全国人民代表大会常务委员会第十四次会议修订）

第 3 条【食品安全工作以预防为主的监督管理制度的建立】　★★

食品安全工作实行预防为主、风险管理、全程控制、社会共治，建立科学、严格的监督管理制度。

第 20 条【相关行政部门及时互相通报食品、食用农产品安全风险监测信息的规定】　★★

省级以上人民政府卫生行政、农业行政部门应当及时相互通报食品、食用农产品安全风险监测信息。

国务院卫生行政、农业行政部门应当及时相互通报食品、食用农产品安全风险评估结果等信息。

第 28 条【食品安全国家标准的制定及审查】　★★

制定食品安全国家标准，应当依据食品安全风险评估结果并充分考虑食用农产品安全风险评估结果，参照相关的国际标准和国际食品安全风险评估结果，并将食品安全国家标准草案向社会公布，广泛听取食品生产经营者、消费者、有关部门等方面的意见。

食品安全国家标准应当经国务院卫生行政部门组织的食品安全国家标准审评委员会审查通过。食品安全国家标准审评委员会由医学、农业、食品、营养、生物、环境等方面的专家以及国务院有关部门、食品行业协会、消费者协会的代表组成，对食品安全国家标准草案的科学性和实用性等进行审查。

第 39 条【国家对食品添加剂生产实行许可制度】　★★

国家对食品添加剂生产实行许可制度。从事食品添加剂生产，应当具有与所生产食品添加剂品种相适应的场所、生产设备或者设施、专业技术人员

---

① 简称《食品安全法》。

和管理制度,并依照本法第三十五条第二款规定的程序,取得食品添加剂生产许可。

生产食品添加剂应当符合法律、法规和食品安全国家标准。

第 42 条【食品安全全程追溯制度:食品安全追溯体系和食品安全全程追溯协作机制的建立】 ★★★

国家建立食品安全全程追溯制度。

食品生产经营者应当依照本法的规定,建立食品安全追溯体系,保证食品可追溯。国家鼓励食品生产经营者采用信息化手段采集、留存生产经营信息,建立食品安全追溯体系。

国务院食品药品监督管理部门会同国务院农业行政等有关部门建立食品安全全程追溯协作机制。

第 48 条【食品生产经营企业的良好生产规范、危害分析和关键控制点体系认证】 ★★

国家鼓励食品生产经营企业符合良好生产规范要求,实施危害分析与关键控制点体系,提高食品安全管理水平。

对通过良好生产规范、危害分析与关键控制点体系认证的食品生产经营企业,认证机构应当依法实施跟踪调查;对不再符合认证要求的企业,应当依法撤销认证,及时向县级以上人民政府食品药品监督管理部门通报,并向社会公布。认证机构实施跟踪调查不得收取费用。

第 50 条【食品生产者、食品生产企业原料采购、进货查验记录制度】 ★★

食品生产者采购食品原料、食品添加剂、食品相关产品,应当查验供货者的许可证和产品合格证明;对无法提供合格证明的食品原料,应当按照食品安全标准进行检验;不得采购或者使用不符合食品安全标准的食品原料、食品添加剂、食品相关产品。

食品生产企业应当建立食品原料、食品添加剂、食品相关产品进货查验记录制度,如实记录食品原料、食品添加剂、食品相关产品的名称、规格、数量、生产日期或者生产批号、保质期、进货日期以及供货者名称、地址、联系方式等内容,并保存相关凭证。记录和凭证保存期限不得少于产品保质期满后六个月;没有明确保质期的,保存期限不得少于二年。

第 62 条【网络食品交易第三方平台的食品安全管理义务】 ★★

网络食品交易第三方平台提供者应当对入网食品经营者进行实名登记,

明确其食品安全管理责任；依法应当取得许可证的，还应当审查其许可证。

网络食品交易第三方平台提供者发现入网食品经营者有违反本法规定行为的，应当及时制止并立即报告所在地县级人民政府食品药品监督管理部门；发现严重违法行为的，应当立即停止提供网络交易平台服务。

第 96 条【境外出口商、代理商、进口商的备案制度和境外食品生产企业向出入境检验检疫部门注册的制度】　★★★

向我国境内出口食品的境外出口商或者代理商、进口食品的进口商应当向国家出入境检验检疫部门备案。向我国境内出口食品的境外食品生产企业应当经国家出入境检验检疫部门注册。已经注册的境外食品生产企业提供虚假材料，或者因其自身的原因致使进口食品发生重大食品安全事故的，国家出入境检验检疫部门应当撤销注册并公告。

国家出入境检验检疫部门应当定期公布已经备案的境外出口商、代理商、进口商和已经注册的境外食品生产企业名单。

L1.1.199

中华人民共和国广告法①

★

（1994 年 10 月 27 日第八届全国人民代表大会常务委员会第十次会议通过，2015 年 4 月 24 日第十二届全国人民代表大会常务委员会第十四次会议修订）

第 4 条【广告基本原则：不得含有虚假内容、不得欺骗和误导消费者】　★★★

广告不得含有虚假或者引人误解的内容，不得欺骗、误导消费者。

广告主应当对广告内容的真实性负责。

第 12 条【广告中专利产品、专利方法应标明专利号和专利种类；禁止在广告中谎称取得专利权；广告中禁止使用未授予专利权的专利申请和终止、撤销、无效的专利】　★★★

广告中涉及专利产品或者专利方法的，应当标明专利号和专利种类。

---

① 简称《广告法》。

未取得专利权的，不得在广告中谎称取得专利权。

禁止使用未授予专利权的专利申请和已经终止、撤销、无效的专利作广告。

第 33 条【广告中使用他人名义、形象应取得书面同意】 ★

广告主或者广告经营者在广告中使用他人名义或者形象的，应当事先取得其书面同意；使用无民事行为能力人、限制民事行为能力人的名义或者形象的，应当事先取得其监护人的书面同意。

第 69 条【广告主、广告经营者、广告发布者的侵权行为：损害未成年人或残疾人的身心健康、假冒他人专利、贬低他人商品或服务、擅自使用他人名义、形象】 ★

广告主、广告经营者、广告发布者违反本法规定，有下列侵权行为之一的，依法承担民事责任：

（一）在广告中损害未成年人或者残疾人的身心健康的；

（二）假冒他人专利的；

（三）贬低其他生产经营者的商品、服务的；

（四）在广告中未经同意使用他人名义或者形象的；

（五）其他侵犯他人合法民事权益的。

L1.1.42

中华人民共和国婚姻法[1]

★

（1980 年 9 月 10 日第五届全国人民代表大会第三次会议通过，根据 2001 年 4 月 28 日第九届全国人民代表大会常务委员会第二十一次会议《关于修改〈中华人民共和国婚姻法〉的决定》修正）

第 2 条【婚姻法的基本原则】 ★

实行婚姻自由、一夫一妻、男女平等的婚姻制度。

保护妇女、儿童和老人的合法权益。

实行计划生育。

---

① 简称《婚姻法》。

第3条【禁止包办、买卖婚姻;禁止重婚、禁止有配偶者与他人同居;禁止虐待和遗弃家庭成员】 ★

禁止包办、买卖婚姻和其他干涉婚姻自由的行为。禁止借婚姻索取财物。

禁止重婚。禁止有配偶者与他人同居。禁止家庭暴力。禁止家庭成员间的虐待和遗弃。

第4条【夫妻忠实义务】 ★

夫妻应当互相忠实,互相尊重;家庭成员间应当敬老爱幼,互相帮助,维护平等、和睦、文明的婚姻家庭关系。

第19条【夫妻财产约定制】 ★

夫妻可以约定婚姻关系存续期间所得的财产以及婚前财产归各自所有、共同所有或部分各自所有、部分共同所有。约定应当采用书面形式。没有约定或约定不明确的,适用本法第十七条、第十八条的规定。

夫妻对婚姻关系存续期间所得的财产以及婚前财产的约定,对双方具有约束力。

夫妻对婚姻关系存续期间所得的财产约定归各自所有的,夫或妻一方对外所负的债务,第三人知道该约定的,以夫或妻一方所有的财产清偿。

第21条【父母与子女间的抚养赡养义务;禁止对婴儿实施的行为】 ★★

父母对子女有抚养教育的义务;子女对父母有赡养扶助的义务。

父母不履行抚养义务时,未成年的或不能独立生活的子女,有要求父母付给抚养费的权利。

子女不履行赡养义务时,无劳动能力的或生活困难的父母,有要求子女付给赡养费的权利。

禁止溺婴、弃婴和其他残害婴儿的行为。

第27条【继父母与继子女之间的权利义务】 ★

继父母与继子女间,不得虐待或歧视。

继父或继母和受其抚养教育的继子女间的权利和义务,适用本法对父母子女关系的有关规定。

第32条【离婚程序和准予离婚的情形】 ★★

男女一方要求离婚的,可由有关部门进行调解或直接向人民法院提出离婚诉讼。

人民法院审理离婚案件,应当进行调解;如感情确已破裂,调解无效,应准予离婚。

有下列情形之一,调解无效的,应准予离婚:

(一) 重婚或有配偶者与他人同居的;

(二) 实施家庭暴力或虐待、遗弃家庭成员的;

(三) 有赌博、吸毒等恶习屡教不改的;

(四) 因感情不和分居满二年的;

(五) 其他导致夫妻感情破裂的情形。

一方被宣告失踪,另一方提出离婚诉讼的,应准予离婚。

第 36 条【离婚后父母子女的关系;离婚后父母对子女的义务;离婚后子女抚养问题的解决】 ★

父母与子女间的关系,不因父母离婚而消除。离婚后,子女无论由父或母直接抚养,仍是父母双方的子女。

离婚后,父母对于子女仍有抚养和教育的权利和义务。

离婚后,哺乳期内的子女,以随哺乳的母亲抚养为原则。哺乳期后的子女,如双方因抚养问题发生争执不能达成协议时,由人民法院根据子女的权益和双方的具体情况判决。

L1.1.55

中华人民共和国公司法[①]

★

(1993 年 12 月 29 日第八届全国人民代表大会常务委员会第五次会议通过,根据 1999 年 12 月 25 日第九届全国人民代表大会常务委员会第十三次会议《关于修改〈中华人民共和国公司法〉的决定》第一次修正,根据 2004 年 8 月 28 日第十届全国人民代表大会常务委员会第十一次会议《关于修改〈中华人民共和国公司法〉的决定》第二次修正,2005 年 10 月 27 日第十届全国人民代表大会常务委员会第十八次会议修订,根据 2013 年 12 月 28 日第十二届全国人民代表大会常务委员会第六次会议《关于修改〈中华人民共和国海洋环境保护法〉等七部法律的决定》第三次修正)

---

① 简称《公司法》。

第 14 条【分公司的法律地位;子公司的法律地位】 ★★

公司可以设立分公司。设立分公司,应当向公司登记机关申请登记,领取营业执照。分公司不具有法人资格,其民事责任由公司承担。

公司可以设立子公司,子公司具有法人资格,依法独立承担民事责任。

第 42 条【有限责任公司股东会会议上股东表决权按其出资比例确认】 ★

股东会会议由股东按照出资比例行使表决权;但是,公司章程另有规定的除外。

中华人民共和国建筑法[①]

★

(1997 年 11 月 1 日第八届全国人民代表大会常务委员会第二十八次会议通过,根据 2011 年 4 月 22 日第十一届全国人民代表大会常务委员会第二十次会议《关于修改〈中华人民共和国建筑法〉的决定》修正)

第 26 条【承包建筑工程的单位应具备的资格】 ★

承包建筑工程的单位应当持有依法取得的资质证书,并在其资质等级许可的业务范围内承揽工程。

禁止建筑施工企业超越本企业资质等级许可的业务范围或者以任何形式用其他建筑施工企业的名义承揽工程。禁止建筑施工企业以任何形式允许其他单位或者个人使用本企业的资质证书、营业执照,以本企业的名义承揽工程。

第 61 条【建筑工程竣工验收:建筑工程质量标准、工程技术经济资料、工程保修书;验收合格、交付使用、未经验收、验收不合格】 ★

交付竣工验收的建筑工程,必须符合规定的建筑工程质量标准,有完整的工程技术经济资料和经签署的工程保修书,并具备国家规定的其他竣工条件。

建筑工程竣工经验收合格后,方可交付使用;未经验收或者验收不合格的,不得交付使用。

---

① 简称《建筑法》。

第 83 条【《建筑法》的效力范围】 ★

省、自治区、直辖市人民政府确定的小型房屋建筑工程的建筑活动，参照本法执行。

依法核定作为文物保护的纪念建筑物和古建筑等的修缮，依照文物保护的有关法律规定执行。

抢险救灾及其他临时性房屋建筑和农民自建低层住宅的建筑活动，不适用本法。

L1.1.45

中华人民共和国继承法[①]

★

（1985 年 4 月 10 日第六届全国人民代表大会第三次会议通过，自 1985 年 10 月 1 日起施行）

第 33 条【遗产继承时债务的清偿】 ★

继承遗产应当清偿被继承人依法应当缴纳的税款和债务，缴纳税款和清偿债务以他的遗产实际价值为限。超过遗产实际价值部分，继承人自愿偿还的不在此限。

继承人放弃继承的，对被继承人依法应当缴纳的税款和债务可以不负偿还责任。

L1.1.97

中华人民共和国环境保护法[②]

★

（1989 年 12 月 26 日第七届全国人民代表大会常务委员会第十一次会议通过，2014 年 4 月 24 日第十二届全国人民代表大会常务委员会第八次会议修订）

---

① 简称《继承法》。
② 简称《环境保护法》。

第 6 条【单位和个人的环境保护义务】　★★

一切单位和个人都有保护环境的义务。

地方各级人民政府应当对本行政区域的环境质量负责。

企业事业单位和其他生产经营者应当防止、减少环境污染和生态破坏，对所造成的损害依法承担责任。

公民应当增强环境保护意识，采取低碳、节俭的生活方式，自觉履行环境保护义务。

第 15 条【国家环境质量标准的制定；地方环境质量标准的制定与备案；国家鼓励开展环境基准研究】　★

国务院环境保护主管部门制定国家环境质量标准。

省、自治区、直辖市人民政府对国家环境质量标准中未作规定的项目，可以制定地方环境质量标准；对国家环境质量标准中已作规定的项目，可以制定严于国家环境质量标准的地方环境质量标准。地方环境质量标准应当报国务院环境保护主管部门备案。

国家鼓励开展环境基准研究。

第 41 条【建设项目防治污染设施"三同时"制度：同时设计、同时施工、同时投产使用】　★★

建设项目中防治污染的设施，应当与主体工程同时设计、同时施工、同时投产使用。防治污染的设施应当符合经批准的环境影响评价文件的要求，不得擅自拆除或者闲置。

第 42 条【排放污染物的企业事业单位和其他生产经营者防治环境污染的义务；排放污染物的企业事业单位应建立环境保护责任制度；重点排污单位应安装使用监测设备；严禁用逃避监管的方式违法排放污染物】　★★

排放污染物的企业事业单位和其他生产经营者，应当采取措施，防治在生产建设或者其他活动中产生的废气、废水、废渣、医疗废物、粉尘、恶臭气体、放射性物质以及噪声、振动、光辐射、电磁辐射等对环境的污染和危害。

排放污染物的企业事业单位，应当建立环境保护责任制度，明确单位负责人和相关人员的责任。

重点排污单位应当按照国家有关规定和监测规范安装使用监测设备，保证监测设备正常运行，保存原始监测记录。

严禁通过暗管、渗井、渗坑、灌注或者篡改、伪造监测数据，或者不正常运行防治污染设施等逃避监管的方式违法排放污染物。

第 64 条【污染环境和破坏生态致害的侵权责任】 ★

因污染环境和破坏生态造成损害的，应当依照《中华人民共和国侵权责任法》的有关规定承担侵权责任。

L1.1.210

中华人民共和国种子法①

★

(2000 年 7 月 8 日第九届全国人民代表大会常务委员会第十六次会议通过，根据 2004 年 8 月 28 日第十届全国人民代表大会常务委员会第十一次会议《关于修改〈中华人民共和国种子法〉的决定》第一次修正，根据 2013 年 6 月 29 日第十二届全国人民代表大会常务委员会第三次会议《关于修改〈中华人民共和国文物保护法〉等十二部法律的决定》第二次修正，根据 2015 年 11 月 4 日第十二届全国人民代表大会常务委员会第十七次会议修订)

第 41 条【种子销售的标注和使用说明】 ★★

销售的种子应当符合国家或者行业标准，附有标签和使用说明。标签和使用说明标注的内容应当与销售的种子相符。种子生产经营者对标注内容的真实性和种子质量负责。

标签应当标注种子类别、品种名称、品种审定或者登记编号、品种适宜种植区域及季节、生产经营者及注册地、质量指标、检疫证明编号、种子生产经营许可证编号和信息代码，以及国务院农业、林业主管部门规定的其他事项。

销售授权品种种子的，应当标注品种权号。

销售进口种子的，应当附有进口审批文号和中文标签。

销售转基因植物品种种子的，必须用明显的文字标注，并应当提示使用时的安全控制措施。

种子生产经营者应当遵守有关法律、法规的规定，诚实守信，向种子使用者提供种子生产者信息、种子的主要性状、主要栽培措施、适应性等使用条件的说明、风险提示与有关咨询服务，不得作虚假或者引人误解的宣传。

任何单位和个人不得非法干预种子生产经营者的生产经营自主权。

---

① 简称《种子法》。

L1.1.85

中华人民共和国水污染防治法[①]

★

(1984 年 5 月 11 日第六届全国人民代表大会常务委员会第五次会议通过,根据 1996 年 5 月 15 日第八届全国人民代表大会常务委员会第十九次会议《关于修改〈中华人民共和国水污染防治法〉的决定》修正,根据 2008 年 2 月 28 日第十届全国人民代表大会常务委员会第三十二次会议修订)

第 8 条【水污染防治监督管理主体及其权限】　★

县级以上人民政府环境保护主管部门对水污染防治实施统一监督管理。

交通主管部门的海事管理机构对船舶污染水域的防治实施监督管理。

县级以上人民政府水行政、国土资源、卫生、建设、农业、渔业等部门以及重要江河、湖泊的流域水资源保护机构,在各自的职责范围内,对有关水污染防治实施监督管理。

第 44 条【城镇污水应当集中处理;城镇污水处理设施的建设;城镇污水集中处理收费及费用使用规则】　★

城镇污水应当集中处理。

县级以上地方人民政府应当通过财政预算和其他渠道筹集资金,统筹安排建设城镇污水集中处理设施及配套管网,提高本行政区域城镇污水的收集率和处理率。

国务院建设主管部门应当会同国务院经济综合宏观调控、环境保护主管部门,根据城乡规划和水污染防治规划,组织编制全国城镇污水处理设施建设规划。县级以上地方人民政府组织建设、经济综合宏观调控、环境保护、水行政等部门编制本行政区域的城镇污水处理设施建设规划。县级以上地方人民政府建设主管部门应当按照城镇污水处理设施建设规划,组织建设城镇污水集中处理设施及配套管网,并加强对城镇污水集中处理设施运营的监督管理。

---

① 简称《水污染防治法》。

城镇污水集中处理设施的运营单位按照国家规定向排污者提供污水处理的有偿服务，收取污水处理费用，保证污水集中处理设施的正常运行。向城镇污水集中处理设施排放污水、缴纳污水处理费用的，不再缴纳排污费。收取的污水处理费用应当用于城镇污水集中处理设施的建设和运行，不得挪作他用。

城镇污水集中处理设施的污水处理收费、管理以及使用的具体办法，由国务院规定。

第85条【水污染损害的民事责任：排除危害、赔偿损失；水污染侵害方不承担责任或减轻责任情形：不可抗力、受害人过错；第三人造成水污染损害排污方有追偿权】　★★

因水污染受到损害的当事人，有权要求排污方排除危害和赔偿损失。

由于不可抗力造成水污染损害的，排污方不承担赔偿责任；法律另有规定的除外。

水污染损害是由受害人故意造成的，排污方不承担赔偿责任。水污染损害是由受害人重大过失造成的，可以减轻排污方的赔偿责任。

水污染损害是由第三人造成的，排污方承担赔偿责任后，有权向第三人追偿。

第87条【排污方在水污染损害赔偿诉讼中的举证责任】　★★

因水污染引起的损害赔偿诉讼，由排污方就法律规定的免责事由及其行为与损害结果之间不存在因果关系承担举证责任。

L1.1.119

中华人民共和国环境噪声污染防治法①

★

（1996年10月29日由中华人民共和国第八届全国人民代表大会常务委员会第二十次会议通过，自1997年3月1日起施行）

第2条【环境噪声；环境噪声污染】　★★

本法所称环境噪声，是指在工业生产、建筑施工、交通运输和社会生活中

---

①　简称《环境噪声污染防治法》。

所产生的干扰周围生活环境的声音。

本法所称环境噪声污染，是指所产生的环境噪声超过国家规定的环境噪声排放标准，并干扰他人正常生活、工作和学习的现象。

第6条【环境噪声污染防治的主管部门】 ★

国务院环境保护行政主管部门对全国环境噪声污染防治实施统一监督管理。

县级以上地方人民政府环境保护行政主管部门对本行政区域内的环境噪声污染防治实施统一监督管理。

各级公安、交通、铁路、民航等主管部门和港务监督机构，根据各自的职责，对交通运输和社会生活噪声污染防治实施监督管理。

第10条【国家声环境质量标准的制定与适用区域的划定】 ★

国务院环境保护行政主管部门分别不同的功能区制定国家声环境质量标准。

县级以上地方人民政府根据国家声环境质量标准，划定本行政区域内各类声环境质量标准的适用区域，并进行管理。

第25条【产生环境噪声污染的工业企业减轻噪声影响的义务】 ★

产生环境噪声污染的工业企业，应当采取有效措施，减轻噪声对周围生活环境的影响。

第36条【噪声敏感建筑物集中区域建设高速公路和城市高架、轻轨道路应当采取控制环境噪声污染的措施】 ★

建设经过已有的噪声敏感建筑物集中区域的高速公路和城市高架、轻轨道路，有可能造成环境噪声污染的，应当设置声屏障或者采取其他有效的控制环境噪声污染的措施。

第37条【城市交通干线两侧建设噪声敏感建筑物时应采取的措施】 ★

在已有的城市交通干线的两侧建设噪声敏感建筑物的，建设单位应当按照国家规定间隔一定距离，并采取减轻、避免交通噪声影响的措施。

第61条【环境噪声污染致害的民事责任】 ★★

受到环境噪声污染危害的单位和个人，有权要求加害人排除危害；造成损失的，依法赔偿损失。

赔偿责任和赔偿金额的纠纷，可以根据当事人的请求，由环境保护行政主管部门或者其他环境噪声污染防治工作的监督管理部门、机构调解处理；调解不成的，当事人可以向人民法院起诉。当事人也可以直接向人民法院起诉。

第 63 条【环境噪声污染防治法相关用语的含义:噪声排放、噪声敏感建筑物、噪声敏感建筑物集中区域、夜间、机动车辆】 ★

本法中下列用语的含义是:

(一)“噪声排放”是指噪声源向周围生活环境辐射噪声。

(二)“噪声敏感建筑物”是指医院、学校、机关、科研单位、住宅等需要保持安静的建筑物。

(三)“噪声敏感建筑物集中区域”是指医疗区、文教科研区和以机关或者居民住宅为主的区域。

(四)“夜间”是指晚二十二点至晨六点之间的期间。

(五)“机动车辆”是指汽车和摩托车。

L1.1.149

中华人民共和国公证法①

★

(2005 年 8 月 28 日第十届全国人民代表大会常务委员会第十七次会议通过,根据 2015 年 4 月 24 日第十二届全国人民代表大会常务委员会第十四次会议《关于修改〈中华人民共和国义务教育法〉等五部法律的决定》修正)

第 28 条【公证机构办理公证时的审查事项】 ★

公证机构办理公证,应当根据不同公证事项的办证规则,分别审查下列事项:

(一)当事人的身份、申请办理该项公证的资格以及相应的权利;

(二)提供的文书内容是否完备,含义是否清晰,签名、印鉴是否齐全;

(三)提供的证明材料是否真实、合法、充分;

(四)申请公证的事项是否真实、合法。

第 29 条【公证机构对公证事项及其证明材料的核实权利与义务】 ★

公证机构对申请公证的事项以及当事人提供的证明材料,按照有关办证规则需要核实或者对其有疑义的,应当进行核实,或者委托异地公证机构代

① 简称《公证法》。

为核实,有关单位或者个人应当依法予以协助。

第 39 条【错误公证书的撤销与更正】 ★

当事人、公证事项的利害关系人认为公证书有错误的,可以向出具该公证书的公证机构提出复查。公证书的内容违法或者与事实不符的,公证机构应当撤销该公证书并予以公告,该公证书自始无效;公证书有其他错误的,公证机构应当予以更正。

第 40 条【对于公证书的内容有争议的相关利害关系人可提起民事诉讼】 ★

当事人、公证事项的利害关系人对公证书的内容有争议的,可以就该争议向人民法院提起民事诉讼。

第 43 条【公证机构的赔偿责任、公证机构对公证员的追偿权】 ★★

公证机构及其公证员因过错给当事人、公证事项的利害关系人造成损失的,由公证机构承担相应的赔偿责任;公证机构赔偿后,可以向有故意或者重大过失的公证员追偿。

当事人、公证事项的利害关系人与公证机构因赔偿发生争议的,可以向人民法院提起民事诉讼。

中华人民共和国担保法[①]

★

L1.1.58

(1995 年 6 月 30 日第八届全国人民代表大会常务委员会第十四次会议通过,自 1995 年 10 月 1 日起施行)

第 6 条【保证的定义】 ★

本法所称保证,是指保证人和债权人约定,当债务人不履行债务时,保证人按照约定履行债务或者承担责任的行为。

第 14 条【保证合同的订立:分别订立;合并订立】 ★

保证人与债权人可以就单个主合同分别订立保证合同,也可以协议在最

① 简称《担保法》。

高债权额限度内就一定期间连续发生的借款合同或者某项商品交易合同订立一个保证合同。

第18条【保证合同中连带责任的承担】 ★★

当事人在保证合同中约定保证人与债务人对债务承担连带责任的,为连带责任保证。

连带责任保证的债务人在主合同规定的债务履行期届满没有履行债务的,债权人可以要求债务人履行债务,也可以要求保证人在其保证范围内承担保证责任。

第19条【保证方式不明时:连带责任担保】 ★

当事人对保证方式没有约定或者约定不明确的,按照连带责任保证承担保证责任。

第21条【保证担保的范围;没有约定、约定不明时的担保范围】 ★

保证担保的范围包括主债权及利息、违约金、损害赔偿金和实现债权的费用。保证合同另有约定的,按照约定。

当事人对保证担保的范围没有约定或者约定不明确的,保证人应当对全部债务承担责任。

第31条【保证责任承担后的追偿权利】 ★

保证人承担保证责任后,有权向债务人追偿。

第33条【抵押、抵押权人、抵押人以及抵押物的概念】 ★

本法所称抵押,是指债务人或者第三人不转移对本法第三十四条所列财产的占有,将该财产作为债权的担保。债务人不履行债务时,债权人有权依照本法规定以该财产折价或者以拍卖、变卖该财产的价款优先受偿。

前款规定的债务人或者第三人为抵押人,债权人为抵押权人,提供担保的财产为抵押物。

第35条【禁止超额抵押:担保的债权不得超出抵押物的价值、财产价值大于担保债权的以余额部分为限可再次抵押】 ★

抵押人所担保的债权不得超出其抵押物的价值。

财产抵押后,该财产的价值大于所担保债权的余额部分,可以再次抵押,但不得超出其余额部分。

中华人民共和国妇女权益保障法[①]

L1.1.234

★

（1992 年 4 月 3 日第七届全国人民代表大会第五次会议通过，根据 2005 年 8 月 28 日第十届全国人民代表大会常务委员会第十七次会议《关于修改〈中华人民共和国妇女权益保障法〉的决定》修正）

第 30 条【妇女享有与男子平等的财产权利】　★

国家保障妇女享有与男子平等的财产权利。

第 32 条【妇女享有与男子平等的农村土地承包经营、集体经济组织收益分配、土地征收或者征用补偿费使用、宅基地使用等权利】　★

妇女在农村土地承包经营、集体经济组织收益分配、土地征收或者征用补偿费使用以及宅基地使用等方面，享有与男子平等的权利。

第 33 条【不得因妇女婚姻状况变化侵害妇女在农村集体经济组织的权益；因结婚男方到女方住所落户的男方和子女享有与所在地农村集体经济组织成员平等的权益】　★

任何组织和个人不得以妇女未婚、结婚、离婚、丧偶等为由，侵害妇女在农村集体经济组织中的各项权益。

因结婚男方到女方住所落户的，男方和子女享有与所在地农村集体经济组织成员平等的权益。

中华人民共和国老年人权益保障法[②]

L1.1.238

★

（1996 年 8 月 29 日第八届全国人民代表大会常务委员会第二十一次会议通过，根据 2009 年 8 月 27 日第十一届全国人民代表大会常务委员会第十次会议《关于修改部分法律的决定》第一次修正，2012 年 12 月 28 日

---

① 简称《妇女权益保障法》。
② 简称《老年人权益保障法》。

第十一届全国人民代表大会常务委员会第三十次会议修订，根据2015年4月24日第十二届全国人民代表大会常务委员会第十四次会议《关于修改〈中华人民共和国电力法〉等六部法律的决定》第二次修正）

第13条【老年人养老的规定】 ★

老年人养老以居家为基础，家庭成员应当尊重、关心和照料老年人。

第14条【赡养人对老年人的义务；赡养人的定义；赡养人配偶的协助赡养义务】 ★

赡养人应当履行对老年人经济上供养、生活上照料和精神上慰藉的义务，照顾老年人的特殊需要。

赡养人是指老年人的子女以及其他依法负有赡养义务的人。

赡养人的配偶应当协助赡养人履行赡养义务。

第15条【赡养人对患病老年人的义务；赡养人对生活不能自理的老年人的义务】 ★

赡养人应当使患病的老年人及时得到治疗和护理；对经济困难的老年人，应当提供医疗费用。

对生活不能自理的老年人，赡养人应当承担照料责任；不能亲自照料的，可以按照老年人的意愿委托他人或者养老机构等照料。

第19条【赡养人必须履行赡养义务】 ★

赡养人不得以放弃继承权或者其他理由，拒绝履行赡养义务。

赡养人不履行赡养义务，老年人有要求赡养人付给赡养费等权利。

赡养人不得要求老年人承担力不能及的劳动。

L1.1.243

中华人民共和国劳动合同法[①]

★

（2007年6月29日第十届全国人民代表大会常务委员会第二十八次会议通过，根据2012年12月28日第十一届全国人民代表大会常务委员会第三十次会议《关于修改〈中华人民共和国劳动合同法〉的决定》修正）

---

① 简称《劳动合同法》。

第 10 条【书面劳动合同的订立;劳动关系的建立】　★

建立劳动关系,应当订立书面劳动合同。

已建立劳动关系,未同时订立书面劳动合同的,应当自用工之日起一个月内订立书面劳动合同。

用人单位与劳动者在用工前订立劳动合同的,劳动关系自用工之日起建立。

第 14 条【无固定期限劳动合同的定义;应当订立无固定期限劳动合同的情形】　★

无固定期限劳动合同,是指用人单位与劳动者约定无确定终止时间的劳动合同。

用人单位与劳动者协商一致,可以订立无固定期限劳动合同。有下列情形之一,劳动者提出或者同意续订、订立劳动合同的,除劳动者提出订立固定期限劳动合同外,应当订立无固定期限劳动合同:

(一) 劳动者在该用人单位连续工作满十年的;

(二) 用人单位初次实行劳动合同制度或者国有企业改制重新订立劳动合同时,劳动者在该用人单位连续工作满十年且距法定退休年龄不足十年的;

(三) 连续订立二次固定期限劳动合同,且劳动者没有本法第三十九条和第四十条第一项、第二项规定的情形,续订劳动合同的。

用人单位自用工之日起满一年不与劳动者订立书面劳动合同的,视为用人单位与劳动者已订立无固定期限劳动合同。

第 23 条【劳动者的保密义务;竞业限制】　★

用人单位与劳动者可以在劳动合同中约定保守用人单位的商业秘密和与知识产权相关的保密事项。

对负有保密义务的劳动者,用人单位可以在劳动合同或者保密协议中与劳动者约定竞业限制条款,并约定在解除或者终止劳动合同后,在竞业限制期限内按月给予劳动者经济补偿。劳动者违反竞业限制约定的,应当按照约定向用人单位支付违约金。

第 29 条【用人单位与劳动者对劳动合同义务的履行:全面履行】　★

用人单位与劳动者应当按照劳动合同的约定,全面履行各自的义务。

第 30 条【用人单位的劳动报酬支付义务;劳动者申请支付令的条件】　★

用人单位应当按照劳动合同约定和国家规定,向劳动者及时足额支付劳动报酬。

用人单位拖欠或者未足额支付劳动报酬的,劳动者可以依法向当地人民法院申请支付令,人民法院应当依法发出支付令。

第 39 条【用人单位有权单方解除劳动合同的情形:试用期不符合录用条件、严重违反规章制度、严重失职、营私舞弊给单位造成重大损害的、存在双重劳动关系】 ★

劳动者有下列情形之一的,用人单位可以解除劳动合同:

(一) 在试用期间被证明不符合录用条件的;

(二) 严重违反用人单位的规章制度的;

(三) 严重失职,营私舞弊,给用人单位造成重大损害的;

(四) 劳动者同时与其他用人单位建立劳动关系,对完成本单位的工作任务造成严重影响,或者经用人单位提出,拒不改正的;

(五) 因本法第二十六条第一款第一项规定的情形致使劳动合同无效的;

(六) 被依法追究刑事责任的。

第 46 条【用人单位应当向劳动者支付经济补偿的情形】 ★

有下列情形之一的,用人单位应当向劳动者支付经济补偿:

(一) 劳动者依照本法第三十八条规定解除劳动合同的;

(二) 用人单位依照本法第三十六条规定向劳动者提出解除劳动合同并与劳动者协商一致解除劳动合同的;

(三) 用人单位依照本法第四十条规定解除劳动合同的;

(四) 用人单位依照本法第四十一条第一款规定解除劳动合同的;

(五) 除用人单位维持或者提高劳动合同约定条件续订劳动合同,劳动者不同意续订的情形外,依照本法第四十四条第一项规定终止固定期限劳动合同的;

(六) 依照本法第四十四条第四项、第五项规定终止劳动合同的;

(七) 法律、行政法规规定的其他情形。

第 48 条【用人单位违法解除或者终止劳动合同时劳动者的救济手段:继续履行劳动合同、支付赔偿金】 ★

用人单位违反本法规定解除或者终止劳动合同,劳动者要求继续履行劳动合同的，用人单位应当继续履行；劳动者不要求继续履行劳动合同或者劳动合同已经不能继续履行的，用人单位应当依照本法第八十七条规定支付赔偿金。

第 82 条【用人单位应当向劳动者每月支付二倍工资的情形】　★

用人单位自用工之日起超过一个月不满一年未与劳动者订立书面劳动合同的，应当向劳动者每月支付二倍的工资。

用人单位违反本法规定不与劳动者订立无固定期限劳动合同的，自应当订立无固定期限劳动合同之日起向劳动者每月支付二倍的工资。

第 87 条【用人单位违法解除劳动合同的赔偿金支付】　★

用人单位违反本法规定解除或者终止劳动合同的，应当依照本法第四十七条规定的经济补偿标准的二倍向劳动者支付赔偿金。

第 92 条【擅自经营劳务派遣业务的法律责任；劳务派遣单位、用工单位违反劳务派遣规定的法律责任】　★

违反本法规定，未经许可，擅自经营劳务派遣业务的，由劳动行政部门责令停止违法行为，没收违法所得，并处违法所得一倍以上五倍以下的罚款；没有违法所得的，可以处五万元以下的罚款。

劳务派遣单位、用工单位违反本法有关劳务派遣规定的，由劳动行政部门责令限期改正；逾期不改正的，以每人五千元以上一万元以下的标准处以罚款，对劳务派遣单位，吊销其劳务派遣业务经营许可证。用工单位给被派遣劳动者造成损害的，劳务派遣单位与用工单位承担连带赔偿责任。

中华人民共和国反不正当竞争法①

★

L1.1.53

(1993 年 9 月 2 日第八届全国人民代表大会常务委员会第三次会议通过，自 1993 年 12 月 1 日起施行)

第 2 条【经营者在市场交易中的义务；不正当竞争与经营者的定义】　★

经营者在市场交易中，应当遵循自愿、平等、公平、诚实信用的原则，遵守

---

① 简称《反不正当竞争法》。

公认的商业道德。

本法所称的不正当竞争，是指经营者违反本法规定，损害其他经营者的合法权益，扰乱社会经济秩序的行为。

本法所称的经营者，是指从事商品经营或者营利性服务（以下所称商品包括服务）的法人、其他经济组织和个人。

第 5 条【不正当竞争中的仿冒行为】 ★

经营者不得采用下列不正当手段从事市场交易，损害竞争对手：

（一）假冒他人的注册商标；

（二）擅自使用知名商品特有的名称、包装、装潢，或者使用与知名商品近似的名称、包装、装潢，造成和他人的知名商品相混淆，使购买者误认为是该知名商品；

（三）擅自使用他人的企业名称或者姓名，引人误认为是他人的商品；

（四）在商品上伪造或者冒用认证标志、名优标志等质量标志，伪造产地，对商品质量作引人误解的虚假表示。

第 20 条【不正当竞争者的赔偿责任】 ★

经营者违反本法规定，给被侵害的经营者造成损害的，应当承担损害赔偿责任，被侵害的经营者的损失难以计算的，赔偿额为侵权人在侵权期间因侵权所获得的利润；并应当承担被侵害的经营者因调查该经营者侵害其合法权益的不正当竞争行为所支付的合理费用。

被侵害的经营者的合法权益受到不正当竞争行为损害的，可以向人民法院提起诉讼。

L1.1.237

中华人民共和国劳动法①

★

（1994 年 7 月 5 日第八届全国人民代表大会常务委员会第八次会议通过，根据 2009 年 8 月 27 日第十一届全国人民代表大会常务委员会第十次会议《关于修改部分法律的决定》修正）

---

① 简称《劳动法》。

第 20 条【无固定期限劳动合同的定义；应当订立无固定期限劳动合同的情形】★

劳动合同的期限分为有固定期限、无固定期限和以完成一定的工作为期限。

劳动者在同一用人单位连续工作满十年以上，当事人双方同意延续劳动合同的，如果劳动者提出订立无固定期限的劳动合同，应当订立无固定期限的劳动合同。

第 25 条【用人单位可以解除劳动合同的法定情形】★

劳动者有下列情形之一的，用人单位可以解除劳动合同：

（一）在试用期间被证明不符合录用条件的；

（二）严重违反劳动纪律或者用人单位规章制度的；

（三）严重失职，营私舞弊，对用人单位利益造成重大损害的；

（四）被依法追究刑事责任的。

第 41 条【加班时间的限制】★

用人单位由于生产经营需要，经与工会和劳动者协商后可以延长工作时间，一般每日不得超过一小时；因特殊原因需要延长工作时间的，在保障劳动者身体健康的条件下延长工作时间每日不得超过三小时，但是每月不得超过三十六小时。

第 44 条【加班工资支付标准：延长工作时间、休息日加班又不能安排补休、法定休假日加班】★

有下列情形之一的，用人单位应当按照下列标准支付高于劳动者正常工作时间工资的工资报酬：

（一）安排劳动者延长工作时间的，支付不低于工资的百分之一百五十的工资报酬；

（二）休息日安排劳动者工作又不能安排补休的，支付不低于工资的百分之二百的工资报酬；

（三）法定休假日安排劳动者工作的，支付不低于工资的百分之三百的工资报酬。

第 52 条【用人单位对劳动安全卫生的职责】★

用人单位必须建立、健全劳动安全卫生制度，严格执行国家劳动安全卫生规程和标准，对劳动者进行劳动安全卫生教育，防止劳动过程中的事故，减少职业危害。

第 79 条【劳动争议处理机制：自愿调解、仲裁前置、提起诉讼】 ★

劳动争议发生后，当事人可以向本单位劳动争议调解委员会申请调解；调解不成，当事人一方要求仲裁的，可以向劳动争议仲裁委员会申请仲裁。当事人一方也可以直接向劳动争议仲裁委员会申请仲裁。对仲裁裁决不服的，可以向人民法院提起诉讼。

L1.1.185

中华人民共和国铁路法①

★

（1990 年 9 月 7 日第七届全国人民代表大会常务委员会第十五次会议通过，根据 2009 年 8 月 27 日第十一届全国人民代表大会常务委员会第十次会议《关于修改部分法律的决定》第一次修正，根据 2015 年 4 月 24 日第十二届全国人民代表大会常务委员会第十四次会议《关于修改〈中华人民共和国义务教育法〉等五部法律的决定》第二次修正）

第 51 条【铁路职工有权制止在铁路线路上行走、坐卧的行为】 ★

禁止在铁路线路上行走、坐卧。对在铁路线路上行走、坐卧的，铁路职工有权制止。

第 58 条【因铁路行车事故及其他铁路运营事故造成人身伤亡时铁路运输企业的责任承担规则】 ★

因铁路行车事故及其他铁路运营事故造成人身伤亡的，铁路运输企业应当承担赔偿责任；如果人身伤亡是因不可抗力或者由于受害人自身的原因造成的，铁路运输企业不承担赔偿责任。

违章通过平交道口或者人行过道，或者在铁路线路上行走、坐卧造成的人身伤亡，属于受害人自身的原因造成的人身伤亡。

---

① 简称《铁路法》。

L1.1.202

中华人民共和国电力法[①]

★

（1995 年 12 月 28 日第八届全国人民代表大会常务委员会第十七次会议通过，根据 2009 年 8 月 27 日第十一届全国人民代表大会常务委员会第十次会议《关于修改部分法律的决定》第一次修正，根据 2015 年 4 月 24 日第十二届全国人民代表大会常务委员会第十四次会议《关于修改〈中华人民共和国电力法〉等六部法律的决定》第二次修正）

第 19 条【电力企业的法定义务：建立健全安全生产责任制度、对电力设施定期检修和维护】 ★

电力企业应当加强安全生产管理，坚持安全第一、预防为主的方针，建立、健全安全生产责任制度。

电力企业应当对电力设施定期进行检修和维护，保证其正常运行。

第 52 条【单位和个人禁止危害电力设施；进行可能危及电力设施安全的作业前应经批准并采取保护措施】 ★

任何单位和个人不得危害发电设施、变电设施和电力线路设施及其有关辅助设施。

在电力设施周围进行爆破及其他可能危及电力设施安全的作业的，应当按照国务院有关电力设施保护的规定，经批准并采取确保电力设施安全的措施后，方可进行作业。

第 53 条【电力设施保护区管理规定及标志设立义务】 ★

电力管理部门应当按照国务院有关电力设施保护的规定，对电力设施保护区设立标志。

任何单位和个人不得在依法划定的电力设施保护区内修建可能危及电力设施安全的建筑物、构筑物，不得种植可能危及电力设施安全的植物，不得堆放可能危及电力设施安全的物品。

在依法划定电力设施保护区前已经种植的植物妨碍电力设施安全的，应

---

① 简称《电力法》。

当修剪或者砍伐。

第54条【任何单位和个人在电力设施保护区内进行可能危及电力设施安全的作业时应当经电力部门批准的规定】　★

任何单位和个人需要在依法划定的电力设施保护区内进行可能危及电力设施安全的作业时，应当经电力管理部门批准并采取安全措施后，方可进行作业。

第60条【电力企业的损害赔偿责任及免责事由】　★

因电力运行事故给用户或者第三人造成损害的，电力企业应当依法承担赔偿责任。

电力运行事故由下列原因之一造成的，电力企业不承担赔偿责任：

（一）不可抗力；

（二）用户自身的过错。

因用户或者第三人的过错给电力企业或者其他用户造成损害的，该用户或者第三人应当依法承担赔偿责任。

第68条【未经批准或者未采取安全措施在电力设施周围或者在依法划定的电力设施保护区内进行作业，危及电力设施安全时的处理方式：责令停止作业、恢复原状、赔偿损失】　★

违反本法第五十二条第二款和第五十四条规定，未经批准或者未采取安全措施在电力设施周围或者在依法划定的电力设施保护区内进行作业，危及电力设施安全的，由电力管理部门责令停止作业、恢复原状并赔偿损失。

L1.1.180

中华人民共和国土地管理法[1]

★

（1986年6月25日第六届全国人民代表大会常务委员会第十六次会议通过，根据1988年12月29日第七届全国人民代表大会常务委员会第五次会议《关于修改〈中华人民共和国土地管理法〉的决定》第一次修正，根据1998年8月29日第九届全国人民代表大会常务委员会第四次会议修订，根据2004年8月28日第十届全国人民代表大会常务

① 简称《土地管理法》。

委员会第十一次会议《关于修改〈中华人民共和国土地管理法〉的决定》第二次修正）

第10条【农民集体所有土地的经营、管理规则】　★

农民集体所有的土地依法属于村农民集体所有的，由村集体经济组织或者村民委员会经营、管理；已经分别属于村内两个以上农村集体经济组织的农民集体所有的，由村内各该农村集体经济组织或者村民小组经营、管理；已经属于乡（镇）农民集体所有的，由乡（镇）农村集体经济组织经营、管理。

L1.1.91

中华人民共和国大气污染防治法[①]

★

（1987年9月5日第六届全国人民代表大会常务委员会第二十二次会议通过，根据1995年8月29日第八届全国人民代表大会常务委员会第十五次会议《关于修改〈中华人民共和国大气污染防治法〉的决定》修正，根据2000年4月29日第九届全国人民代表大会常务委员会第十五次会议第一次修订，根据2015年8月29日第十二届全国人民代表大会常务委员会第十六次会议第二次修订）

第125条【排放大气污染物造成损害的责任承担】　★

排放大气污染物造成损害的，应当依法承担侵权责任。

L1.1.201

中华人民共和国民用航空法[②]

★

（1995年10月30日第八届全国人民代表大会常务委员会第十六次会议通过，根据2009年8月27日第十一届全国人民代表大会常务委员会第十次会议《关于修改部分法律的决定》第一次修正，根据2015年4

① 简称《大气污染防治法》。

② 简称《民用航空法》。

月 24 日第十二届全国人民代表大会常务委员会第十四次会议《关于修改〈中华人民共和国计量法〉等五部法律的决定》第二次修正)

第 124 条【航空运输承运人对上下航空器及在航空器上旅客人身伤亡的责任承担和免责事由】 ★

因发生在民用航空器上或者在旅客上、下民用航空器过程中的事件,造成旅客人身伤亡的,承运人应当承担责任;但是,旅客的人身伤亡完全是由于旅客本人的健康状况造成的,承运人不承担责任。

第 125 条【航空运输期间发生的事件造成旅客财物损失的承运人的损害赔偿责任;旅客的行李的毁灭、遗失或损坏承运人的免责事由;行李的含义;航空运输期间货物毁灭、遗失或损坏承运人的免责事由;航空运输期间的定义和范围】 ★

因发生在民用航空器上或者在旅客上、下民用航空器过程中的事件,造成旅客随身携带物品毁灭、遗失或者损坏的,承运人应当承担责任。因发生在航空运输期间的事件,造成旅客的托运行李毁灭、遗失或者损坏的,承运人应当承担责任。

旅客随身携带物品或者托运行李的毁灭、遗失或者损坏完全是由于行李本身的自然属性、质量或者缺陷造成的,承运人不承担责任。

本章所称行李,包括托运行李和旅客随身携带的物品。

因发生在航空运输期间的事件,造成货物毁灭、遗失或者损坏的,承运人应当承担责任;但是,承运人证明货物的毁灭、遗失或者损坏完全是由于下列原因之一造成的,不承担责任:

(一) 货物本身的自然属性、质量或者缺陷;

(二) 承运人或者其受雇人、代理人以外的人包装货物的,货物包装不良;

(三) 战争或者武装冲突;

(四) 政府有关部门实施的与货物入境、出境或者过境有关的行为。

本条所称航空运输期间,是指在机场内、民用航空器上或者机场外降落的任何地点,托运行李、货物处于承运人掌管之下的全部期间。

航空运输期间,不包括机场外的任何陆路运输、海上运输、内河运输过程;但是,此种陆路运输、海上运输、内河运输是为了履行航空运输合同而装载、交付或者转运,在没有相反证据的情况下,所发生的损失视为在航空运输期间发生的损失。

第 127 条【民用航空承运人损害赔偿责任的减轻、免除事由】★

在旅客、行李运输中，经承运人证明，损失是由索赔人的过错造成或者促成的，应当根据造成或者促成此种损失的过错的程度，相应免除或者减轻承运人的责任。旅客以外的其他人就旅客死亡或者受伤提出赔偿请求时，经承运人证明，死亡或者受伤是旅客本人的过错造成或者促成的，同样应当根据造成或者促成此种损失的过错的程度，相应免除或者减轻承运人的责任。

在货物运输中，经承运人证明，损失是由索赔人或者代行权利人的过错造成或者促成的，应当根据造成或者促成此种损失的过错的程度，相应免除或者减轻承运人的责任。

中华人民共和国劳动争议调解仲裁法[①]

★

L1.1.245

（2007 年 12 月 29 日第十届全国人民代表大会常务委员会第三十一次会议通过，自 2008 年 5 月 1 日起施行）

第 5 条【劳动争议处理的基本程序】★

发生劳动争议，当事人不愿协商、协商不成或者达成和解协议后不履行的，可以向调解组织申请调解；不愿调解、调解不成或者达成调解协议后不履行的，可以向劳动争议仲裁委员会申请仲裁；对仲裁裁决不服的，除本法另有规定的外，可以向人民法院提起诉讼。

第 6 条【劳动争议案件的举证责任】★

发生劳动争议，当事人对自己提出的主张，有责任提供证据。与争议事项有关的证据属于用人单位掌握管理的，用人单位应当提供；用人单位不提供的，应当承担不利后果。

第 27 条【劳动争议仲裁时效；劳动争议仲裁时效中断；劳动争议仲裁时效中止】★

劳动争议申请仲裁的时效期间为一年。仲裁时效期间从当事人知道或

① 简称《劳动争议调解仲裁法》。

者应当知道其权利被侵害之日起计算。

前款规定的仲裁时效,因当事人一方向对方当事人主张权利,或者向有关部门请求权利救济,或者对方当事人同意履行义务而中断。从中断时起,仲裁时效期间重新计算。

因不可抗力或者有其他正当理由,当事人不能在本条第一款规定的仲裁时效期间申请仲裁的,仲裁时效中止。从中止时效的原因消除之日起,仲裁时效期间继续计算。

劳动关系存续期间因拖欠劳动报酬发生争议的,劳动者申请仲裁不受本条第一款规定的仲裁时效期间的限制;但是,劳动关系终止的,应当自劳动关系终止之日起一年内提出。

L1.1.52

中华人民共和国海商法[①]

★

(1992 年 11 月 7 日第七届全国人民代表大会常务委员会第二十八次会议通过,自 1993 年 7 月 1 日起施行)

第 165 条【船舶碰撞的界定;船舶的界定】 ★

船舶碰撞,是指船舶在海上或者与海相通的可航水域发生接触造成损害的事故。

前款所称船舶,包括与本法第三条所指船舶碰撞的任何其他非用于军事的或者政府公务的船艇。

第 169 条【互有过失的船舶碰撞致损的责任分担】 ★

船舶发生碰撞,碰撞的船舶互有过失的,各船按照过失程度的比例负赔偿责任;过失程度相当或者过失程度的比例无法判定的,平均负赔偿责任。

互有过失的船舶,对碰撞造成的船舶以及船上货物和其他财产的损失,依照前款规定的比例负赔偿责任。碰撞造成第三人财产损失的,各船的赔偿责任均不超过其应当承担的比例。

互有过失的船舶,对造成的第三人的人身伤亡,负连带赔偿责任。一船

---

① 简称《海商法》。

连带支付的赔偿超过本条第一款规定的比例的，有权向其他有过失的船舶追偿。

第 170 条【无碰撞发生致损的责任：操作不当、不遵守航行规章】　★

船舶因操纵不当或者不遵守航行规章，虽然实际上没有同其他船舶发生碰撞，但是使其他船舶以及船上的人员、货物或者其他财产遭受损失的，适用本章的规定。

中华人民共和国社会保险法[①]

★

L1.1.226

（2010 年 10 月 28 日第十一届全国人民代表大会常务委员会第十七次会议通过，自 2011 年 7 月 1 日起施行）

第 16 条【享受基本养老保险待遇的条件：法定退休年龄、累计最低缴费满十五年】　★

参加基本养老保险的个人，达到法定退休年龄时累计缴费满十五年的，按月领取基本养老金。

参加基本养老保险的个人，达到法定退休年龄时累计缴费不足十五年的，可以缴费至满十五年，按月领取基本养老金；也可以转入新型农村社会养老保险或者城镇居民社会养老保险，按照国务院规定享受相应的养老保险待遇。

第 27 条【退休职工的基本医疗保险待遇】　★

参加职工基本医疗保险的个人，达到法定退休年龄时累计缴费达到国家规定年限的，退休后不再缴纳基本医疗保险费，按照国家规定享受基本医疗保险待遇；未达到国家规定年限的，可以缴费至国家规定年限。

第 59 条【社会保险费的征收办法】　★

县级以上人民政府加强社会保险费的征收工作。

社会保险费实行统一征收，实施步骤和具体办法由国务院规定。

---

① 简称《社会保险法》。

L1.1.126

中华人民共和国消防法[①]

★

（1998年4月29日第九届全国人民代表大会常务委员会第二次会议通过，根据2008年10月28日第十一届全国人民代表大会常务委员会第五次会议修订）

第15条【公众聚集场所投入使用、营业前的消防安全检查】　★

公众聚集场所在投入使用、营业前，建设单位或者使用单位应当向场所所在地的县级以上地方人民政府公安机关消防机构申请消防安全检查。

公安机关消防机构应当自受理申请之日起十个工作日内，根据消防技术标准和管理规定，对该场所进行消防安全检查。未经消防安全检查或者经检查不符合消防安全要求的，不得投入使用、营业。

第16条【机关、团体、企业、事业等单位应当履行的消防安全职责】　★

机关、团体、企业、事业等单位应当履行下列消防安全职责：

（一）落实消防安全责任制，制定本单位的消防安全制度、消防安全操作规程，制定灭火和应急疏散预案；

（二）按照国家标准、行业标准配置消防设施、器材，设置消防安全标志，并定期组织检验、维修，确保完好有效；

（三）对建筑消防设施每年至少进行一次全面检测，确保完好有效，检测记录应当完整准确，存档备查；

（四）保障疏散通道、安全出口、消防车通道畅通，保证防火防烟分区、防火间距符合消防技术标准；

（五）组织防火检查，及时消除火灾隐患；

（六）组织进行有针对性的消防演练；

（七）法律、法规规定的其他消防安全职责。

单位的主要负责人是本单位的消防安全责任人。

---

① 简称《消防法》。

L1.1.259

中华人民共和国人民调解法①

★

（2010 年 8 月 28 日第十一届全国人民代表大会常务委员会第十六次会议通过，自 2011 年 1 月 1 日起施行）

第 31 条【调解协议的效力：当事人履行协议、人民调解委员会监督、督促履行】★

经人民调解委员会调解达成的调解协议，具有法律约束力，当事人应当按照约定履行。

人民调解委员会应当对调解协议的履行情况进行监督，督促当事人履行约定的义务。

L1.1.36

中华人民共和国立法法②

★

（2000 年 3 月 15 日第九届全国人民代表大会第三次会议通过，根据 2015 年 3 月 15 日第十二届全国人民代表大会第三次会议《关于修改〈中华人民共和国立法法〉的决定》修正）

第 84 条【部门规章、地方政府规章的制定主体】★

部门规章应当经部务会议或者委员会会议决定。

地方政府规章应当经政府常务会议或者全体会议决定。

---

① 简称《人民调解法》。

② 简称《立法法》。

L1.1.205

中华人民共和国公路法[①]

★

（1997 年 7 月 3 日第八届全国人民代表大会常务委员会第二十六次会议通过，1997 年 7 月 3 日中华人民共和国主席令第八十六号公布，根据 1999 年 10 月 31 日第九届全国人民代表大会常务委员会第十二次会议《关于修改〈中华人民共和国公路法〉的决定》第一次修正，根据 2004 年 8 月 28 日第十届全国人民代表大会常务委员会第十一次会议《关于修改〈中华人民共和国公路法〉的决定》第二次修正，根据 2009 年 8 月 27 日第十一届全国人民代表大会常务委员会第十次会议《关于修改部分法律的决定》第三次修正）

第 35 条【公路管理机关依法对公路进行养护的义务】 ★

公路管理机构应当按照国务院交通主管部门规定的技术规范和操作规程对公路进行养护，保证公路经常处于良好的技术状态。

L1.1.112

中华人民共和国固体废物污染环境防治法[②]

★

（1995 年 10 月 30 日第八届全国人民代表大会常务委员会第十六次会议通过，根据 2004 年 12 月 29 日第十届全国人民代表大会常务委员会第十三次会议修订，根据 2013 年 6 月 29 日第十二届全国人民代表大会常务委员会第三次会议《关于修改〈中华人民共和国文物保护法〉等十二部法律的决定》第一次修正，根据 2015 年 4 月 24 日第十二届全国人民代表大会常务委员会第十四次会议《关于修改〈中华人民共和国港口法〉等七部法律的决定》第二次修正）

---

① 简称《公路法》。

② 简称《固体废物污染环境防治法》。

第86条【固体废物污染者对于抗辩事由的举证责任】 ★

因固体废物污染环境引起的损害赔偿诉讼，由加害人就法律规定的免责事由及其行为与损害结果之间不存在因果关系承担举证责任。

全国人民代表大会常务委员会关于《中华人民共和国民法通则》第九十九条第一款、《中华人民共和国婚姻法》第二十二条的解释[①]

L1.1.273

★

（2014年11月1日第十二届全国人民代表大会常务委员会第十一次会议通过，自2014年11月1日起施行）

最高人民法院向全国人民代表大会常务委员会提出，为使人民法院正确理解和适用法律，请求对民法通则第九十九条第一款"公民享有姓名权，有权决定、使用和依照规定改变自己的姓名"和婚姻法第二十二条"子女可以随父姓，可以随母姓"的规定作法律解释，明确公民在父姓和母姓之外选取姓氏如何适用法律。

全国人民代表大会常务委员会讨论了上述规定的含义，认为：公民依法享有姓名权。公民行使姓名权属于民事活动，既应当依照民法通则第九十九条第一款和婚姻法第二十二条的规定，还应当遵守民法通则第七条的规定，即应当尊重社会公德，不得损害社会公共利益。在中华传统文化中，"姓名"中的"姓"，即姓氏，体现着血缘传承、伦理秩序和文化传统，公民选取姓氏涉及公序良俗。公民原则上随父姓或者母姓符合中华传统文化和伦理观念，符合绝大多数公民的意愿和实际做法。同时，考虑到社会实际情况，公民有正当理由的也可以选取其他姓氏。基于此，对民法通则第九十九条第一款、婚姻法第二十二条解释如下：

公民依法享有姓名权。公民行使姓名权，还应当尊重社会公德，不得损

① 简称《姓氏选取法律解释》。

害社会公共利益。

公民原则上应当随父姓或者母姓。有下列情形之一的,可以在父姓和母姓之外选取姓氏:

(一) 选取其他直系长辈血亲的姓氏;

(二) 因由法定扶养人以外的人扶养而选取扶养人姓氏;

(三) 有不违反公序良俗的其他正当理由。

少数民族公民的姓氏可以从本民族的文化传统和风俗习惯。

现予公告。

二、行政法规

L1.2.189

机动车交通事故责任强制保险条例①

★★★

（2006年3月1日国务院第127次常务会议通过，2012年3月30日《国务院关于修改〈机动车交通事故责任强制保险条例〉的决定》第一次修订，根据2012年12月17日《国务院关于修改〈机动车交通事故责任强制保险条例〉的决定》第二次修订，根据2016年1月13日国务院第119次常务会议通过的《国务院关于修改部分行政法规的决定》修改）

第11条【投保人投保时的如实告知义务】 ★

投保人投保时，应当向保险公司如实告知重要事项。

重要事项包括机动车的种类、厂牌型号、识别代码、牌照号码、使用性质和机动车所有人或者管理人的姓名（名称）、性别、年龄、住所、身份证或者驾驶证号码（组织机构代码）、续保前该机动车发生事故的情况以及保监会规定的其他事项。

第21条【交强险赔偿对象：本车人员和被保险人以外的受害人、人身伤亡、财产损失；受害人故意】 ★★★★★

被保险机动车发生道路交通事故造成本车人员、被保险人以外的受害人人身伤亡、财产损失的，由保险公司依法在机动车交通事故责任强制保险责任限额范围内予以赔偿。

道路交通事故的损失是由受害人故意造成的，保险公司不予赔偿。

第23条【交强险责任限额：死亡伤残赔偿限额、医疗费用赔偿限额、财产损失赔偿限额、无责任的赔偿限额】 ★★★★★

机动车交通事故责任强制保险在全国范围内实行统一的责任限额。责任限额分为死亡伤残赔偿限额、医疗费用赔偿限额、财产损失赔偿限额以及

---

① 简称《交强险条例》。

被保险人在道路交通事故中无责任的赔偿限额。

机动车交通事故责任强制保险责任限额由保监会会同国务院公安部门、国务院卫生主管部门、国务院农业主管部门规定。

L1.2.57

中华人民共和国道路交通安全法实施条例[①]

★★

（2004 年 4 月 28 日国务院第 49 次常务会议通过，自 2004 年 5 月 1 日起施行）

第 95 条【交通事故损害赔偿争议的调解期限及调解协议的效力】 ★

公安机关交通管理部门调解交通事故损害赔偿争议的期限为 10 日。调解达成协议的，公安机关交通管理部门应当制作调解书送交各方当事人，调解书经各方当事人共同签字后生效；调解未达成协议的，公安机关交通管理部门应当制作调解终结书送交各方当事人。

交通事故损害赔偿项目和标准依照有关法律的规定执行。

L1.2.437

医疗事故处理条例[②]

★

（2002 年 2 月 20 日国务院第 55 次常务会议通过，自 2002 年 9 月 1 日起施行）

第 49 条【医疗事故赔偿数额的认定因素】 ★

医疗事故赔偿，应当考虑下列因素，确定具体赔偿数额：

（一）医疗事故等级；

---

① 简称《道路交通安全法实施条例》。

② 简称《医疗事故处理条例》。

（二）医疗过失行为在医疗事故损害后果中的责任程度；

（三）医疗事故损害后果与患者原有疾病状况之间的关系。

不属于医疗事故的，医疗机构不承担赔偿责任。

第50条【医疗事故赔偿的项目和计算标准】 ★★★

医疗事故赔偿，按照下列项目和标准计算：

（一）医疗费：按照医疗事故对患者造成的人身损害进行治疗所发生的医疗费用计算，凭据支付，但不包括原发病医疗费用。结案后确实需要继续治疗的，按照基本医疗费用支付。

（二）误工费：患者有固定收入的，按照本人因误工减少的固定收入计算，对收入高于医疗事故发生地上一年度职工年平均工资3倍以上的，按照3倍计算；无固定收入的，按照医疗事故发生地上一年度职工年平均工资计算。

（三）住院伙食补助费：按照医疗事故发生地国家机关一般工作人员的出差伙食补助标准计算。

（四）陪护费：患者住院期间需要专人陪护的，按照医疗事故发生地上一年度职工年平均工资计算。

（五）残疾生活补助费：根据伤残等级，按照医疗事故发生地居民年平均生活费计算，自定残之月起最长赔偿30年；但是，60周岁以上的，不超过15年；70周岁以上的，不超过5年。

（六）残疾用具费：因残疾需要配置补偿功能器具的，凭医疗机构证明，按照普及型器具的费用计算。

（七）丧葬费：按照医疗事故发生地规定的丧葬费补助标准计算。

（八）被扶养人生活费：以死者生前或者残疾者丧失劳动能力前实际扶养且没有劳动能力的人为限，按照其户籍所在地或者居所地居民最低生活保障标准计算。对不满16周岁的，扶养到16周岁。对年满16周岁但无劳动能力的，扶养20年；但是，60周岁以上的，不超过15年；70周岁以上的，不超过5年。

（九）交通费：按照患者实际必需的交通费用计算，凭据支付。

（十）住宿费：按照医疗事故发生地国家机关一般工作人员的出差住宿补助标准计算，凭据支付。

（十一）精神损害抚慰金：按照医疗事故发生地居民年平均生活费计算。造成患者死亡的，赔偿年限最长不超过6年；造成患者残疾的，赔偿年限最长不超过3年。

L1.2.481

中华人民共和国著作权法实施条例[①]

★

（2002 年 8 月 2 日国务院令第 359 号公布，根据 2011 年 1 月 8 日《国务院关于废止和修改部分行政法规的决定》第一次修订，根据 2013 年 1 月 30 日《国务院关于修改〈中华人民共和国著作权法实施条例〉的决定》第二次修订）

第 4 条【作品的定义】 ★★★

著作权法和本条例中下列作品的含义：

（一）文字作品，是指小说、诗词、散文、论文等以文字形式表现的作品；

（二）口述作品，是指即兴的演说、授课、法庭辩论等以口头语言形式表现的作品；

（三）音乐作品，是指歌曲、交响乐等能够演唱或者演奏的带词或者不带词的作品；

（四）戏剧作品，是指话剧、歌剧、地方戏等供舞台演出的作品；

（五）曲艺作品，是指相声、快书、大鼓、评书等以说唱为主要形式表演的作品；

（六）舞蹈作品，是指通过连续的动作、姿势、表情等表现思想情感的作品；

（七）杂技艺术作品，是指杂技、魔术、马戏等通过形体动作和技巧表现的作品；

（八）美术作品，是指绘画、书法、雕塑等以线条、色彩或者其他方式构成的有审美意义的平面或者立体的造型艺术作品；

（九）建筑作品，是指以建筑物或者构筑物形式表现的有审美意义的作品；

（十）摄影作品，是指借助器械在感光材料或者其他介质上记录客观物体形象的艺术作品；

---

① 简称《著作权法实施条例》。

（十一）电影作品和以类似摄制电影的方法创作的作品，是指摄制在一定介质上，由一系列有伴音或者无伴音的画面组成，并且借助适当装置放映或者以其他方式传播的作品；

（十二）图形作品，是指为施工、生产绘制的工程设计图、产品设计图，以及反映地理现象、说明事物原理或者结构的地图、示意图等作品；

（十三）模型作品，是指为展示、试验或者观测等用途，根据物体的形状和结构，按照一定比例制成的立体作品。

中华人民共和国商标法实施条例[1]

L1.2.321

★

（2002 年 8 月 3 日国务院令第 358 号公布，2014 年 4 月 29 日中华人民共和国国务院令第 651 号修订）

第 10 条【商标局或商标评审委员会的文件送达规定：文件送达方式、文件送达时间】 ★★

商标局或者商标评审委员会的各种文件，可以通过邮寄、直接递交、数据电文或者其他方式送达当事人；以数据电文方式送达当事人的，应当经当事人同意。当事人委托商标代理机构的，文件送达商标代理机构视为送达当事人。

商标局或者商标评审委员会向当事人送达各种文件的日期，邮寄的，以当事人收到的邮戳日为准；邮戳日不清晰或者没有邮戳的，自文件发出之日起满 15 日视为送达当事人，但是当事人能够证明实际收到日的除外；直接递交的，以递交日为准；以数据电文方式送达的，自文件发出之日起满 15 日视为送达当事人，但是当事人能够证明文件进入其电子系统日期的除外。文件通过上述方式无法送达的，可以通过公告方式送达，自公告发布之日起满 30 日，该文件视为送达当事人。

---

① 简称《商标法实施条例》。

L1.2.110

工伤保险条例[①]

★

（国务院令第586号，2003年4月16日国务院第五次常务会议讨论通过，根据2010年12月20日《国务院关于修改〈工伤保险条例〉的决定》修订）

第30条【职工因工负伤或患职业病享受工伤医疗待遇】 ★

职工因工作遭受事故伤害或者患职业病进行治疗，享受工伤医疗待遇。

职工治疗工伤应当在签订服务协议的医疗机构就医，情况紧急时可以先到就近的医疗机构急救。

治疗工伤所需费用符合工伤保险诊疗项目目录、工伤保险药品目录、工伤保险住院服务标准的，从工伤保险基金支付。工伤保险诊疗项目目录、工伤保险药品目录、工伤保险住院服务标准，由国务院社会保险行政部门会同国务院卫生行政部门、食品药品监督管理部门等部门规定。

职工住院治疗工伤的伙食补助费，以及经医疗机构出具证明，报经办机构同意，工伤职工到统筹地区以外就医所需的交通、食宿费用从工伤保险基金支付，基金支付的具体标准由统筹地区人民政府规定。

工伤职工治疗非工伤引发的疾病，不享受工伤医疗待遇，按照基本医疗保险办法处理。

工伤职工到签订服务协议的医疗机构进行工伤康复的费用，符合规定的，从工伤保险基金支付。

第33条【工伤治疗期间的待遇、停工留薪期】 ★

职工因工作遭受事故伤害或者患职业病需要暂停工作接受工伤医疗的，在停工留薪期内，原工资福利待遇不变，由所在单位按月支付。

停工留薪期一般不超过12个月。伤情严重或者情况特殊，经设区的市

---

① 简称《工伤保险条例》。

级劳动能力鉴定委员会确认，可以适当延长，但延长不得超过12个月。工伤职工评定伤残等级后，停发原待遇，按照本章的有关规定享受伤残待遇。工伤职工在停工留薪期满后仍需治疗的，继续享受工伤医疗待遇。

生活不能自理的工伤职工在停工留薪期需要护理的，由所在单位负责。

第37条【职工伤残待遇：一次性伤残补助金的发放与劳动关系终止时一次性工伤医疗补助金与一次性伤残就业补助金的支付】　★★

职工因工致残被鉴定为七级至十级伤残的，享受以下待遇：

（一）从工伤保险基金按伤残等级支付一次性伤残补助金，标准为：七级伤残为13个月的本人工资，八级伤残为11个月的本人工资，九级伤残为9个月的本人工资，十级伤残为7个月的本人工资；

（二）劳动、聘用合同期满终止，或者职工本人提出解除劳动、聘用合同的，由工伤保险基金支付一次性工伤医疗补助金，由用人单位支付一次性伤残就业补助金。一次性工伤医疗补助金和一次性伤残就业补助金的具体标准由省、自治区、直辖市人民政府规定。

中华人民共和国标准化法实施条例[①]

L1.2.10

★

（1990年4月6日国务院令第53号发布，自1990年4月6日起施行）

第24条【企业生产执行国家标准、行业标准、地方标准或企业标准时的义务：标注所执行标准的代号、编号、名称】　★★

企业生产执行国家标准、行业标准、地方标准或企业标准，应当在产品或其说明书、包装物上标注所执行标准的代号、编号、名称。

---

① 简称《标准化法实施条例》。

L1.2.370

中华人民共和国土地管理法实施条例①

★

(1998 年 12 月 24 日国务院第 12 次常务会议通过,根据 2011 年 1 月 8 日《国务院关于废止和修改部分行政法规的决定》修订,根据 2014 年 7 月 29 日《国务院关于修改部分行政法规的决定》修改)

第 26 条【土地补偿费、地上附着物及青苗补偿费的归属;征收土地的安置补助费的管理和使用;市、县和乡(镇)人民政府对安置补助费使用情况的监督义务】 ★

土地补偿费归农村集体经济组织所有;地上附着物及青苗补偿费归地上附着物及青苗的所有者所有。

征收土地的安置补助费必须专款专用,不得挪作他用。需要安置的人员由农村集体经济组织安置的,安置补助费支付给农村集体经济组织,由农村集体经济组织管理和使用;由其他单位安置的,安置补助费支付给安置单位;不需要统一安置的,安置补助费发放给被安置人员个人或者征得被安置人员同意后用于支付被安置人员的保险费用。

市、县和乡(镇)人民政府应当加强对安置补助费使用情况的监督。

L1.2.235

中华人民共和国劳动合同法实施条例②

★

(2008 年 9 月 3 日国务院第 25 次常务会议通过,自 2008 年 9 月 3 日起施行)

第 25 条【用人单位违法解除劳动合同的赔偿金支付】 ★

---

① 简称《土地管理条例》。
② 简称《劳动合同法实施条例》。

用人单位违反劳动合同法的规定解除或者终止劳动合同，依照劳动合同法第八十七条的规定支付了赔偿金的，不再支付经济补偿。赔偿金的计算年限自用工之日起计算。

L1.2.401

物业管理条例[①]

★

（2003年6月8日国务院令第379号公布，根据2007年8月26日《国务院关于修改〈物业管理条例〉的决定》修订，根据2016年1月13日国务院第119次常务会议通过的《国务院关于修改部分行政法规的决定》修改）

第2条【物业管理的含义】★

本条例所称物业管理，是指业主通过选聘物业服务企业，由业主和物业服务企业按照物业服务合同约定，对房屋及配套的设施设备和相关场地进行维修、养护、管理，维护物业管理区域内的环境卫生和相关秩序的活动。

第7条【物业管理活动中业主的义务】★

业主在物业管理活动中，履行下列义务：

（一）遵守管理规约、业主大会议事规则；

（二）遵守物业管理区域内物业共用部位和共用设施设备的使用、公共秩序和环境卫生的维护等方面的规章制度；

（三）执行业主大会的决定和业主大会授权业主委员会作出的决定；

（四）按照国家有关规定交纳专项维修资金；

（五）按时交纳物业服务费用；

（六）法律、法规规定的其他义务。

第42条【业主物业服务费用缴纳义务：约定；连带；尚未出售或交付的由建设单位交纳】★

业主应当根据物业服务合同的约定交纳物业服务费用。业主与物业使用人约定由物业使用人交纳物业服务费用的，从其约定，业主负连带交纳责任。

---

① 简称《物业管理条例》。

已竣工但尚未出售或者尚未交给物业买受人的物业，物业服务费用由建设单位交纳。

第45条【供水、供电、供气、供热、通信、有线电视等单位有关费用的收取对象；物业服务企业代收费用时不得收取手续费】 ★

物业管理区域内，供水、供电、供气、供热、通信、有线电视等单位应当向最终用户收取有关费用。

物业服务企业接受委托代收前款费用的，不得向业主收取手续费等额外费用。

L1.2.265

中华人民共和国内河交通安全管理条例[1]

★

（2002年6月19日国务院第60次常务会议通过，根据2011年1月8日国务院令第588号《国务院关于废止和修改部分行政法规的决定》修订）

第21条【货运、客运的船舶必须符合安全技术要求、载货或载客条件；禁止船舶超载货物或旅客】 ★

从事货物或者旅客运输的船舶，必须符合船舶强度、稳性、吃水、消防和救生等安全技术要求和国务院交通主管部门规定的载货或者载客条件。

任何船舶不得超载运输货物或者旅客。

第42条【内河通航水域内可能影响航行安全的沉没物、漂流物、搁浅物的处理规定】 ★

内河通航水域内可能影响航行安全的沉没物、漂流物、搁浅物，其所有人和经营人，必须按照国家有关规定设置标志，向海事管理机构报告，并在海事管理机构限定的时间内打捞清除；没有所有人或者经营人的，由海事管理机构打捞清除或者采取其他相应措施，保障通航安全。

第44条【单位和个人发现妨碍通航安全情况的报告义务】 ★

任何单位和个人发现下列情况，应当迅速向海事管理机构报告：

---

① 简称《内河交通安全管理条例》。

（一）航道变迁，航道水深、宽度发生变化；

（二）妨碍通航安全的物体；

（三）航标发生位移、损坏、灭失；

（四）妨碍通航安全的其他情况。

海事管理机构接到报告后，应当根据情况发布航行通告或者航行警告，并通知航道、航标主管部门。

危险化学品安全管理条例[①]

★

L1.2.389

（2002 年 1 月 9 日国务院第 52 次常务会议通过，2011 年 2 月 16 日国务院第 144 次常务会议第一次修订通过，根据 2013 年 12 月 7 日国务院令第 645 号发布的《国务院关于修改部分行政法规的决定》第二次修订）

第 23 条【生产、储存剧毒化学品、易制爆危险化学品的安全防范措施】 ★

生产、储存剧毒化学品或者国务院公安部门规定的可用于制造爆炸物品的危险化学品（以下简称易制爆危险化学品）的单位，应当如实记录其生产、储存的剧毒化学品、易制爆危险化学品的数量、流向，并采取必要的安全防范措施，防止剧毒化学品、易制爆危险化学品丢失或者被盗；发现剧毒化学品、易制爆危险化学品丢失或者被盗的，应当立即向当地公安机关报告。

生产、储存剧毒化学品、易制爆危险化学品的单位，应当设置治安保卫机构，配备专职治安保卫人员。

第 37 条【危险化学品经营企业之禁止行为：采购未取得许可从事生产、经营活动的企业的危险化学品、经营没有安全技术说明或安全标签的危险化学品】 ★

危险化学品经营企业不得向未经许可从事危险化学品生产、经营活动的企业采购危险化学品，不得经营没有化学品安全技术说明书或者化学品安全标签的危险化学品。

---

① 简称《危险化学品管理条例》。

第 63 条【危险化学品托运人的说明告知义务】 ★

托运危险化学品的，托运人应当向承运人说明所托运的危险化学品的种类、数量、危险特性以及发生危险情况的应急处置措施，并按照国家有关规定对所托运的危险化学品妥善包装，在外包装上设置相应的标志。

运输危险化学品需要添加抑制剂或者稳定剂的，托运人应当添加，并将有关情况告知承运人。

L1.2.436

医疗器械监督管理条例[1]

★

（1999 年 12 月 28 日国务院第 24 次常务会议通过，根据 2014 年 2 月 12 日国务院第 39 次常务会议修订）

第 38 条【发现医疗器械存在安全隐患的使用单位的义务：立即停止使用、通知检修】 ★

发现使用的医疗器械存在安全隐患的，医疗器械使用单位应当立即停止使用，并通知生产企业或者其他负责产品质量的机构进行检修；经检修仍不能达到使用安全标准的医疗器械，不得继续使用。

L1.2.203

建设工程质量管理条例[2]

★

（2000 年 1 月 10 日国务院第 25 次常务会议通过，自 2000 年 1 月 30 日起施行）

第 58 条【建设单位应当被处以罚款并承担赔偿责任的情形：未组织竣工验收擅自交付使用、验收不合格擅自交付使用、不合格建设工程按合格工

---

① 简称《医疗器械监督管理条例》。

② 简称《建设工程质量管理条例》。

程验收】 ★

违反本条例规定，建设单位有下列行为之一的，责令改正，处工程合同价款百分之二以上百分之四以下的罚款；造成损失的，依法承担赔偿责任：

（一）未组织竣工验收，擅自交付使用的；

（二）验收不合格，擅自交付使用的；

（三）对不合格的建设工程按照合格工程验收的。

L1.2.324

社会保险费征缴暂行条例[①]

★

（1999年1月14日国务院第13次常务会议通过，自1999年1月22日起施行）

第6条【社会保险费的征收机构】 ★

社会保险费实行三项社会保险费集中、统一征收。社会保险费的征收机构由省、自治区、直辖市人民政府规定，可以由税务机关征收，也可以由劳动保障行政部门按照国务院规定设立的社会保险经办机构（以下简称社会保险经办机构）征收。

L1.2.361

铁路安全管理条例[②]

★

（2013年7月24日国务院第18次常务会议通过，自2014年1月1日起施行）

第77条【危害铁路安全的禁止行为的类型】 ★

禁止实施下列危害铁路安全的行为：

---

① 简称《社保费征缴条例》。

② 简称《铁路安全管理条例》。

（一）非法拦截列车、阻断铁路运输；

（二）扰乱铁路运输指挥调度机构以及车站、列车的正常秩序；

（三）在铁路线路上放置、遗弃障碍物；

（四）击打列车；

（五）擅自移动铁路线路上的机车车辆，或者擅自开启列车车门、违规操纵列车紧急制动设备；

（六）拆盗、损毁或者擅自移动铁路设施设备、机车车辆配件、标桩、防护设施和安全标志；

（七）在铁路线路上行走、坐卧或者在未设道口、人行过道的铁路线路上通过；

（八）擅自进入铁路线路封闭区域或者在未设置行人通道的铁路桥梁、隧道通行；

（九）擅自开启、关闭列车的货车阀、盖或者破坏施封状态；

（十）擅自开启列车中的集装箱箱门，破坏箱体、阀、盖或者施封状态；

（十一）擅自松动、拆解、移动列车中的货物装载加固材料、装置和设备；

（十二）钻车、扒车、跳车；

（十三）从列车上抛扔杂物；

（十四）在动车组列车上吸烟或者在其他列车的禁烟区域吸烟；

（十五）强行登乘或者以拒绝下车等方式强占列车；

（十六）冲击、堵塞、占用进出站通道或者候车区、站台。

三、司法解释

最高人民法院关于审理人身损害赔偿案件适用法律若干问题的解释①

★★★★★

（法释〔2003〕20号，2003年12月4日由最高人民法院审判委员会第1299次会议通过，自2004年5月1日起施行）

第1条【人身损害赔偿的范围；赔偿权利人的界定；赔偿义务人的界定】 ★★★★★

因生命、健康、身体遭受侵害，赔偿权利人起诉请求赔偿义务人赔偿财产损失和精神损害的，人民法院应予受理。

本条所称"赔偿权利人"，是指因侵权行为或者其他致害原因直接遭受人身损害的受害人、依法由受害人承担扶养义务的被扶养人以及死亡受害人的近亲属。

本条所称"赔偿义务人"，是指因自己或者他人的侵权行为以及其他致害原因依法应当承担民事责任的自然人、法人或者其他组织。

第2条【受害人故意】 ★★★★

受害人对同一损害的发生或者扩大有故意、过失的，依照民法通则第一百三十一条的规定，可以减轻或者免除赔偿义务人的赔偿责任。但侵权人因故意或者重大过失致人损害，受害人只有一般过失的，不减轻赔偿义务人的赔偿责任。

适用民法通则第一百零六条第三款规定确定赔偿义务人的赔偿责任时，受害人有重大过失的，可以减轻赔偿义务人的赔偿责任。

第3条【共同实施侵权行为人的连带责任】 ★★★★

二人以上共同故意或者共同过失致人损害，或者虽无共同故意、共同过

---

① 简称《人身损害赔偿司法解释》。

失，但其侵害行为直接结合发生同一损害后果的，构成共同侵权，应当依照民法通则第一百三十条规定承担连带责任。

二人以上没有共同故意或者共同过失，但其分别实施的数个行为间接结合发生同一损害后果的，应当根据过失大小或者原因力比例各自承担相应的赔偿责任。

第4条【共同危险行为人的侵权责任】 ★

二人以上共同实施危及他人人身安全的行为并造成损害后果，不能确定实际侵害行为人的，应当依照民法通则第一百三十条规定承担连带责任。共同危险行为人能够证明损害后果不是由其行为造成的，不承担赔偿责任。

第5条【共同侵权诉讼中法院追加共同被告；赔偿权利人放弃部分诉讼请求的后果】 ★

赔偿权利人起诉部分共同侵权人的，人民法院应当追加其他共同侵权人作为共同被告。赔偿权利人在诉讼中放弃对部分共同侵权人的诉讼请求的，其他共同侵权人对被放弃诉讼请求的被告应当承担的赔偿份额不承担连带责任。责任范围难以确定的，推定各共同侵权人承担同等责任。

人民法院应当将放弃诉讼请求的法律后果告知赔偿权利人，并将放弃诉讼请求的情况在法律文书中叙明。

第6条【管理人或者组织者违反安全保障义务的侵权责任；补充责任】 ★★★★

从事住宿、餐饮、娱乐等经营活动或者其他社会活动的自然人、法人、其他组织，未尽合理限度范围内的安全保障义务致使他人遭受人身损害，赔偿权利人请求其承担相应赔偿责任的，人民法院应予支持。

因第三人侵权导致损害结果发生的，由实施侵权行为的第三人承担赔偿责任。安全保障义务人有过错的，应当在其能够防止或者制止损害的范围内承担相应的补充赔偿责任。安全保障义务人承担责任后，可以向第三人追偿。赔偿权利人起诉安全保障义务人的，应当将第三人作为共同被告，但第三人不能确定的除外。

第7条【教育机构对限制民事行为能力人违反教育、管理职责的过错责任】 ★★★★

对未成年人依法负有教育、管理、保护义务的学校、幼儿园或者其他教育机构，未尽职责范围内的相关义务致使未成年人遭受人身损害，或者未成年人致他人人身损害的，应当承担与其过错相应的赔偿责任。

第三人侵权致未成年人遭受人身损害的，应当承担赔偿责任。学校、幼儿园等教育机构有过错的，应当承担相应的补充赔偿责任。

第8条【用人单位替代责任；劳务派遣侵权责任：替代责任、补充责任】★★

法人或者其他组织的法定代表人、负责人以及工作人员，在执行职务中致人损害的，依照民法通则第一百二十一条的规定，由该法人或者其他组织承担民事责任。上述人员实施与职务无关的行为致人损害的，应当由行为人承担赔偿责任。

属于《国家赔偿法》赔偿事由的，依照《国家赔偿法》的规定处理。

第9条【用人单位替代责任；劳务派遣侵权责任：替代责任、补充责任】★★★★★

雇员在从事雇佣活动中致人损害的，雇主应当承担赔偿责任；雇员因故意或者重大过失致人损害的，应当与雇主承担连带赔偿责任。雇主承担连带赔偿责任的，可以向雇员追偿。

前款所称"从事雇佣活动"，是指从事雇主授权或者指示范围内的生产经营活动或者其他劳务活动。雇员的行为超出授权范围，但其表现形式是履行职务或者与履行职务有内在联系的，应当认定为"从事雇佣活动"。

第10条【承揽人致害或自身损害：定作人定作过失、指示过失、选任过失】★★★★

承揽人在完成工作过程中对第三人造成损害或者造成自身损害的，定作人不承担赔偿责任。但定作人对定作、指示或者选任有过失的，应当承担相应的赔偿责任。

第11条【雇员在雇佣活动中遭受损害的责任承担：雇主责任、第三人原因致害；发包人、分包人与雇主承担连带责任】★★★★★

雇员在从事雇佣活动中遭受人身损害，雇主应当承担赔偿责任。雇佣关系以外的第三人造成雇员人身损害的，赔偿权利人可以请求第三人承担赔偿责任，也可以请求雇主承担赔偿责任。雇主承担赔偿责任后，可以向第三人追偿。

雇员在从事雇佣活动中因安全生产事故遭受人身损害，发包人、分包人知道或者应当知道接受发包或者分包业务的雇主没有相应资质或者安全生产条件的，应当与雇主承担连带赔偿责任。

属于《工伤保险条例》调整的劳动关系和工伤保险范围的，不适用本条规定。

第12条【因工伤受害的按照工伤保险赔偿;用人单位以外第三人致害劳动者的由第三人承担民事赔偿责任】 ★

依法应当参加工伤保险统筹的用人单位的劳动者,因工伤事故遭受人身损害,劳动者或者其近亲属向人民法院起诉请求用人单位承担民事赔偿责任的,告知其按《工伤保险条例》的规定处理。

因用人单位以外的第三人侵权造成劳动者人身损害,赔偿权利人请求第三人承担民事赔偿责任的,人民法院应予支持。

第13条【个人劳务责任:提供劳务者致害责任、提供劳务者受害责任】 ★★

为他人无偿提供劳务的帮工人,在从事帮工活动中致人损害的,被帮工人应当承担赔偿责任。被帮工人明确拒绝帮工的,不承担赔偿责任。帮工人存在故意或者重大过失,赔偿权利人请求帮工人和被帮工人承担连带责任的,人民法院应予支持。

第14条【个人劳务责任:提供劳务者致害责任、提供劳务者受害责任】 ★★★★

帮工人因帮工活动遭受人身损害的,被帮工人应当承担赔偿责任。被帮工人明确拒绝帮工的,不承担赔偿责任;但可以在受益范围内予以适当补偿。

帮工人因第三人侵权遭受人身损害的,由第三人承担赔偿责任。第三人不能确定或者没有赔偿能力的,可以由被帮工人予以适当补偿。

第15条【见义勇为的侵权责任和补偿责任】 ★

为维护国家、集体或者他人的合法权益而使自己受到人身损害,因没有侵权人、不能确定侵权人或者侵权人没有赔偿能力,赔偿权利人请求受益人在受益范围内予以适当补偿的,人民法院应予支持。

第16条【所有人或管理人对于物件致害的过错推定责任:构筑物、堆放物、林木、果实坠落致害;设计、施工者的连带责任】 ★★★

下列情形,适用民法通则第一百二十六条的规定,由所有人或者管理人承担赔偿责任,但能够证明自己没有过错的除外:

(一)道路、桥梁、隧道等人工建造的构筑物因维护、管理瑕疵致人损害的;

(二)堆放物品滚落、滑落或者堆放物倒塌致人损害的;

(三)树木倾倒、折断或者果实坠落致人损害的。

前款第(一)项情形,因设计、施工缺陷造成损害的,由所有人、管理人与设计、施工者承担连带责任。

第 17 条【人身损害赔偿项目:一般人身损害赔偿项目、伤残赔偿项目、死亡赔偿项目】★★★★★

受害人遭受人身损害,因就医治疗支出的各项费用以及因误工减少的收入,包括医疗费、误工费、护理费、交通费、住宿费、住院伙食补助费、必要的营养费,赔偿义务人应当予以赔偿。

受害人因伤致残的,其因增加生活上需要所支出的必要费用以及因丧失劳动能力导致的收入损失,包括残疾赔偿金、残疾辅助器具费、被扶养人生活费,以及因康复护理、继续治疗实际发生的必要的康复费、护理费、后续治疗费,赔偿义务人也应当予以赔偿。

受害人死亡的,赔偿义务人除应当根据抢救治疗情况赔偿本条第一款规定的相关费用外,还应当赔偿丧葬费、被扶养人生活费、死亡补偿费以及受害人亲属办理丧葬事宜支出的交通费、住宿费和误工损失等其他合理费用。

第 18 条【精神损害抚慰金的请求权】★★★★★

受害人或者死者近亲属遭受精神损害,赔偿权利人向人民法院请求赔偿精神损害抚慰金的,适用《最高人民法院关于确定民事侵权精神损害赔偿责任若干问题的解释》予以确定。

精神损害抚慰金的请求权,不得让与或者继承。但赔偿义务人已经以书面方式承诺给予金钱赔偿,或者赔偿权利人已经向人民法院起诉的除外。

第 19 条【医疗费计算标准】★★★★★

医疗费根据医疗机构出具的医药费、住院费等收款凭证,结合病历和诊断证明等相关证据确定。赔偿义务人对治疗的必要性和合理性有异议的,应当承担相应的举证责任。

医疗费的赔偿数额,按照一审法庭辩论终结前实际发生的数额确定。器官功能恢复训练所必要的康复费、适当的整容费以及其他后续治疗费,赔偿权利人可以待实际发生后另行起诉。但根据医疗证明或者鉴定结论确定必然发生的费用,可以与已经发生的医疗费一并予以赔偿。

第 20 条【误工费计算标准】★★★★★

误工费根据受害人的误工时间和收入状况确定。

误工时间根据受害人接受治疗的医疗机构出具的证明确定。受害人因伤致残持续误工的,误工时间可以计算至定残日前一天。

受害人有固定收入的,误工费按照实际减少的收入计算。受害人无固定收入的,按照其最近三年的平均收入计算;受害人不能举证证明其最近三年的平均收入状况的,可以参照受诉法院所在地相同或者相近行业上一年度职工的平均工资计算。

第 21 条【人身损害赔偿:护理费计算】 ★★★★★

护理费根据护理人员的收入状况和护理人数、护理期限确定。

护理人员有收入的,参照误工费的规定计算;护理人员没有收入或者雇佣护工的,参照当地护工从事同等级别护理的劳务报酬标准计算。护理人员原则上为一人,但医疗机构或者鉴定机构有明确意见的,可以参照确定护理人员人数。

护理期限应计算至受害人恢复生活自理能力时止。受害人因残疾不能恢复生活自理能力的,可以根据其年龄、健康状况等因素确定合理的护理期限,但最长不超过二十年。

受害人定残后的护理,应当根据其护理依赖程度并结合配制残疾辅助器具的情况确定护理级别。

第 22 条【交通费计算标准】 ★★★★★

交通费根据受害人及其必要的陪护人员因就医或者转院治疗实际发生的费用计算。交通费应当以正式票据为凭;有关凭据应当与就医地点、时间、人数、次数相符合。

第 23 条【伙食费、住宿费计算标准】 ★★★★★

住院伙食补助费可以参照当地国家机关一般工作人员的出差伙食补助标准予以确定。

受害人确有必要到外地治疗,因客观原因不能住院,受害人本人及其陪护人员实际发生的住宿费和伙食费,其合理部分应予赔偿。

第 24 条【营养费计算标准】 ★★★★★

营养费根据受害人伤残情况参照医疗机构的意见确定。

第 25 条【人身损害赔偿项目:残疾赔偿金计算标准】 ★★★★★

残疾赔偿金根据受害人丧失劳动能力程度或者伤残等级,按照受诉法院所在地上一年度城镇居民人均可支配收入或者农村居民人均纯收入标准,自定残之日起按二十年计算。但六十周岁以上的，年龄每增加一岁减少一年；七十五周岁以上的，按五年计算。

受害人因伤致残但实际收入没有减少，或者伤残等级较轻但造成职业妨害严重影响其劳动就业的，可以对残疾赔偿金作相应调整。

第26条【人身损害赔偿：残疾辅助器具费的计算标准；辅助器具的更换周期、赔偿期限】 ★★★★★

残疾辅助器具费按照普通适用器具的合理费用标准计算。伤情有特殊需要的，可以参照辅助器具配制机构的意见确定相应的合理费用标准。

辅助器具的更换周期和赔偿期限参照配制机构的意见确定。

第27条【人身损害赔偿：丧葬费计算标准】 ★★★★★

丧葬费按照受诉法院所在地上一年度职工月平均工资标准，以六个月总额计算。

第28条【被扶养人生活费数额的确定：被扶养人生活费计算标准；被扶养人的界定】 ★★★★★

被扶养人生活费根据扶养人丧失劳动能力程度，按照受诉法院所在地上一年度城镇居民人均消费性支出和农村居民人均年生活消费支出标准计算。被扶养人为未成年人的，计算至十八周岁；被扶养人无劳动能力又无其他生活来源的，计算二十年。但六十周岁以上的，年龄每增加一岁减少一年；七十五周岁以上的，按五年计算。

被扶养人是指受害人依法应当承担扶养义务的未成年人或者丧失劳动能力又无其他生活来源的成年近亲属。被扶养人还有其他扶养人的，赔偿义务人只赔偿受害人依法应当负担的部分。被扶养人有数人的，年赔偿总额累计不超过上一年度城镇居民人均消费性支出额或者农村居民人均年生活消费支出额。

第29条【人身损害赔偿项目：死亡赔偿金计算标准】 ★★★★★

死亡赔偿金按照受诉法院所在地上一年度城镇居民人均可支配收入或者农村居民人均纯收入标准，按二十年计算。但六十周岁以上的，年龄每增加一岁减少一年；七十五周岁以上的，按五年计算。

第30条【残疾赔偿金计算标准、死亡赔偿金计算标准调整：住所地或经常居住地收入高于受诉法院所在地标准】 ★★

赔偿权利人举证证明其住所地或者经常居住地城镇居民人均可支配收

入或者农村居民人均纯收入高于受诉法院所在地标准的，残疾赔偿金或者死亡赔偿金可以按照其住所地或者经常居住地的相关标准计算。

被扶养人生活费的相关计算标准，依照前款原则确定。

第31条【物质损害赔偿金、精神损害抚慰金的确定与给付：一次性给付】★

人民法院应当按照民法通则第一百三十一条以及本解释第二条的规定，确定第十九条至第二十九条各项财产损失的实际赔偿金额。

前款确定的物质损害赔偿金与按照第十八条第一款规定确定的精神损害抚慰金，原则上应当一次性给付。

第34条【在法律文书中明确定期金的给付时间、方式以及每期给付标准的规定及给付金额的调整；定期金按实际生存年限给付的规定】★

人民法院应当在法律文书中明确定期金的给付时间、方式以及每期给付标准。执行期间有关统计数据发生变化的，给付金额应当适时进行相应调整。

定期金按照赔偿权利人的实际生存年限给付，不受本解释有关赔偿期限的限制。

第35条【人身损害赔偿相关概念的界定】★★★★★

本解释所称"城镇居民人均可支配收入"、"农村居民人均纯收入"、"城镇居民人均消费性支出"、"农村居民人均年生活消费支出"、"职工平均工资"，按照政府统计部门公布的各省、自治区、直辖市以及经济特区和计划单列市上一年度相关统计数据确定。

"上一年度"，是指一审法庭辩论终结时的上一统计年度。

第36条【人身损害赔偿司法解释的施行日期】★

本解释自2004年5月1日起施行。2004年5月1日后新受理的一审人身损害赔偿案件，适用本解释的规定。已经作出生效裁判的人身损害赔偿案件依法再审的，不适用本解释的规定。

在本解释公布施行之前已经生效施行的司法解释，其内容与本解释不一致的，以本解释为准。

最高人民法院关于审理道路交通事故损害赔偿案件适用法律若干问题的解释[①]

★★★★

L1.3.113

（法释〔2012〕19号，2012年9月17日由最高人民法院审判委员会第1556次会议通过，自2012年12月21日起施行）

第1条【机动车所有人或者管理人承担相应责任的过错：机动车缺陷、驾驶人资格、饮酒、服用管制药品、患有疾病】　★★★★

机动车发生交通事故造成损害，机动车所有人或者管理人有下列情形之一，人民法院应当认定其对损害的发生有过错，并适用侵权责任法第四十九条的规定确定其相应的赔偿责任：

（一）知道或者应当知道机动车存在缺陷，且该缺陷是交通事故发生原因之一的；

（二）知道或者应当知道驾驶人无驾驶资格或者未取得相应驾驶资格的；

（三）知道或者应当知道驾驶人因饮酒、服用国家管制的精神药品或者麻醉药品，或者患有妨碍安全驾驶机动车的疾病等依法不能驾驶机动车的；

（四）其他应当认定机动车所有人或者管理人有过错的。

第2条【未经允许驾驶他人机动车发生交通事故造成损害的责任主体认定与责任承担规则】　★

未经允许驾驶他人机动车发生交通事故造成损害，当事人依照侵权责任法第四十九条的规定请求由机动车驾驶人承担赔偿责任的，人民法院应予支持。机动车所有人或者管理人有过错的，承担相应的赔偿责任，但具有侵权责任法第五十二条规定情形的除外。

第3条【挂靠机动车交通事故责任：挂靠人与被挂靠人承担连带责任】

★★★★★

---

① 简称《道路交通事故司法解释》。

以挂靠形式从事道路运输经营活动的机动车发生交通事故造成损害，属于该机动车一方责任，当事人请求由挂靠人和被挂靠人承担连带责任的，人民法院应予支持。

第6条【转让拼装车、报废车发生交通事故的侵权责任】 ★★

拼装车、已达到报废标准的机动车或者依法禁止行驶的其他机动车被多次转让，并发生交通事故造成损害，当事人请求由所有的转让人和受让人承担连带责任的，人民法院应予支持。

第9条【因道路管理维护缺陷导致机动车发生交通事故造成损害的责任认定及其抗辩事由】 ★★

因道路管理维护缺陷导致机动车发生交通事故造成损害，当事人请求道路管理者承担相应赔偿责任的，人民法院应予支持，但道路管理者能够证明已按照法律、法规、规章、国家标准、行业标准或者地方标准尽到安全防护、警示等管理维护义务的除外。

依法不得进入高速公路的车辆、行人，进入高速公路发生交通事故造成自身损害，当事人请求高速公路管理者承担赔偿责任的，适用侵权责任法第七十六条的规定。

第10条【因在道路上堆放、倾倒、遗撒物品等妨碍通行的行为导致交通事故造成损害的责任认定及其抗辩事由】 ★★★

因在道路上堆放、倾倒、遗撒物品等妨碍通行的行为，导致交通事故造成损害，当事人请求行为人承担赔偿责任的，人民法院应予支持。道路管理者不能证明已按照法律、法规、规章、国家标准、行业标准或者地方标准尽到清理、防护、警示等义务的，应当承担相应的赔偿责任。

第14条【人身伤亡、财产损失的概念】 ★★★★★

道路交通安全法第七十六条规定的“人身伤亡”，是指机动车发生交通事故侵害被侵权人的生命权、健康权等人身权益所造成的损害，包括侵权责任法第十六条和第二十二条规定的各项损害。

道路交通安全法第七十六条规定的“财产损失”，是指因机动车发生交通事故侵害被侵权人的财产权益所造成的损失。

第15条【交通事故财产损失赔偿范围：车辆维修费用、车辆所载物品损失、车辆施救费用、车辆重置费用、合理停运损失、替代性交通工具的合理费用】 ★★★★★

因道路交通事故造成下列财产损失，当事人请求侵权人赔偿的，人民法院院应予支持：

（一）维修被损坏车辆所支出的费用、车辆所载物品的损失、车辆施救费用；

（二）因车辆灭失或者无法修复，为购买交通事故发生时与被损坏车辆价值相当的车辆重置费用；

（三）依法从事货物运输、旅客运输等经营性活动的车辆，因无法从事相应经营活动所产生的合理停运损失；

（四）非经营性车辆因无法继续使用，所产生的通常替代性交通工具的合理费用。

第16条【交强险和商业三者险的赔付规则：交强险限额内赔付、商业三者险赔付、侵权人赔偿；优先赔偿精神损害】　★★★★★

同时投保机动车第三者责任强制保险（以下简称"交强险"）和第三者责任商业保险（以下简称"商业三者险"）的机动车发生交通事故造成损害，当事人同时起诉侵权人和保险公司的，人民法院应当按照下列规则确定赔偿责任：

（一）先由承保交强险的保险公司在责任限额范围内予以赔偿；

（二）不足部分，由承保商业三者险的保险公司根据保险合同予以赔偿；

（三）仍有不足的，依照道路交通安全法和侵权责任法的相关规定由侵权人予以赔偿。

被侵权人或者其近亲属请求承保交强险的保险公司优先赔偿精神损害的，人民法院应予支持。

第18条【保险公司在交强险责任限额范围内的赔偿义务；保险公司的追偿权；追偿权的诉讼时效期间】　★★★★

有下列情形之一导致第三人人身损害，当事人请求保险公司在交强险责任限额范围内予以赔偿，人民法院应予支持：

（一）驾驶人未取得驾驶资格或者未取得相应驾驶资格的；

（二）醉酒、服用国家管制的精神药品或者麻醉药品后驾驶机动车发生交通事故的；

（三）驾驶人故意制造交通事故的。

保险公司在赔偿范围内向侵权人主张追偿权的，人民法院应予支持。追偿权的诉讼时效期间自保险公司实际赔偿之日起计算。

第19条【未投保交强险的机动车交通事故赔偿责任；投保义务人在交强

险责任限额内赔偿;投保义务人与侵权人不是同一人:交强险责任限额内承担连带责任】 ★★★★★

未依法投保交强险的机动车发生交通事故造成损害,当事人请求投保义务人在交强险责任限额范围内予以赔偿的,人民法院应予支持。

投保义务人和侵权人不是同一人,当事人请求投保义务人和侵权人在交强险责任限额范围内承担连带责任的,人民法院应予支持。

第 21 条【多辆机动车发生交通事故:各自责任限额、各自责任限额与责任之和的比例、未投保交强险;牵引车和挂车连接使用】 ★★★

多辆机动车发生交通事故造成第三人损害,损失超出各机动车交强险责任限额之和的,由各保险公司在各自责任限额范围内承担赔偿责任;损失未超出各机动车交强险责任限额之和,当事人请求由各保险公司按照其责任限额与责任限额之和的比例承担赔偿责任的,人民法院应予支持。

依法分别投保交强险的牵引车和挂车连接使用时发生交通事故造成第三人损害,当事人请求由各保险公司在各自的责任限额范围内平均赔偿的,人民法院应予支持。

多辆机动车发生交通事故造成第三人损害,其中部分机动车未投保交强险,当事人请求先由已承保交强险的保险公司在责任限额范围内予以赔偿的,人民法院应予支持。保险公司就超出其应承担的部分向未投保交强险的投保义务人或者侵权人行使追偿权的,人民法院应予支持。

第 22 条【同一交通事故多个被侵权人起诉:按照损失比例确定交强险赔偿数额】 ★★★★★

同一交通事故的多个被侵权人同时起诉的,人民法院应当按照各被侵权人的损失比例确定交强险的赔偿数额。

第 25 条【保险公司在交通事故损害赔偿案件中应作为共同被告的情形:承保交强险、承保商业三者险】 ★★★★★

人民法院审理道路交通事故损害赔偿案件,应当将承保交强险的保险公司列为共同被告。但该保险公司已经在交强险责任限额范围内予以赔偿且当事人无异议的除外。

人民法院审理道路交通事故损害赔偿案件,当事人请求将承保商业三者险的保险公司列为共同被告的,人民法院应予准许。

最高人民法院关于确定民事侵权精神损害赔偿责任若干问题的解释[①]

★★★★

（法释〔2001〕7号，2001年2月26日由最高人民法院审判委员会第1161次会议通过，自2001年3月10日起施行）

第1条【侵害人身权益的精神损害赔偿】 ★★★★

自然人因下列人格权利遭受非法侵害，向人民法院起诉请求赔偿精神损害的，人民法院应当依法予以受理：

（一）生命权、健康权、身体权；

（二）姓名权、肖像权、名誉权、荣誉权；

（三）人格尊严权、人身自由权。

违反社会公共利益、社会公德侵害他人隐私或者其他人格利益，受害人以侵权为由向人民法院起诉请求赔偿精神损害的，人民法院应当依法予以受理。

第3条【死者近亲属可以主张精神损害赔偿请求权的侵害死者人格利益的情形】 ★

自然人死亡后，其近亲属因下列侵权行为遭受精神痛苦，向人民法院起诉请求赔偿精神损害的，人民法院应当依法予以受理：

（一）以侮辱、诽谤、贬损、丑化或者违反社会公共利益、社会公德的其他方式，侵害死者姓名、肖像、名誉、荣誉；

（二）非法披露、利用死者隐私，或者以违反社会公共利益、社会公德的其他方式侵害死者隐私；

（三）非法利用、损害遗体、遗骨，或者以违反社会公共利益、社会公德的其他方式侵害遗体、遗骨。

① 简称《精神损害赔偿司法解释》。

第 7 条【被侵权人死亡后精神损害赔偿请求权的权利人认定】 ★

自然人因侵权行为致死,或者自然人死亡后其人格或者遗体遭受侵害,死者的配偶、父母和子女向人民法院起诉请求赔偿精神损害的,列其配偶、父母和子女为原告;没有配偶、父母和子女的,可以由其他近亲属提起诉讼,列其他近亲属为原告。

第 8 条【致人精神损害的责任承担方式:非财产形式责任、精神损害抚慰金】 ★★★★★

因侵权致人精神损害,但未造成严重后果,受害人请求赔偿精神损害的,一般不予支持,人民法院可以根据情形判令侵权人停止侵害、恢复名誉、消除影响、赔礼道歉。

因侵权致人精神损害,造成严重后果的,人民法院除判令侵权人承担停止侵害、恢复名誉、消除影响、赔礼道歉等民事责任外,可以根据受害人一方的请求判令其赔偿相应的精神损害抚慰金。

第 9 条【精神损害抚慰金的范围:残疾赔偿金、其他精神损害】 ★★★

精神损害抚慰金包括以下方式:

(一) 致人残疾的,为残疾赔偿金;

(二) 致人死亡的,为死亡赔偿金;

(三) 其他损害情形的精神抚慰金。

第 10 条【精神损害赔偿数额的确定标准】 ★★★★★

精神损害的赔偿数额根据以下因素确定:

(一) 侵权人的过错程度,法律另有规定的除外;

(二) 侵害的手段、场合、行为方式等具体情节;

(三) 侵权行为所造成的后果;

(四) 侵权人的获利情况;

(五) 侵权人承担责任的经济能力;

(六) 受诉法院所在地平均生活水平。

法律、行政法规对残疾赔偿金、死亡赔偿金等有明确规定的,适用法律、行政法规的规定。

第 11 条【精神损害赔偿的减免责事由:受害人过错】 ★★★★

受害人对损害事实和损害后果的发生有过错的,可以根据其过错程度减轻或者免除侵权人的精神损害赔偿责任。

最高人民法院关于审理著作权民事纠纷案件适用法律若干问题的解释[①]

L1.3.199

★

（法释〔2002〕31号，2002年10月12日由最高人民法院审判委员会第1246次会议通过，自2002年10月15日起施行）

第7条【著作权权利人的认定规则】　★★★★

当事人提供的涉及著作权的底稿、原件、合法出版物、著作权登记证书、认证机构出具的证明、取得权利的合同等，可以作为证据。

在作品或者制品上署名的自然人、法人或者其他组织视为著作权、与著作权有关权益的权利人，但有相反证明的除外。

第25条【侵犯著作权的赔偿责任认定：实际损失、违法所得、法院视情节判定】　★★★★

权利人的实际损失或者侵权人的违法所得无法确定的，人民法院根据当事人的请求或者依职权适用著作权法第四十八条第二款的规定确定赔偿数额。

人民法院在确定赔偿数额时，应当考虑作品类型、合理使用费、侵权行为性质、后果等情节综合确定。

当事人按照本条第一款的规定就赔偿数额达成协议的，应当准许。

第26条【侵犯著作权的赔偿责任认定：实际损失、违法所得、法院视情节判定】　★★★★

著作权法第四十八条第一款规定的制止侵权行为所支付的合理开支，包括权利人或者委托代理人对侵权行为进行调查、取证的合理费用。

人民法院根据当事人的诉讼请求和具体案情，可以将符合国家有关部门规定的律师费用计算在赔偿范围内。

---

① 简称《著作权纠纷司法解释》。

L1.3.196

最高人民法院关于审理商标民事纠纷案件适用法律若干问题的解释[①]

★

(法释〔2002〕32号,2002年10月12日由最高人民法院审判委员会第1246次会议通过,自2002年10月16日起施行)

第1条【给他人注册商标专用权造成其他损害的行为的类型】 ★

下列行为属于商标法第五十二条第(五)项规定的给他人注册商标专用权造成其他损害的行为:

(一)将与他人注册商标相同或者相近似的文字作为企业的字号在相同或者类似商品上突出使用,容易使相关公众产生误认的;

(二)复制、摹仿、翻译他人注册的驰名商标或其主要部分在不相同或者不相类似商品上作为商标使用,误导公众,致使该驰名商标注册人的利益可能受到损害的;

(三)将与他人注册商标相同或者相近似的文字注册为域名,并且通过该域名进行相关商品交易的电子商务,容易使相关公众产生误认的。

第6条【侵犯商标专用权民事纠纷中法院的地域管辖;侵权商品储藏地的定义】 ★

因侵犯注册商标专用权行为提起的民事诉讼,由商标法第十三条、第五十二条所规定侵权行为的实施地、侵权商品的储藏地或者查封扣押地、被告住所地人民法院管辖。

前款规定的侵权商品的储藏地,是指大量或者经常性储存、隐匿侵权商品所在地;查封扣押地,是指海关、工商等行政机关依法查封、扣押侵权商品所在地。

第9条【商标相同和商标近似的界定】 ★★★

商标法第五十二条第(一)项规定的商标相同,是指被控侵权的商标与原

---

① 简称《商标纠纷司法解释》。

告的注册商标相比较,二者在视觉上基本无差别。

商标法第五十二条第(一)项规定的商标近似,是指被控侵权的商标与原告的注册商标相比较,其文字的字形、读音、含义或者图形的构图及颜色,或者其各要素组合后的整体结构相似,或者其立体形状、颜色组合近似,易使相关公众对商品的来源产生误认或者认为其来源与原告注册商标的商品有特定的联系。

第10条【认定商品或者服务是否类似的规则】 ★★★

人民法院依据商标法第五十二条第(一)项的规定,认定商标相同或者近似按照以下原则进行:

(一)以相关公众的一般注意力为标准;

(二)既要进行对商标的整体比对,又要进行对商标主要部分的比对,比对应当在比对对象隔离的状态下分别进行;

(三)判断商标是否近似,应当考虑请求保护注册商标的显著性和知名度。

第16条【侵犯商标权的侵权责任方式及损害赔偿数额的判定标准】 ★★★★

侵权人因侵权所获得的利益或者被侵权人因被侵权所受到的损失均难以确定的,人民法院可以根据当事人的请求或者依职权适用商标法第五十六条第二款的规定确定赔偿数额。

人民法院在确定赔偿数额时,应当考虑侵权行为的性质、期间、后果,商标的声誉,商标使用许可费的数额,商标使用许可的种类、时间、范围及制止侵权行为的合理开支等因素综合确定。

当事人按照本条第一款的规定就赔偿数额达成协议的,应当准许。

第17条【侵犯商标权的侵权责任方式及损害赔偿数额的判定标准】 ★★★

商标法第五十六条第一款规定的制止侵权行为所支付的合理开支,包括权利人或者委托代理人对侵权行为进行调查、取证的合理费用。

人民法院根据当事人的诉讼请求和案件具体情况,可以将符合国家有关部门规定的律师费用计算在赔偿范围内。

第22条【驰名商标的认定标准】 ★★

人民法院在审理商标纠纷案件中,根据当事人的请求和案件的具体情况,可以对涉及的注册商标是否驰名依法作出认定。

认定驰名商标,应当依照商标法第十四条的规定进行。

当事人对曾经被行政主管机关或者人民法院认定的驰名商标请求保护的,对方当事人对涉及的商标驰名不持异议,人民法院不再审查。提出异议的,人民法院依照商标法第十四条的规定审查。

L1.3.147

最高人民法院关于适用《中华人民共和国保险法》若干问题的解释(二)[①]

★

(法释〔2013〕14 号,2013 年 5 月 6 日由最高人民法院审判委员会第 1577 次会议通过,自 2013 年 6 月 8 日起施行)

第 13 条【保险人对其明确说明义务的举证责任】　★

保险人对其履行了明确说明义务负举证责任。

投保人对保险人履行了符合本解释第十一条第二款要求的明确说明义务在相关文书上签字、盖章或者以其他形式予以确认的,应当认定保险人履行了该项义务。但另有证据证明保险人未履行明确说明义务的除外。

L1.3.92

最高人民法院关于审理名誉权案件若干问题的解答[②]

★

(法发〔1993〕15 号,最高人民法院审判委员会 1993 年 6 月 15 日第 579 次会议讨论通过,自 1993 年 8 月 7 日起施行)

---

① 简称《保险法司法解释二》。

② 简称《名誉权纠纷问题解答》。

第 7 条【侵害名誉权责任的认定规则】 ★★★

问:侵害名誉权责任应如何认定?

答:是否构成侵害名誉权的责任,应当根据受害人确有名誉被损害的事实、行为人行为违法、违法行为与损害后果之间有因果关系、行为人主观上有过错来认定。

以书面或者口头形式侮辱或者诽谤他人,损害他人名誉的,应认定为侵害他人名誉权。

对未经他人同意,擅自公布他人的隐私材料或者以书面、口头形式宣扬他人隐私,致他人名誉受到损害的,按照侵害他人名誉权处理。

因新闻报道严重失实,致他人名誉受到损害的,应按照侵害他人名誉权处理。

第 8 条【因撰写、发表批评文章引起的名誉权纠纷侵权责任的认定】 ★★

问:因撰写、发表批评文章引起的名誉权纠纷,应如何认定是否构成侵权?

答:因撰写、发表批评文章引起的名誉权纠纷,人民法院应根据不同情况处理:

文章反映的问题基本真实,没有侮辱他人人格的内容的,不应认定为侵害他人名誉权。

文章反映的问题虽基本属实,但有侮辱他人人格的内容,使他人名誉受到侵害的,应认定为侵害他人名誉权。

文章的基本内容失实,使他人名誉受到损害的,应认定为侵害他人名誉权。

第 10 条【侵害名誉权的责任承担形式】 ★★

问:侵害名誉权的责任承担形式如何掌握?

答:人民法院依照《中华人民共和国民法通则》第一百二十条和第一百三十四条的规定,可以责令侵权人停止侵害、恢复名誉、消除影响、赔礼道歉、赔偿损失。

恢复名誉、消除影响、赔礼道歉可以书面或者口头的方式进行,内容须事先经人民法院审查。

恢复名誉、消除影响的范围,一般应与侵权所造成不良影响的范围相当。

公民、法人因名誉权受到侵害要求赔偿的,侵权人应赔偿侵权行为造成的经济损失;公民并提出精神损害赔偿要求的,人民法院可根据侵权人的过错程度、侵权行为的具体情节、给受害人造成精神损害的后果等情况酌定。

L1.3.192

最高人民法院关于审理侵犯专利权纠纷案件应用法律若干问题的解释①

★

(法释〔2009〕21 号,2009 年 12 月 21 日最高人民法院审判委员会第 1480 次会议通过,自 2010 年 1 月 1 日起施行)

第 8 条【外观设计专利权的保护范围的认定】 ★★★

在与外观设计专利产品相同或者相近种类产品上,采用与授权外观设计相同或者近似的外观设计的,人民法院应当认定被诉侵权设计落入专利法第五十九条第二款规定的外观设计专利权的保护范围。

第 11 条【认定外观设计是否相同或者近似的判断因素:授权外观设计、被诉侵权设计的设计特征、外观设计的整体视觉效果】 ★★★

人民法院认定外观设计是否相同或者近似时,应当根据授权外观设计、被诉侵权设计的设计特征,以外观设计的整体视觉效果进行综合判断;对于主要由技术功能决定的设计特征以及对整体视觉效果不产生影响的产品的材料、内部结构等特征,应当不予考虑。

下列情形,通常对外观设计的整体视觉效果更具有影响:

(一)产品正常使用时容易被直接观察到的部位相对于其他部位;

(二)授权外观设计区别于现有设计的设计特征相对于授权外观设计的其他设计特征。

被诉侵权设计与授权外观设计在整体视觉效果上无差异的,人民法院应当认定两者相同;在整体视觉效果上无实质性差异的,应当认定两者近似。

---

① 简称《专利权纠纷司法解释》。

最高人民法院关于贯彻执行《中华人民共和国民法通则》若干问题的意见(试行)①

L1.3.2220

★

(法(办)发〔1988〕6号,1988年1月26日最高人民法院审判委员会讨论通过,自1987年1月1日起施行)

第139条【侵犯公民肖像权的行为:以营利为目的擅自利用肖像做广告、商标、装饰橱窗等】 ★

以营利为目的,未经公民同意利用其肖像做广告、商标、装饰橱窗等,应当认定为侵犯公民肖像权的行为。

第140条【侵害公民、法人名誉权行为的认定】 ★★

以书面、口头等形式宣扬他人的隐私,或者捏造事实公然丑化他人人格,以及用侮辱、诽谤等方式损害他人名誉,造成一定影响的,应当认定为侵害公民名誉权的行为。

以书面、口头等形式诋毁、诽谤法人名誉,给法人造成损害的,应当认定为侵害法人名誉权的行为。

第142条【见义勇为的侵权责任和补偿责任】 ★

为维护国家、集体或者他人合法权益而使自己受到损害,在侵害人无力赔偿或者没有侵害人的情况下,如果受害人提出请求的,人民法院可以根据受益人受益的多少及其经济状况,责令受益人给予适当补偿。

第150条【侵犯人格权损害赔偿责任范围的确定因素:侵权人的过错程度、侵权行为的具体情节、后果和影响】 ★

公民的姓名权、肖像权、名誉权、荣誉权和法人的名称权、名誉权、荣誉权受到侵害,公民或者法人要求赔偿损失的,人民法院可以根据侵权人的过错程度、侵权行为的具体情节、后果和影响确定其赔偿责任。

---

① 简称《民通意见》。

第 157 条【公平补偿责任:为对方利益或共同利益而受损害】 ★★

当事人对造成损害均无过错,但一方是在为对方的利益或者共同的利益进行活动的过程中受到损害的,可以责令对方或者受益人给予一定的经济补偿。

第 158 条【夫妻离婚后未成年子女致人损害的责任承担规则】 ★

夫妻离婚后,未成年子女侵害他人权益的,同该子女共同生活的一方应当承担民事责任;如果独立承担民事责任确有困难的,可以责令未与该子女共同生活的一方共同承担民事责任。

L1.3.114

最高人民法院关于审理食品药品纠纷案件适用法律若干问题的规定[①]

★

(法释〔2013〕28 号,2013 年 12 月 9 日由最高人民法院审判委员会第 1599 次会议通过,自 2014 年 3 月 15 日起施行)

第 6 条【食品的生产者与销售者对食品符合质量标准承担举证责任】 ★★

食品的生产者与销售者应当对于食品符合质量标准承担举证责任。认定食品是否合格,应当以国家标准为依据;没有国家标准的,应当以地方标准为依据;没有国家标准、地方标准的,应当以企业标准为依据。食品的生产者采用的标准高于国家标准、地方标准的,应当以企业标准为依据。没有前述标准的,应当以食品安全法的相关规定为依据。

第 15 条【生产不符合安全标准的食品或者销售明知是不符合安全标准的食品消费者除要求赔偿损失外可主张十倍赔偿】 ★★

生产不符合安全标准的食品或者销售明知是不符合安全标准的食品,消费者除要求赔偿损失外,向生产者、销售者主张支付价款十倍赔偿金或者依照法律规定的其他赔偿标准要求赔偿的,人民法院应予支持。

---

① 简称《食品药品纠纷司法解释》。

最高人民法院关于审理铁路运输人身损害赔偿纠纷案件适用法律若干问题的解释[①]

★

（法释〔2010〕5 号，2010 年 1 月 4 日由最高人民法院审判委员会第 1482 次会议通过，自 2010 年 3 月 16 日起施行）

L1.3.112

第 4 条【铁路运输致人损害的责任】 ★

铁路运输造成人身损害的，铁路运输企业应当承担赔偿责任；法律另有规定的，依照其规定。

第 5 条【铁路运输企业致人损害的免责事由：不可抗力、受害人故意卧轨、碰撞】 ★

铁路运输中发生人身损害，铁路运输企业举证证明有下列情形之一的，不承担赔偿责任：

（一）不可抗力造成的；

（二）受害人故意以卧轨、碰撞等方式造成的。

第 6 条【因受害人未经许可进入铁路线路、车站、货场等铁路作业区域的过错行为造成人身损害的处理规定及铁路运输企业赔偿责任的承担规则】 ★★

因受害人翻越、穿越、损毁、移动铁路线路两侧防护围墙、栅栏或者其他防护设施穿越铁路线路，偷乘货车，攀附行进中的列车，在未设置人行通道的铁路桥梁、隧道内通行，攀爬高架铁路线路，以及其他未经许可进入铁路线路、车站、货场等铁路作业区域的过错行为，造成人身损害的，应当根据受害人的过错程度适当减轻铁路运输企业的赔偿责任，并按照以下情形分别处理：

（一）铁路运输企业未充分履行安全防护、警示等义务，受害人有上述过

---

① 简称《铁路人身损害司法解释》。

错行为的,铁路运输企业应当在全部损失的百分之八十至百分之二十之间承担赔偿责任;

(二)铁路运输企业已充分履行安全防护、警示等义务,受害人仍施以上述过错行为的,铁路运输企业应当在全部损失的百分之二十至百分之十之间承担赔偿责任。

第7条【铁路运输企业致人损害不承担责任和减轻责任的情形】 ★

受害人横向穿越未封闭的铁路线路时存在过错,造成人身损害的,按照前条规定处理。

受害人不听从值守人员劝阻或者无视禁行警示信号、标志硬行通过铁路平交道口、人行过道,或者沿铁路线路纵向行走,或者在铁路线路上坐卧,造成人身损害,铁路运输企业举证证明已充分履行安全防护、警示等义务的,不承担赔偿责任。

第8条【铁路运输造成不完全民事行为能力人人身损害时的责任承担】 ★

铁路运输造成无民事行为能力人人身损害的,铁路运输企业应当承担赔偿责任;监护人有过错的,按照过错程度减轻铁路运输企业的赔偿责任,但铁路运输企业承担的赔偿责任应当不低于全部损失的百分之五十。

铁路运输造成限制民事行为能力人人身损害的,铁路运输企业应当承担赔偿责任;监护人及受害人自身有过错的,按照过错程度减轻铁路运输企业的赔偿责任,但铁路运输企业承担的赔偿责任应当不低于全部损失的百分之四十。

第9条【铁路机车车辆与机动车发生碰撞造成人身损害时的责任承担方式】 ★

铁路机车车辆与机动车发生碰撞造成机动车驾驶人员以外的人人身损害的,由铁路运输企业与机动车一方对受害人承担连带赔偿责任。铁路运输企业与机动车一方之间,按照各自的过错分担责任;双方均无过错的,按照公平原则分担责任。对受害人实际承担赔偿责任超出应当承担份额的一方,有权向另一方追偿。

铁路机车车辆与机动车发生碰撞造成机动车驾驶人员人身损害的,按照本解释第四条至第七条的规定处理。

最高人民法院关于审理侵害信息网络传播权民事纠纷案件适用法律若干问题的规定[1]

L1.3.200

★

（法释〔2012〕20 号，2012 年 11 月 26 日由最高人民法院审判委员会第 1561 次会议通过，自 2013 年 1 月 1 日起施行）

第 6 条【网络服务提供者的过错责任原则】　★★

原告有初步证据证明网络服务提供者提供了相关作品、表演、录音录像制品，但网络服务提供者能够证明其仅提供网络服务，且无过错的，人民法院不应认定为构成侵权。

最高人民法院关于审理利用信息网络侵害人身权益民事纠纷案件适用法律若干问题的规定[2]

L1.3.2169

★

（法释〔2014〕11 号，2014 年 6 月 23 日由最高人民法院审判委员会第 1621 次会议通过，自 2014 年 10 月 10 日起施行）

第 4 条【网络服务提供者有提供涉嫌侵权的网络用户信息的义务】　★

原告起诉网络服务提供者，网络服务提供者以涉嫌侵权的信息系网络用户发布为由抗辩的，人民法院可以根据原告的请求及案件的具体情况，责令网络服务提供者向人民法院提供能够确定涉嫌侵权的网络用户的姓名（名

---

① 简称《信息网络传播权纠纷司法解释》。
② 简称《利用网络侵害人身权益纠纷司法解释》。

称)、联系方式、网络地址等信息。

网络服务提供者无正当理由拒不提供的,人民法院可以依据民事诉讼法第一百一十四条的规定对网络服务提供者采取处罚等措施。

原告根据网络服务提供者提供的信息请求追加网络用户为被告的,人民法院应予准许。

第5条【被侵权人向网络服务提供者发出被侵权通知的内容:通知人姓名和联系方式、采取必要措施的网络地址或足以准确定位侵权内容的信息、要求删除的理由】 ★

依据侵权责任法第三十六条第二款的规定,被侵权人以书面形式或者网络服务提供者公示的方式向网络服务提供者发出的通知,包含下列内容的,人民法院应当认定有效:

(一) 通知人的姓名(名称)和联系方式;

(二) 要求采取必要措施的网络地址或者足以准确定位侵权内容的相关信息;

(三) 通知人要求删除相关信息的理由。

被侵权人发送的通知未满足上述条件,网络服务提供者主张免除责任的,人民法院应予支持。

第9条【认定网络服务提供者是否“知道”时应当考虑的因素】 ★

人民法院依据侵权责任法第三十六条第三款认定网络服务提供者是否“知道”,应当综合考虑下列因素:

(一) 网络服务提供者是否以人工或者自动方式对侵权网络信息以推荐、排名、选择、编辑、整理、修改等方式作出处理;

(二) 网络服务提供者应当具备的管理信息的能力,以及所提供服务的性质、方式及其引发侵权的可能性大小;

(三) 该网络信息侵害人身权益的类型及明显程度;

(四) 该网络信息的社会影响程度或者一定时间内的浏览量;

(五) 网络服务提供者采取预防侵权措施的技术可能性及其是否采取了相应的合理措施;

(六) 网络服务提供者是否针对同一网络用户的重复侵权行为或者同一侵权信息采取了相应的合理措施;

(七) 与本案相关的其他因素。

第 11 条【经营主体遭受来自网络的诽谤、诋毁时的侵权损害赔偿救济】 ★

网络用户或者网络服务提供者采取诽谤、诋毁等手段,损害公众对经营主体的信赖,降低其产品或者服务的社会评价,经营主体请求网络用户或者网络服务提供者承担侵权责任的,人民法院应依法予以支持。

第 16 条【侵权人承担赔礼道歉、消除影响或恢复名誉等责任形式应当与侵权的具体方式和所造成的影响范围相当】 ★

人民法院判决侵权人承担赔礼道歉、消除影响或者恢复名誉等责任形式的,应当与侵权的具体方式和所造成的影响范围相当。侵权人拒不履行的,人民法院可以采取在网络上发布公告或者公布裁判文书等合理的方式执行,由此产生的费用由侵权人承担。

第 17 条【网络用户或网络服务提供者的侵权责任】 ★

网络用户或者网络服务提供者侵害他人人身权益,造成财产损失或者严重精神损害,被侵权人依据侵权责任法第二十条和第二十二条的规定请求其承担赔偿责任的,人民法院应予支持。

第 18 条【被侵权人制止侵权行为的合理开支的认定及范围;因人身权受损造成的财产损失无法确定时的赔偿数额的确定;精神损害赔偿数额确定的法律依据】 ★

被侵权人为制止侵权行为所支付的合理开支,可以认定为侵权责任法第二十条规定的财产损失。合理开支包括被侵权人或者委托代理人对侵权行为进行调查、取证的合理费用。人民法院根据当事人的请求和具体案情,可以将符合国家有关部门规定的律师费用计算在赔偿范围内。

被侵权人因人身权益受侵害造成的财产损失或者侵权人因此获得的利益无法确定的,人民法院可以根据具体案情在 50 万元以下的范围内确定赔偿数额。

精神损害的赔偿数额,依据《最高人民法院关于确定民事侵权精神损害赔偿责任若干问题的解释》第十条的规定予以确定。

L1.3.2187

最高人民法院关于审理环境侵权责任纠纷案件适用法律若干问题的解释[①]

★

（法释〔2015〕12 号，2015 年 2 月 9 日最高人民法院审判委员会第 1644 次会议通过，自 2015 年 6 月 3 日起施行）

第 1 条【环境污染者不承担责任或者减轻责任的法律依据】 ★★

因污染环境造成损害，不论污染者有无过错，污染者应当承担侵权责任。污染者以排污符合国家或者地方污染物排放标准为由主张不承担责任的，人民法院不予支持。

污染者不承担责任或者减轻责任的情形，适用海洋环境保护法、水污染防治法、大气污染防治法等环境保护单行法的规定；相关环境保护单行法没有规定的，适用侵权责任法的规定。

第 6 条【环境侵权纠纷被侵权人应当证明的事实】 ★★

被侵权人根据侵权责任法第六十五条规定请求赔偿的，应当提供证明以下事实的证据材料：

（一）污染者排放了污染物；

（二）被侵权人的损害；

（三）污染者排放的污染物或者其次生污染物与损害之间具有关联性。

---

① 简称《环境侵权司法解释》。

最高人民法院关于审理涉及公证活动相关民事案件的若干规定[①]

★

（法释〔2014〕6号，2014年4月28日由最高人民法院审判委员会第1614次会议通过，自2014年6月6日起施行）

第1条【当事人、公证事项的利害关系人请求民事赔偿案件的被告认定和案由类型】★

当事人、公证事项的利害关系人依照公证法第四十三条规定向人民法院起诉请求民事赔偿的，应当以公证机构为被告，人民法院应作为侵权责任纠纷案件受理。

第4条【人民法院应当认定公证机构有过错的法定情形】★

当事人、公证事项的利害关系人提供证据证明公证机构及其公证员在公证活动中具有下列情形之一的，人民法院应当认定公证机构有过错：

（一）为不真实、不合法的事项出具公证书的；

（二）毁损、篡改公证书或者公证档案的；

（三）泄露在执业活动中知悉的商业秘密或者个人隐私的；

（四）违反公证程序、办证规则以及国务院司法行政部门制定的行业规范出具公证书的；

（五）公证机构在公证过程中未尽到充分的审查、核实义务，致使公证书错误或者不真实的；

（六）对存在错误的公证书，经当事人、公证事项的利害关系人申请仍不予纠正或者补正的；

（七）其他违反法律、法规、国务院司法行政部门强制性规定的情形。

第5条【公证书错误造成他人损失时的责任承担规则】★

当事人提供虚假证明材料申请公证致使公证书错误造成他人损失的，当

---

① 简称《公证活动案件规定》。

事人应当承担赔偿责任。公证机构依法尽到审查、核实义务的,不承担赔偿责任;未依法尽到审查、核实义务的,应当承担与其过错相应的补充赔偿责任;明知公证证明的材料虚假或者与当事人恶意串通的,承担连带赔偿责任。

L1.3.46

最高人民法院关于审理涉及农村土地承包纠纷案件适用法律问题的解释[①]

★

(法释〔2005〕6 号,2005 年 3 月 29 日由最高人民法院审判委员会第 1346 次会议通过,自 2005 年 9 月 1 日起施行)

第 24 条【土地补偿费在农村集体经济组织内部的分配办法】 ★★

农村集体经济组织或者村民委员会、村民小组,可以依照法律规定的民主议定程序,决定在本集体经济组织内部分配已经收到的土地补偿费。征地补偿安置方案确定时已经具有本集体经济组织成员资格的人,请求支付相应份额的,应予支持。但已报全国人大常委会、国务院备案的地方性法规、自治条例和单行条例、地方政府规章对土地补偿费在农村集体经济组织内部的分配办法另有规定的除外。

L1.3.101

最高人民法院关于适用《中华人民共和国婚姻法》若干问题的解释(二)[②]

★

(法释〔2003〕19 号,2003 年 12 月 4 日由最高人民法院审判委员会第 1299 次会议通过,自 2004 年 4 月 1 日起施行)

---

① 简称《农村土地承包纠纷司法解释》。

② 简称《婚姻法司法解释二》。

第 10 条【允许返还彩礼的情形：未办理结婚登记、办理结婚登记但未共同生活、婚前给付并导致给付人生活困难】 ★

当事人请求返还按照习俗给付的彩礼的，如果查明属于以下情形，人民法院应当予以支持：

（一）双方未办理结婚登记手续的；

（二）双方办理结婚登记手续但确未共同生活的；

（三）婚前给付并导致给付人生活困难的。

适用前款第（二）、（三）项的规定，应当以双方离婚为条件。

第 24 条【夫妻共同债务：债权人主张、夫妻关系存续期间以个人名义所负债务】 ★

债权人就婚姻关系存续期间夫妻一方以个人名义所负债务主张权利的，应当按夫妻共同债务处理。但夫妻一方能够证明债权人与债务人明确约定为个人债务，或者能够证明属于婚姻法第十九条第三款规定情形的除外。

最高人民法院关于审理建设工程施工合同纠纷案件适用法律问题的解释①

L1.3.73

★

（法释〔2004〕14 号，2004 年 9 月 29 日由最高人民法院审判委员会第 1327 次会议通过，自 2005 年 1 月 1 日起施行）

第 1 条【建设工程施工合同无效的情形：建筑资质、招标】 ★

建设工程施工合同具有下列情形之一的，应当根据合同法第五十二条第（五）项的规定，认定无效：

（一）承包人未取得建筑施工企业资质或者超越资质等级的；

（二）没有资质的实际施工人借用有资质的建筑施工企业名义的；

（三）建设工程必须进行招标而未招标或者中标无效的。

---

① 简称《建设工程合同纠纷司法解释》。

第 2 条【建设工程施工合同无效:竣工验收合格、支付工程价款】 ★

建设工程施工合同无效,但建设工程经竣工验收合格,承包人请求参照合同约定支付工程价款的,应予支持。

L1.3.314

最高人民法院关于人民法院民事执行中查封、扣押、冻结财产的规定[①]

★

(法释〔2004〕15 号,2004 年 10 月 26 日由最高人民法院审判委员会第 1330 次会议通过,根据 2008 年 12 月 16 日发布的《最高人民法院关于调整司法解释等文件中引用〈中华人民共和国民事诉讼法〉条文序号的决定》调整,自 2008 年 12 月 16 日起施行)

第 12 条【查封、扣押的财产不宜由人民法院保管的处理规则;被执行人保管和第三人或申请执行人保管】 ★

查封、扣押的财产不宜由人民法院保管的,人民法院可以指定被执行人负责保管;不宜由被执行人保管的,可以委托第三人或者申请执行人保管。

由人民法院指定被执行人保管的财产,如果继续使用对该财产的价值无重大影响,可以允许被执行人继续使用;由人民法院保管或者委托第三人、申请执行人保管的,保管人不得使用。

第 20 条【查封、扣押、冻结被执行人的财产时笔录应当载明的内容】 ★

查封、扣押、冻结被执行人的财产时,执行人员应当制作笔录,载明下列内容:

(一) 执行措施开始及完成的时间;

(二) 财产的所在地、种类、数量;

(三) 财产的保管人;

(四) 其他应当记明的事项。

---

① 简称《民事执行查封扣押冻结财产规定》。

执行人员及保管人应当在笔录上签名，有民事诉讼法第二百二十四条规定的人员到场的，到场人员也应当在笔录上签名。

第 29 条【人民法院查封、扣押、冻结被执行人相关财产的法定期限及其延长规则】★

人民法院冻结被执行人的银行存款及其他资金的期限不得超过六个月，查封、扣押动产的期限不得超过一年，查封不动产、冻结其他财产权的期限不得超过二年。法律、司法解释另有规定的除外。

申请执行人申请延长期限的，人民法院应当在查封、扣押、冻结期限届满前办理续行查封、扣押、冻结手续，续行期限不得超过前款规定期限的二分之一。

第 30 条【查封、扣押、冻结的效力消灭的原因】★

查封、扣押、冻结期限届满，人民法院未办理延期手续的，查封、扣押、冻结的效力消灭。

查封、扣押、冻结的财产已经被执行拍卖、变卖或者抵债的，查封、扣押、冻结的效力消灭。

最高人民法院关于审理劳动争议案件适用法律若干问题的解释(三)[①]

L1.3.153

★

（法释〔2010〕12 号，2010 年 7 月 12 日由最高人民法院审判委员会第 1489 次会议通过，自 2010 年 9 月 14 日起施行）

第 7 条【用人单位与其招用的已经依法享受养老保险待遇或领取退休金的人员发生用工争议按劳务关系处理的规定】★

用人单位与其招用的已经依法享受养老保险待遇或领取退休金的人员发生用工争议，向人民法院提起诉讼的，人民法院应当按劳务关系处理。

第 9 条【劳动者主张加班费时的举证责任】★

---

① 简称《劳动争议案件司法解释三》。

劳动者主张加班费的，应当就加班事实的存在承担举证责任。但劳动者有证据证明用人单位掌握加班事实存在的证据，用人单位不提供的，由用人单位承担不利后果。

L1.3.69

最高人民法院关于审理城镇房屋租赁合同纠纷案件具体应用法律若干问题的解释[①]

★

（法释〔2009〕11号，2009年6月22日由最高人民法院审判委员会第1469次会议通过，自2009年9月1日起施行）

第2条【出租人就未取得许可证建设的房屋订立的租赁合同无效；在一审结束前获得审批的认定有效】★

出租人就未取得建设工程规划许可证或者未按照建设工程规划许可证的规定建设的房屋，与承租人订立的租赁合同无效。但在一审法庭辩论终结前取得建设工程规划许可证或者经主管部门批准建设的，人民法院应当认定有效。

第5条【房屋租赁合同无效时使用费的支付义务；当事人的损害赔偿请求权】★

房屋租赁合同无效，当事人请求参照合同约定的租金标准支付房屋占有使用费的，人民法院一般应予支持。

当事人请求赔偿因合同无效受到的损失，人民法院依照合同法的有关规定和本司法解释第九条、第十三条、第十四条的规定处理。

---

① 简称《城镇房屋租赁合同纠纷司法解释》。

L1.3.68

最高人民法院关于审理买卖合同纠纷案件适用法律问题的解释[①]

★

（法释〔2012〕8号，2012年3月31日由最高人民法院审判委员会第1545次会议通过，自2012年7月1日起施行）

第24条【买卖合同逾期付款违约金】　★

买卖合同对付款期限作出的变更，不影响当事人关于逾期付款违约金的约定，但该违约金的起算点应当随之变更。

买卖合同约定逾期付款违约金，买受人以出卖人接受价款时未主张逾期付款违约金为由拒绝支付该违约金的，人民法院不予支持。

买卖合同约定逾期付款违约金，但对账单、还款协议等未涉及逾期付款责任，出卖人根据对账单、还款协议等主张欠款时请求买受人依约支付逾期付款违约金的，人民法院应予支持，但对账单、还款协议等明确载有本金及逾期付款利息数额或者已经变更买卖合同中关于本金、利息等约定内容的除外。

买卖合同没有约定逾期付款违约金或者该违约金的计算方法，出卖人以买受人违约为由主张赔偿逾期付款损失的，人民法院可以中国人民银行同期同类人民币贷款基准利率为基础，参照逾期罚息利率标准计算。

---

① 简称《买卖合同司法解释》。

L1.3.122

最高人民法院关于审理票据纠纷案件若干问题的规定[①]

★

（法释〔2000〕32 号，2000 年 2 月 24 日最高人民法院审判委员会第 1102 次会议通过，根据 2008 年 12 月 16 日发布的《最高人民法院关于调整司法解释等文件中引用〈中华人民共和国民事诉讼法〉条文序号的决定》调整，自 2008 年 12 月 16 日起施行）

第 30 条【人民法院决定受理公示催告申请的应当同时通知付款人及代理付款人停止支付】 ★

人民法院决定受理公示催告申请，应当同时通知付款人及代理付款人停止支付，并自立案之日起三日内发出公告。

第 72 条【因申请票据保全错误而给他人造成损失应当承担民事责任的一般规定】 ★

当事人因申请票据保全错误而给他人造成损失的，应当依法承担民事责任。

L1.3.96

最高人民法院关于人民法院审理离婚案件如何认定夫妻感情确已破裂的若干具体意见[②]

★

（法〔民〕法〔1989〕38 号，1989 年 12 月 13 日最高人民法院发布，自 1989 年 12 月 13 日起施行）

---

① 简称《票据纠纷规定》。

② 简称《认定夫妻感情破裂具体意见》。

第 2 条【视为夫妻感情确已破裂的情形】 ★

婚前缺乏了解，草率结婚，婚后未建立起夫妻感情，难以共同生活的。

最高人民法院关于适用《中华人民共和国担保法》若干问题的解释[①]

L1.3.49

★

（法释〔2000〕44 号，2000 年 9 月 29 日由最高人民法院审判委员会第 1133 次会议通过，自 2000 年 12 月 13 日起施行）

第 21 条【按份共同保证人对于债务人的追偿权】 ★

按份共同保证的保证人按照保证合同约定的保证份额承担保证责任后，在其履行保证责任的范围内对债务人行使追偿权。

最高人民法院关于适用《中华人民共和国合同法》若干问题的解释（二）[②]

L1.3.60

★

（法释〔2009〕5 号，2009 年 2 月 9 日由最高人民法院审判委员会第 1462 次会议通过，自 2009 年 5 月 13 日起施行）

第 6 条【提供格式条款方采取合理方式的具体表现及其举证责任】 ★

提供格式条款的一方对格式条款中免除或者限制其责任的内容，在合同订立时采用足以引起对方注意的文字、符号、字体等特别标识，并按照对方的

---

① 简称《担保法司法解释》。

② 简称《合同法司法解释二》。

要求对该格式条款予以说明的,人民法院应当认定符合合同法第三十九条所称“采取合理的方式”。

提供格式条款一方对已尽合理提示及说明义务承担举证责任。

L1.3.2196

最高人民法院关于适用《中华人民共和国保险法》若干问题的解释(三)[①]

★

(法释〔2015〕21号,2015年9月21日最高人民法院审判委员会第1661次会议通过,自2015年12月1日起施行)

第19条【被保险人的医疗支出超出基本医疗保险范围的保险金给付】★

保险合同约定按照基本医疗保险的标准核定医疗费用,保险人以被保险人的医疗支出超出基本医疗保险范围为由拒绝给付保险金的,人民法院不予支持;保险人有证据证明被保险人支出的费用超过基本医疗保险同类医疗费用标准,要求对超出部分拒绝给付保险金的,人民法院应予支持。

---

① 简称《保险法司法解释三》。

法律规范性文件简全称对照索引表

简称(拼音序)	全称	法合二维码 法合引证码	页码
大气污染防治法	中华人民共和国大气污染防治法	L1.1.91	413
担保法司法解释	最高人民法院关于适用《中华人民共和国担保法》若干问题的解释	L1.3.49	473
担保法	中华人民共和国担保法	L1.1.58	401
道路交通安全法实施条例	中华人民共和国道路交通安全法实施条例	L1.2.57	424
道路交通安全法	中华人民共和国道路交通安全法	L1.1.145	347
道路交通事故司法解释	最高人民法院关于审理道路交通事故损害赔偿案件适用法律若干问题的解释	L1.3.113	445
电力法	中华人民共和国电力法	L1.1.202	411
反不正当竞争法	中华人民共和国反不正当竞争法	L1.1.53	407

简称(拼音序)	全称	法合二维码 法合引证码	页码
妇女权益保障法	中华人民共和国妇女权益保障法	L1.1.234	403
工伤保险条例	工伤保险条例	L1.2.110	428
公路法	中华人民共和国公路法	L1.1.205	420
公司法	中华人民共和国公司法	L1.1.55	392
公证法	中华人民共和国公证法	L1.1.149	400
公证活动案件规定	最高人民法院关于审理涉及公证活动相关民事案件的若干规定	L1.3.2165	465
固体废物污染环境防治法	中华人民共和国固体废物污染环境防治法	L1.1.112	420
广告法	中华人民共和国广告法	L1.1.199	389

简称(拼音序)	全称	法合二维码 法合引证码	页码
海商法	中华人民共和国海商法	L1.1.52	416
合同法司法解释二	最高人民法院关于适用《中华人民共和国合同法》若干问题的解释(二)	L1.3.60	473
合同法	中华人民共和国合同法	L1.1.63	362
环境保护法	中华人民共和国环境保护法	L1.1.97	394
环境侵权司法解释	最高人民法院关于审理环境侵权责任纠纷案件适用法律若干问题的解释	L1.3.2187	464
环境噪声污染防治法	中华人民共和国环境噪声污染防治法	L1.1.119	398
婚姻法司法解释二	最高人民法院关于适用《中华人民共和国婚姻法》若干问题的解释(二)	L1.3.101	466
婚姻法	中华人民共和国婚姻法	L1.1.42	390

简称(拼音序)	全称	法合二维码 法合引证码	页码
继承法	中华人民共和国继承法	L1.1.45	394
建设工程合同纠纷司法解释	最高人民法院关于审理建设工程施工合同纠纷案件适用法律问题的解释	L1.3.73	467
建设工程质量管理条例	建设工程质量管理条例	L1.2.203	434
建筑法	中华人民共和国建筑法	L1.1.123	393
交强险条例	机动车交通事故责任强制保险条例	L1.2.189	423
精神损害赔偿司法解释	最高人民法院关于确定民事侵权精神损害赔偿责任若干问题的解释	L1.3.90	449
劳动法	中华人民共和国劳动法	L1.1.237	408
劳动合同法实施条例	中华人民共和国劳动合同法实施条例	L1.2.235	430

简称(拼音序)	全称	法合二维码 法合引证码	页码
劳动合同法	中华人民共和国劳动合同法	L1.1.243	404
劳动争议案件司法解释三	最高人民法院关于审理劳动争议案件适用法律若干问题的解释(三)	L1.3.153	469
劳动争议调解仲裁法	中华人民共和国劳动争议调解仲裁法	L1.1.245	415
老年人权益保障法	中华人民共和国老年人权益保障法	L1.1.238	403
立法法	中华人民共和国立法法	L1.1.36	419
利用网络侵害人身权益纠纷司法解释	最高人民法院关于审理利用信息网络侵害人身权益民事纠纷案件适用法律若干问题的规定	L1.3.2169	461
买卖合同司法解释	最高人民法院关于审理买卖合同纠纷案件适用法律问题的解释	L1.3.68	471
民法通则	中华人民共和国民法通则	L1.1.46	350

简称(拼音序)	全称	法合二维码 法合引证码	页码
民法通则	中华人民共和国民法通则	L1.1.46	289
民事诉讼法	中华人民共和国民事诉讼法	L1.1.254	333
民事执行查封扣押冻结财产规定	最高人民法院关于人民法院民事执行中查封、扣押、冻结财产的规定	L1.3.314	468
民通意见	最高人民法院关于贯彻执行《中华人民共和国民法通则》若干问题的意见(试行)	L1.3.2220	457
民用航空法	中华人民共和国民用航空法	L1.1.201	413
名誉权纠纷问题解答	最高人民法院关于审理名誉权案件若干问题的解答	L1.3.92	454
内河交通安全管理条例	中华人民共和国内河交通安全管理条例	L1.2.265	432
农村土地承包纠纷司法解释	最高人民法院关于审理涉及农村土地承包纠纷案件适用法律问题的解释	L1.3.46	466

简称(拼音序)	全称	法合二维码 法合引证码	页码
票据纠纷规定	最高人民法院关于审理票据纠纷案件若干问题的规定	L1.3.122	472
侵权责任法	中华人民共和国侵权责任法	L1.1.73	109
人民调解法	中华人民共和国人民调解法	L1.1.259	419
人身损害赔偿司法解释	最高人民法院关于审理人身损害赔偿案件适用法律若干问题的解释	L1.3.91	437
认定夫妻感情破裂具体意见	最高人民法院关于人民法院审理离婚案件如何认定夫妻感情确已破裂的若干具体意见	L1.3.96	472
商标法实施条例	中华人民共和国商标法实施条例	L1.2.321	427
商标法	中华人民共和国商标法	L1.1.43	383
商标纠纷司法解释	最高人民法院关于审理商标民事纠纷案件适用法律若干问题的解释	L1.3.196	452

简称(拼音序)	全称	法合二维码 法合引证码	页码
社保费征缴条例	社会保险费征缴暂行条例	L1.2.324	435
社会保险法	中华人民共和国社会保险法	L1.1.226	417
食品安全法	中华人民共和国食品安全法	L1.1.113	387
食品药品纠纷司法解释	最高人民法院关于审理食品药品纠纷案件适用法律若干问题的规定	L1.3.114	458
水污染防治法	中华人民共和国水污染防治法	L1.1.85	397
铁路安全管理条例	铁路安全管理条例	L1.2.361	435
铁路法	中华人民共和国铁路法	L1.1.185	410
铁路人身损害司法解释	最高人民法院关于审理铁路运输人身损害赔偿纠纷案件适用法律若干问题的解释	L1.3.112	459

简称(拼音序)	全称	法合二维码 法合引证码	页码
土地管理法	中华人民共和国土地管理法	L1.1.180	412
土地管理条例	中华人民共和国土地管理法实施条例	L1.2.370	430
危险化学品管理条例	危险化学品安全管理条例	L1.2.389	433
物权法	中华人民共和国物权法	L1.1.72	370
物业管理条例	物业管理条例	L1.2.401	431
消保法	中华人民共和国消费者权益保护法	L1.1.54	380
消防法	中华人民共和国消防法	L1.1.126	418
信息网络传播权纠纷司法解释	最高人民法院关于审理侵害信息网络传播权民事纠纷案件适用法律若干问题的规定	L1.3.200	461

简称（拼音序）	全称	法合二维码 法合引证码	页码
刑法	中华人民共和国刑法	L1.1.250	359
姓氏选取法律解释	全国人民代表大会常务委员会关于《中华人民共和国民法通则》第九十九条第一款、《中华人民共和国婚姻法》第二十二条的解释	L1.1.273	421
医疗器械监督管理条例	医疗器械监督管理条例	L1.2.436	434
医疗事故处理条例	医疗事故处理条例	L1.2.437	424
种子法	中华人民共和国种子法	L1.1.210	396
著作权法实施条例	中华人民共和国著作权法实施条例	L1.2.481	426
著作权法	中华人民共和国著作权法	L1.1.50	376

简称(拼音序)	全称	法合二维码 法合引证码	页码
著作权纠纷司法解释	最高人民法院关于审理著作权民事纠纷案件适用法律若干问题的解释	L1.3.199	451
专利法	中华人民共和国专利法	L1.1.44	385
专利权纠纷司法解释	最高人民法院关于审理侵犯专利权纠纷案件应用法律若干问题的解释	L1.3.192	456

后记

用大数据圆十年说法梦！

一、梦回十年——编写本丛书的初衷

作为主编，首先我想谈一下编写本丛书的初衷，这还要从10年前我的个人经历说起。我2006年开始在中国人民大学法学院攻读民商法学博士学位，在完成学业之余，曾经受多家出版社邀请，编写过一些实务类法条图书，主要集中在民法领域。当时，一方面是希望通过编写图书获得一定稿费以支持自己在北京的学业，另一方面也是希望通过系统地编写法条类图书让自己对中国现行法律有更加全面和深刻的认识。实际上，不管是海峡对岸的我国台湾地区，还是我长期访学过的美国和英国，不少学者都深度参与编写法条书、经典案例集或者建设法律、案例数据库。这种学者的参与对司法实务有非常强的促进作用，本身也是学者跟进司法实务的绝佳方式。

我当时参考过市面上绝大多数的实务类法条书，发现包括自己编写的法条书在内，形式上无外乎是将法律条文列出，然后列出与某一法律条文相关的条文，如有需要，还根据编者的理解撰写一定的说明。在编写过程中，我发现这种编写方式有一个致命的缺陷，那就是法条之间的关联是基于编写者的主观认识，这就存在如下三种风险：第一，法条之间的联系是基于编写者个人的判断，或许符合学术观点和立法规划，但在司法实务中可能并非如此。第二，部分法条之间客观上存在明显的或者潜在的矛盾，从编写者的角度只能全部列出，无法也难以确定到底哪些法条才是实务中实际适用的。第三，由于无法作出法律条文之间相关度的判断，只能尽量全面地列举法条，即"宁多毋缺"。

2008—2009年，我获得美国富布赖特基金会资助，到美国康奈尔大学法学院和耶鲁大学法学院完成我的博士论文，同时也有机会深度感受英美判例法的运作方式。我惊讶于判例报告的公开性、延续性和实用性，加上Westlaw

和 LexisNexis 的数字化处理，通过判例法的运作方式，达到与成文法的异曲同工之妙，令我十分羡慕。同时也认识到，对法律条文的研究和阐释，如果不能与司法判例结合起来，就只可能沦落为法律人的纯粹想象而丧失其实用性。而当时国内尚无权威的判例获取渠道，裁判文书公开的前景也不明朗，对此也只能望洋兴叹。

因此，尽管我编写的实务类法条书销量甚好（可能只是专业领域的原因），但在我 2009 年到四川大学法学院任教之后，只是应邀完成了自己主攻的《侵权责任法》的相关图书编写，就停止了全部同类图书的编写和更新工作。究其主要原因，还是对法条书的这种编写方式以及它对司法实务的实际作用持保留态度。当时我就在想，如果有一天，各级人民法院能够公布全部的裁判文书，我们再通过软件（当时还没有“大数据”的概念）分析一下实务中每个法律条文的实际适用情况，不但会对学术研究和立法活动有极大的促进作用，也可以避免之前编写这类图书的诸多弊端，就可以圆了自己编写一套真正贴近和促进司法实务的法条书的梦想！

二、“用大数据说法”之梦

一晃又是五年。2014 年初，最高人民法院建立“中国裁判文书网”，开始公布裁判文书。截至 2016 年 12 月 1 日，公布的裁判文书总量已经超过 2 300 万份。尽管比起各级人民法院每年超过 1 600 万件的审结、执结案件总量，这似乎还远未达到全面公布的程度①，但已经为“法律大数据分析”提供了足够大的数据样本。

几乎就在同时，“大数据分析”的春风刮遍神州。谈不上跟风，我总算是弄明白了自己想做的事情原来叫作“法律 + 大数据分析”。所以，从 2014 年开始酝酿，2015 年开始筹备，四川大学法学院法律大数据实验室（以下简称“法律大数据实验室”）终于于 2016 年初挂牌成立了。

作为国内高校第一家“法律大数据”专业研究机构，从酝酿之初，我就确定了机构的宗旨——“用大数据说法”。这个口号的灵感，来自于中央电视台

---

① “中国裁判文书网”2014 年公布裁判文书约 535 万篇，同期审结、执结案件 1 381 万件；2015 年公布裁判文书约 713 万篇，同期审结、执结案件 1 673 万件。参见王竹：《法律大数据要注重质与量的提升》，《社会科学报》2016 年 6 月 2 日第 4 版。

两个黄金栏目的宣传语，即焦点访谈栏目的“用事实说话”和今日说法栏目的“今日说法”。我个人认为，“法律+大数据分析”是未来法学研究的一个重要发展方向，而这种新的研究方法最简洁的表达，就是“用大数据说法！”

在追求“用大数据说法！”的梦想过程中，我首先面临的不可回避的问题，就是缺乏现成的可用于法律领域的“大数据分析”技术。我并不认为，法律人需要从最初就自己掌握“大数据分析”技术，我们需要掌握的是符合法律人思维的算法设计。我之前编写实务类法条图书和担任“中国民商法律网”编辑部主任期间设计数据库的经历，再加上恶补一些必要的大数据分析的基础知识，让我勉强能够胜任这一工作。很有幸，我找到了志同道合而且是技术流取向的“法合实验室”（www.LawSum.com），而且欣闻他们获得了最高人民法院信息中心的权威授权，可以合法地使用和分析“中国裁判文书网”公布的全部裁判文书。万事俱备，开工！

三、十年梦终圆

经过与蒋浩老师和陆建华编辑的沟通，我们一拍即合！这套“法律大数据·案由法条关联丛书”，就是“法律大数据实验室”与北京大学出版社共同策划的“法律大数据”系列丛书之一。本丛书首先由数据合作伙伴“法合实验室”利用大数据分析技术对“中国裁判文书网”公布的超过2 300万份裁判文书进行分析，提供基础数据支持；然后由“法律大数据实验室”组织司法实务和学术研究领域的法律专业人士进行分析，首度体现了“法律+大数据分析”完美结合的理念。

通过“法律+大数据分析”的方式编写本套《法律大数据·案由法条关联丛书》，是“法律大数据实验室”践行“用大数据说法！”理念的初步尝试，也是我构想的“法律大数据报告”（BigLaw DataReport，简称“BL-DL”）的首次出版。①

除了精确地展示司法实务中不同案由和不同法律条文的实际适用情况，并体现法律专业人士的经验判断之外，本丛书还将持续跟进“中国裁判文书

① 2016年初，“法律大数据实验室”联合“法合实验室”通过微信公众号发布了《法律大数据双年报》（2014—2015年）第001—008号。

网”公布案件的进度和司法实务以及理论进展，基于最鲜活、权威的法律大数据，服务法律共同体，推动中国法治化进程！

本丛书的编写离不开大量的基础性后台编辑工作，这些都是我的学生团队多年来的工作成果积累，他们是：刘雨林、李东岳、孙琦琳、饶王林、栾维维、赵晓芹、张建芳、蔡娜、朱律、舒星旭、王蕾、冯瑶、江霞、方延、舒栎宇、谈亮、李莎莎、祝婉丽、钟琴、向新梅、刘娟、张益珍、周旭、曾勇、陈了、杨亦楠、时爽、余盛军、杨彧、张晶、云姣、王轶晗、张雨、徐丹、何丹、詹诗渊、吉星、罗雅文、程丽莉、唐烨、杨淇茜、苟海川、刘丽均、孟琪、冯沛波、王艳玲、余翔宇、邹勋、徐永炜、聂超、蔡婧雪、崔梅楠、刘潺和刘忠炫。牛津大学法学院的博士生苏颖和吴至诚从英美判例法角度对本丛书的编写提供了大量有益的建议和意见。“法合实验室”的张恒、代杨、孙兆云、王世坤和秦雷为本丛书的编写提供了数据支持。在此一并致谢！

本书系教育部人文社会科学重点研究基地重大项目：“中国侵权责任法改革研究”（16JJD820015）的中期成果，感谢教育部对本书写作的支持。

“用大数据说法！”这一全新理念还在逐步完善，“法律大数据实验室”也在逐渐成长。对于本丛书以及“法律大数据实验室”的后续作品，欢迎读者提出宝贵意见和建议！

王　竹

法学博士、教授、博士生导师

四川大学法学院法律大数据实验室主任

中国人民大学民商事法律科学研究中心侵权法研究所副所长

2016 年 8 月 21 日 于 牛津大学 Worcester 学院湖畔

法律大数据实验室

bldl. scu. edu. cn

联系方式：biglawdata@ 163. com